前　言

2013 年 7 月 6 日，由南京政治学院与上海市社会科学界联合会共同主办，上海马克思主义研究会、南京政治学院上海校区和南京政治学院党的创新理论研究中心具体承办的社会主义核心价值观培育理论研讨会，在南京政治学院上海校区成功召开。中共上海市委宣传部李琪副部长、上海市社会科学界联合会党组沈国明书记等领导出席会议，来自上海市人大、复旦大学、同济大学、交通大学、华东师范大学、上海师范大学、中共上海市委党校和军队院校的 70 余位专家学者参加了会议。20 多位专家学者围绕社会主义核心价值观和当代革命军人核心价值观培育这一主题，从不同维度和领域进行了集中研讨交流。李琪副部长在致辞中阐述了马克思主义经典作家的价值观思想，分析了社会主义价值观的当代特征，对上海市社会科学界“五路大军”（高校、党校、社会科学院、党政研究部门和军队院校）对上海理论建设的贡献予以充分肯定；沈国明书记作为法学专家，着力阐述了价值观培育与法治的内在关联；中共上海市委党校郭庆松副校长阐述了地方党校与军队党校的共性，特别是在党的意识形态建设、核心价值观培育等方面需要加强交流和借鉴的意义。与会学者认为，党的十八大提出三个倡导的社会主义核心价值观，是社会主义核心价值体系的抽象和深化，体现了社会主义意识形态的本质，是实现中国梦的核心指引。同时认为，凝练社会主义核心价值观是一个开放的进行时状态。它给我们提出新的任务，就是要在社会实践中不断拓展社会主义核心价值观培育的维度和领域，进一步增强社会主义意识形态的吸引力和凝聚力。与会学者发挥自己的研究专长，分别对社会主义核心价值观与社会主义核心价值体系的关系、社会主义核心价值观的培育与中国传统文化精华的继承、全社会核心价值观与各个领域核心价值观的有机衔接等进行了研讨，较好地开拓了视野。

会议从不同维度分析了当代革命军人核心价值观的培育及其意义。认为在核心价值观凝聚中军队已经走在全社会前列，当代革命军人核心价值观集中反映了我军先进军事文化建设的属性和特点，其中党军关系的定位在社会关系中居于首要和核心位置，既是核心价值观以及先进文化建设中的“定海神针”，也是核心价值观培育的根本路径和方向指导。会议认为，批判军队国家化、非党化和非政治化的思潮，对社会主义先进文化和核心价值观的建设具有重要意义，党性原则是理论界各路大军在核心价值观培育中要共同坚持的原则。《文汇报》、《社会科学报》、《探索与争鸣》、《党政论坛》等报刊对会议情况和研究成果做了集中报道，相关研究成果受到理论界的广泛关注。

此次会议的召开，是南京政治学院上海校区多年来重视运用上海理论界优势平台提升教学科研水平的一个缩影。上海校区的马克思主义理论研究，具有与上海理论界长期密切协作的优良传统，参加了包括上海马克思主义研究会、上海市哲学学会、上海市经济学会、上海市政治学会、上海市科学社会主义学会、上海市党史学会等主流意识形态理论研究团体在内的几乎所有理论界学术活动，并在其中发挥了重要作用。中共上海市委市政府领导同志、上海市委宣传部和上海市社会科学界联合会领导，在多个场合强调上海理论界五路大军联合作战的优势和肯定南京政治学院上海校区作为军队院校在其中所发挥的作用。上海市 2011 年首次推出的《上海市马克思主义理论研究 2011 年度报告》，将南京政治学院上海校区马克思主义学科建设状况与上海高校、党校和上海科学院并列一道做了详细介绍；2012 年度的马克思主义学科发展报告的上海校区部分同样也浓笔重彩，充分反映和展示了上海校区所取得的重要科研成果。我们相信，随着上海校区与上海理论界特别是马克思主义理论研究领域交流互动的不断加强，校区的学科建设、教学科研实力和人才培养质量一定能迈上一个新台阶，同时也必将为部队思想政治建设作出更大贡献。

编　者

2014 年 7 月

目　录

社会主义核心价值观基本理论研究

社会主义核心价值观的培育和践行研究

当代革命军人核心价值观培育与践行研究

社会主义核心价值观基本理论研究

进一步凝练社会主义核心价值观的理论根据和基本思路

陈锡喜　傅艳蕾　何红莲

社会主义核心价值观的提炼中存在诸多分歧，主体定位是一个重要方面，突出地表现在“国家要求”与“公民诉求”之间的争论，亦即社会主义核心价值观主要应该反映国家对公民的要求，还是公民对国家的诉求。确切地说，当前凝炼社会主义核心价值观面临的一个选择难题是，“国家需求”与“公民诉求”何者应优先考虑和满足？十八大提出培育和践行社会主义核心价值观时，提出了三方面的“倡导”，学界又把它们分别解释为对“国家”、“社会”和“个人”三个层次的要求。然而，一个社会的核心价值观分在如此宽泛的三个层次，如何体现“核心”？又如何统一？欲化解上述两个矛盾，可以通过厘清凝练社会主义核心价值观的理论依据，进而形成进一步凝练社会主义核心价值观的基本思路。

一、凝练社会主义核心价值观的理论依据：社会主义意识形态建设的核心

党的十七大报告对社会主义核心价值体系建设同意识形态的关

系问题，提出过如下三个判断："社会主义核心价值体系是社会主义意识形态的本质体现。""建设社会主义核心价值体系，增强社会主义意识形态的吸引力和凝聚力。""积极探索用社会主义核心价值体系引领社会思潮的有效途径，主动做好意识形态工作。"这些判断的提出，不仅对揭示社会主义意识形态的本质，明确社会主义意识形态工作的重点，而且对凝练和培育社会主义核心价值观，都具有重要理论和实践意义。对于社会主义核心价值观，无论是凝练概括，还是培育践行，只有提高到社会主义意识形态本质的层面，才可能在纷繁的分歧中寻找出可能的思路。

（一）社会主义核心价值观是社会主义意识形态的本质

在西方近现代思想史上，关于意识形态问题，曾经出现过不同的态度，从强调意识形态，到鄙视意识形态，到"意识形态终结"论，再到意识形态问题重新获得重视。在当代中国，社会思潮也经历了从强化意识形态特别是意识形态领域的阶级斗争，到"淡化"、"边缘化"甚至"去意识形态化"，再到人们越来越意识到各类社会问题背后存在意识形态的必然性和重要性的变化。

马克思主义在中国的传播过程中，中国共产党一直把意识形态作为上层建筑的组成部分，并强调由于意识形态反映不同的阶级利益，因此不同的阶级有不同的甚至对立的意识形态。这对动员无产阶级和人民群众起来反抗帝国主义、封建主义和官僚资本主义的统治，发挥了重要的作用。进入社会主义时期，毛泽东晚年为强化无产阶级和资产阶级斗争的长期性、复杂性和尖锐性，并给"以阶级斗争为纲"的路线提供理论根据，便不断突出意识形态领域的阶级斗争，导致以意识形态划线，并强调"在上层建筑其中包括各个文化领域对资产阶级实行全面专政"。进入改革开放新时期，为了坚持社会主义方向，邓小平提出了建设社会主义精神文明的概念，并强调精神文明"重在建设"的方针。世纪之交，为了适应世情、国情和党情的新变化，江泽民强调要建设社会主义先进文化，并提出了“发展先进文化，支持有益文化，改造落后文化，抵制腐朽文化”的意识形态工作方针。

在中国特色社会主义发展的新的历史起点上，把“建设社会主义核心价值体系”视为社会主义意识形态的本质体现，其意义在于：

首先，把意识形态同价值观直接联系起来，更明确地表达了意识形态的本质属性。事实上，不管历史上对意识形态存在怎样的理解或取怎样的态度，意识形态所要表达的，最根本的，是价值观。当然，意识形态作为一种理论形态，需要论证，具有逻辑。那么，对一个阶级来说，在将自己的价值观上升为理论体系即意识形态时，最根本的是做什么样的论证呢？马克思和恩格斯在《德意志意识形态》中揭示了这一论证的本质，即：“每一个力图取得统治的阶级，即使它的统治要求消灭整个旧的社会形式和一切统治，就像无产阶级那样，都必须首先夺取政权，以便把自己的利益又说成是普遍的利益，而这是它在初期不得不如此做的。”“每一个企图取代旧统治阶级的新阶级，为了达到自己的目的不得不把自己的利益说成是社会全体成员的共同利益，就是说，这在观念上的表达就是：赋予自己的思想以普遍的形式，把它们描绘成唯一合乎理性的、有普遍意义的思想。”①

于是，在马克思的视阈中，意识形态的本质就是价值观的理论体系，它反映的是对人们之间利益关系的价值取向，即对自己所追求利益的必然性、合理性和合目的性所做的理论论证。而且，意识形态在表达利益关系时，最根本的特性是：把某种特殊利益说成是普遍利益。这体现了意识形态在内容和形式之间的矛盾统一，即内容上都反映一定的阶级或集团利益，具有特殊性，而在形式上又需要表达为共同利益，具有普遍性。当然，无产阶级同剥削阶级在意识形态的内容和形式的矛盾问题上，有根本的区别：剥削阶级构建

① 《马克思恩格斯选集》第1卷，人民出版社，1995年版，第84—85页。

“虚假的意识形态”，即用形式上“虚幻”的利益普遍性，来掩盖其实质内容上的利益特殊性；而马克思主义通过对资本主义的内在矛盾以及与社会化大生产相联系的无产阶级历史地位的科学揭示，旗帜鲜明地表达无产阶级的阶级利益同资产阶级利益的冲突性，同时指出自己所代表利益在本质上和长远意义上对人类解放所具有的普遍性。当共产党成为执政党后，社会主义意识形态应该逐步实现其在内容和形式上的直接统一，即表达自己所代表利益不仅在长远意义上，而且在现实上的普遍性，以使自己不断获得长期执政的合法性和合理性的资源。

其次，强调社会主义意识形态工作的重点在于建设社会主义核心价值体系，适应了社会主义市场经济和民主政治的发展以及应对全球化形势的实践。

评价社会主义意识形态工作面临的新挑战，必须面对以下三个基本的事实判断：其一，中国对经济全球化的融入，使中国面对的意识形态问题趋于复杂化；其二，社会主义市场经济和民主法制的发展，使人们思想活动和价值观念趋于多元化；其三，信息技术、网络和媒体的发展，为上述意识形态的复杂化和价值观念的多元化，提供强有力技术支撑。而这三个基本事实判断又蕴涵着两个内在的深刻矛盾：其一，社会思想和价值观念的多元化，是必然趋势，但党必须坚持自己在意识形态领域指导地位的一元化，否则，将失去党在政治上的统一并进而失去对社会的引领作用，因此，党必须处理好指导思想的一元化与社会思想的多元化之间的关系。其二，经济全球化和经济的市场化，使大多数人重物质利益轻精神追求，从而对意识形态采取淡化的态度，但是，各种社会生活中所涉及的意识形态问题却越来越凸显，如实用主义、相对主义、功利主义、个人主义、拜金主义、消费主义等观念，在深刻影响人们的价值判断。

在意识形态工作中强调社会主义核心价值体系的建设，顺应了社会发展的基本趋势，既可以扭转“淡化意识形态”或“去意识形态”的趋势，又可以避免回到“泛化意识形态”或“强化意识形态领域的阶级斗争”的局面，从而能以此在价值观的层面上对发展中国特色社会主义的合理性进行有效的辩护，增强社会主义意识形态的吸引力和凝聚力，维护党的意识形态的主导地位，进而维护党的执政地位。

（二）通过凝练和培育社会主义核心价值观来增强社会主义意识形态的吸引力和凝聚力

凝练社会主义核心价值观对于增强社会主义意识形态吸引力和凝聚力的作用在于：

首先，可以构筑国家意识形态安全的过滤网。任何一个社会的统治阶级，都会出于自己的需要，提出自己的核心价值观。中国古代“礼义廉耻、国之四维”之说融入儒家礼教思想之中，成为中国封建社会的核心价值观。但是，深深凝固在中国传统文化中的这一价值体系，无论从社会主义制度对封建秩序的超越来看，还是从现代社会对农业社会的发展来看，都不可能成为适应社会主义现代化的需要。

两极格局终结后，文化在综合国力竞争中的地位更加突现，网络等信息传播手段的普及，使世界范围内各种思想文化交流、交融、交锋更加频繁。与此同时，随着中国经济实力的不断提升和在国际上影响的扩大，中国在意识形态方面所受的压力，并没有随“冷战”的结束而减弱。西方一些人把他们所宣扬的所谓“普世价值观”，作为推行其“软权力”而实现其战略意图的重要工具。他们通过电视广播频道、互联网、非政府组织和宗教组织等渠道，利用中国某些社会问题进行恶意炒作，将个别问题扩大化，将经济或刑事问题政治化，攻击我国的基本政治制度和所选择的道路，并借“维权”之名，直接插手某些事件，煽动同党的对立情绪。而所有这些事件背后所借用的手段，都是他们的价值观。

然而，现阶段中国的国际战略是推进世界朝着和平、发展、合作、共赢方向发展，为了中国国家利益，我们在国际上不以意识形态划线。由此，在国家的文化安全问题上，我们必须加强意识形态工作，但又不以冷战时代强化意识形态领域的阶级斗争的思维方式来回应上述挑战。于是，维护国家文化安全的战略思路，就必然是突出既反映中国近现代历史变化的精神力量，又符合中国当代社会进步要求，同时又吸收中华民族传统文化和人类文明成果的价值观，使之具有“普遍性”而在国际上产生竞争力和影响力，增强话语权。

其次，可以把稳社会进步的方向盘。社会的日益开放和各种社会矛盾的凸显，使各种社会思潮与社会矛盾特别是不同利益联系在一起，原有的在意识形态领域存在的各种思想倾向，包括“自由化”和“僵化”的思想倾向，在提供解决日益复杂的社会矛盾特别是利益矛盾的时候，其基本思路表现在价值观上，呈现出错综复杂的关系，甚至对同一社会矛盾提出的大致相同方案，其背后的理论模型和价值导向也大相径庭。因此，在社会利益矛盾日益尖锐的时候，在意识形态领域中突出价值观问题，是十分必要的。

明确社会主义核心价值观，在党和国家的政治生活领域，可以为制定或调整具体方针和政策，提供正确的价值导向；在思想文化领域，可以对各种理论模型和思想观念提供科学理性的价值评价，抵制各种危害社会进步的错误思潮；在日常生活领域，可以在尊重差异和包容多样中，扩大社会认同和增进思想共识，用共同的价值理想的合理性来提升群众的价值追求。

再次，可以提供社会转型的稳定仪。中国的社会转型，带来了社会的经济成分、社会组织、分配方式和生活方式的多样化，而其根本问题是利益关系的多样化，它决定了人们思想活动的独立性、选择性、多变性和差异性的增强，其实质是思想呈现了多样化。人民当家做主，需要保障人民的“知情权、参与权、表达权、监督权”，人民享有知情权和表达权，是享有参与权和监督权的前提。然而，随着社会阶层的不断分化，又必然造成社会价值观的诸多差异，而且由于社会生活的急剧变化，各人对价值观的判断和选择，极易受来自各方面的思想观念和外界环境的影响，处于极不稳定的状态；各种价值观的摩擦乃至冲突，又使人们在行使表达权时，难避会出现非理性状况，从而不利于社会政治的稳定。

因此，社会在转型时，需要有相对稳定的，既反映社会各种价值观的变动，又同党的最高价值之间存在某种平衡点的核心价值观。这样的核心价值观，能使社会大众理性把握既满足自己生存和发展要求，客观上又符合社会进步要求，这需要对各种价值观进行“整合”，即对各种价值观的合理性和实现条件作出评价，使人们在重新选择中有比较明确的方向达成最大的共识。这样的核心价值观，既要表达对现实（包括已选择道路、理论和制度）的辩护，又能表达对“现存”（社会转型中产生的诸多矛盾和问题）的批判，以体现意识形态的“批判性”和“辩护性”之间必要的“张力”。

二、凝练社会主义核心价值观的基本思路：以社会需求沟通国家要求和个人诉求

价值观是价值在主观上的反映形式，是对主体需求的一种话语表达。凝练社会主义核心价值观必然会涉及到“主体”问题，而“主体”总是与“需求”这一范畴紧密相关，社会主义核心价值观的提炼彰显的正是主体的某种需求，满足主体需求是提炼核心价值观的一个主要标准。正如马克思所说：“理论在一个国家实现的程度，总是决定于理论民族这个国家的需要的程度。”[①] 因此，社会主义主义核心价值观提炼在国家与个人的双重主体上存在的矛盾，可以进一步反映在“需求”层面，以“国家要求”与“个人诉求”这对矛盾来得到阐释。

① 《马克思恩格斯选集》第1卷，人民出版社，1995年版，第13页。

（一）核心价值观的凝练要超越“个人主体”和“国家主体”的两极对立

简单地说社会主义核心价值观的凝练要立足于“个人主体”或“国家主体”，都显得过于片面。因为它没有界定这一“主体”本身的内涵，即它是对所谓“客体”的要求，还是自我追求。有学者认为应该在国家层面和个人层面实行两套不同的核心价值观话语体系，这样做，尽管照顾到了双重主体的共同需求，但是在人们的思维框架中容易造成国家与个人的对立，在某种程度上会削弱甚至消解核心价值观的凝聚功能，提出提炼社会主义核心价值观的初衷本身就在于构建一座能够贯通国家与个人的价值桥梁，而不是相反。

社会主义核心价值观要表达意识形态所反映的利益“普遍性”，应该表达广大群众不同诉求中的共同部分，从而为广大群众所认同。然而，党和国家作为集合力量，又必须倡导核心价值观，特别对肩负历史责任感和人类解放使命的共产党来说，更有义务承担起倡导核心价值观的责任。因此，社会主义核心价值观不能偏废“国家要求”和“公民诉求”任何一个方面。它既体现了国家的意识形态“要求”，更是“对”国家的要求；它既反映了公民的“诉求”，也是“对”公民的自身要求。

从新中国成立初期到改革开放前，国家要求与群众诉求在政治领域实现了高度融合。克服内忧外患的总体性危机是新中国成立初期的我国面临的首要任务，立足国家层面，巩固新生的政权，集中力量建立一套高度集中的计划体制是当时国家需求最为迫切的内容。为此，直到改革开放前，受政治因素和生产力因素的影响，“集体主义”、“平均主义”等都是当时的核心价值理念。

改革开放初期到20世纪末，国家要求与群众诉求的融合主要转向了经济领域。快速发展生产力，提高经济总体发展水平成为这一时期国家的迫切需求；而在个人层面，人们普遍产生了提升生活水平和创业致富的愿望和需求，自主性暗流涌动。由于国家与个人在经济发展方面的共同需求，实行改革开放、大力解放与发展生产力的号召很快得到了全国上下的响应，“改革”、“发展”、“共同富裕”等成为当时普遍认同的核心价值理念。

然而进入21世纪以后，国家要求和群众诉求需求之间出现了分离趋势。社会、利益、文化各个方面趋于多元，社会矛盾不断升级，社会领域的发展严重滞后。我们看到，经济方面，国家追求效率和总量的继续提升没有改变，但个人在继续追求财富和提升生活质量的同时，却出现了越来越多对公平正义的呼声；政治方面，国家层面仍然以维护社会稳定和增强凝聚力为首要目标，而个人主体意识的觉醒使其更关注自身的权利保障和自我个性的彰显。

对历史的追溯，至少提供给我们三方面的启示：第一，在实践层面国家要求和与公民诉求可以实现融合，过去融合的交汇点即政治领域和经济领域，这是历史提供的可能性；第二，立足国家要求和公民诉求的交汇点，核心价值观得以提炼，这是一条重要的历史经验；第三，国家要求和公民诉求在实践的分离，是造成今天在理论层面出现主体定位困难的重要原因，也是造成核心价值观难以聚焦的背景之一。

（二）社会主义核心价值观的凝练须以社会需求融合国家要求和公民诉求

历史经验提供了国家要求和公民诉求相互融合的可能，而现实上国家要求和公民诉求在政治和经济领域都发生了某种分离，那么，今天是否还存在这样一个领域是双重主体需求共同聚焦之所？换言之，今天如果能够找到国家要求与个人诉求的重合领域，核心价值观的凝练就更具有可能性。这一领域就是社会需求。在马克思主义的视野中，任何人类活动的需求都具有社会性，都是人们交互作用的产物，因而所谓“社会需求”，实质上是“社会关系的需求”，用马克思的话来说，即“许多个人的共同活动，不管这种共同活动是在什么条件下，用什么方式和为了什么目的而进行的”。[①] 这种共同活动随着社会分工和社会化大生产的发展会越来越成为人们的一种依赖和需要。“社会关系需求”之所以能融合国家要求和公民诉求，是因为：

首先，作为一种需求，社会关系本身早已嵌入个人需求之中，是个人不同需求的交集部分。尤其是随着社会分化和主体意识的增强，个人的需求也日趋提升；然而个人之间差异性的增强和利益矛盾的凸显，却又在很大程度上限制和阻碍了个人需求的达成和满足，人与人之间的社会关系已上升为影响个人生存和发展的一个重要外在因素。随着社会分工的进一步发展，脱离社会关系网路，个人的生存特别是发展的需求就难以得到实现。只不过在过去利益均衡和平均分配的年代，社会关系并不成为一个问题而受到人们的普遍重视，即使有所重视也往往是作为一种工具和手段而被赋予短暂的关注。今天，社会矛盾不断激化的现实，要求我们在思想上对隐蔽的“社会关系需求”作出自觉的意识，将“社会关系”从“工具性”需求转向“目的性”需求。

其次，国家需求的满足越来越需要借助“社会关系需求”的调整。国家的整体发展一方面要面向国内，保证经济的持续稳定发展和维护社会的安定团结；另一方面要面向国外，维护国家的周边安全和国际秩序的良性运行。因此，国家需求在传统的理解中通常指向社会稳定和持续发展这两个方面。但是进入21世纪后社会矛盾凸显，越来越多的社会问题开始拷问党和政府的公信力和执政能力。从国家立场来看，各种群体性事件的发生并非是个人问题，而是整个社会关系网络的失衡。因为国家并不能阻止市场经济带来的利益生发机制和对个人利益的追求，而只能从宏观上通过各种政策措施对社会关系实施调整。今天社会关系的不协调已成为制约国家继续

---

① 《马克思恩格斯文集》第1卷，人民出版社，2009年版，第532页。

发展的“短板”。因此，将“社会关系”作为一种需求纳入国家需求之中，并将其置于同“社会稳定”和“持续发展”同等重要的地位，是当前的一种战略需要。

以上分析表明，国家需求（要求）与公民需求（诉求）在当下具有融合的可能性，这一交汇点即“社会”领域，以“社会关系需求”作为连接的桥梁。十八大提出的倡导“自由、平等、公正、法治”的价值理念，正是对社会关系需求的自觉表达，以此来融合“富强、民主、文明、和谐”以及“爱国、敬业、诚信、友善”的内容，便更能体现社会主义核心价值观的“核心”之所在和社会主义意识形态的本质，并真正发挥社会主义意识形态吸引力和凝聚力的功能。这应该可以成为进一步凝练和培育社会主义核心价值观的方向。

（上海交通大学马克思主义学院特聘教授、马克思主义理论研究中心执行主任、上海市马克思主义研究会副会长；湖州师范学院马克思主义学院副教授；华东师范大学社会科学部副教授）

关于社会主义核心价值观的几点思考

顾钰民

中共十八大以后，随着对社会主义核心价值观研究的拓展，人们的思考也更加深入，并成为理论界研究的一个热点问题。我们的研究思路是否应该调整一下，不再急于回答社会主义核心价值观是什么？不再忙于怎样来概括和表达社会主义核心价值观更科学、准确？因为社会主义核心价值观需要有一个建设、培育和践行过程，并不是在短时间里就能够完成的。现在需要静下心来，认真思考和潜心研究，而不是急于求成地回答这一问题，凝练社会主义核心价值观需要有一个过程。

一、对社会主义本质和核心价值观的认识需要不断深化

凝练社会主义核心价值观需要一个过程，因为对构成这一价值观的两个基本要素的认识需要一个过程。这两个要素就是社会主义本质和核心价值观。在对这两个基本要素的认识还不深入，还没有达到一致的条件下，对社会主义核心价值观就难以形成共识。

首先，对社会主义的认识在实践中不断深化。什么是社会主义，什么是社会主义本质？对这一问题的认识随着社会主义实践的发展

而不断深化。在世界社会主义发展五百年历史过程中，人们对社会主义和社会主义本质赋予了不同的内涵，有着不同的概括和提炼。从最初把社会主义作为一种对资本主义社会弊端进行批判而形成的美好理想，逐渐上升为一个科学的理论。这时人们对社会主义这一新社会的认识还处于一种朦胧状态，对社会主义社会应该具有怎样的基本特征，人们的描述也不可能非常具体。在世界无产阶级为实现社会主义社会的革命运动和斗争中，对社会主义社会的认识也不断清晰。在科学社会主义理论的指导下，经过世界无产阶级不懈努力，社会主义最终成为一种现实的制度，并开始了它的实践。在这漫长的过程中，社会主义经历了从抽象到具体、从理论到实践、从一国到多国的发展实践，人们对社会主义的认识也经历一个从抽象到具体、从朦胧到清晰、从肤浅到深刻的过程。当社会主义成为一种具体的制度走上了实践发展道路以后，特别是其在不同的国家、不同的国情中进行了实践，社会主义呈现出不同的发展模式，同时也具有了不同的发展道路、不同的理论体系、不同的制度特征。社会主义在不同的国家走怎样的道路、该怎么发展才能实现社会主义最终目标的问题，也日益成为各国社会主义者不断探索的重大课题。人们的认识也在这不断的实践和探索过程中越来越丰富。

中国社会主义制度的建立，对于世界社会主义的发展具有重大的理论和实践意义。因为中国是世界上人口最多的大国，是发展中的大国，中国是典型的在经济文化落后的基础上走上社会主义的国家，中国的这一特殊国情，对于社会主义的发展具有特别重要的意义。中国社会主义道路的实践，经过了曲折的发展过程，有着丰富的经验和深刻的教训，这种曲折、经验和教训，促成中国开始了中国特色社会主义的实践发展。在中国特色社会主义发展的实践中，我们对社会主义和社会主义本质内涵的理解和认识更加深刻、更加丰富。我们体会到，对社会主义本质的传统认识并不科学，科学社会主义是建立在对马克思主义基本原理和一国具体实际相结合的基础上，二者不可缺一，离开了任何一个方面都不是科学社会主义。

社会主义又是具体的，没有抽象的社会主义，社会主义一定具有国别特征，社会主义必须和一国的实际和国情相结合才是现实的社会主义。对社会主义认识的这些观念变化使我们认识到，我们搞了几十年的社会主义，但对什么是社会主义的基本问题并没有完全搞清楚，什么是社会主义的本质、什么是社会主义的基本特征等一系列问题还有待于我们在实践中继续深化认识。

邓小平对社会主义本质的概括是："社会主义的本质，是解放生产力，发展生产力，消灭剥削，消除两极分化，最终达到共同富裕。"① 这使我们对社会主义的本质有了全新的认识，但是，这并不是对社会主义本质认识的终结，对社会主义的认识还将随着实践的发展不断地与时俱进。

其次，对核心价值观的认识在不断深化。什么是核心价值观？怎样的概括才能真正地既反映客观现实，又能够形成人们的共识？对这一问题的认识同样是随着经济、政治、文化、社会的发展而不断变化的。同时，价值观的问题又更多地带有历史的、文化的、民族的传统。在中国，传统价值观有着深厚的基础和深刻的影响，对于传统价值观如何评价，人们的看法并不一致。从总体上说，人们认同传统价值观中既有优秀的，也有糟粕的，但哪些是优秀的价值观念，哪些是应该抛弃的价值观念，在人们中间还存在着很大的分歧。有关这些问题的争论至今仍在持续。关于西方的价值观念，我们该如何正确对待，这同样看法不一。我们既不能照搬西方的价值观念，又不能盲目排斥西方的观念，这在抽象层次上人们可以达成共识。但哪些是不能照搬的，哪些是不能盲目排斥的，这些问题一具体就有不同看法。还有不少的观点认为，西方的价值观念具有"普世性"，以所谓的"普世价值"来作为形成我们核心价值观的基本参照。在这一问题上，我们更应该保持清醒的头脑。如何评价西方的价值观念，怎样把西方反映时代发展要求的价值观念与中国土

① 《邓小平文选》第3卷，人民出版社，1993年版，第373页。

本具有优秀民族传统的价值观的精华结合起来，人们的意见也很难统一。在本国的、传统的、西方的众多价值观念中，要从中凝练出能够得到大家认同的核心价值观并不容易。

再次，在对社会主义本质和核心价值观这两个基本要素准确把握的基础上，还要把二者结合起来形成一个概念，使之既能够反映社会主义的本质，又能够得到社会认同的社会主义核心价值观。这二者的结合也不是一件容易的事，它既需要高度的凝练，又需要具有广泛的社会认同。有的观点认为，社会主义核心价值观凝练的难点就在于二者的结合，如果只考虑其中的一个方面，那就比较容易达成共识。但是，这样的看法是不可取的。实际上这一观点的实质是要把社会主义本质这一要素从核心价值观中舍弃掉。这样，没有了社会主义本质的要素，核心价值观就具有“普世价值”的性质了。显然，这不是凝练社会主义核心价值观的正确思路，而是对凝练社会主义核心价值观的误导。其实，强调社会主义核心价值观的凝练是一个过程，就是因为要把社会主义本质和核心价值观二者结合起来是一个没有先例的创新，它不是只要创造一个新概念的问题，而是要在实践发展的基础上，通过不断深化认识，逐渐形成社会共识的过程。

总之，社会主义核心价值观的提炼是一个十分复杂的问题，涉及到许多方面的关系。要妥善处理好各方面的关系需要一个认识过程、研究过程、协调过程、提炼过程。对核心价值观的认识也将随着社会发展、进步和观念的转变、更新而不断深入，要在社会范围内达成共识更不是一朝一夕所能做到的。从历史上看，封建社会核心价值观的形成和发育用了上千年时间，资本主义核心价值观的提出和成熟用了几百年时间。社会主义核心价值观的凝练同样也需要一个长期过程。凝练社会主义核心价值观不能把它看作是一个短期任务，而是应该看作是一个长期过程，是一个在社会实践中不断深化认识和凝练的过程。在目前社会主义实践还不充分、认识还不到位、提炼还不准确的条件下，如果只是完成任务式的去凝练社会主义核心价值观，在理论上未必能够实现预期的目标，在实践上也难达到期望的效果。凝练社会主义核心价值观需要一个过程，这样的判断更符合目前我们对这一问题的认识状况，也更符合事物发展的规律。

二、社会主义核心价值观与核心价值体系的关系

社会主义核心价值体系是核心价值观的基础，这是二者的基本关系。因此，只有在不断加强社会主义核心价值体系建设的基础上，才能实现对核心价值观凝练的目标。不能因为现在提出社会主义核心价值观的问题，就把主要注意力都放在核心价值观上，而淡化了社会主义核心价值体系的研究和建设。中共十八大把社会主义核心价值观的凝练放在加强社会主义核心价值体系建设中来阐述，这是我们把握二者关系的基本依据。社会主义核心价值体系是兴国之魂，决定着中国特色社会主义发展方向，用社会主义核心价值体系引领社会思潮、凝聚社会共识，是我国文化建设和意识形态建设最根本、最重要的任务。社会主义核心价值观的凝练包含在这一根本任务之中的。把凝练社会主义核心价值观的基础工作放在核心价值体系的建设上，这是由二者的基本关系决定的。

首先，社会主义核心价值体系规定了核心价值观的基本方向。社会主义核心价值体系包含的四个方面内容是明确的，这些内容包括了社会主义基本的价值取向和发展方向。社会主义核心价值观的凝练不能离开核心价值体系另起炉灶，只能源于核心价值体系。离开了社会主义核心价值体系，凝练出来的就不可能是社会主义核心价值观。社会主义核心价值体系中的以马克思主义中国化最新理论成果为指导思想、中国特色社会主义共同理想、以爱国主义为核心的民族精神和以改革创新为核心的时代精神、社会主义荣辱观，就

是社会主义核心价值观的凝练基础。马克思主义中国化最新理论成果的指导思想、中国特色社会主义的共同理想，规定了社会主义的本质特征；民族精神和时代精神、社会主义荣辱观，规定了核心价值观的基本指向。加强社会主义核心价值体系建设，就是对社会主义本质和核心价值观的建设和凝练，对核心价值体系的建设越深入，对社会主义本质和核心价值观的凝练也就越深刻。所以，当前培育和践行社会主义核心价值观的着力点，不应该去争论什么是社会主义核心价值观的问题，而是应该切实加强社会主义核心价值体系建设，这才能为更好地凝练社会主义核心价值观打下扎实的基础。

其次，社会主义核心价值体系是凝聚社会共识的基本规范，加强核心价值体系建设的过程，就是凝聚社会共识的过程。社会主义核心价值观凝练的基础是能够形成社会共识，而形成共识必须要有基本规范。目前，人们之所以对社会主义核心价值观的分歧比较大，难以形成社会共识，重要的原因就是人们缺乏对这一问题认识的基本规范。例如，社会主义核心价值观是否必须包含社会主义本质与核心价值观这两方面的基本要素？什么是社会主义本质？什么是核心价值观？在这些基本问题上大家的认识还缺乏基本规范，因而人们的概括就各不相同，得出的看法也就不可能统一。在这样的情况下，要凝练出具有社会共识的社会主义核心价值观几乎是难以做到的。所以，凝练社会主义核心价值观的基础在于凝聚共识，而凝聚共识的依据就是社会主义核心价值体系。社会主义核心价值体系建设这一基础工作不做好，社会主义核心价值观的凝练就会没有方向、没有目标。现在比较流行的观点，把“三个倡导”的“24 个字”直接等同于社会主义核心价值观，就是对社会主义核心价值观的凝练没有明确方向和目标的具体反映，原因在于没有把握好与社会主义核心价值体系的关系，没有以社会主义核心价值体系作为基本规范来凝练核心价值观。从社会主义核心价值体系中提炼核心价值观应该是我们的基本思路，当然，这并不是简单地把内容浓缩，或者把社会主义核心价值体系四个方面内容一一对应进行提炼，而是要对二者关系进行深入研究，把握它们的内在联系，提炼出既源于核心价值体系，又能够集中体现核心价值体系精华的核心价值观。如果没有把握好核心价值观与核心价值体系二者的关系，那么凝练出来的社会主义核心价值观既不能得到人们的认同，在理论上也难以成立。

再次，培育和践行社会主义核心价值观本身就是社会主义核心价值体系建设的过程。中共十八大提出的“三个倡导”是为社会主义核心价值观的凝练提供了基本范畴和基础资源，而这“三个倡导”本身就是社会主义核心价值体系的基本内容，是核心价值体系的具体化和简洁表达。中共十八大报告提出“三个倡导”以后，客观上就存在三个范畴之间的关系，即社会主义核心价值体系、“三个倡导”、社会主义核心价值观之间的关系。社会主义核心价值体系是最基础、最根本的范畴，它是在全社会进行“三个倡导”和凝练社会主义核心价值观的依据，“三个倡导”是把理论化的核心价值体系具体化和简洁化为全社会提倡的价值观念，使之与人们的社会生活更加贴近，更直接地使人们对自身的社会行为形成规范，可以说，这是把理论化的核心价值体系转化为社会倡导的价值观念。培育和践行社会主义核心价值观是在核心价值体系和“三个倡导”的基础上，凝练出最能反映社会主义本质、反映价值观念中最核心的内容，核心价值观具有最高层次，是在其他价值观念是首位。因此，“三个倡导”，是核心价值体系的大众化，核心价值观是核心价值体系的凝练化和简洁化。无论是大众化或者简洁化，都需要在加强核心价值体系建设的前提下才能实现。

三、社会主义核心价值观与“三个倡导”的关系

凝练社会主义核心价值观是对社会主义本质、中国精神、价值

资源的高度概括，它是涵盖整个社会各个领域和层面的，核心价值观只能有一个，而不应该有不同层面之分。无论是国家层面，还是社会层面和个人层面，确立的核心价值观都是共同的、没有差别的。在关于社会主义核心价值观的讨论中，不少同志把中共十八大提出的“三个倡导”，即倡导富强、民主、文明、和谐，倡导自由、平等、公正、法治，倡导爱国、敬业、诚信、友善这“24个字”直接等同于社会主义核心价值观，并进一步认为社会主义核心价值观体现为国家、社会、个人三个层面，这是当前比较流行的看法。这种从三个层面来理解社会主义核心价值观的观点并不科学。因为“三个倡导”的“24个字”是作为培育和践行社会主义核心价值观的基本范畴，是为凝练社会主义核心价值观提供的基础资源，这本身不能作为社会主义核心价值观的直接表述，也不能理解为从中提炼出了不同层面的社会主义核心价值观。社会主义核心价值观不能分割为三个不同层面，如果有不同层面的核心价值观，实际上也就否定了核心价值观这一概念。社会主义核心价值观与“三个倡导”的内容并不是一个东西，“三个倡导”提出的是全社会需要提倡的基本价值观念，而不是核心价值观。“三个倡导”与社会主义核心价值观之间，既不是简单的等同关系，也不是直接的体现关系。但是，社会主义核心价值观的提炼又不能离开社会倡导的这些价值观念。

在凝练社会主义核心价值观的过程中，积极推进“三个倡导”，这是一项前期工作。在社会发展进步中，需要倡导的价值观念有很多，这些价值观念有不同的内容，适用于不同的领域、不同的层面。以前，我们也提倡过不同的价值观念，但并不是很系统。现在提出的“三个倡导”第一次比较完整、系统地总结了在社会主义社会中应该大力倡导的价值观念具体是什么。这说明我们对社会生活和活动已经形成了比较一致和明确的价值导向，并能够得到人们的认同。“三个倡导”提出的价值观念更具有全社会应该共同遵守的一般性质，而不是明确提出社会主义核心价值观是什么。把“三个倡导”简单地划分为是国家、社会、个人三个层面的价值观念，也并不很科学。因为对于有的价值观念并不能说就是哪一个层面的，它是整个社会应该倡导的。例如，文明并不一定说就是国家层面的价值观念，社会和个人层面也都要讲文明。因为这里的文明不是从国家建设的目标来说的，而是全社会需要倡导的价值观念。又如，和谐也不能说就是国家层面的价值观念，它更是社会层面需要倡导的价值观念，毫无疑问，在个人层面也应该树立和谐的观念。再比如，民主不仅从国家层面来说是一种制度，而且从社会层面和个人层面来说也是必须提倡的价值观念。还有，诚信也不是只对个人来说的，企业也要讲诚信，政府也必须讲诚信，各个领域各个方面都要牢固树立诚信观念，这样诚信才能真正成为我们社会共同的价值观念。所以，可以从不同的层面来理解我们倡导的价值观念，但是，不能把我们倡导的价值观念简单地就划分为分属于三个层面，因为价值观念的特征之一就是“跨层面”的，人为地把一种价值观念局限于某一个层面，并不具有什么学术性，而只会给人们的理解带来各种问题。这是我们在理解和把握社会主义核心价值观与“三个倡导”之间关系时应该明确的。

社会主义核心价值观是对社会主义社会中各种价值观念的高度凝练，因此，不能把这种凝练定位在是否能够全面反映我们社会应该具有的各种价值观念，而是应该定位在这一凝练是否能够成为各种价值观念中的核心。在这里，重要的是对各种价值观念中核心的凝练。我们对社会主义核心价值观凝练的思维方式要有所改变，在社会倡导的众多价值观念中，没有重要与不重要的区别，每一种价值观念都有其自身的内涵，反映的是不同方面所应该遵循的行为准则。在人类社会发展过程中，人与人之间、人与社会之间、个人与集体之间、个人与国家之间有各种关系，在处理这些关系的时候，个人、集体、社会、国家都要有共同的观念，无论是哪一方面，无论是哪一种观念都是重要的、不可缺少的，关键在于核心是什么。不能认为某一种观念没有作为核心价值观就不重要，只有成为核心价值观才重要。也不能认为把某一种观念作为核心价值观，没有把其他的观念作为核心就认为社会主义核心价值观的凝练不全面。从这一意义上说，核心价值观凝练本身就不能是全面的，把各种价值观念都包含进去，就不核心了。

社会主义核心价值观需要从不同的维度进行思考，但对社会主义核心价值观的凝练不能是多维度的，否则就不能达到高度提炼、准确概括和简洁表达的目标。要防止对凝练社会主义核心价值观出现泛化、复杂化、全面化的倾向，要避免对这一问题的研究越来越复杂化。对社会主义核心价值观需要进行理论研究，但目的是要以简洁的语言来表达，既要能够表达社会主义核心价值观所要包含的社会属性、精神追求、价值共识，又能够让人们乐于接受，这是凝练社会主义核心价值观的基本原则。所以，我们的关注点不应该只是放在抽象的论证上，而应该把对社会主义本质和价值取向作为研究的着力点，把功夫花在社会主义核心价值观的凝练上。

（复旦大学马克思主义研究院常务副院长、教授）

当下中国价值焦虑的原因探讨

郝宇青　吴文俊

在很大程度上，焦虑已经成为当下国人的一种普遍心态。而在这普遍的焦虑当中，价值焦虑可以说是当下中国出现的社会焦虑中最为核心、最为关键的类型之一。人们不知道有什么价值可以皈依，也不知道皈依何种价值才是正确的，在精神生活领域处于虚空状态。活着也仅仅是为了活着，已成为不少国人的真实写照，即使他们活在五光十色、纸醉金迷之中，但是这并不能改变他们活得表面、肤浅、浮躁、迷茫、空虚的事实。在缺少价值依托或不知皈依何种价值的情况下，或许人们可以凭恃的只有物质的外壳了，似乎只有物质的东西才能证明自己的存在和价值。在当下中国屡屡出现的“炫富”，其实，他们并没有因为过多的物质而强大、幸福，而是心灵的虚空而已。于是，一些“迷信”活动乘虚而入，并成为价值焦虑的替代品，而不断得以滋长和蔓延。

那么，在当下中国价值焦虑产生的原因是什么呢？笔者认为，主要有如下三个方面的原因：

一、奉行经济发展至上主义的结果

由于认识到了“贫穷不是社会主义”，[①] 所以在我国由传统社会向现代社会转型的过程中，特别强调经济领域的发展，而且在30多年的改革开放进程中，中国的经济一直保持着高速的增长，到2010年中国已经成为世界第二大经济体。然而，在改革开放和社会转型过程中，价值领域的建设却未能相应地跟进，甚至可以说是严重地滞后了。尽管在我国现代化的发展过程中，中央也多次强调要做到物质文明、精神文明的协调发展，但是，在经济发展为第一要务的背景下，在经济增长为政绩考核的主要标准的情况下，这种强调并不能给各级政府提供进行精神文明建设的动力，因而也不能改变精神文明建设不受重视的状况。试想，在经济发展过程中的唯GDP论，在政绩考核的唯经济增长论的情况下，谁还会去重视吃力不讨好的精神文明建设呢？即使有精神文明建设的实践，也多停留在形式主义的层面上，而这不仅于价值建设无益，反而有害。有学者就尖锐地指出：“当人们被强制灌输了一整套虚假、空想的价值理想，又猛然间被推入了市场经济的大海时，他们对文化价值的淡漠、拒斥、反叛，往往变得特别义无反顾，为所欲为。这一切都使得当前中国社会诸层面、社会诸阶层都浮现出一种缺乏文化价值根基的浮躁性和盲目性。”[②] 这样，在市场经济的利益驱动下，在物质主义、消费主义的诱惑下，人们唯利是图，功利化倾向日益明显，日渐沦为物质的奴隶，而作为人类生存根基的价值却成了可有可无的东西。于是，个人迷失了价值坐标，心灵极度空虚。为什么近年来“迷信”

---

① 《邓小平文选》第3卷，人民出版社，1993年版，第64页。

② 何显明、揭扬：“漂泊的心灵：现代化进程中的文化价值失范现象”，《学习与探索》1996年第1期。

活动大为盛行？在很大程度上就和人们的价值焦虑有关，“迷信”乘虚而入，成为了个人无意义感的价值焦虑的替代品。

当然，经济发展至上主义导致价值焦虑，除了表现为政治层面的原因外，还有经济发展本身的原因。我们知道，现代化的市场经济本身即隐含着物质主义、消费主义的魅影，它在推动国家世俗化、理性化、祛魅化的同时，却导致了价值理性的退场，以至于美国学者史华慈感叹道：“我们正生活在一个充满深刻的精神、文化、政治危机的时代。”[①] 这种现象可谓是：技术文明进步与道德价值失落的二律背反现象。因此，经济发展本身即可以看作是对价值（尤其传统价值）与现存政治秩序的一种挑战，经济发展本身也自然带来了价值的焦虑。特别是快速的经济发展更是如此。墨西哥的“别走得太快，等一等灵魂”的谚语，在某种意义上讲的就是这个道理。近年来，中国经济一直处于快速的发展过程中，不断刷新与创造着纪录，然而，经济的繁荣却没有带来价值的提升。

二、变了味、走了形的价值建设

应当说，在当下中国并不缺乏价值建设的实践。譬如，在全国不少地方，都有各种各样的发展地方传统文化的项目和工程。但是，这些项目和工程大都带有浓厚的行政色彩，其本意并不是发展传统文化，发展传统文化只不过是幌子，发展经济才是其最根本的追求。“文化搭台，经济唱戏”的闹剧屡见报端，就是证明。而这种过度商业化的、变了味、走了形的价值建设，无论如何都是不利于传统文化的发展的，自然也是无益于价值领域的建设和进步的。其结果只

---

① Benjamin I. Schwartz, “The Religion of Politics: Reflections on the Thought of Hannah Arendt”, Dissent, March-April, 1970, p. 144.

会是：破坏着价值，制造着价值混乱。

这种变了味、走了形的价值建设主要表现为如下两种情况：

1. 价值建设的行政化色彩。在价值建设领域，政府的推动是必不可少的。但是，在我国，价值建设的行政化色彩过于浓厚，过多地依靠党和政府的宣传和动员，到最后甚至衍化为运动式的政府行为，价值建设因此丧失了原有的涵义。譬如，抓典型、树楷模作为弘扬主流价值的一种手段本无可厚非，但是，一些地方却把抓了多少典型、树了多少楷模作为衡量政绩的硬性指标，抓典型、树楷模因此而蜕化为炫耀功绩的道德幌子，成为了作秀之类的政治表演。这样的“政治秀”究竟能够在多大程度上推动着价值建设，是大可怀疑的。

2. 价值建设的商业化模式。在发展经济是第一要务的制约下，在市场经济而产生的各地经济竞争的影响下，文化与价值已越来越缺少一个独立自由、自在、自主的空间，精神文明建设也已远远不是目的，而蜕变为经济发展的手段。例如，当前社会以弘扬传统文化为名的“文化搭台”，却经常转变成“经济唱戏”的商业运营，然而，商业文化主导下的文化发展，并不能推动价值的进步。所谓的“少林寺现象”就是这种情况的一个典型。随着时代的变迁和社会的改革，少林寺这个传统的清净之地也被卷入了市场的逻辑，而地方政府也把它作为一个经济品牌使用，从而沦为了发展经济的一张皮。对此，有学者指出，这是少林寺最令人疑惑和担忧的地方，也是少林寺最遭批评的佛教实践方式。宗教信仰披上了经济的外衣，形成品牌经营模式之后，“上帝信仰如同一个交往结构”，神与人之间的交往被“利益最大化”的原则所侵蚀，而内在的价值内容则荡然无存。[①] 在此，霍克海默对“文化工业”的批判值得当下的中国加以借鉴。他说：在文化工业化的时代，“人们仅从一个角度去看待一切事物：有用的观念可以用来衡量一切”。而“当艺术被当作像工

---

① 李向平、李峰：“如何构建当代中国的社会信仰——华东师范大学哲学系博士生导师李向平教授访谈”，《社会科学家》2010 年第 4 期。

业产品那样可以买卖、可以交换的商品时”，当艺术从精神领域蜕化成一种物化的文化时，那么，此时也就剥夺了艺术本应具有的反抗和批判功能。[①] 总之，过度的商业化倾向于价值建设并无助益。

三、意识形态解释力的下降

对于任何一个国家的政治生活来说，都离不开意识形态，离不开意识形态合法化辩护作用的发挥。它作为一种制度安排，不仅可以有效地节约制度运行的成本，维护政治秩序的和谐与稳定，而且可以有效地教化国民与塑造国民意识，进而发挥改造与构建社会的功能。这正如毛泽东所说的那样：“社会意识形态是理论上再造出现实社会。”[②] 当然，上述功能的发挥需要意识形态的解释力的保障。

由于我国是在一个经济文化落后的情况下建立起了社会主义制度，这种情况使得我国的政治生活更加依赖意识形态。必须承认的是，在改革开放之前，我国的意识形态是与社会主义计划经济高度吻合、彼此调适的，它对于社会现实有着高度的解释力。因而在那时，我国的价值领域在总体上还是处于相对完整的状态。这种情况甚至在改革开放之后的一段时间里也是如此。

然而，由于种种原因，虽然我国的经济体制改革取得了长足的进步，经济发展取得了重大成就，社会结构出现了一定程度的分化，但是，我国的意识形态却在某种程度上滞后于社会结构的变化，滞后于经济领域的发展，从而导致意识形态及其所建构的价值理想与社会现实之间存在的落差，非但没有因为近年来的经济进步而缩小，反而在不断地扩大，以至于造成意识形态的解释力在不断地下降。

---

① ［德］马克斯·霍克海默、西奥多·阿道尔诺著：《启蒙辩证法》，渠敬东、曹卫东译，上海人民出版社，2003 年版，第 177 页。

② 《毛泽东哲学批注集》，中央文献出版社，1988 年版，第 210 页。

我们虽然也采取了一定的措施，大力加强意识形态建设，但是在社会现实面前，以至于其建设的成效大打折扣，当然它也就不能很好地回答社会现实提出的各种困惑。例如，在改革开放进程中出现的贫富分化现象、官员贪污腐败问题、社会不公问题、社会结构的固化问题等，这和意识形态建构的价值理想存在着一定的差距，从而使得意识形态的教化与解释功能大大下降。

需要说明的是，在主流意识形态及其所建构的价值理想遭遇民众不信任的时候，民众就会转向其他的价值理念，因为人的生存毕竟是需要价值支撑的，而正是有了价值的依靠，人的生命活动才有了意义。于是，就出现了价值领域的混乱、分化与多元状态。当前我国价值领域的混乱和价值共识的匮乏，在某种意义上就可以看作是主流意识形态及其价值理想所处的尴尬境遇，也可以看作是人们寻找适合于自己的价值的努力。由于每个人所处的社会地位、经济水平、受教育程度、工作与生活环境甚至性别等方面的不同，因此人们在价值选择上也不同。

从社会发展的角度而言，这是一种正常的社会现象，也是和我国社会正处于急剧的转型之中相吻合的，但是，对于社会政治秩序的稳定而言，仅有价值领域的分化与多元是不够的，它还需要价值共识的建立。这一工作主要由主流意识形态及其价值理想来完成。当然，主流意识形态要完成这一工作，需要与当前中国社会发展的实际结合起来，增强意识形态自身的包容性，拓展与创新意识形态的理论空间，在价值分化与多元的环境中构建价值共识，从而在提高意识形态解释力的同时，化解人们因价值混乱而产生的价值焦虑。

总而言之，价值焦虑是当下中国急剧的社会转型过程中面临的一个严重的社会政治问题，必须弄清楚其产生的原因，进而加以有效化解。或许，只有解决了价值焦虑，实现了人的现代化，才称得上是真正意义上的现代化。

（华东师范大学政治学系教授；华东师范大学政治学系研究生）

唯物史观原则与价值观问题

黄力之

面对今日中国社会之种种道德乱象，有人认为问题在于没有将“新文化新道德”建立在“社会主义市场经济基础”上，存在着一种“违反马克思主义的错误理论”，即“经济可以市场，社会绝不可市场”的主张。这种看法貌似坚持马克思主义的唯物史观，实则不然。

马克思在1859年的《〈政治经济学批判〉序言》中的确论证了，随着经济基础的变更，全部庞大的上层建筑也或慢或快地发生变革。但是，一方面，马克思并没有将上层建筑与社会意识形式划等号，维护市场经济的法律不等于这个社会需要的伦理道德；另一方面，恩格斯晚年对历史唯物主义进行了非常重要的反思，恩格斯承认马克思和自己“都有同样的过错”，即过于强调“从作为基础的经济事实中探索出”种种思想观念，却“给敌人以称心的理由来进行曲解和歪曲”。

从完整的唯物史观而不是庸俗的“唯物史观”出发，社会价值观便是属于“更高地悬浮于空中的思想领域”，它不必完全服从于社会经济机制，它的一个重要功能恰恰在于以反作用的方式而不是迎合的方式去解决社会经济生活中存在的问题。

反向于市场经济去构建社会主义价值观，这可能吗？美国学者丹尼尔·贝尔的研究对我们是有启示的。贝尔在20世纪70年代的《资本主义文化矛盾》中提出，在资本主义发展早期，新教伦理在上帝的名义下激发了人的生产积极性。但到了20世纪消费主义时期，人们不再受制约于节俭，新教伦理被资产阶级社会抛弃，资本主义制度也因此失去了它的超验道德观。

贝尔认为，任何社会——包括市场经济的社会都是一种道德秩序，它必须证明它的分配原则是合理的，现代政治体系必须依靠正义来维持其生命力。资本主义欲可持续发展，必须借助社会主义的价值观——“群体价值超过个人价值”、“反对把财富转换成特权”、建立“一套劳动者优先的雇佣制度，有对付市场危机的一定安全保障，以及足够的医疗条件和防范疾病的措施”等等。贝尔的具体思路是，划清家庭经济、市场经济和公众家庭的界限，弄清各种经济形态各自根本的特殊原则，对于解决社会所陷入的主要的政治和社会困境，是至关重要的。实际上，这就是一种反向构建。2008年美国金融危机以后，人们在欧美社会已经观察到其事实。

回到中国问题，中国依然处于市场经济的历史进程中，按某些学者的说法，中国的市场经济还很不够，也许的确如此，中国需要建立更完善的法律和制度，确保市场经济本身的正常运行。但是，鉴于西方社会的教训，我们必须意识到，无论中国再怎么市场化，中国的社会主义核心价值观构建都是不能完全服从市场化原则的。完整的唯物史观的原理能够证明，社会主义价值观属于“更高地悬浮于空中的思想领域”，而且能够以反作用的方式而不是迎合的方式去解决社会经济生活中存在的问题。

构建相对独立于市场机制并纠正市场化倾向的价值观，这涉及到文明社会基本的合法性结构：一方面，个体的人的行为不能摆脱物质利益的驱动；另一方面，社会的存在必须以控制、协调个体的人的利益行为为前提，首先是政治与法律的硬性控制，其次是道德与价值观的软性控制。这一结构本身就存在悖论：当人们的逐利动机完全合法化，压倒了社会控制时，社会就会因丛林化而解体；当社会控制无视人的利益需求，完全压倒人欲时，生产力的增长就会受到遏制，文明就会倒退。所谓资本主义文化矛盾便反映了社会控制在人欲面前的无力与失语。

还是按照唯物史观的原理，社会意识必须依托于社会存在，空言道德是不能奏效的，这当然要从社会存在做起。贯彻落实科学发展观以来，我们已经认识到，完全可以实行一种切割，即“经济可以市场”，而“社会绝不可市场”，或者说市场的归市场、社会的归社会。可以通过社会主义政治功能的发挥，在社会政策上确保公平正义的相对存在，遏制市场社会的不道德倾向。具体来说，国家要确立教育、医疗、住房、就业等公民权利不受市场化的侵蚀，诸如道路的铺设、城市的规划、医疗服务的组织、文化教育的投资、环境污染的消除、房屋的建设，这些与公众利害攸关的事情，不能走完全市场化的道路。

当人们一方面看到金钱并非万能的社会事实，另一方面看到社会倡导的价值观是在抵御而不是公然放纵市场化原则对人性、正义、和善的消解时，中国特色的社会主义市场经济才会成为具有真实内涵的概念，这一概念的名副其实之日，便是“中国梦”对于人类文明的贡献之时。

（中共上海市委党校教授）

多元社会离不开核心价值观的弘扬

周锦尉

春节休假，有了静思一些问题的时光。读《文汇时评》一位中央文史馆馆员舒乙的文章，说到春节有三个原则：一是团聚；二是行礼和祝福；三是游戏不忘向善。文化学者钱文忠认为，春节崇尚的理念是：孝道、团聚、和谐；而作家冯骥才则把春节的价值取向看作两点：祈福和辟邪。当然“春节的意义和内涵”还有多种说法。我以为，人类的核心理念往往透过重要的仪式表现出来，春节就是中国人新年之始的重要仪式，各位学者的解读，其实无非是对需要弘扬的中华民族传统的价值观的提炼和解读。由此，联想到弘扬社会主义核心价值观之重要和必要的问题。

核心价值观是一定社会形态社会性质的集中体现，在社会思想观念体系中处于主导地位，决定着社会制度的形成，影响着社会风气和人们的社会行为。历史上的先进阶级在革命中，都把构建自己的核心价值观，作为革命活动不可缺少的部分。共产党人一向重视培育、践行我们的核心价值观。

2006 年召开的十六届六中全会第一次提出建设社会主义核心价值体系的任务，并构建了马克思主义信仰、社会主义现代化的共同理想、民族精神和改革精神、社会主义道德的四个层面的价值体系。党的十八大报告强调指出：“社会主义核心价值体系是兴国之魂，决定着中国特色社会主义发展方向。要深入开展社会主义核心价值体系学习教育，用社会主义核心价值体系引领社会思潮，凝聚社会共识。”并且，进一步指出，倡导“24 个字”，即“倡导富强、民主、文明、和谐，倡导自由、平等、公正、法治，倡导爱国、敬业、诚信、友善，积极培育社会主义核心价值观”。中共中央政治局宣传部近期又发出积极培育社会主义核心价值观的通知。由此可见，认识、确定、培育、践行社会主义核心价值观，是中国特色社会主义建设的“铸魂工程”。

市场经济发展亟须社会主义核心价值观的弘扬。中国建国以后，颠覆了民国时期的经济结构和体制，选择了社会主义计划经济体制，曾经构建了中国自己的国民经济体系，获得经济的恢复和发展。然而，计划经济体制所体现的弊端日益显露。新时期，我们选择了社会主义市场经济体制。30 多年的实践证明，这种体制的优越性无可置疑，它所崇尚的创新、竞争、优胜劣汰、效率，使得社会成员活跃、积极性创造性迸发、财富极大涌流，国内外高度肯定。但是，市场机制是一柄“双刃剑”，市场机制的短处一面同样显露无疑，由西方经济学所概括的“三个假设、三个原则”（所谓“经济人假设”，引出“利益最大化原则”；“产权清晰假设”，引出“等价交换原则”；“资源稀缺假设”，引出的“供求原则”），使我们领教了“双刃剑”正面的力量，也领教负面的残酷、厉害。市场的盲目性、无序性、对欲望的诱惑和私利的驱动，也滋生着个人主义、金钱主义、享乐主义。由这“三个主义”造成的各种社会消极面，诸如制假贩假、坑蒙拐骗、买官卖官、贪污腐化等丑恶现象，一直滋生、蔓延着，困扰社会的进步和正直人们的心绪。同样，全球化亦是“双刃剑”，它既打开了人们的视野，配置各种资源、市场，又有西方不良经济运行方式和腐朽生活方式的侵入，挑战社会主义的健康秩序和价值观。

市场经济对价值观的影响是正负两方面的。从积极的方面看，市场经济所倡导的创新、竞争、争先、效率、效益、责任、担当，是鲜明而强烈的，而利己、享乐、拜金主义又是极大影响人们的思想和行为，因此，社会需要扬善抑恶，释放出正能量。

经济迅速发展且转型的社会亟须弘扬社会主义核心价值观。中央领导推荐读法国学者托克维尔的《旧制度与大革命》，海外评论说，中国现今发展状况与法国大革命前的情况有相似之处。此书描绘了法国大革命期间的社会心态变化，托克维尔诘问："何以减轻人民负担反而激怒了人民？"（托克维尔《旧制度与大革命》，第219页）。他的著作成为分析转型社会心态变化的一部经典，以后的国际著名学者引用其论述并有进一步的阐述，塞缪尔·亨廷顿就有系统的阐述，他分析说："经济发展本身也是一个产生不安定的过程；为满足期望所需要的社会变革，实际上恰恰会提高人们的期望。""有人曾指出，迅速的解决增长会（1）瓦解传统的社会群体（家族、阶级、种姓），而增加'落魄者及处境使其容易参加革命抗议活动的人的数量'（曼库尔·奥尔森：《作为不稳定因素的迅速增长》）；（2）产生一些不完全适应和同化于既存秩序的暴发户，他们要求与新的经济地位相应的政治权力和社会地位；（3）增加人口在地理上的流动性，破坏了原有的社会纽带，特别是刺激人们从农村向城市移居，这会带来离异情绪和极端主义；（4）使更多的人生活水平下降从而扩大了贫富间的差距。"亨廷顿还概括了投资消费矛盾、难以连续增加收入引起对现存制度不满、地区间民族间投资消费分配上的冲突、群体组织能量释放以后对政府的压力等，"增加人们的挫折感"。亨廷顿引了托克维尔的论述："经济的飞速发展，造成史无前例的国家经济繁荣。""这种不断增长的繁荣，未能安定民心，却到处激起了人们的不安情绪"，并且，"恰恰在法国经济状况改变最明显的地方，民众的不满达到顶峰"①。著名学者分析的"暴富者"、"落魄者"、"迁徙者"对社会稳定的影响，在当代中国也出现类似的情况，有些冲突的情节，比小说的描写更为生动、离奇、曲折。比如，相当数量暴富者的炫耀性消费、犯罪性消费（黄赌毒行为）

① ［美］塞缪尔·亨廷顿著：《变革社会中的政治秩序》，李盛平、杨玉生等译，华夏出版社，1988年版，第50—51页。

给社会带来奢靡之风和戾气，超出人们的预料，同样，铤而走险的“落魄者”频频出现无特定对象的反社会行为，闻所未闻，增加了社会戾气。深一步分析，这些社会现象是利他、利社会与利己的核心价值观的冲突、碰撞，是健康价值观的被扭曲。

经济高速增长且转型的社会，开放而呈勃勃生机，物质生活的日益丰裕，使人们追求更舒适、优雅、健康的精神生活，进取、开放的价值观深深影响人们的思想和行为，同时，由社会矛盾及一系列丑恶现象引出的焦虑、困惑、抱怨，也对人们的价值观产生影响。

多元社会亟须弘扬社会主义核心价值观。建国以后，我们曾经是一个“两阶级、一阶层”（工人阶级、农民阶级、知识分子阶层）的社会。改革开放以后，我们认同了多元、多样、多变的社会。从价值观来说，变得异常之丰富，有先进分子所倡导的价值观，有一般社会成员能接受的有益无害的生活方式和价值观，也宽容、允许富裕阶层高消费的生活观价值观。在各种价值观的共融、共存、碰撞之中，负面的价值观还很有市场，那种由于利益驱动形成的不诚信价值观、丑恶的利己主义，也在各方面危害着社会经济生活、污染着我们的党风民风，都需要弘扬社会主义核心价值观来抑制、消解。核心价值观蕴含着人们对世界、人生、社会等一系列重大问题的价值共识，影响着社会成员的思想观念、思维方式、行为规范，是人们思想上精神上的“魂”，培育和践行核心价值观，是社会的一项基础工程。

多元之中有砥柱，多样之中有主导，多变之中有准绳。社会上“好人总是多于坏人”，遵纪守法的、兢兢业业干好本职工作的、乐于在别人困难时伸出援助之手的、积极进取的、想创出自己更好业绩的，总占社会的大多数，包括处于“上游”的人群和处于“中游”的人群。其中，处于“上游”、先进的、被鲁迅称为默默苦干的“中国的脊梁”，是社会的楷模，引领着我们民族的进步。这健康的大多数，构成社会的主要力量，主宰着社会的发展，他们所选择、践行的价值观，代表着社会发展的方向，我们党所倡导和须践行的价值观与这“大多数”所需要的理念联系在一起。由此，增添我们对中国特色社会主义道路、理论、制度的“三个自信”。

近年来，各方面普遍反映，应当在社会主义核心价值体系基础上进一步提炼、概括，鲜明提出简明扼要、便于传播践行的核心价值观。如今，党的十八大所概括的价值观方面的“三个倡导”、“24个字”，就是一种尝试和进步。

这“24个字”首先是社会主义的。“富强、民主、文明、和谐”，是社会主义现代化的奋斗目标，是中国人民目前的共同理想。各个阶层、群体都认同这一目标。这既是目标，也是价值理念。即“富裕起来”是价值取向，又是人民的权利；“民主”、“文明”、“和谐”，都是奋斗目标，又是人民的权利。要实现这个宏伟的目标，需要“爱国、敬业、诚信、友善”，爱国，当然是爱社会主义中国。这，凝聚着人民的共识，成为人民价值观方面的“最大公约数”。

这“24个字”透露着中国优秀文化的传统又有借鉴这世界文明成果。价值观属于文化范畴，不可能脱离特定的历史文化传统。核心价值观一定是在一个国家、一个民族长期发展中形成的，反映着这个国家、民族的文化积淀、思想。中华民族是历史文化丰厚的民族，传统价值观中有丰富的财富，现今概括的24个字就烙上中华文化的精神印记，同时也吸取了世界文化文明成果中的养料。

这“24个字”反映了社会主义道德建设的丰富内涵。以伦理学的角度来观察，“24个字”呈现三个层面：“富强、民主、文明、和谐”是国家层面；“自由、平等、公正、法治”是社会层面；“爱国、敬业、诚信、友善”是公民层面。对公民而言，前两个层面的理念和价值观，更多地表现着公民的权利，公民层面的理念和价值观更多地体现着公民的义务和责任。当然，这种划分和解读是相对的，比如，以民主来说，既是公民的权利，即享有各种民主权利，又是公民的义务，每个公民都得遵纪守法。

笔者认为，弘扬社会主义核心价值观，简言之，也可认为：就是弘扬生活中的“真善美”。无数社会事实证明，这类“真善美”

常常发生在我们身边。“雷锋”式的人物，就是社会的先锋和楷模；普通人可能不经常的，但一旦有情况，也会做善事；紧急时刻会自然而本能地舍己救人、向需要帮助的人们伸出相助之手等，就是“真善美”的闪现，是核心价值观的践行。对此，我们应像爱护“幼苗”般地予以“捕捉”利他利于社会的好事，弘扬其中的价值观。多元社会的“铸魂工程”是系统工程，需要各行各业、各级组织单位、各级领导、各媒体网站共同努力，尤其需要公民人人参与，弘扬真善美，鞭挞假丑恶。如此，才有一个风清气正的美好社会。

（上海市马克思主义研究会副会长、上海社科院特聘研究员、高级编辑）

社会主义核心价值理论建构研究

周中之

社会主义核心价值理论是中国特色社会主义理论的重要组成部分。从2006年党的十六届六中全会提出的“社会主义核心价值体系”的科学命题，到2012年党的十八大提出的“社会主义核心价值观”，社会主义核心价值理论经历了不断丰富和发展过程。我们不仅要研究社会主义核心价值体系、社会主义核心价值观，而且要研究两者之间的关系。要把社会主义核心价值体系和社会主义核心价值观置于社会主义核心价值理论的不同层面的组成部分加以研究，即从社会主义核心价值理论内在建构研究社会主义核心价值理论，将这一领域的研究推向深入。

一、社会主义核心价值理论是中国特色社会主义的理论创新

21世纪以后，中国已进入改革发展的关键时期，经济体制深刻变革，社会结构深刻变动，利益格局深刻调整，思想观念深刻变化。在社会日趋多元化的历史条件下，如何坚持社会主义主流意识形态，并更好地发挥其在文化发展中的主导作用，成为思想理论战线上的重大课题。2006年党的十六届六中全会在社会主义和谐文化建设

中，首次提出了“社会主义核心价值体系”的科学命题，并指出马克思主义指导思想、中国特色社会主义共同理想、以爱国主义为核心的民族精神和以改革创新为核心的时代精神、社会主义荣辱观是其基本内容。2007年党的十七大报告中在“推动社会主义文化大发展大繁荣”内容中，将“建设社会主义核心价值体系，增强社会主义意识形态的吸引力和凝聚力”作为首要内容，并进一步丰富了社会主义核心价值体系建设的具体内涵。这是社会主义核心价值理论发展的第一阶段。

社会主义核心价值理论发展的第二阶段是党的十七大后至十八大前，这一时期的发展着重是从以下两方面展开的：一是胡锦涛总书记2008年12月在军队一次重要会议上提出，要围绕强化官兵精神支柱，大力培育“忠诚于党、热爱人民、报效国家、献身使命、崇尚荣誉”的当代革命军人核心价值观。二是北京和上海等城市结合历史文化积淀和现阶段发展实际，提出了城市精神或城市价值取向，与核心价值体系相互协调。北京提出“爱国、创新、包容、厚德”为内容的“北京精神”，上海积极倡导“公正”、“包容”、“责任”、“诚信”的价值取向。

社会主义核心价值理论发展的第三阶段是党的十八大至今。十八大报告提出了三个层面的社会主义核心价值观，即“倡导富强、民主、文明、和谐，倡导自由、平等、公正、法治，倡导爱国、敬业、诚信、友善。”这一社会主义核心价值观的表述概括了在近几年来凝练社会主义核心价值体系的研究过程中所产生的成果，标志着社会主义核心价值理论的发展进入了一个新阶段。

社会主义核心价值理论是中国特色社会主义的理论创新，其创新之处首先表现在它的内容的创新，反映了时代的新要求。中国共产党现在处于新的历史方位上，“已经从领导人民为夺取全国政权而奋斗的党，成为领导人民掌握全国政权并长期执政的党；已经从受到外部封锁和实行计划经济条件下领导国家建设的党，成为对外开放和发展社会主义市场经济条件下领导国家建设的党”。[1] 作为领导对外开放和发展社会主义市场经济的执政党，面临的是思想文化战线多样化、多元化的新形势。这一方面是因为在对外开放过程中，国外的各种思潮必然通过各种渠道进入我国，影响人们的思想观念，另一方面是因为在发展社会主义市场经济的过程中，所有制的多样化、分配方式的多样化、就业形式的多样化必然使思想文化多样化的特点更为显著。在多元文化的当今中国，以社会主义核心价值理论建设主流意识形态才能适应时代的新要求，更好地增强其吸引力和凝聚力。

其次表现在它的方法创新，具有时代的新特征。传统的思想理论教育的理论是建立在“灌输论”基础上的。灌输论认为，科学社会主义的理论不是工人阶级自发产生的，是一批站在历史潮流前沿的革命知识分子，通过艰苦的科学研究而揭示的人类社会发展的客观规律。这一科学的理论需要通过外部“灌输”到工人阶级的头脑中去，使工人阶级从“自在阶级”成为“自为阶级”。随着时代的发展，这一“灌输论”依然有其价值，但在实践中，它已经面临着一系列的新课题，特别是这种灌输的方法必须更多地强调对象主体的作用。十七大报告指出，“要积极探索用社会主义核心价值体系引领社会思潮的有效途径，主动做好意识形态工作”。这里的“引领”包含着主导的含义，包含着要在接受主体在自觉自愿的前提下，实现对社会主义核心价值的认同，也包含要“既尊重差异、包容多样，又有力抵制各种错误和腐朽思想的影响”。这种“引领”不再是单向的灌输，而是双向的互动，体现了思想理论教育的新方法和新原则。

---

① 江泽民:《全面建设小康社会，开创中国特色社会主义事业新局面——在中国共产党第十六次全国代表大会上的报告》。http://news.xinhuanet.com/ziliao/2002-11/17/content_693542.htm。

二、社会主义核心价值观和社会主义核心价值体系的关系

科学的理论的形成和发展需要通过研究和论证，不断提高其严密性和逻辑性，实现其内在建构的成熟和完善。社会主义核心价值理论是中国特色社会主义的理论创新，在其发展过程中需要理论工作者以科学的态度，不断探索其内在的建构。

（一）核心价值观和核心价值体系是核心价值理论的两大层面

价值观是“在一定社会条件下，人的全部生活实践对自我、他人和社会所产生的意义的自觉认识”。[①] 在一个社会里，由于人们所处的经济地位、政治地位的不同，由于人们的道德观念、性格心理和生活阅历的不同，人们的价值观念也不同。价值观和世界观、人生观有着密切的联系，世界观和价值观的内核是价值观。人们在生活的道路上，总是面临着各种价值选择。不同的价值观引领人们作出不同的选择，甚至截然相反的选择。而在社会多种多样的价值观中，必然有着一种代表社会主流意识形态的价值观，即核心价值观。社会通过倡导核心价值观，引领社会生活，推动社会沿着一定的价值目标前进。

从词源上分析，体系是指若干有关事物或某些意识相互联系而构成的一个整体。价值体系作为“体系”，较之价值观，内容更为丰富，并且具有整体性。在多样化的社会中，有着众多的价值体系，

① 冯契主编：《哲学大辞典》，上海辞书出版社，2001 年版，第 620 页。

其中必然存在着占主导地位的核心价值体系。这一核心价值体系要反映主流意识形态的本质要求，同时也要为社会大多数成员所认同、接受，这样才能使核心价值体系充分发挥其凝聚人心、引领社会思潮的作用，使社会制度得以正常运转，社会秩序得以有效维系。人类社会发展的历史证明，主流意识形态通过核心价值体系建设，能有效地维护其代表的社会制度的稳定。中国古代历史上的封建社会，西汉时代提出了“三纲五常”的核心价值体系，有效地促进了长达千余年的中国社会的稳定。尽管封建地主阶级的主流意识形态已经走向了历史的反面，但历史的经验对于我们认识核心价值体系的作用不无价值。

有些学者认为，核心价值观和核心价值体系难以割裂，应该把它们视为一体。这一观点的论证不无根据。但深层地思考一下，两者属于不同的层面，有比较明显的区别。从以往使用的情况来看，价值观、核心价值观更多地用于社会个体或某个领域等场合。20 世纪 90 年代进行的“世界观、人生观和价值观”的教育，改革开放以来对青年学生进行的人生价值观教育，主要面对的是社会的个体。一些企业在发展中，将核心价值观运用于企业文化中，收到了良好的成效。中央领导提出军人核心价值观，并对这一核心价值观进行概括。但核心价值体系更多地运用于整个社会，与社会制度紧密联系在一起。核心价值体系比核心价值观具有更丰富的内涵，能够在宏观层面上应对复杂的社会现象。当然，核心价值观与核心价值体系的区分是相对的，两者的内容往往是可以互换的。简单地说，核心价值观更多地着眼于微观和中观层面，突出与生活的联系，而核心价值体系则更多地着眼于宏观，与社会制度联系。

（二）社会主义核心价值观和社会主义核心价值体系各有其特点

十八大报告提出了三个层面的社会主义核心价值观，内容丰富，其中“民主、文明、自由、平等、公正、法治、敬业、诚信、友善”等价值观构成了其主要内容。尽管各种意识形态和文化传统对它们诠释有着很多不同，但毋庸讳言，这些价值观覆盖了社会发展过程中代表人类文明的基本价值观。十八大报告的这一表述鲜明地体现了当代中国社会主义核心价值观的显著特点，即它是人类文明优秀成果的继承和发展。同时，这一表述是和走中国特色社会主义的道路的价值取向完全一致的。改革开放是坚持和发展中国特色社会主义的必由之路，坚持改革开放就必须把中国的发展与世界的发展紧密联系起来，才能实现中华民族的复兴。现在的世界是开放的世界，不搞改革开放，中国就没有出路。在改革开放的进程中，继承和发展代表人类文明的价值观，才能更好地在世界的发展中实现中国的发展。另外，中国特色社会主义是马克思主义中国化的最新成果，马克思主义不拒绝人类文明的遗产，恰恰相反，马克思主义是在继承人类文明成果的基础上发展起来的。十八大提出的社会主义核心价值观是符合马克思主义的内在要求的。

十六届六中全会的决定和十七大报告提出的社会主义核心价值体系，包含四个方面的内容：马克思主义指导地位，中国特色社会主义共同理想，以爱国主义为核心的民族精神和以改革创新为核心的时代精神，社会主义荣辱观。概括起来说，这一社会主义核心价值体系的显著特点是社会主义意识形态的本质体现，它表达了当代中国社会主义意识形态的指导思想、共同理想、民族精神和时代精神、伦理道德观。中国特色社会主义的创始人邓小平反复强调当代中国在发展中要坚持改革开放，同时也要坚持四项基本原则，坚持社会主义意识形态，两者缺一不可。社会主义核心价值理论既要有反映人类文明优秀成果的内容，又要有反映社会主义意识形态的内容。当代中国的历史及其发展表明，只有坚持马克思主义的指导地位，坚持中国特色社会主义的理想信念，才能为中国的发展指明正确的方向。我们必须坚定不移地高举中国特色社会主义伟大旗帜，既不走封闭僵化的老路，也不走改旗易帜的邪路，增强中国特色社会主义道路自信、中国特色社会主义理论自信、中国特色社会主义制度自信。

（三）社会主义核心价值观和社会主义核心价值体系的相互关系

社会主义核心价值观和社会主义核心价值体系在社会主义核心价值理论中处于不同的层面，两者相互联系，辩证统一。

第一，社会主义核心价值观是社会主义核心价值体系的基础。从价值观和价值体系的关系来说，价值体系是由多个价值观所组成的统一体。离开了价值观，价值体系就成了无源之水、无本之木。社会主义核心价值体系包含着一系列社会主义核心价值观，社会主义核心价值观贯穿于社会主义核心价值体系中。加强社会主义核心价值观的建设，才能更好地夯实社会主义社会主义核心价值体系的现实基础。社会主义核心价值观与生活密切联系，实践社会主义核心价值观才能更好地认同社会主义核心价值体系。例如，“爱国”是社会主义核心价值观的重要内容。近一百多年来，中国的贫穷和落后使中国饱受凌辱和蹂躏，因此中国人民渴望国家的繁荣和富强，爱国总是与中国的发展、现代化的实现联系起来。而中国特色社会主义指引中国实现了经济跨越式的发展，使中华民族复兴的愿景更清晰地展现在世人面前。“爱国”这一社会主义核心价值观为认同社会主义核心价值体系中“中国特色社会主义共同理想”、“以爱国主义为核心的民族精神”奠定了认同和接受的基础。

第二，社会主义核心价值体系是社会主义核心价值观的统摄。核心价值观针对不同的问题提出价值理念，指导具体的行动路线，多种核心价值观在一个理论学说、一种制度的统摄下形成一个整体，即核心价值体系。一定的核心价值观总是从属于一定的价值体系，为一定的核心价值体系所统摄。统摄从词源上分析，是统领和总辖之意。社会主义核心价值体系是社会主义核心价值观的“统摄”，这里的“统摄”包括两层含义，首先社会主义核心价值体系是社会主义意识形态的本质体现，所包含的指导思想及其理论学说是把握社会主义核心价值观的基本原则。其次社会主义核心价值体系在社会主义核心价值观的实践中起着导向作用。例如，社会主义核心价值观提出的“民主”、“自由”，在不同的核心价值体系里包含的具体内容有着很大的不同。这种不同与文化传统有关，更与社会经济制度和政治制度有关。中国要吸收人类文明历史发展过程中的思想文化遗产，建立与人类文明发展潮流相一致的理念，但也必须坚持在“民主”、“自由”等价值观上的话语权。在现实生活中，一些人缺乏对西方“民主”、“自由”价值观念的全面而又正确认识，以致要全盘西化，必须在理论上和实践上给予正确的回答。在实践中，要坚持导向的原则，发挥社会主义核心价值体系的引领作用，尊重差异，包容多样，同时又抵制各种错误思潮，使人们的价值观沿着正确的方向发展。

三、社会主义核心价值理论建构的研究

研究社会主义核心价值理论，探索其内在的理论建构，是当代中国马克思主义理论研究工作者的重要使命。面对不断发展的客观形势，社会主义核心价值理论的研究面临一系列的新课题需要理论工作者深入研究。

（一）如何阐述社会主义核心价值理论的层次性问题

层次性是结构的基本特点，它表达了系统内部各要素排列组合的形式。它不仅有一级层次，而且有二级、三级等等层次。随着社会主义核心价值理论的不断丰富，需要运用层次性的理论研究其内

在结构。笔者将社会主义核心价值理论分为社会主义核心价值观和社会主义核心价值体系分为两大层面，仅仅是研究的开始。一方面，社会主义核心价值观和社会主义核心价值体系这两大层面之间的联系和区别需要深入研究，即一级层次的研究。国内在 20 多年前就开始了价值观的研究，但对价值观和价值体系关系的研究却很少。社会主义核心价值观与社会主义核心价值体系关系的研究是近几年发展起来的，必然有很大的研究空间。在党的理论、方针和政策的宣传教育过程中，要让广大教育对象认同和接受社会主义核心价值理论，也必须正确、全面而又具体地阐明两者的关系。例如，社会主义核心价值观中的“民主”、“自由”与社会主义核心价值体系中的“马克思主义指导地位”、“中国特色社会主义共同理想”是什么关系。

另一方面，在社会主义核心价值观和社会主义核心价值体系内部关系的需要研究，即二级层次的研究。十八大报告提出了三个层面的社会主义核心价值观，内涵十二个价值观。这三个层面如何理解？有的专家认为，倡导“富强、民主、文明、和谐”属于国家层面，倡导“自由、平等、公正、法治”属于社会层面，而倡导“爱国、敬业、诚信、友善”属于个人层面。也有的专家认为，三个倡导分别属于社会层面、公民个体层面和中国传统伦理层面，体现了公共价值、个体价值和道德价值。这些理解对于推动人们对社会主义核心价值观的思考是有价值的，但也不得不指出，这些理解还有值得讨论的地方。例如，国家层面和社会层面的价值观要完全分开是有困难的，我们现在提的很多的是“和谐社会”，不把“和谐”视为社会层面的价值观，与原来的通用的提法不协调。我们经常讲“法治国家”、“法治社会”，仅仅把“法治”作为社会层面，又显得不够了。社会主义核心价值体系内部有没有层次？过去把它理解为“马克思主义指导地位”是“灵魂”，“中国特色社会主义共同理想”是“主题”，“民族精神和时代精神”是“精髓”，“社会主义荣辱观”是“道德基础”。在某种意义上说，这也是一种层次性的表达。

现在要思考的问题是，社会主义核心价值体系内部的层次与社会主义核心价值观内部的层次是否要相协调以及如何协调。

（二）如何阐述社会主义核心价值理论中的优先性问题

社会主义核心价值观的内容要覆盖国家、社会和个人的方方面面，需要丰富的内容。但在同一层次中，不同的价值观处于何种地位呢？这是必须加以认真研究的。回顾改革开放以来30多年的历程，效率与公平关系问题经常困扰着我们。不可否认，效率与公平在一定条件下，两者是相互促进的，但两者的价值取向是有重大差异的。改革开放初期，为了更快地发展生产力，制定了“效率优先，兼顾公平”的指导方针。随着中国社会经济的发展，社会公平问题日益突出，“更加注重公平”成为我们的指导方针。从如何处理效率与公平关系这一历史嬗变中，我们不难发现，在社会发展中何种价值优先是不可回避的现实问题，而这种价值优先与社会发展的形势与需要解决的社会主要矛盾是联系在一起的。随着社会主义核心价值观研究的深入，何者优先的问题也会浮出水面。例如，“富强”与“和谐”的关系，两者在一定条件下可以相互促进，但两种价值取向也会遇到矛盾。中国要“富强”，要增强经济实力，发展生产力。但社会要“和谐”，往往要付出一定的经济代价。为了缓和一些社会矛盾，需要放缓GDP总量的增长速度，在经济上对某些领域、某些地区、某些人群实行倾斜。特别是经济的发展和人与自然的和谐会遇到比较棘手的矛盾。我们要尽可能地将经济的发展与生态环境的保护统一起来，但一定条件下，两者的矛盾是客观事实，不依人的意志为转移。那么，何者优先的问题必然要提到议事日程上来，作为我们工作的指导方针。当然。何者优先的问题体现的是矛盾的特殊性，一定要重视提出这一问题的时间、地点和条件，才能正确地回答这一问题。

中国古代对于价值的优先性问题有诸多的思想资料。在先秦时期，孔子在“义利之辩”中，提出“义以为上”（《阳货》）、“义然后取”（《宪问》），即义与利的关系中，道义的价值取向优先于功利。孟子在著名的“鱼和熊掌”的论述中论述了价值的优先性问题，他指出“舍鱼而取熊掌者也”，“舍生而取义者也”（《告子上》），即熊掌的价值高于鱼的价值，道义的价值高于生命的价值。以孔孟为代表的儒家学说中有关何者价值优先的思想是精彩的，值得我们在研究社会主义核心价值理论优先性时认真借鉴。在西方哲学中，德国哲学家舍勒研究了各种价值之间高低关系的序列，他认为，判断一类价值高低的普遍性标准是持久性、不可分性、相对独立性和满足的程度等。他从基本的价值性质出发，把价值由低到高分为感觉价值、生命力价值、精神价值和宗教价值。他的思想观点对于我们不无启发。

（三）如何阐述社会主义核心价值理论中的操作性问题

社会主义核心价值理论是兴国之魂，决定中国特色社会主义发展的方向。以社会主义核心价值理论引领社会思潮、凝聚社会共识，必须加强社会主义核心价值理论中的操作性研究。在这一操作性研究中，为了适应社会发展的新形势、新要求，提高实效性，必须研究三个转化。

第一，社会主义核心价值理论话语转换。理论研究的话语与普通群众所能接受的话语是有差异的，前者是严谨、抽象，后者需要生动、通俗。要将理论研究的话语转换为普通群众所能接受的话语，需要下一番功夫进行创造性的转换。中国的传统文化经历了几千年的发展，形成了自己独特的民族风格、民族形式。社会主义核心价值理论要从中国的国情出发，话语要有民族的气派，才能更好地为群众所接受。社会在发展，语言的表达及其形式也在不断更新。特别是网络在社会生活中的影响越来越大，网络语言已经深入到千家万户，影响人们的思维方式、语言习惯。《人民日报》大胆运用

“给力”等网络语言，受到欢迎。这一事件昭示人们，主流意识形态的宣传教育必须大胆地改变文风，转换话语，跟上时代的发展。

第二，社会主义核心价值理论内容转换。理论研究的内容主要是由概念、范畴和原理等组成的，而面对广大群众，宣传教育的内容更多的是案例分析和生动形象的事实。如何在这些生动形象的事实中，使广大群众能够认同和接受社会主义核心价值理论，并化为自觉的追求，是很值得研究的课题。在社会主义核心价值理论教育过程中，需要历史的、传统的教育内容，但更需要现实生活中的内容。历史的、传统的教育内容是基础、底蕴，中国当前鲜活的事件有着直接的现实性，更应该重视。人们的利益诉求、心理诉求对认同、接受某一理论观点的时候有重大影响，了解和把握现实生活中人们的这些诉求，使社会主义核心价值理论的教育更有针对性，从而进一步提高了实效性。

第三，社会主义核心价值理论宣传教育者角色转换。在当代中国，社会主义核心价值理论的宣传教育者不仅是教育者，更是受教育者的朋友。他们不再高高在上，而是放下架子，走进了群众。他们的宣传教育不是照本宣科，而是从实际出发，贴近生活、贴近群众。他们以平等的身份与受教育者交流，互动成为教育过程中不可缺少的一部分。他们不仅具有良好的马克思主义理论水平，而且能够甚至善于运用现代信息技术，宣传和传播社会主义核心价值理论。网络成为他们联系和教育群众的纽带，微博、博客等成为他们联系和教育群众的阵地。从事思想理论宣传教育的工作是光荣的，要让更多的青年人带着职业的荣誉感走进这支队伍。

（上海师范大学马克思主义学院教授、博士生导师）

社会主义价值诉求再追问

轩传树

一、引言

关于改革开放以来的中国道路，有人说它是社会主义的，有人说不是。说“是”或“不是”的人，似乎都能给出自己的理由和依据。面对同一议题，却能给出完全不同的判断，说明在判断的标准上，也即对于到底“什么是社会主义”或者说“社会主义是什么”这个问题，实际上并没有形成一个明确而统一的认识。

面对这个问题，最常见也最便捷的做法，就是主张回到“马克思主义基本原理”。基本原理所指何物？是指世界观、方法论吗？但是，世界观、方法论并不能提供判断事物性质的具体标准。是指某些特定的制度、政策吗？但是，具体的制度或政策（比如公有制尤其是单一公有制）已被实践证明未必有利于实现社会主义的理想目标，有的（比如经济计划化、国家干预）则成为现代社会化大生产所必需、资本主义和社会主义都可以用的手段。是指对这些制度、政策的理论上辩护吗？但是，这种理论上辩护（比如无产阶级贫困化理论和资本主义崩溃理论）可能已经由于经济、社会方面的变化尤其是资本主义自身的不断调整而过时。显然，从中挑选不同因素和内容作为基本原理，就会对社会主义作出不同解释和界定，也就会使所谓的社会主义实践呈现不同的面貌和样式。

实际上，再伟大的思想与理论，也是在当时文明基础上发育、发展的，马克思、恩格斯的思想理论也不例外，他们的思想正是在吸收和借鉴英国的古典政治经济学、德国的古典哲学和英法的空想社会主义等学术思想基础上，结合当时社会经济条件、科技成果和工人运动现状进行批判、继承和发展的结果。恩格斯曾说过，“社会主义自从成为科学以来，就要求人们把它当作科学对待，就是说，要求人们去研究它”。但是，我们曾相当长一段时间内机械地认为，各国共产党信奉的科学社会主义才是唯一正确的社会主义，包括社会党的民主社会主义在内的其他形形色色的社会主义都是不科学、不正确，因此应该对其进行批判揭露并尽可能地与其划清界限。但是，历史似乎跟我们开了个玩笑，信奉科学社会主义，至少是自认为信奉科学社会主义的苏联、东欧失败了，而曾经被批判的对象——民主社会主义（尽管在苏东剧变后一段时间因社会主义的“声誉”而严重受挫）仍然是现今世界上影响较大的一种社会思潮和社会实践。

总结经验教训，邓小平说过，我们的经验教训有许多条，最重要的一条就是要搞清楚“什么是社会主义，如何建设社会主义”这个问题。而研究社会主义的正确方法，搞清楚“什么是社会主义”这个问题的正确途径，也许应该像科学社会主义创立者马克思、恩格斯当初创立自己的思想理论时那样，采取历史的方法和世界的眼光，对世界上自社会主义一词出现以来的整个历史进行比较分析和批判继承，然后再结合今日之现实进行融合和鼎新。

二、社会主义的多样性

回顾历史，“社会主义”这个概念和思想，从莫尔的“乌托邦”

算起，已有400多年；从马克思恩格斯的“科学社会主义”算起，已有150多年；从第一个社会主义国家政权诞生算起，也有近一个世纪的时间了。环视世界，到底有多少种社会主义？1981年，邓小平接见大作家金庸时说“总有一百多种吧”。可见，社会主义是一个含义多变的词语，也是一种思想理论不断拓展的学说，不仅代际之间，由于社会条件的不同，追求的目标和实现目标的手段会有差异；即使同一时代的不同学者，由于所处环境的不同，对社会主义的理解也会有差异；即使同一学者在不同时间，随着个人阅历和知识的丰富以及社会环境的变化，也会不断完善甚至修正自己的观点。简言之，关于社会主义，存在不同学说，同一学说之中又存在不同学派和不同发展阶段。在当代世界，社会主义更是出现多极化、多元化、多党化、多派化、多样化的新态势，难以再像往常那样，能够用一人一家一国一族的思想观念来号令天下，统一行动。[①]

一切历史都是当代史，面对如此历史悠久且多元多样的社会主义，比较现实合理的做法就是选择其中生命力最为旺盛或者说当前仍然具有现实影响的社会主义理论学说——科学社会主义、民主社会主义、生态社会主义、托派社会主义、欧洲共产主义、市场社会主义等——进行追述和比较。

比较这些社会主义学说，可以看出，它们在具体策略主张上充满着分歧和差异，有时这种分歧和差异甚至表现为明显的相互矛盾和对立。比如，在如何夺取政权上，科学社会主义强调阶级斗争，主张通过暴力革命夺取政权（当然，19世纪80年代起恩格斯开始意识到并承认议会斗争的重要性）；而民主社会主义倾向于改良主义，主张在民主宪政的框架内通过议会斗争和平长入社会主义；欧洲共产主义与民主社会主义一样倡导改良主义、反对暴力革命，但是前者并不认同后者仅仅强调议会斗争的做法，而主张将议会斗争

① 参见高放为上海人民出版社2013年3月出版的《世界社会主义研究年鉴》（2011—2012）所做的序。

和议会外群众斗争结合起来。在向社会主义过渡过程中的政治体制上，科学社会主义坚持共产党领导下的无产阶级专政；而欧洲共产主义却强调多党制下的工人阶级的领导权；托派社会主义尽管和科学社会主义一样主张建立无产阶级专政，但是它主张的是多党制下的党、工会和苏维埃之间的分权，以防止无产阶级专政的国家蜕变为“官僚专政的国家”。在经济体制上，科学社会主义主张生产资料公有制和经济计划化以实现社会平等；民主社会主义主张混合所有制和有国家适当调节的市场经济，然后通过税收和补贴等政府政策手段来约束资本主义所有者的行为，进而实现平等、团结等目标；市场社会主义强调市场机制的主导作用，同时主张生产资料社会所有制，通过把资本主义的财产所有权转移给公民和工人的共同体来确保社会公平之目标；生态社会主义并不关心所有制问题，而仅仅主张通过生产过程的分散化、民主化和工人管理来实现公平和可持续。

如此大的差异和分歧，其实并不奇怪。因为地域的不同，时代的变迁，必然面对不同的社会经济条件，社会主义道路选择和策略原则自然应该有所区别。欧洲共产主义就是因摆脱苏共控制而独立自主探索适合当代发达资本主义国家的社会主义道路而来，生态社会主义就是在面临全球生态危机的条件下将西方生态运动同马克思主义结合的尝试，民主社会主义就是基于资本主义政治经济环境的变化而对科学社会主义进行修正的结果。即使是在同一学说之内，比如科学社会主义的创始人马克思、恩格斯在关于暴力革命的问题上前后也有变化，后来同样承继并发展科学社会主义的列宁和毛泽东对于公有制问题也存在着不同的理解。但是，到底哪种学说才是可以用来解释现在并指导未来的“正统思想”呢？

长期以来，各派都自称自己是最接近社会主义理想状态的学说。强调自己的学说与其他党派的差别，也许有助于诠释自身合法性和吸引民众，但是强调具体道路、策略原则的差异，并不能自然赋予其更多的合理性和更大的权威性。实际上，所有这些社会主义学说，都只是某种具体形式的社会主义，所有具体道路和策略原则都是具体时空下的产物，很多原来被神圣化了原则都有可能会随着时空之变化而过时。比如，计划体制和国有化就是典型的例子，它们曾经被神圣化了的地位已经越来越被市场体制和多种经济成分并存的混合所有制所取代。所以，通过比较各学说之间的异质性来判定哪一种学说才是社会主义的正统，是不现实的，也是不足取的。我们所能做的，应是找出那些为多个学说所共同接受的思想内容，然后在共识性上追问什么是社会主义。

三、共识与纽带

综观各社会主义学说，它们所共有的首先是“社会主义”这个概念。在英国当今著名历史学家霍布斯邦（Eric Hobsbawm）看来，“社会主义”和“社会主义者”是从“社会的”这个词派生而来的，其意思不过是表示人类天生就是一种社会的、善于结成社会联系的存在；“社会”是与“个人”相对的，社会主义之所以变成反资本主义的，仅仅是因为在 19 世纪初，说个人主义社会的核心是竞争（也就是市场）、因而（社会主义的）社会的基础必须是互助或团结。也就是说，从其最初的意思来说，“社会主义”既不是指一种确定的经济制度，也不是指一种确定的政治制度，而仅仅是指自愿地联合起来的个人们为争取社会正义而进行的集体努力，这种集体努力可以用国家来实行，也可以用任何其他种类的有效权威来实行。[①]

这种努力的目标就是把资本主义对人类本性的颠倒再颠倒过来，于是各社会主义学说以资本主义的实际运作为直接参照物，针对资

① 参见华东师范大学当代中国马克思主义研究中心：《社会主义发展的历史进程》，上海人民出版社，2001 年版，第 315—316 页。

本主义的社会弊端及其产生根源而制定相应的具体政策，并以之作为对未来社会的构想和设计。换言之，社会主义这个词，不是用来描述过去社会或当前社会的，而是用来描述未来社会的，但是过去社会和当前社会却为描述未来社会提供了基础和依据。科学社会主义创始人马克思、恩格斯之所以主张未来社会实行生产资料公有制，就是因为在他们看来，资本主义社会的生产资料私有制与社会化大生产之间的基本矛盾不仅直接导致生产的无政府状态和经济危机的周期性爆发，而且造成社会两极分化和工人阶级的日益贫困化。也正是基于这样的历史事实和发展过程，他们才表示“当我们把生产资料转交到整个社会的手里时，我们就会心满意足了”。[①] 在民主社会主义看来，资本主义社会经济政治结构都已经发生变化，资本主义已经不是“原来意义上的资本主义”，因此通过调整收入分配政策，就可以建立福利国家，实现社会主义。英国工党领袖艾德礼曾就二战后工党政府的建设成就颇为自豪地宣称，英国在世界上第一个建成了“福利国家”，工党已经找到了一种新的社会主义模式。除了从所有制和收入分配的角度，当然还有从计划、合作，甚至生态等角度定义社会主义的。但是，到底选择哪一种角度来定义社会主义，往往取决于时代背景和现实需要。

事实上，如此定义的社会主义不仅很容易受到其他社会主义流派的挑战，而且也很容易使自身陷入要么为了适应环境变化而调整曾被神圣化的政策、要么固守原来定义而脱离实际的两难境地。比如，将社会主义定义为生产资料公有制，就受到民主社会主义的挑战，因为按照公有制或国有化的程度，原苏联是当之无愧的社会主义，但是它在社会平等上并不比实行生产资料私有制的西方国家尤其北欧国家更好。将社会主义定义为生产资料公有制，也曾使我们的社会主义市场经济体制建设和国企改革面临很大困难和阻力，即使今天当我们说“要坚持和完善社会主义公有制为主体，多种所有

① 《马克思恩格斯全集》，第22卷，北京：人民出版社，1965年版，第629页。

制经济共同发展的基本经济制度”，实际上我们对“公有制为主体”的理解并不统一。

显然，各社会主义学说对于社会主义的定义是不一致的。这种不一致，“最主要还是源于一种倾向，即人们不是用‘社会主义’这个词来描述某种社会以及体现该社会本质特征的某些价值，而是用来描述那些作为（或者被认为是）达到这种社会或实现这些特征的手段的具体政策”。[①] 无数事实已经证明，用具体手段来定义社会主义或评判一个社会的性质，是不明智的，因为同一手段可以适用于多种目标，同一目标也可以通过不同手段来实现。所以我们要想弄清楚“什么是社会主义”，就不能从关于社会主义的传统定义中寻找答案，在那里关于实现社会主义的手段极为不同，而且任何一种手段都不能比其他手段更能胜任“社会主义”这个标签。我们应该做的，就是追问所有自称社会主义者的人对于未来社会的价值追求和理想目标，因为“为各种不同社会主义学说理论所共有的唯一不变的因素，就是某种价值追求和理想目标；人们之所以自称为社会主义者，就是因为他们都拥有这些理想，这些理想也就成了连接各种不同思想流派的一个纽带”。[②] 这些价值、目标体现了社会主义这个词在逻辑上和历史上的应有之意，我们现在必须回归到这个意义之上。

也许这样会立即招致指责甚至批判。这样做无异于将社会主义“去科学性”，把社会主义等同于“乌托邦”，等同于一种永远为之追求的梦想。但是，如果没有乌托邦，没有梦想，“没有对一种我们能够在原则上、在轮廓上加以想象的更好社会的希望，持续的政治斗争是不可能的”。[③] 事实上，只要资本主义仍然在产生它自己无法

---

① ［英］安东尼·克罗斯兰：《社会主义的未来》，轩传树等译，上海人民出版社，2011年版，第63页。

② 同上。

③ Leo Panitch and Colin Leys. *Necessary and Unnessary Utopias* (Socialist Register 2000), Merlin Press, Fernwood Press, Monthly Review Press, Woodbridge, Suffolk, 1999, vii.

解决的矛盾和问题，仍然在产生不平等和不正义，社会主义就是一种必要的乌托邦，就应该成为对资本主义社会“进行批判性考察和分析由以出发的视角的基础”,[①] 就应该成为变革现存社会的理想原型，以为公众提供一张未来社会“是什么”的图景。

四、价值目标的几个基本维度

在所有社会主义学说看来，未来社会的理想图景，就是一种没有剥削、没有压迫、没有异化的，公平、正义的良善社会，尽管它们对于这种良善社会的表述有所区别。

在科学社会主义创始人马克思和恩格斯那里，他们的大部分思想是围绕资本家对工人的剥削而论证和批判资本主义的不道德、不公正。为了消灭资本主义的这种不道德、不公正,[②] 他们主张夺取政权，夺取资产阶级的全部资本，并且尽可能快地增加生产力的总量，最终建立一个自由人的联合体。[③] 在列宁看来，社会主义“必然要把创造高于资本主义的社会结构的根本任务提到首要地位，这个根本任务就是：提高劳动生产率”。[④] 在毛泽东看来，所有努力的根本目的，就是“要使我们比现在大为发展，大为富、大为强”，“这个富，是共同的富，这个强，是共同的强”。[⑤] 托派社会主义和欧洲共产主义，尽管在道路选择和策略原则上并不认同苏联模式的社会主义，但是它们也坚守科学社会主义的基本理想和价值目标。

---

① Jürgen Habermas. What does Socialism Mean Today? The Rectifying Revolution and the Need for New Thinking on the Left, *New Left Review*, No. 183 (1990, Sep. /Oct.).

② 段忠桥：《当代英美社会主义研究的两个趋向》，《科学社会主义》，2012 年第 3 期，第 12—13 页。

③ 《马克思恩格斯选集》第 1 卷，北京：人民出版社，1995 年版，第 294—295 页。

④ 《列宁选集》，第 3 卷，北京：人民出版社，1995 年版，第 490 页。

⑤ 《毛泽东文集》，第 6 卷，北京：人民出版社，1999 年版，第 495 页。

民主社会主义在1951年社会党国际成立时通过的《法兰克福宣言》中公开宣称，“社会主义的目的是要把人们从对占有或控制生产资料的少数人的依附中解放出来。它的目的是要把经济权力交到全体人民手中，以建立一个自由人能以平等地位共同工作的社会”。“社会党人为建立一个和平与自由的世界而努力。在这个世界中，没有人对人或民族对民族的剥削与奴役，个人个性的发展是人类充分发展的基础。”[①] 1959年德国社会民主党通过的《哥德斯堡纲领》更是明确提出了以“自由、公正、互助”作为社会主义的三项基本价值，宣称社会主义根本就无必然性可言，而只是一种更符合道德进步的、追求公正合理的美好理想。

面对全球日益严重的生态危机，生态社会主义主张生产过程的分散化、民主化、工人管理三者结合，尽管这种生产的分散化可能同现代化大生产相矛盾，尽管这种只注重工人参与管理的民主化可能并不涉及生产资料所有制也不触及资本主义基本制度，但是它追求的，是建立一个绿色、公平、没有剥削和压迫的新社会，一个实现人与人、人与自然和谐发展的新社会。[②]

市场社会主义之所以主张引入市场机制，就是因为在他们看来，市场是激励商品和服务供给的一种有效机制，有利于促进社会生产力的不断增长，进而有利于改善人们的物质福利；市场这种资源配置方式允许人们对那些适合其特殊生活方式的资源作出不同选择，有利于人们实现选择消费品种、工作种类和工作地点的自由，也有利于促进政治自由；市场甚至还可能由于强调企业经济决策权并限制国家作用而促进工业民主。所以，市场社会主义者，无论是强调以市场机制为主导，还是主张将市场与计划相结合，其目的都是为了强调效率和公平兼顾，追求一种“无剥削、高效率、平等且自由”

① 殷叙彝：《社会党国际文件集》，哈尔滨：黑龙江人民出版社，1989年版，第9页。
② 参见徐觉哉：《社会主义流派史》，上海人民出版社，2007年版，第441页。

的社会主义社会。[①]

接下来，再让我们看看今日之世界。

"今日之世界"是以发展为主题的世界，且是社会主义和资本主义两条发展道路并存的世界。当今世界，原来那些标志社会主义发展道路特征的政策和制度，比如国有化、计划化和政府干预在资本主义社会已有不同程度存在，原来那些作为资本主义发展道路标志特征的市场经济也已经被社会主义所接受和采纳。因此，两种发展道路的区别主要体现在也只能体现在关于发展的价值目标的不同上。

上述各种社会主义学说已经对社会主义的价值目标作出了阐述，问题是我们如何用时代的语言、民族的语言重新阐述社会主义的价值追求，并将其条理化、系统化，然后将之运用于当代中国发展道路。如果从"发展"的静态结构来看，可以将其区分为经济、政治、文化、社会等不同领域。但是，"发展"实际上是一个动态过程，它涉及包括物的生产、人的生产和社会关系的生产在内的整个社会生产的四个环节，即生产、分配、交换和消费。因此，社会主义的价值目标可以在这四个环节具体展开，我们也可以从这四个维度对社会主义价值内涵进行重新表述。

就生产维度而言，社会主义追求"持续健康"的发展。物质资料生产是人类社会存在和发展的基础，物质生产力水平是衡量社会进步的基本标准。社会主义之所以有必要并能够取代资本主义，其根据就在于它能够容纳更高水平的生产力。众所周知，资本主义曾在它的不到一百年的时间内创造出比过去一切世代创造出的全部生产力还要多、还要大的生产力，但是，伴随资本主义高速发展的是不可避免的周期性经济危机、生态危机以及对生产力的极大浪费和对劳动的异化。因此，社会主义不仅要"解放那些由旧的正在崩溃的资产阶级社会本身孕育的新社会因素"，[②] 尽可快地增加生产力总

---

① ［英］埃斯特林，格兰德：《市场社会主义》，邓正来等译，北京：经济日报出版社，1993年版，第26页。

② 《马克思恩格斯选集》，第3卷，北京：人民出版社，1995年版，第60页。

量（科学社会主义），而且要通过国家对市场的干预、对资本的约束实现“更高效率的”发展（市场社会主义），实现以满足社会需要而不是追求利润最大化为目的的“可持续”发展（生态社会主义）。对于中国这样的后发国家来说，就是既要不断解放和发展生产力，加速发展，以满足当下人民群众日益增长的物质文化生活水平要求，又要跨越关于环境和生态的资本主义卡夫丁峡谷，解决纵向的代际之间的公平问题。简言之，社会主义在生产方面追求“高速度”和“高效率”的统一，也即持续健康的发展，而不是只顾眼前而不顾未来子孙的片面追求剩余价值最大化的经济增长。

就分配维度而言，社会主义追求“共同富裕”的发展。这里的“分配”不仅是指社会产品的分配，也包括所有权、管理权等在不同社会群体之间的分配。在资本主义社会，资产阶级尽管作为社会的少数，但是他们垄断生产资料，进而垄断生产决策和产品分配。战后资本主义凭借已经积累的大量财富，推行福利政策，大大提高民众生活水平并一定程度上缓解了贫富差距，从而出现具有社会主义某些因素的新资本主义。但是，资本主义不可避免的经济危机，尤其是近年来的全球金融危机，使资本主义几十年来所取得巨大社会成就“顷刻瓦解”。面对危机，资产阶级必然在卫生、社会服务和教育方面采取紧缩政策，削减社会福利，依靠社会福利维持比较体面生活的穷人显然比富人更容易受到冲击，这将重新带来并加剧贫富分化，引起新的社会分裂和对立。为了根本矫正资本主义在分配上的不公正，科学社会主义主张把生产资料收归国有，建立在联合生产基础上的个人所有制——每个劳动者在共同占有的生产机关里，享有一份属于他个人的生产资料所有权，从而消灭阶级差别，实现人人有产，人人富裕；民主社会主义主张在保留私有制和发展生产力的基础上，由政府调节分配，通过向富人征收高额累进税并建立包括医疗卫生、教育、养老、失业等在内的广泛的社会保障体系，来实现相对公平和缩小贫富差距；市场社会主义也持有类似看法，认为可以通过税收和补助政策，也可以通过福利国家，确保教育、健康和生活水准方面的最低标准等来重建社会平等。总之，社会主义所主张的这些经济重构，包括生产资料所有权的重组、收入的再分配、企业内的民主决策等，目的只有一个，就是消灭贫富差距，实现每个人都能平等享受发展成果并平等享有致富的权利和机会。

就交换维度而言，社会主义追求“合作和平”的发展。当然，这里的“交换”也不仅仅局限于产品的交换，而是包括商品、资本、技术、人才、信息等在内的所有资源和要素在人与人之间、社会集团之间乃至民族国家之间的流动和交往。资本主义强调以货币和权力为媒介，将劳动者视为可以在市场上购买的生产要素，强调个人主义和强权政治，将人与人之间的关系简单化为买卖关系和竞争关系，结果导致阶级对立、城乡对立、宗主国与附属国（或者说发达国家与欠发达国家）的对立。显然，所有这些对立都是反人性、非正义的。而社会主义自从其诞生之日起就是作为个人主义的对立物，它强调集体、人类共同体，强调国家干预、共同责任和国际主义。科学社会主义主张工人阶级团结一致，通过全部的生产联系服从于他们的共同控制而建立自由人联合体；民主社会主义主张劳资合作，通过所有者、管理者和劳动者共同参与管理的办法发展生产力；生态社会主义主张南北合作，用“生物区”之类的合作组织取代民族国家以实现绿色发展；欧洲共产主义和托派社会主义主张多党合作，以便决策的民主化和科学化，等等。在社会主义者看来，只有共同努力、团结合作，人类发展的共同利益才有保障。现如今，这种团结合作已不限于民族国家范围之内，因为随着经济全球化的日益深化，无论是生态问题、难民问题、恐怖主义问题，还是金融经济危机问题、贫富差距问题，都不是一个国家的问题，也不是单个国家所能解决的问题，所有这些问题的解决都需要加强国际合作和全球公共治理。另一方面，社会主义发展自身也需要利用国际市场和国际资源，但是这里对国际市场和国际资源的利用是通过合作、和平手段，而不是凭借强权和武力。简言之，社会主义主张团结一致，合作共赢，和平发展。如果损害公益，也就违背了责任、团结、合作、和平的根本原则。

就消费维度而言，社会主义追求“人的自由全面发展”。消费是生产过程的最后环节和最终目的，人的自由全面发展是社会主义的终极价值追求。当然，这里的“消费”不仅指涉物质产品的消费，还包括经济权利、政治权利和其他社会权利的享有和实现。在资本主义社会，由于人们在社会中的经济地位、政治地位、社会地位上的不平等，所以包括工人在内的广大劳动者尽管是事实上的社会生产的主体，但是却被视为可以在市场上任意购买的生产要素；尽管他们有何时出卖劳动力和出卖给谁的自由，他们有消费什么和什么时候消费的自由，但是他们始终摆脱不了资本的奴役和控制以及资本的所有者和以赚取利润为目的的资本家的奴役和剥削。作为超越并代替资本主义现代化道路的社会主义发展道路，就是要避免并克服资本主义现代化带给人的痛苦和奴役。在社会主义者看来，自由就是要摆脱人对于人的奴役与强制以及物对于人的奴役与强制，这是实现人的全面发展的前提，也是人类进行创造的基础和源泉。为此，科学社会主义认为，未来理想社会“不仅可能保证一切社会成员有富足的和一天比一天充裕的物质生活，而且还可能保证他们的体力和智力获得充分的自由的发展和运用”①，每个人自由而全面的发展，是共产主义的基本原则。民主社会主义认为，“没有自由，就不可能有社会主义”，“社会党人为通过民主手段建立一个自由的新社会而奋斗”。② 生态社会主义为了使人们从过度消费的迷思中清醒过来，主张人们在劳动中寻求欢乐和满足而不是把消费同满足或幸福等同起来，使劳动成为人自身发展的手段而不是把它仅仅作为生存手段，正如法国哲学家高兹所说，“只要我们换一种消费方式，我们可以消费得比现在少而生活和工作得比现在好”③ 等等。简言之，社会主义所追求的是人的自由发展，是人的个性、人格、创造性和

① 《马克思恩格斯选集》，第3卷，北京：人民出版社，1995年版，第633页。

② 殷叙彝：《社会党国际文件集》，哈尔滨：黑龙江人民出版社，1989年版，第4页。

③ Andre Gorz. *Capitalism*, *Socialism*, *Ecology*, London and NewYork: Verso, 1994, p. 94.

独立性最大限度地不受阻碍的发展；社会主义所追求的是人的全面发展，既是人的个性、能力和知识的协调发展，也是人的自然素质、社会素质和精神素质的共同提高。[①] 或者说，社会主义追求体现人的自然属性的自主权（即人权）和体现人的社会属性的自主权（即公民权）的全面实现。也只有在实现了人们在经济、思想、政治、社会等方面的全面自由，实现了人类对资本和利润依赖的摆脱，社会才将完全消除人与人之间存在的除个性而外的一切差别，消灭了阶级，实现人类的最终平等。

五、结语

从“持续健康”发展到“人的自由全面发展”，构成社会主义价值目标的连续统，其中每一个维度或环节都具有相对独立的作用，但同时又需要其他维度或环节的支撑，因而也会受到其他环节的制约。“持续健康”发展，这一维度主要针对人与自然的关系，它是社会主义价值目标整体的基础和前提。“共同富裕”和“合作和平”，这两个维度主要针对人与人的关系，它们作为社会主义价值目标整体的中间环节，既是经济持续健康发展的结果，也是人的自由全面发展的保障。“自由全面”发展，这个维度主要针对人的自身，是社会主义终极价值追求。只有生产力的持续健康发展，才有可能实现全面社会福利、推进社会平等，否则平等只能意味着共同贫穷。只有生产力的普遍发展，“人们的普遍交往才能建立起来”，也才能在普遍交往过程中真正实现合作、和平，否则“在极端贫困的情况下，必须重新开始争取必需品的斗争，全部陈腐污浊的东西又要死灰复

① 俞可平：《努力实现人的自由而全面的发展——谈〈共产党宣言〉与中国特色社会主义》，《马克思主义与现实》，2008 年第 3 期，第 4—5 页。

燃”。[①] 只有“生产力的大大提高，才有可能把劳动无例外地分配于一切社会成员，从而把每个人的劳动时间大大缩短，使一切人都有足够的自由时间来参加社会的理论和实际的公共事务”，[②] 也才有可能使物质财富足够丰富而不依赖资本和利润，从而使人真正摆脱物的奴役和强制。反过来，只有人人享有平等的发展权利和发展机会，在团结合作中共同发展，才有可能激发每一个人的创造智慧，调动他们参与经济建设和社会发展的积极性、主动性，从而为持续健康发展提供不竭动力，也才有可能实现每一个人的发展潜能，推进人的全面发展。同时，也只有强调自由的作用，强调公民对个人利益的积极和理性地追求与表达，也才能保证决策正确，进而保证经济社会的持续健康发展。

显然，社会主义价值目标不是单个价值维度，而是由一系列价值追求和理想目标构成。这些目标和原则是一个相互联系的整体，不能孤立地看，更不能片面地强调哪一方面。否则，就会导致错误判断，甚至会给社会主义事业带来重大损失。20 世纪，几乎所有社会主义国家都曾经历过类似的发展道路，那就是片面追求经济发展速度，而忽略了经济社会的协同发展和人民生活水平的改善，尤其是广大民众的经济权利、政治权利和社会权利没有得到应有的重视、发育和保障，民众在国民收入分配上没有表达权。结果，靠国家力量和个人对国家意志的绝对服从来保证发展所付出的代价是巨大的，也是不可持续的。[③]

同时，这些目标和原则作为一个相互联系的整体，它们之间的排序方式，在不同国家、不同时间可能会有变化。在横向上，不同民族国家选择不同的排序，就会表现为不同的社会主义道路样式（在理论上就是不同的社会主义流派）；在纵向上，同一个民族国家在不同时期选择不同的排序，则表现为社会主义的不同发展阶段。

① 《马克思恩格斯选集》，第 1 卷，北京：人民出版社，1995 年版，第 86 页。
② 《马克思恩格斯选集》第 3 卷，北京：人民出版社，1995 年版，第 525 页。
③ 左凤荣、沈志华：《不改革就没有出路》，《社会科学报》，2011 年 12 月 22 日第 3 期。

可见，这些价值目标也是一种在排序上不断调整的动态过程。如果静止地看，就会得出我们还没有西方发达国家更为“社会主义”的结论，也因此经常有人引用20世纪70年代末中国当时主管工业的副总理王震赴英国考察后的感慨——“如果加上共产党执政，英国就是我们理想中的共产主义社会”——以佐证自己的结论。的确，社会的平等程度，往往同其发达程度成正比，但是，无论处在什么样的发达程度和发展阶段，都存在相当宽广的争取权利平等和自由发展的余地。

对于苏联、中国这样曾经将“社会主义”作为一种实现现代化的制度模式的国家来说，前者已经剧变，公开改旗易帜，后者仍然高举旗帜，但同时也在进行着全面深化改革。显然，现在我们要判断改革开放以来的中国道路的社会性质，就不能继续按照传统社会主义的结构性标准，只看制度标签；也不能根据社会主义价值目标的单个维度，孤立地、静止地对号入座；而应该从社会主义价值目标的四个维度，全面审视，动态观察。既要和改革开放前比，也要和发展起点、发展基础相似但选择了不同发展道路的其他发展中国家相比，更要和西方发达国家的类似发展阶段相比，比较目前中国这条发展道路所涵盖的制度、政策是否更符合这些价值原则，分析这条道路发展的实际效果是否与这些理想目标更为接近。

尽管我们离实现人的自由全面发展的理想状态还相距甚远，但从持续健康发展到自由全面发展的社会主义价值目标体系已清楚摆在我们面前。只有按照社会主义学说共识性的价值目标才能为社会主义正名，也只有按照社会主义的这些价值维度全面且动态地分析中国道路才能正确评价其到底是不是社会主义。

（上海社会科学院国外社会主义研究中心副研究员）

文化自觉与文化自信

——以文化与中华文化视角的分析

高福进

本文所述的“文化”皆是以中华文化为主干的谈论，而中华文化主要包括中华传统文化和中华民族文化，前者主要历经数千年来的积淀，其中又以儒家文化、道家文化和中国化的佛教文化为主干内容，后者则是以汉族文化为核心，当然也包括在中华大地之内的各少数民族丰富多彩的文化。

一、何谓文化？类分与特征

文化有广义和狭义之分，广义上的文化是人类所创造的社会成果之总和，它包含了物质文化和精神文化，或言有形文化和无形文化。文化创造的主体是地球上的人类；文化是指地球人通过劳动所创造的社会成果。

在此结合中华文化的独特精神来分析、论述文化的各种特征。

1. 文化的传承性

既然文化是人类所创造的社会性的成果，那么，任何民族文化均具有至少在本民族代代相承的特点；只要民族存在，其文化也会永远相伴。中华文化累积数千年，其传承性尤为明显。譬如，几乎可以为相关学术界所熟知的河南安阳小屯出土的两个碾玉童子，他们头上是两个丫角，上身的衣服是右衽、束带及膝的上衣，下半身是长至脚面的裤子，脚穿平底鞋，其装束与辛亥革命前后的民间百姓装束无甚区别，可见，中华文化及其内容数千年来几乎一以贯之，较之其他几处著名文明区域如南亚次大陆、埃及、西亚以及希腊等文明区域，这种传承性无疑是最为突出的。

2. 文化的时代性或曰“现代性”

文化的现代性即体现了时代性特征，现代性特征隶属于时代性这一更为宽泛的特征范畴之内。任何文化均具有时代特色，不同历史时代民族文化所表现的时代特色可谓迥异，而在“文化的时代性内容中，那些反映历史进步的内容，形成时代精神”，正所谓“其中常有或寓有不变的永恒性的内容”①，这类时代精神主导着时代文化发展的方向，也会在以后各个不同的时代中被挖掘和弘扬。

3. 文化的地域性

综观全球，放眼世界，各个文明区域的文化地域性特征一目了然：阿拉伯世界的伊斯兰教文化，欧美世界的基督教（包含天主教、基督教新教、东正教三大体系）文化、南亚次大陆印度的“吠陀文化”、东亚和东南亚的佛教文化以及包括中国、非洲各地的民族区域文化。全球文明发展至今，世界的区域文化依然清晰可见。而单单就中华大地来说，以传统文化为基础的汉民族文化以及各个少数民族文化在不同地区并行不悖，相互依存也相互吸收，其发展趋势依然。

4. 文化的共通性

无论是传统文化还是当代各种流行文化，无论是民族文化还是某个特定城市或地区的文化，皆拥有一种共通的特征，亦即：它们

① 庞朴：“文化的民族性与世界的多元化”，《星洲日报》1994 年 8 月 7 日第 29 版（马来西亚）。

是人类在不同历史时期所创造的社会成果，其中主要是优秀的精神遗产；大浪淘沙，优秀文化成果被继承和传扬，糟粕的东西必定被淘汰和抛弃。譬如音乐，无论是西方古典音乐还是极富特色民族音乐，它是无声的语言和超越民族的交流媒介，优秀的音乐文化在人类历史长河中具有共通性，它们永远得以保存下来。相对而言，我国曾经深受其害的“文革”时期的极“左”文化以及法西斯文化包括当代日本极右势力所推波助澜的恶的文化必定被后世所唾弃。

关于上述分析，文化特征之间的关系复杂但有序，我们可以用下列图表展现文化与民族文化的各种特征：

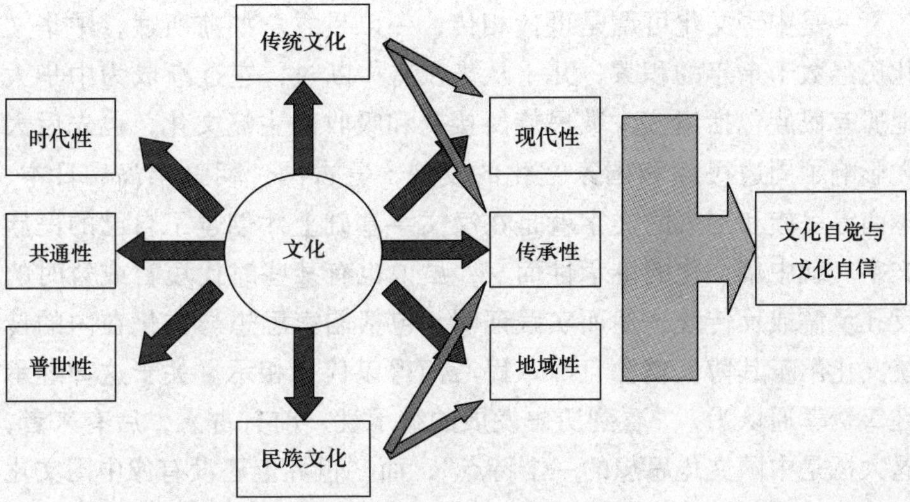

由图示可以看出，唯有将我们优秀的传统文化和民族文化的作用充分发挥出来，提升公民的文化自觉、增强民族的文化自信才能够得以实现。优秀的“文化传统是不死的民族魂。它产生于民族的历代生活，成长于民族的重复实践，形成为民族的集体意识和集体无意识。简单说来，文化传统就是民族精神”①。拥有五千年文明史的华夏各民族文化即是如此！

---

① 庞朴：“文化传统与传统文化”，《中国社会科学季刊》1993 年 8 月第三卷（香港）。

二、中华文化：传承性及时代性——民族文化凝聚力的体现

文化是历史发展积淀下来的社会成果。中华文化历经数千余年的积累而流传至今，中间没有断层，此为中华文化的独到特点——文化的传承性特征。而且这种传承性恰恰体现了中华文化的厚重和积淀，这一特征为增强公众的文化自豪感和自信心大大充实了底气。

一是中华文化可谓是世代相传，一以贯之。如前所述，中华文化历经数千余年的积累，几乎从来没有中断过，它逐渐成为中华大地所有民族包括诸多少数民族所接受和吸收的主流文化，也先后大大影响了周边民族和国家文化的发展，蒙古国、朝鲜半岛、日本、越南等民族和国家的文字就是在汉文字基础上才创建了自己的民族文字。就中华文化的继承性而言，虽说也有某些时代短暂或暂时的反孔反儒或反传统，然而实践证明，包括儒家思想与文化在内的传统文化由于其博大精深且深入民心而得以代代相承。关于这种继承性，费孝通认为，“看到历史发展的继承性，前有古人，后有来者，这大概是中国文化思想的一个特点”，而“世界上还没有像中国文化继承性这么强的”① 国家；此亦为中华文化拥有持续生命力和强大凝聚力的原因所在。

二是中华文化可能的全球性传播趋势。中华文化的核心部分如儒家思想与文化自西汉武帝时期“罢黜百家，独尊儒术”以来，已经传承两千余年，至今孔子已经成为世界所公认的文化名人，是真正的全球性的思想家，当今数百座孔子学院（还有更多的孔子课堂）遍及世界，可谓世所瞩目。伴随着我国国力的增强和全球文明的进

① 费孝通：《费孝通论文化与文化自觉》，群言出版社，2005 年版，第 280、281 页。

步，中国人尤其是海外华人大大增强了对华夏民族和中华文化的认同感和亲和力。诺贝尔奖获得者、美籍华人杨振宁曾经如是说：“我觉得中国传统的社会制度、礼教观念、人生观，都对我们有极大的束缚的力量。”旅居于巴拿马数代的著名华侨则道出了数千万海外华侨的心声，“别看我们完全不懂中文，我们的思想、举止都是非常中国式的”。

三是在认同基础上的当代的传播和承继。中华文化的历史悠久是指数千年来的逐步累积，博大精深则体现着这一文化的广度和深度。中华文化的融合力或同化力、凝聚力、亲和力伴随着各种融合文化的积淀逐步加强，如今，它业已得到全国各个少数民族的认同，尤其是当今社会，改革开放以来各族人民在逐渐过上满意的日子后由衷地感受到政府的亲和政策，也由衷地认同中华民族大家庭的和睦相处，认同这种广义上的中华文化，这种认同感将会使得中华文化继续发展弘扬和传承，也必将大大提升我国目前的社会风尚水准。

文化的认同与满足感，正是中华文化的传承性带来的必然结果。

同样，中华文化具有时代性特征，它越是积累丰厚，其时代性也就越强，具体表现有二：

其一，不同时代的宗教、政治、经济及各种偶然性的重大突发事件对于当时的文化可能起到决定性的影响。立足于古今全球文明视野，上古时代甚至近代以前，宗教几乎决定着文化发展的走向和具体特征，此为人类文明诞生数千年来典型的时代宗教特征；而近现代尤其是20世纪，意识形态对国家和民族文化的影响甚重，尤其是冷战时期的东西方文化、一统性且冷冰冰的“革命文化”与狂躁刚猛的西方性解放文化（特定时期）等均体现了时代的政治风貌。很容易理解的是，不同历史时代的宗教、政治、经济尤其是思想观念这一背景对民族文化的影响很大。同样，漫长积淀起来的民族文化也对历史时代的各个方面造就不同程度的影响，亦即：民族文化与时代背景的作用是相互的，民族文化与相应的时代相呼应，此即文化的时代性。

其二，不同时代的文化具有不同的时代风貌和精神。每一个时代皆具有该时代的文化风貌和特色，或曰时代精神，而该时代文化亦为该时代精神之见证——时代文化体现了时代精神。就中华文化而言，春秋战国时代丰富多彩的诸子百家思想及文化，汉武帝“罢黜百家，独尊儒术”时期以来的儒家占据统治地位的思想与文化，民族大融合时期充分体现道家学说的独特而超脱的清谈与玄学，唐代的佛教各种宗派思想，宋元时期的理学思想等等，这些具有时代特征的精神文化基本上反映了各个时代的社会风貌和时代精神。在此特别提及春秋战国时代的诸子百家思想，它们成为中华传统文化的基本内容，是精髓部分，其中自由的学术争鸣则影响后世，由于它恰恰符合我们新时代——可以说它几乎适合于任何一个时代的意识形态环境——所倡导的“百家争鸣，百花齐放”之方针政策，从而使得传统文化具有了突出的时代特征。

中华文化的传承性及时代性体现了民族文化的凝聚力，而这种凝聚力正是增强民众文化自豪感进而实现民族文化自觉和文化自信的基础。

三、增强民族自豪感，实现文化自觉与自信

一般认为，“文化自觉”由我国著名社会学家费孝通提出，至少因费先生而得以传扬，该术语有着独到的见解，换言之，它是指文化的自我觉醒、自我反省、自我创建。费先生著名的“十六字‘美’言”，所谓“‘各美其美，美人之美，美美与共，天下大同’……其实就是我今天提出的文化自觉历程的概括”①，同时也是对待外来文化的较为恰当的态度。文化自觉的相反的另外一面是文

① 费孝通：《费孝通论文化与文化自觉》，群言出版社，2005年版，第217页。

化的不自觉，自己没有知觉——此即“没要自觉的文化”，“人们往往生活在自己的文化中，而没有用科学的态度去体会、去认识、去解释，那是不自觉的文化”①。如果一个民族（包括一些少数民族）对于自身的文化尤其是长期积累下来的丰富多彩的文化没有感觉和理解，那么这个民族无异于愚昧落后的民族；若是长期处于这种不自觉的状态，那么，整个民族几乎无药可救！“文化如水，滋润万物，悄然无声”，文化建设天长日久，需要日积月累，只有如此才能水到渠成，而“任何急功近利，操之过急，都有悖于文化发展的规律，都是文化不自信的表现”②。此外，文化自觉也体现在对于外来文化的自觉地理解和认识方面，或通过接触、接受和认识外来文化来反思我们自己的文化之优劣。这就需要对外来文化进行科学的理解和认识，进而达到“去其糟粕取其精华”并且为我所用、为我服务之目的。“‘文化自觉’指的是生活在不同文化中的人，在对自身文化有‘自知之明’的基础上，了解其他文化及其与自身文化的关系。”③

首先，文化自觉与自信的实现是我党和我国民族增强文化自豪感的需要。我们在传统文化上的觉悟和觉醒，其一是对自身文化的地位和价值的理解和自豪感，其二是对其发展规律的把握以及对继承和弘扬该文化历史责任的主动担当，此外还有对于该文化方向上的把握和掌控，正如费孝通所言，文化自觉“是指生活在一定文化历史圈子的人对其文化有‘自知之明’，并对其发展历程和未来有充分的认识，明白它的来历，形成过程，在生活各方面所起的作用，也就是它的意义和所受其他文化的影响及发展的方向……自知之明是为了加强对文化发展的自主能力，取得决定适应新环境时的文化选择的自主地位”④。相对而言，文化自信同样是指一个国家、一个

① 费孝通：《费孝通论文化与文化自觉》，群言出版社，2005 年版，第 213 页。
② 仲呈祥：“文化自信的力量”，《求是》2011 年第 7 期。
③ 费孝通：《费孝通论文化与文化自觉》，群言出版社，2005 年版，第 370 页。
④ 同上书，第 216 页。

民族、一个政党对自身文化价值的充分肯定，对自身文化生命力的坚定信念。自信源出于我们对自己漫长历史时期积淀下来的文化的自立和自重，它源自历史深处，来自我们悠久的历史积淀：泱泱大汉、煌煌盛唐、巍巍宋元……当这些盛世湮灭于历史的长河时，留给后世则是深深扎根于民族灵魂深处的文化。今天，当人们提及兵马俑，谈论丝绸之路，言必称“四大发明”之时，我们无不满怀对本民族文化的自信和自豪。这种自信，其实也就是文化的自觉，而“只有坚持文化自信，才能真正实现高度的文化自觉……才能真正通向文化自强……才能真正实现建设社会主义强国的全面自信”[①]。在此基础上，社会风尚治理工作才能够真正得到保障。

其次，实现文化自觉与自信的当今社会现实之需。随着经济发展和人们生活水平不断提高，民众对于文化消费需求也大大增加。当然这是三十余年改革开放所带来的成就，毕竟才刚刚起步，而当今转型期的中国社会还存在诸多问题，公众的文化和教育水平总体上还是较低的，民众对于中华传统文化的认知和理解是有限的，于是在此种背景和条件下，提出“文化自觉”和“文化自信”应该是非常必要的，也是及时的。只有我们对自己的文化真正了解、了知，知其来历，才能够真正地理解和认知，才能懂得反思，才能取长补短，促进社会和谐，乃至推进世界和平——据说此为费孝通最大的心愿。费先生曾说：“文化自觉是一个艰巨的过程，只有在认识自己的文化，理解并接触到多种文化的基建上，才有条件在这个正在形成的多元文化的世界里确立自己的位置，然后经过自主的适应，和其他文化一起，取长补短，共同建立一个有共同认可的基本秩序和一套多种文化都能和平共处、各抒所长、连手发展的共处原则。”

再次，实现文化自觉与自信是最终实现“中国梦”的精神前提。文化自信来自全社会民众对于自身文化的认知。文化是一个民族的命脉和血脉，是该民族所有民众的精神家园；近代以前尤其是上古

① 仲呈祥：“文化自信的力量”，《求是》2011 年第 7 期。

社会，文化的主要表现形式的宗教信仰，而近现代以来尤其是21世纪的今天，文化的表现形式难以用宗教来表达了，其主要内容就是适合于现代文明进程的精神特质，而在我国，它们就是民族文化和传统文化的精髓内容。正是因为我们中华民族拥有五千年的文明史，拥有数千年传统文化的积淀，伴随着改革开放的成功和经济实力的增强，我们也感受到一种自信，这种自信并非是经济力和物质生活方面的自信（事实上我们大多数人相对于西方人而已，我们依然不能说是自信的），而是来自于文化的自信。“中国学”、“中国梦”、儒学在海外、孔子学院、“天人合一”、太极与气功、道家学说等等，已非国内学术界所讨论的热点，而是国外诸多学者参与讨论的热点话题和专题，甚至越来越频繁地出现于国外各种会议场所。

回顾百年来的中华历史尤其是旧中国屈辱的百年史（1840～1940），中国先后沦为半殖民地的深渊，先后为西欧列强、沙俄、日本欺辱和侵害，中国人体会到亡国奴的悲惨滋味，直至新中国成立后数十年，我们依然没有实现自强，现代化不仅没有能够实现，而且更为闭关锁国，文化方面也丧失了自我，更失去了自信……而19世纪之前，我们一直以“老大”自居，经济文化上大大高出周边少数民族或国家的文化。《明史·外国传》里记载的东南亚一些酋长国家纷纷以“华水沐之（头发）”以及华人与其王妃私通但其王却设置酒宴庆贺此事之类，虽然有夸大、渲染之嫌，但是充分表明至少在明朝及清朝前期，我国的文化、文明相对于周边国家依然拥有巨大优势，其优越感不言自明。所以，19世纪以前，我们的文化在周边（东亚和东南亚以及北方各个游牧民族）是影响者、支配者，后者则是被影响者，被支配者。以至于到了20世纪上半叶日本史学家内藤湖南依然直言日本文化与中国文化是一脉相承的，此实乃有识之士所直言。我们那时以天朝大国自居，文化的优越感（至少后世学者的评述时的语气如此）从眼神深处和张扬的表情中足以显露无疑。然而，鸦片战争的炮火击碎了这种高傲的“大国梦”，中国人的优越感突然从高端跌入深渊，当然有识之士也逐渐开始“睁眼看世界”，逐步开展学习西方的宣传，中国的近代化历程艰难而坎坷，学馆建立、洋务运动、戊戌变法……中国先后以英法为师、以日本为师、以美国为师、以俄国为师（新中国成立后十年），曾经经历了一个“引西潮反传统”的“深度搅动过程”[①]，其间既有五四时期的反传统和文化破坏，亦有文化大革命时期的彻底打碎“封资修”，其中的“封”自然包括了丰富的传统文化，这种彻底的文化上的“吾丧我”，最终使得我们文化方面失去了自信心。

无论如何，唯有改革开放才使得我们逐步地从文化精神方面找回了自信。历史和现实表明，民族的觉醒实乃精神上的觉醒、文化上的觉醒；而执政党的威信和力量更大程度上也取决于文化自觉的程度。可以说，是否具有高度的文化自觉，不仅关系到文化自身的繁荣兴盛，而且决定着一个民族、一个政党的前途命运，为此要通过深刻认识文化建设的历史责任来增强文化自觉。在此基础上，只有全社会民众普遍地有了文化自觉，普遍地产生了文化自信心，才能使我们的传统文化焕发出全新的活力，才能使传统文化得以在新时代下得到创新。“创造不能没有传统，没有传统就没有了生命的基础，同样，传统也不能没有创造，因为传统失去了创造是要死的，只有不断的创造才能赋予传统的生命”[②]，而展现传统文化的创造活力是实现文化自觉的一个突破口，挖掘中文化传统文化的创造力和影响力是“我们实现文化自觉的具体课题”。要完成这一伟大而艰难的课题，需要首先用科学的方法完成工业化转型（或之后）的“文化转型”，“我们中国人有责任用现代科学的方法完成我们‘文化自觉’的使命，继往开来地努力创造现代的中华文化”[③]。

（上海交通大学马克思主义学院教授）

① 杨国强：“重视培育文化自我意识”，《解放日报》2012年12月20日。
② 费孝通：《费孝通论文化与文化自觉》，群言出版社，2005年版，第308—309页。
③ 同上书，第256页。

论中国特色社会主义"三个自信"的根本依据[①]

徐国民

近年来，中国特色社会主义"道路自信、理论自信、制度自信"已成为社会各界的热点话题，越来越多的人们深刻认识到了"全面建成小康社会，加快推进社会主义现代化，实现中华民族伟大复兴，必须坚定不移走中国特色社会主义道路"[②]，这是一个十分可喜的现象。然而，如何阐明"道路自信、理论自信和制度自信"的科学依据，做到既防止"妄自尊大"，又防止"妄自菲薄"，从而使我们更加自觉地去坚持和发展中国特色社会主义，这是时代赋予学界的重大现实课题。实际上，中国特色社会主义"三个自信"科学依据内容十分丰富，它既包括中国特色社会主义道路、理论和制度内涵、特色等本质层面内容，又包括广大群众对中国特色社会主义道路、理论和制度的社会舆论、社会心理、社会认知层面内容，还包括中国特色社会主义领导主体的自我批判能力、自我革新能力、自我完善能力等层面内容。笔者认为，中国特色社会主义道路、理论和制

① 教育部人文社会科学研究 2011 年度一般项目：《马克思"社会分工"批判及其当代意义研究》（11YJC710060）的阶段性成果；上海市教委"阳光计划"2011 年度项目：《马克思分工理论及其当代价值研究》（112YG04）的阶段性成果；华东理工大学基本科研业务费专项基金资助。

② 胡锦涛：《坚定不移沿着中国特色社会主义道路前进　为全面建成小康社会而奋斗》，人民出版社，2012 年版。

度的内涵、特色等本质层面内容是“三个自信”的根本依据。鉴于此，本文试图从历史、现实和未来三个维度出发，围绕着对中国特色社会主义内涵和特色的理解和认识上，谈谈自己对“三个自信”根本依据的一点粗浅认识。

一、回顾历史：中国特色社会主义在道路、理论和制度三个层面实现了对封建主义生产方式和资本主义生产方式的双重批判，它“从根本上改变了中国人民和中华民族的前途命运”

中华民族曾经创造了一个又一个在世界上领先的古代文明，对人类的进步发展作出了重大贡献。但是，当历史步入近代时，中国却落伍了。17 世纪中叶以后，西方一些国家先后爆发了资产阶级革命，并相继完成了工业革命，在资本主义生产方式的推动下迅速强大起来。然而，此时清王朝统治者对世界大势却茫然不知，仍然以“天朝上国”自诩，将中国以外国家一概视为“夷狄蛮貊”，把西方先进科技成果斥为“奇技淫巧”，不屑一顾。[①] 鸦片战争彻底打破了中国人“天朝第一”的梦幻。随后而来的西方列强发动了一次又一次侵华战争，展开了对中国的疯狂掠夺，把中国一步步地推向了半殖民地半封建社会的深渊。实现中华民族伟大复兴这一“中国梦”正是在这一历史过程中应运而生的。

① 中共中央党史研究室：《中国共产党历史》第一卷（上），中共党史出版社，2011 年第 2 版，第 3—4 页。

从理论上来说，世界各国不可能同时发展、同步发展，它们之间总有先有后。因此，“落后”并不必然“挨打”，否则，世界将永不安宁。那么，导致近代中国“落后挨打”的真正原因是什么呢?这是近代中国封建主义生产方式和西方资本主义生产方式“共同作用”的结果。一方面，就近代中国封建主义的生产方式而言，绵延数千年的封建专制制度严重束缚了社会生产力的发展。另一方面，就西方资本主义的生产方式而言，资本增殖的逻辑必然要求对本国劳动人民的剥削压迫和对殖民地国家的疯狂掠夺。因此，实现“中国梦”，既要推翻封建专制统治，又要走出一条根本不同于西方资本主义的现代化发展道路。只有这样，才能符合世界各国发展的潮流和本国人民的根本愿望。

为了摆脱“落后挨打”局面，实现中华民族的伟大复兴这一“中国梦”，近代中国仁人志士进行了长期英勇顽强的斗争和积极的探索。其中，有洪秀全领导的太平天国农民起义，有反对帝国主义侵略者的义和团运动，有康有为、梁启超、谭嗣同等领导的资产阶级维新变法运动，有孙中山领导的资产阶级革命运动，还有林则徐、龚自珍、魏源等提出的“师夷长技以制夷”主张以及以“自强”、“求富”为标榜，鼓吹“采西学”、“制洋器”的洋务运动，等等。尽管这些斗争和探索在一定程度上解放了人民思想，激发了民族斗志，打击了外国侵略者和本国封建势力，但终因各阶级自身的局限性，它们或没认清封建主义生产方式的根本缺陷，或没认清资本主义生产方式的根本缺陷，因而终没能带领中国人民走上一条民族独立、人民解放、国家富强，实现中华民族伟大复兴的康庄大道。

在近代中国，唯有中国无产阶级才能够真正担当起领导中国人民实现“中国梦”的历史重任，关键原因在于：一方面，中国无产阶级深受帝国主义、资产阶级和封建势力三重压迫并且与占人口绝大多数的农民阶级有着密切的联系；另一方面，由于“劳动”与“资本”的根本对立，决定了无产阶级（“劳动的人格化”）在反对资产阶级（“资本的人格化”）过程中，一直是一个最进步、最革命、最有远大前途的阶级。当然，中国无产阶级还需在马克思主义这一先进的思想的指导下，认清本阶级的阶级利益及其在不同历史阶段中的历史使命，并建立先进的阶级组织形式——无产阶级政党，实现从自在阶级向自为阶级的伟大转变。1921 年 7 月，中国共产党成立便是这一伟大转变的根本标志。

然而，就近代中国的国情而言，在这种半殖民地半封建的社会中，尤其是在资本主义生产方式尚未完全确立及其固有矛盾尚未充分暴露的前提下，如何领导中国人民实现对封建主义生产方式和资本主义生产方式的双重超越，这是摆在中国共产党面前的一大难题。因此，党的十八大报告指出："在中国这样一个经济文化十分落后的国家探索民族复兴道路，是极为艰巨的任务。"① 为了解决和克服这一难题，中国共产党紧紧依靠人民，把马克思主义基本原理同中国实际和时代特征结合起来，在坚持走自己的路的前提下，进行了长期艰辛探索，并取得了举世瞩目的伟大成就。主要体现在：一是完成了新民主主义革命，进行了社会主义改造，确立了社会主义基本制度，成功实现了中国历史上最深刻最伟大的社会变革；二是开创和发展了中国特色社会主义，把贫穷落后的旧中国变成日益走向繁荣富强的新中国，中华民族的伟大复兴展现出伟大光明前景。由此可见，中国特色社会主义道路、中国特色社会主义理论体系和中国特色社会主义制度"是党和人民九十多年奋斗、创造、积累的根本成就"②。

从中国特色社会主义道路来说，它是一条以共同富裕为根本原则的和平发展道路，它与建立在对本国劳动人民剥削压榨和殖民地国家疯狂掠夺的资本主义现代化道路有着根本不同，它实现了对西方资本主义的现代化道路的彻底超越。从中国特色社会主义理论体系来说，它始终坚持无产阶级和广大劳动人民群众这一根本的价值

① 胡锦涛：《坚定不移沿着中国特色社会主义道路前进　为全面建成小康社会而奋斗》，人民出版社，2012 年版。

② 同上。

立场，与那种代表资产阶级利益在内的一切统治阶级的意识形态及其理论有着本质区别，它在价值观上真正实现了对资本主义意识形态及其理论的根本超越。从中国特色社会主义制度而言，它实现了广大劳动人民当家做主，从制度上有力地保障了对资本主义私有制及“资本增殖的逻辑”的彻底批判和全面超越。由此可见，中国特色社会主义道路、理论、制度既是中国共产党团结带领中国人民在探索对封建主义生产方式和资本主义生产方式双重超越过程中形成的伟大成果，又是中国共产党团结带领中国人民坚持对封建主义生产方式和资本主义生产方式双重超越的根本保障。如果没有中国特色社会主义在道路、理论和制度这三个层面的有力保障，我们凭什么对封建主义生产方式以及以“资本增殖的逻辑”为内核的资本主义生产方式的双重批判和双重超越？可见，对于实现中华民族的伟大复兴这一“中国梦”来说，中国特色社会主义道路是根本途径，中国特色社会主义理论体系是行动指南，中国特色社会主义制度是根本保证，三者统一于中国特色社会主义伟大实践。正因为如此，党的十八大报告指出：“只要我们胸怀理想、坚定信念，不动摇、不懈怠、不折腾，顽强奋斗、艰苦奋斗、不懈奋斗，就一定能在中国共产党成立一百年时全面建成小康社会，就一定能在新中国成立一百年时建成富强民主文明和谐的社会主义现代化国家。全党要坚定这样的道路自信、理论自信、制度自信！”①

综上所述，中国特色社会主义在道路、理论和制度三个层面实现了对封建主义生产方式和资本主义生产方式的双重批判，因此，党的十八大报告指出，“中国特色社会主义，从根本上改变了中国人民和中华民族的前途命运”。②

---

① 胡锦涛：《坚定不移沿着中国特色社会主义道路前进　为全面建成小康社会而奋斗》，人民出版社，2012 年版。

② 同上。

二、面对现实：中国特色社会主义切中了中国的“社会现实”，彰显了“现实主题”，使“贫穷落后的旧中国日益走向繁荣富强的新中国”，实现中华民族伟大复兴的客观趋势已经显现出来

早在《〈科隆日报〉第179号的社论》中，马克思就指出：“任何真正的哲学都是自己时代的精神上的精华，因此，必然会出现这样的时代：那时哲学不仅在内部通过自己的内容，而且在外部通过自己的表现，同自己时代的现实世界接触并相互作用。”① 在《德意志意识形态》中，马克思、恩格斯在批判当时德国哲学家们时，又进一步指出：“这些哲学家没有一个想到要提出关于德国哲学和德国现实之间的联系问题，关于他们所作的批判和他们自身的物质环境之间的联系问题。”② 可见，马克思、恩格斯把能否切中“社会现实”，并“实践中证明自己思维的真理性，即自己思维的现实性和力量，自己思维的此岸性”③，看成了是理论的科学性、客观性与否的根本标准。据此，我们也完全可以说，能否切中“社会现实”是衡量一种道路、理论和制度先进性与否的客观标准。

然而，“社会现实”是什么？我们如何才能切中“社会现实”？这个问题看似简单却又极其复杂，因为“现实”总是被各种各样的主观精神所遮蔽而使人无法看清，“盲人摸象”故事就是一个典型事例。因此，要想切中“社会现实”就必须对各种主观精神进行深刻批判。加达默尔在《20世纪的哲学基础》一文中明确指出：“黑格

① 《马克思恩格斯全集》第1卷（上），人民出版社，1960年版，第220页。
② 《马克思恩格斯选集》第1卷，人民出版社，1995年版，第66页。
③ 同上书，第55—56页。

尔哲学通过对主观意识观点进行清晰的批判，开辟了一条理解人类社会现实的道路，而我们今天仍然生活在这样的社会现实中”。[①] 我们知道，黑格尔在批判主观精神时曾“要求思想应该使自己完全进入事物的客观内容并抛弃自己的所有幻想”[②]。由此可见，只有完全进入了事物的客观内容并抛弃了自己的主观幻想，我们才能真正理解“人类社会现实”。那么，“事物的客观内容”又是什么呢？恩格斯指出：“在黑格尔看来，绝不是一切现存的都无条件地也是现实的。在他看来，现实性这种属性仅仅属于那些同时是必然的东西；‘现实性在其展开过程中表明为必然性’”。[③] 由此可见，黑格尔所说的“事物的客观内容”即“社会现实”是一种“在其展开过程中表明为必然性”的东西，它不是简单“事实”的总和，而是“实存”与“本质”的辩证统一。也就是说，我们只有在纷繁复杂的“实存性”东西中，将“实存”与“本质”统一起来，看到“在其展开过程中表明为必然性”，才能真正切中“社会现实”。

“完全进入了事物的客观内容并抛弃了自己的主观幻想”，这是我们认清“社会现实”的必由之路。那么，中国“社会现实”的客观内容究竟是什么呢？如何看待“在其展开过程中表明为必然性”的中国“社会现实”呢？要想正确回答这个问题，就必须了解中国历史，尤其是中国近现代史。实际上，在近现代中国历史发展的进程中，贯穿于其中的一个鲜明主题就是，摆脱近代以来中国“落后挨打”的局面，实现中华民族伟大复兴这一“中国梦”。可以说，无数仁人志士团结带领中国人民进行的斗争和探索在不同程度上都是围绕这个主题而展开的。如果对于中国共产党成立之前的中国来说，这个主题还或多或少地属于个人或某个组织的主观美好愿望而晦暗存在的话，那么，对于在经过了中国共产党团结带领中国人民

① ［德］汉斯－格奥尔格·加达默尔著：《哲学解释学》，夏镇平、宋建平译，上海译文出版社，2004年版，第113页。

② 同上书，第114页。

③ 《马克思恩格斯选集》第4卷，人民出版社，1995年版，第215页。

经过九十多年艰辛探索之后的今天而言，这个主题显然已经成为了蕴藏在中国的“社会现实”中的一个客观而又真实的存在，它是一个“在其展开过程中表明为必然性”的客观内容。任何个人或组织如果不了解这个主题，或看不到这个“必然性”的发展趋势，就根本无法看清中国的“社会现实”。

中国共产党对此既十分清楚，又充满了自信。自成立以来中国共产党就始终没有离开过实现中华民族伟大复兴这一奋斗目标，这既是中国共产党对中国“社会现实”深刻把握和高度自觉的充分体现，又是中国共产党始终受到广大人民群众支持和拥护的根本原因。从实践上来说，中国共产党团结并带领着全国各族人民，经过九十多年来的艰苦奋斗和伟大探索，把一个贫穷落后的半封建半殖民地国家建设成为了世界第二大经济体，贫穷落后的旧中国正变成日益繁荣富强的新中国，中国特色社会主义建设取得了举世瞩目的成就，中华民族伟大复兴展现出光明前景。从理论上来说，中国特色社会主义既是“在中国这样一个经济文化十分落后的国家探索民族复兴道路”① 的伟大成就，又是指引中国人民实现中华民族伟大复兴的根本保障。因此，党的十八大报告指出：“全面建成小康社会，加快社会主义现代化，实现中华民族的伟大复兴，必须坚定不移地走中国特色社会主义道路。”② 可以说，经过中国人民几十年来的艰辛努力，无论是在中国特色社会主义的实践中，还是在中国特色社会主义的理论中，实现中华民族伟大复兴都是一个客观而又真实的存在，并且这一客观趋势已经显现出来了。

既然，实现中华民族伟大复兴这一客观趋势已经显现出来了，是不是从现在开始我们可以不用努力就一定会实现呢？回答当然是否定的。实际上，在马克思、恩格斯看来，历史只不过是追求自己目的的人的活动。历史的规律不是外在于人的活动，而是人的活动

① 胡锦涛：《坚定不移沿着中国特色社会主义道路前进　为全面建成小康社会而奋斗》，人民出版社，2012 年版。

② 同上。

本身，是现实的人实践活动的规律。历史规律的“客观性”，在于人的历史活动的“客观性”。离开了人的实践活动，要么会导致否认历史规律的客观性，要么将历史的规律外在化、抽象化、神秘化和神圣化，使之成为控制人的历史活动的神秘力量。因此，就实现中华民族的伟大复兴这一客观趋势而言，它不能离开中国共产党和中国人民对实现中华民族伟大复兴的艰苦探索和不懈追求。一旦离开了中国共产党和中国人民的艰苦探索和不懈追求，实现中华民族伟大复兴这一历史规律将不复存在，更不可能会自动实现。为此，党的十八大报告中明确指出：“我们对党和人民创造的历史伟业倍加自豪，对党和人民确立的理想信念倍加坚定，对党肩负的历史责任倍加清醒。当前，世情、国情、党情继续发生深刻变化，我们面临的发展机遇和风险挑战前所未有。”① 由此可见，在世情、国情、党情发生深刻变化的今天，实现中华民族的伟大复兴这一“中国梦”，既面临着大发展的机遇，又面临着前所未有的风险挑战。因此，只有我们对党和人民创造的历史伟业倍加自豪、对党和人民确立的理想信念倍加坚定、对党肩负的历史责任倍加清醒，才能更好地发挥党和人民的主观能动性和选择性；也只有这样，才能争取早日实现中华民族的伟大复兴这一“中国梦”。

综上所述，通过中国共产党团结带领中国人民经过九十多年的艰苦探索和不懈追求，实现中华民族伟大复兴这一客观趋势在今天中国的“社会现实”中已经全面显现出来了。可以说，中国特色社会主义切中了中国的“社会现实”，彰显了社会“现实主题”，使“贫穷落后的旧中国日益走向繁荣富强的新中国，中华民族伟大复兴展现出光明前景”。

---

① 胡锦涛：《坚定不移沿着中国特色社会主义道路前进　为全面建成小康社会而奋斗》，人民出版社，2012 年版。

三、展望未来：中国共产党团结带领中国人民开创和发展的中国特色社会主义坚持并贯彻了“世界是多样性的统一”的理念和主张，它既适合了中国的基本国情，又顺应了人类社会发展的潮流和方向，有着广阔的发展空间

从国际来看，当今世界是一个开放的、普遍联系的世界。各国之间相互依存、相互影响日益加深，求和平、谋发展、促合作已经成为不可阻挡的时代潮流。可以说，中国特色社会主义与中国人民和中华民族的前途命运休戚相关，而且也与全人类社会的文明进步紧密相连。从国内来看，建设中国特色社会主义是全国各族人民的共同事业，它需要中国共产党团结凝聚各党派、各民族、各阶层、各界人士，获得最广泛最可靠的群众基础和力量源泉。可见，“建设什么样的党、怎样建设党”直接关系到中国特色社会主义事业的前途命运。因此，社会主义建设规律与人类社会发展规律、共产党执政规律有着内在的一致性。

世界是多样性的统一。所谓多样性，是指当今世界存在着不同的民族、不同的种族、不同个体的人，它们之间有着不同的语言和不同的生活方式，表现出极大的差异性。所谓统一性，是指作为“类”的存在物——人，他们之间不仅存在着很多“共性”特征，而且随着人们交往实践的不断发展，这些“共性”特征呈现出“显性化”、“扩大化”的趋势。可以说，今天的这个世界，既是一个丰富多彩的“多样性”世界，又是一个有着很多“共性”特征和共同目标追求的“统一性”世界。无论是“多样性”，还是“统一性”，都已经成为了一种不以任何人的主观意志为转移的“客观”存在物。

然而，就整个世界而言，人类社会发展是趋于“多样化”，还是趋于“单一化”？学界对此分歧较大。“多样化”论者认为，世界是丰富多彩的，世界趋于“异质化”方向发展；“单一化”论者认为，人类之间差异随着交往实践的发展而不断缩小，世界趋于“同质化”方向发展。这两种观点都有一定片面性，其共同错误在于，它们将“统一性”与“多样性”对立起来，把“统一性”看作是独立于“多样性”之外，而不是内在于“多样性”之中的“客观”存在物。世界上不存在脱离“多样性”的“统一性”，也不存在脱离“统一性”的“多样性”，它们之间互为前提、互为依存。没有“多样性”就没有“统一性”，没有“统一性”也就没有“多样性”。人类社会在朝着自由地“多样化”发展的过程中，必将会更加自觉地“统一化”起来。马克思、恩格斯在《共产党宣言》中指出：“代替那存在着阶级和阶级对立的资产阶级旧社会的，将是这样的一个联合体，在那里，每个人的自由发展是一切人的自由发展的条件。”① 可见，“自由人联合体”中的“每个人的自由发展”的“多样性”，有着高度的“统一性”。

在我国社会主义建设的伟大实践中，中国共产党人对于“世界是多样性的统一”命题的认识经历了一个长期的发展过程。早在我国社会主义改造基本完成、开始全面建设社会主义的初期，毛泽东就向全党提出，要探索马克思主义同中国实际的“第二次结合”，走出中国自己的社会主义建设道路。他指出，新中国成立初期，“因为我们没有经验，在经济建设方面，我们只得照抄苏联”，“这在当时是完全必要的，同时又是一个缺点，缺乏创造性，缺乏独立自主的能力。这当然不应当是长久之计”②。1956 年，苏共二十大之后，毛泽东就提出要“以苏为鉴”，探索自己的发展道路。但是，这些重要的思想观点在实践中并没能真正坚持和贯彻下去，因而也就没能真正认清“世界是多样性的统一”这一命题。十一届三中全会以来，

① 《马克思恩格斯选集》第 1 卷，人民出版社，1995 年版，第 294 页。
② 《毛泽东文集》第 8 卷，人民出版社，1999 年版，第 305 页。

在开创和发展中国特色社会主义进程中，中国共产党对这一命题的认识越来越清醒、深刻了。1997 年，党的十五大第一次提出了“要尊重世界的多样性”的观念。2002 年，党的十六大重申了维护世界多样性的理念。2007 年，党的十七大对维护世界多样性的理念进一步具体化，2012 年，党的十八大对“平等互信、包容互鉴、合作共赢”理念作出了全面阐述，从而进一步深化了对“世界是多样性的统一”的认识和理解。

细加分析，中国特色社会主义正是坚持和贯彻了“世界是多样性的统一”的理念和主张。一方面，中国特色社会主义依据了中国实践发展的必要性及其提供的可能性进行道路选择的思想，开辟了一条完全不同于西方资本主义现代化道路，从实践上充分证明了人类文明发展的“多样化”趋势。另一方面，中国特色社会主义高举了和平、发展、合作、共赢的旗帜，维护了世界和平、促进共同发展，坚持了走和平发展道路，突显了世界“统一化”的原则要求。党的十八大报告指出：“人类只有一个地球，各国共处一个世界”，“要和平不要战争，要发展不要贫穷，要合作不要对抗，推动建设持久和平、共同繁荣的和谐世界，是各族人民共同愿望”。[①] 中国人民在“尊重世界文明多样性、发展道路多样化，尊重和维护各国人民自主选择社会制度和发展道路的权利”的同时，积极“倡导人类命运共同体意识，在追求本国利益时兼顾他国合理关切，在谋求本国发展中促进各国共同发展，建立更加平等均衡的新型全球发展伙伴关系，同舟共济，责权共担，增进人类共同利益”。[②] 可见，中国特色社会主义在理论和实践上既坚持了世界“多样化”的发展趋势，又强调了世界“统一化”的原则要求，是“多样化”与“统一化”的有机结合，它既适合了中国的基本国情，又顺应了人类社会发展的潮流和方向，因而有着广阔的发展空间。

---

① 胡锦涛：《坚定不移沿着中国特色社会主义道路前进　为全面建成小康社会而奋斗》，人民出版社，2012 年版。

② 同上。

诚然，中国特色社会主义之所以有着广阔发展空间，除了顺应了人类社会发展的潮流外，更为根本的原因在于，中国共产党在团结带领中国人民开创和发展中国特色社会主义过程中，能够充分地认识到自己所肩负的历史使命和责任，不断深化对共产党执政规律、社会主义建设规律、人类社会发展规律的认识，体现了中国共产党高度的理论自觉。就党的建设而言，中国共产党既十分清醒地认识到了自身所肩负的历史重任、所面临的“四大考验”和“四大危险”、所需解决好的重大课题，同时又号召全党必须牢记，“只有植根于人民、造福人民，党才能立于不败之地；只有居安思危、勇于进取，党才能始终走在时代的前列”，并在此基础上又十分明确清楚地提出了加强党自身建设的基本路径和具体方案，从而“确保党始终成为中国特色社会主义事业的坚强领导核心”[①]。回顾历史，我们不难发现，中国特色社会主义事业兴衰成败总是与中国共产党自身建设状况休戚相关。中国共产党每次思想上的解放、理论上的创新必然会带来中国特色社会主义的新胜利。面对现实，高度自觉和越趋成熟的中国共产党为坚持和发展中国特色社会主义提供了有力的领导核心和组织保障。因此，我们有理由相信，中华民族和中国人民在以改革创新精神全面推进党的自身建设的中国共产党的带领下，所进行的中国特色社会主义现代化建设，一定会焕发出灿烂的光芒！

总而言之，中国特色社会主义坚持并贯彻了“世界是多样性的统一”的理念和主张，它既适合了中国的基本国情，又顺应了人类社会发展的潮流和方向，未来有着广阔的发展空间。同时，高度自觉和越趋成熟的中国共产党为坚持和发展中国特色社会主义提供了有力的领导核心和组织保障。

（华东理工大学马克思主义学院副教授）

---

① 胡锦涛：《坚定不移沿着中国特色社会主义道路前进　为全面建成小康社会而奋斗》，人民出版社，2012年版。

从“中国梦”看中国特色社会主义核心价值的实现

李　振

任何人都知道，有梦想、有价值且能实现它们，这样的人生是最美的。但是，如果缺乏相应的社会语境、社会机制和个体努力，那么，有关任何“梦想和价值”的讨论始终都是一个奢侈品或虚拟品。从广义上讲，“中国梦”是指中华民族在实现强国富民的同时，为世界作出贡献的美好愿望。从狭义上讲，“中国梦”是指渴望成功的中国人希望凭借自己的勇气、智慧和创造精神去争取美好生活的愿望和梦想。在“全球现代性”的现实生活竞争压力日益增强的现实语境下，我们认为，“中国梦”的实现，在理路和实践上扩展了中国特色社会主义核心价值的相关讨论，使得该“问题域”已经不再停留于概念提炼、观念梳理的层面上。围绕和促使“中国梦”是中国特色社会主义核心价值深入人心、持续运行的一个越来越重要、越来越现实的内在机理。

无可否认，我们的社会主义经济建设取得了举世瞩目的伟大成就，但社会主义核心价值的缺失却导致部分人缺乏精神寄托，没有前进的方向，也失去了梦想。从价值哲学的角度看，衡量一种或一个“梦想”合法性的根据，不在于该梦想的编制如何美妙、动人，而在于梦想的“价值属性”能否彰显，而这种“彰显”本身就是一种价值实现方式。也就是说，“梦想的实现”不限于历史的论证和相关理论的自我言说，而应转化为“圆梦的实践”，转化为相关的“愿望”能否达成“价值共识”，进而转化为“价值实践”。而基于此，我们认为，“中国梦”的相关话题的持续深入，其实说出了中国特色社会主义核心价值内在机理尚未澄清的“价值事实”，尚未妥善解决的个体发展、社会发展之间的现实关系复杂性难题，揭示出“价值应然状态”和“价值实然状态”之间的巨大差距。而在深入“中国梦”的各种讨论中，善于将中国特色社会主义核心价值的“应然状态”和“实然状态”二者之间实现有效连接，正视而不是忽视其中的“距离”，这是在中国特色社会主义核心价值逐步走向深入的一个具体体现。以“中国梦”作为理想与实践目标，并以实现“中国梦”作为内在扭结，成为中国特色社会主义核心价值拓展的一个实践机制。既然“中国梦”的理想维度和现实维度，成为诠释深化中国特色社会主义核心价值的一个新的、重要的动力结构，那么，我们就从社会主义核心“价值实践”过程中最突出的三个问题，即价值主体、价值创新和价值挑战的核心内容等对其进行分析。

一、中国梦：人民主体性的价值需求和价值实现

在“惯常”有关社会主义核心价值的讨论中，我们一般的论证逻辑内容是：以共产主义理想作为理想的价值坐标，以社会主义初级阶段作为现实的实践基础，以爱国主义的民族精神、改革创新的时代精神、体现社会主义荣辱观要求的社会风尚作为补充、辐射和支持。问题的关键在于：这只是一种“价值要求”，是否符合现实活动主体的价值需求，以及这种需求能否做到呢？

价值主体性的不同是决定相关价值观差异的关键因素。马克思反对任何意义的抽象的人道主义，反复宣称自己的哲学的现实前提和对象，是“从事实际活动的人”，“是他们的活动和他们的物质生

活条件，包括他们已有的和由他们自己的活动创造出来的物质生活条件”。“生产和生活”条件不同，是决定不同价值主体的核心内容。显然，马克思主义价值哲学的主体是不同的“现实的感性活动的人”，落实到中国特色社会主义建设事业之中，其主体不是任何抽象意义的“人”，或者“人民”，而是具体的、充满差异的“最广大”的人民群众，这就要求我们必须对“人民性”进行真切的把握。

基于唯物史观的观念史的角度看，马克思、恩格斯所重点关注的“人民主体”，是“比较纯粹”的充满感性和具有革命现实力量的无产阶级，一切统治阶级被排除在“人民”视野之外；在中国革命战争时期，“人民群众”往往以“根据地群众”、“革命群众”的面目出现，强调人民的阶级性和革命性；当前处于全球化、信息化、市场化的时代，中国特色社会主义核心价值的主体性，尽管以“人民群众”的名词指称，但内容其实更为复杂，如果不对其中的“构成部分”进行仔细的考察和区分，对其现实存在的各种不同的“价值取向”进行一定程度的区隔，那么，这时“人民群众”依然是昏暗不明的，在这种观念下的“群众路线”也不可能取得成功。这意味着，针对“人民群众”的价值需求就应该像毛泽东当年解析中国社会各阶级的现状一样进行详加论析，而不是一味地仅仅将“人民群众”作为口号示人。

鉴于此，我们认为，“人民群众”作为中国特色社会主义核心价值的实现主体，从而也是“中国梦”的思想主体和行动主体。这种“主体性”如何彰显呢？我们不仅仅需要讲“人民群众”如何决定历史发展、是社会历史的创造者这个“基本”的道理，也不仅仅通过历史反复提醒“人民群众”之于“中国革命”的重要性，更重要的则是要看到这种道路的现实性、实践性和未来性。自古以来，所谓的“生命线”都具有两方面的内容：一方面，既高瞻远瞩，充满着强大的未来性，符合时代发展的潮流、人民的愿望；另一方面，又是实实在在、千辛万苦做出来的，而不是“宣布”出来的。

第一，了解和承认“人民群众”内部各种利益分割甚至冲突的事实，根据“人民群众”的根本立场，有选择、有秩序、有差异地承认、鉴别“以人为本”价值实践的内在冲突。现阶段的“价值事实”是，不同“收入群体”的价值观出现了严重的分化，不同阶层的群体之间的“共同话语”越来越少，多样化、碎片化、现实化的价值取向越来越明显。这意味着，所谓的“社会主义核心价值”概念本身受到现实的挑战越来越强烈，如果不对最能体现社会主义核心价值的“主体”（而不是抽象的“人”或者“人民”）加以侧重、倾斜，悉心体察“不同群体”的“内在价值需求”，做到“以……群体为本”，真正了解各种“价值需求”的共性和差异，而且切实尊重、正视和引导这些差异性，那么，社会主义核心价值的理论建构上则无法与西方的人道主义价值观相区分，在实践逻辑上则可能失去社会主义所能依靠的社会阶层的支持。目前，应该在不同领域和范围内，大力弘扬“以底层社会”为本（而不是任何意义的“精英阶层”为本）的价值观念，“以农民为本”、“以农民工为本”、“以学生为本”、“以老人为本”等等，通过各种针对性、有效性的实践做法，建构各种实实在在的服务体系，使得不同的阶层有实现自己梦想和追求的机会，在具体的领域实践和发挥各种价值主体的积极性和主动性。

第二，在处理各种“价值冲突”的实践过程中，注重顶层设计与底层呼唤相结合。近来，顶层设计频繁见诸报端和各种文献之中。其实，任何一种制度安排、政策措施的合理性出台无不集中了“上层和下层”的心血，最后经过了“特殊人士”、特殊机构的加工和完善。按照这种逻辑看，其实我们惯常而言的“群众路线”本身就包含着“从群众中来、到群众中去”的“顶层和下层”相互关联、互动的过程，包含着上层的睿智和虚心、下层利益的切实表达，而非“有意地”突出某一个环节。在面对越来纷繁复杂的“价值冲突”的现实条件下，在社会主义核心价值的实践过程中，无意更需要考虑“顶层设计”的必要性，善于将“个案”转换为“制度成果”，善于通过建立“先进制度”利益引导和约束机制，来解决各种日益凸显的价值冲突。当然，这里必须考虑、重视、照顾“底层社会”的实际利益，实现上下互动，信息双向流动，不然就是闭门造车。在这个意义上，任何意义的“倒逼”改革机制正反映出完全基于“顶层”的理性（理想）逻辑的现实缺陷。如果“倒逼性”改革成为一种价值常态，这意味着“制度设计者”的“价值理念”出现了问题，缺乏对社会主义核心价值的“主体性”的真实把握；要改变这种状态，必须坚持传统的“群众路线”的优良传统，否则不可能取得良好的效果。

第三，特别注重“核心群体”——执政党群体的价值观念和价值行为相结合的示范效应，而不是任何抽象的执政观念的自我言说和自我论证。社会主义核心价值观是一种思想观念，更需要考虑“言行一致”的问题，特别是“核心群体”的价值选择、价值观念和价值行动，一定要做到言行一致。目前，在我国社会主义核心价值领域内确实存在着部分言行不一致、理论与实践相脱节的现象，主要表现在一些党政官员、宣传干部台上台下两重天：说一套、做一套；宣传一套、实践一套；当面一套、背后一套。必须杜绝这些问题，这样价值观的建立才有可信性，才能让人信服，也才有实践价值。这些“核心群体”是标示社会主义核心价值的是否真实存在的“显示剂”，也是民众真切感知社会主义核心价值实践价值的“检验剂”。这意味着，在价值观的约束、价值效果的评价确实存在着差异性、多样性、冲突性的条件下，社会主义的“核心群体”绝对不能放松要求，而应该以“核心价值”作为自己的行为规范。

二、中国梦：知识创新的价值需求和价值实现

众所周知，“创新驱动”已经成为全球发展动力的一个普遍共

识。就马克思主义价值哲学创新的角度看，价值的本质并非对现实存在的描述、说明和解释，而是反思、批判和改造，推动社会实践的不断变革。对社会主义核心价值的主体性和实践性而言，就表现为在实现“中国梦”的过程中，不囿于“固有”（“原有”和“西方”）的路径和逻辑，在越来越激烈的“科技竞争”中，善于做到“知识创新”。也就是说，价值创新并非是一个停留于理论畅想和抽象领域的逻辑概念，而是一个真正体现于劳动创造的各个事实领域。如果缺乏现实的劳动创新，尤其是知识创新，任何意义的价值创新都将失去其实践意义。

在科技竞争的现实语境下，不断“重复性”的劳动逻辑越来越显示出其不适应性，需要知识创新加以提炼，注入新的时代精神元素。要将“中国制造”转变为“中国创造”，“知识创新”起着更为重要的作用。相对于“劳动观念”而言，诚实、踏实、勤奋是知识（劳动）创新的基础。或者说，底座是“劳动观”，再进一步则是知识（劳动）创新观念和行为，既要重视基础性的、日常意义不断重复性的“劳动”，又要强调“创新劳动”，激发知识创新，塑造出更多的“高端人才”，这是两个相关关联的领域。归结起来，这意味着，知识创新价值需求不能仅仅只重视“高端人才”，而忽视基础“劳动观”的培育和培养，没有踏踏实实、普普通通的劳动者，创新就会缺乏内在的长效机制。

既然“知识创新”是提升“劳动过程”的核心环节，那么，我们就必须在知识领域大力弘扬创新精神。这是发挥社会主义价值观念具有创新性、价值性和时代性的重要表征，也是真正确立社会主义核心价值的一项越来越重要的工作。

这仅仅是理论问题的说明，还涉及更为复杂的具体现实价值的各种挑战，而后者因为具有直接的现实性，比前者更为重要和关键。一般而言，创新逻辑和实践包含两方面：自主创新和协同创新，前者强调自我学习和创造，其价值取向的单一性十分鲜明，而后者涉及“价值间性”的互动和冲突，问题则复杂得多。作为社会主义核心价值理论和实践的一项重要内容，“知识创新”价值的建构应该借鉴一些国外的优秀成果，但是具体操作起来还是困难重重。原因主要有两点：其一是不敢借鉴，不敢“拿来”，这涉及的是胆识的问题；其二是不知道借鉴些什么内容，这说到底依然是对“价值观”的研究和界定有待深入的问题。实现“中国梦”的伟大征程中，随着中国步入世界的步伐越来越大，对世界的影响越来越强烈，我们应主动去研究国外的“价值观”成果，为我所用，特别是善于研究和借鉴美国、日本、欧盟等一些发达国家或地区已经发生的“价值观”问题，这对积极建构社会主义和谐观具有直接的建设作用。

三、中国梦：资本自觉的价值需求和价值实现

马克思主义的真理性和科学性体现为对现存社会特别是资本主义社会进行了无情的批判，而这种基于“科学逻辑和社会事实”之上的“价值批判”，可以看成是马克思主义价值哲学的本质特征。或者说，马克思主义价值哲学赢得“现时代的精神上的精华”美誉的一个核心所在，体现为对“资本时代”的生产、生活和精神文化命题等，进行了深刻的反思和批判，其核心问题则是对“资本逻辑”的深刻揭示与批判。这一批判所具有的警示和借鉴意义，已经在资本主义的历史发展、现实运动及其理论逻辑上充分体现出来。西方马克思主义以及其他西方学术中的左、中派思潮，都以各自不同的方式言说了马克思主义的当代价值。针对中国特色社会主义核心价值的实现而言，利用资本、超越资本依然是一个核心的理论和实践问题，我们把其归结为“资本自觉”的价值需求。

第一，首先要明确“资本”之于当代中国的重要价值和意义。当“资本”从“资本主义”的“内在性”中解脱出来后，当“资本动力”以改革开放的形式进入中国现实大地之后，我们就始终无法

回避一个核心问题，那就是“资本与现代性”之间的关系该如何理解。这里内涵着“资本主义与现代性”考察，以及中国在大力“利用资本”之间的共同性、关联性。在周围到处充满着资本力量、资本逻辑、资本符号的现代社会中，重新正视“资本的复杂性”，将“资本”从单一的“资本主义现代性”中解脱出来，发挥其积极功能，已经成为中国特色社会主义改革开放的一个基本的内在动力机制。当我们言说“社会主义市场经济”的核心构成原则和构成主体时，一个越来越重要、无法绕过去的症结问题，就是“运用资本”的合理性该如何论证问题。其逻辑不是“西方现代性”的逻辑，而在于中国自身的现代性发展，这不能仅仅从经济发展，更要从人文精神的培育角度进行反思。

第二，“资本逻辑”本身具有鲜明的文明限度。直接承接了一个问题，在充分意识到资本的现代性积极作用的同时，必须重提马克思对“资本主义”的批判逻辑。在资本“普遍逻辑”体制下，“私有财产神圣不可侵犯”的一个客观法则，“金钱”（以资本、工厂、机器等为表现形式）具有决定一切的力量，构成一切事物的“普遍价值”。有钱就有一切，丧失钱财就丧失一切；赚钱是最大的成功和欢乐，赔钱是最大的痛苦和失落。资本家由于占有生产资料，成为社会的主宰，享有剥夺他人劳动的自由；而工人由于除了自己的劳动力之外，一无所有，只有接受剥削。在“资本逻辑”为核心制度和主流文明观念面前，人的价值世界必然是颠倒、扭曲的，人的命运也只能是被物化、异化了的。如果连人的存在价值都不能得到确认，那么所谓的“生态价值”的提法本身就只能是更多地具有虚拟的价值属性。所有这些问题都说明“资本逻辑”自身存在着鲜明的限度问题，需要我们在“大力运用”资本时，予以惊醒。而以“社会主义也存在市场经济”之语加以搪塞，遗忘了资本本性对于人的价值、自然价值的腐蚀。

第三，如何在“利用资本”的过程中“超越资本”不是一个抽象的价值观念，是社会主义核心价值得以“现实成立”的一个枢纽性的支点。尤其是在“西方资本”处于优势压力的情形下，在我们逐步向“世界原则”“接轨”的过程中，不可避免地受到“资本逻辑”的钳制和影响，一定程度的“让步”、“让利”是必然的。马克思之所以将“资本家”视为“资本的人格化”，对于“人的价值的抽象性”失去信心，关键就在于“巨大的商品堆积”所体现出来的货币和资本逻辑的强大力量，在我们“大力利用”资本的过程中，能否有强大的意志力不被资本逻辑所侵占，这需要社会主义核心价值力量来武装和保证。

总之，我们认为，在“中国梦”的行进过程中，社会主义和谐的作用和功能会得到越看越鲜明的体现，“中国梦”的实现必须以中国特色社会主义核心价值观作为价值导引，进而转化为价值行动，这是“梦想真正有力量”的价值根据。

（同济大学马克思主义学院教授）

社会主义核心价值体系是兴国之魂

华建宝

党的十七届六中全会颁布的《中共中央关于深化文化体制改革推动社会主义文化大发展大繁荣若干重大问题的决定》提出“社会主义核心价值体系是兴国之魂”，这是继我们党提出“四项基本原则是立国之本”、“改革开放是强国之路”论断之后，又一个具有重大意义和深远影响的论断。党的十八大报告再次强调指出：“社会主义核心价值体系是兴国之魂，决定着中国特色社会主义发展方向。”[①] 报告还提出“三个倡导”的社会主义核心价值观基本内容。全面理解“兴国之魂”这一论断，充分认识社会主义核心价值体系的地位和作用、推动社会主义核心价值体系建设、促进社会主义文化大发展大繁荣、培育和践行社会主义核心价值观具有重要意义。

一、社会主义核心价值体系是社会主义意识形态的本质体现

意识形态这个哲学范畴，是指反映经济形态和政治形态以及一

① 胡锦涛：《坚定不移沿着中国特色社会主义道路前进，为全面建成小康社会而奋斗》，人民出版社，2012 年版，第 31 页。

定阶级或社会集团利益和要求的思想体系，包括政治法律思想、道德、艺术、宗教、哲学，它们所反映的内容与经济形态、政治形态以及一定阶级或社会集团利益要求和价值取向密切相关，具有阶级性，因而属于意识形态。社会主义意识形态是以马克思主义为指导的意识形态，集中反映着社会主义社会的经济、政治生活，反映着社会主义制度的本质要求，体现着最广大人民的根本利益。社会主义核心价值体系的四个方面内容，集社会主义价值理念之大成，把我们党倡导的基本理论、思想观念和价值取向系统凝练地整合在一起，是社会主义意识形态的核心内容和最重要组成部分，决定着社会主义意识形态的性质和方向。党的十七大指出，“社会主义核心价值体系是社会主义意识形态的本质体现”①，揭示了社会主义核心价值体系在社会主义意识形态中的地位和作用，这次《决定》中提出“社会主义核心价值体系是兴国之魂”，则是在十七大提出的这一论断基础上，进一步揭示了社会主义核心价值体系对于国家兴旺发达的重要意义。

“社会主义核心价值体系是兴国之魂”，这个“魂”集中体现在马克思主义指导思想上。马克思主义作为我们立党立国的根本指导思想，决定着社会主义核心价值体系的性质和方向，在社会主义核心价值体系中处于统领地位，是社会主义核心价值体系的灵魂所在。马克思主义为建设社会主义核心价值体系提供正确的立场、观点和方法，对社会主义核心价值体系发挥着思想基础和理论支撑作用。坚持马克思主义在意识形态领域的指导地位，是社会主义意识形态与其他社会意识形态特别是资产阶级意识形态的本质区别。建设社会主义核心价值体系，第一位的就是坚持马克思主义的指导地位，在任何时候、任何情况下，都要坚持用中国化的马克思主义武装全党、教育人民。加强社会主义意识形态建设，最根本的就是坚持马克思主义指导地位不动摇，马克思主义始终是我们认

① 《中国共产党第十七次全国代表大会文件汇编》，人民出版社，2007年版，第33页。

识世界和改造世界的强大思想武器，在任何时候任何情况下，都应当成为全体共产党员的坚定信念，成为广大人民群众的价值认同。

二、社会主义核心价值体系是全党全国人民团结奋斗的共同思想基础

共同的思想基础，是一个党、一个国家、一个民族赖以存在和发展的根本前提。没有这个基础，党就会瓦解，国家就会动荡，民族就会分裂，兴旺发达根本就谈不上。我们党的领导人对共同思想基础建设历来高度重视。毛泽东指出党要有“共同语言”，社会主义国家要有“统一意志”。邓小平指出“我们这么大一个国家，怎样才能团结起来、组织起来呢？一靠理想，二靠纪律。组织起来就有力量”。[①] 江泽民指出“一个民族、一个国家，如果没有自己的精神支柱，就等于没有灵魂，就会失去凝聚力和生命力”。[②] 胡锦涛提出要增强“民族精神”，巩固“精神支柱”，形成“共同理想信念”。这些都在强调要有共同的思想基础。社会主义核心价值体系揭示了我们共同思想基础的基本内涵和基本要求，成为我们的主心骨。建设社会主义核心价值体系，就是用马克思主义中国化最新成果武装全党、教育人民，用中国特色社会主义共同理想凝聚力量，用以爱国主义为核心的民族精神和以改革创新为核心的时代精神鼓舞斗志，用社会主义荣辱观引领风尚，在全党全社会形成统一的指导思想、共同的理想信念、强大的精神力量、基本的道德规范，使人们更好地投身改革开放和社

① 《邓小平文选》第3卷，人民出版社，1993年版，第111页。
② 《江泽民文选》第2卷，人民出版社，2006年版，第230—231页。

会主义现代化建设，推动中国特色社会主义伟大事业不断向前发展。

当前，我国改革发展已进入关键时期，呈现出许多新的阶段性特征，社会思想观念和价值取向复杂多样，主流与非主流同时并存，先进的与落后的相互交织，呈现出多元、多样、多变的特点。社会思潮越是纷繁复杂，越需要主旋律，越需要用一元化的指导思想引领多样化的社会意识，牢牢掌握我国意识形态领域的主导权、主动权、话语权，最大限度地凝聚社会思想共识。面对多变的时代、多样的社会、多种的思想、多质的要求、多类的矛盾，只有确立社会主义核心价值体系，才能在全党和全国人民中更加鲜明地高扬党在思想上精神上的旗帜，才能尊重差异、包容多样，才能坚决抵制各种错误和腐朽思想的影响，有效引领各种社会思潮，不断夯实全社会团结奋斗的共同思想基础，为全面推进中国特色社会主义事业提供更加有力的精神支撑。

三、社会主义核心价值体系是我国社会主义制度的内在精神之魂

根据马克思主义唯物史观的基本原理，社会划分为三大结构，即生产力、生产关系（经济基础）、上层建筑。一个社会的上层建筑由政治上层建筑和观念上层建筑两大部分所构成，政治上层建筑包括政治法律设施、政治法律制度，观念的上层建筑包括政治法律思想、道德、艺术、宗教、哲学等意识形态。政治上层建筑与观念上层建筑相互影响、相互作用，一方面，政治上层建筑在观念上层建筑指导下而建立起来；另一方面，观念上层建筑在很大程度上受到政治上层建筑的影响。毛泽东指出：“一定的文化（当作观念形态的文化）是一定社会政治和经济的反映，又给予伟大影响和作用于一

定社会的政治和经济。”① 对应于我们国家，一方面，社会主义核心价值体系是建立在社会主义制度基础上、对社会主义制度的观念反映；另一方面，建设社会主义核心价值体系，也有利于我国社会主义制度的巩固和发展。

我国社会主义，在经济制度方面，坚持和发展社会主义市场经济，坚持和完善公有制为主体、多种所有制经济共同发展的基本经济制度，坚持和完善按劳分配为主体、多种分配方式并存的分配制度；在政治制度方面，坚持党的领导、人民当家作主和依法治国的有机统一，坚持和完善人民代表大会制度、中国共产党领导的多党合作和政治协商制度、民族区域自治制度以及基层群众自治制度；在法律制度方面，形成了中国特色社会主义法律体系。我们党提出建设社会主义核心价值体系，反映了我国社会主义基本制度的本质要求，反映了全国各族人民的核心利益和共同愿望，在所有社会主义价值目标中处于统摄和支配地位，为中国特色社会主义的发展和完善提供了思想根基，是社会主义制度在价值层面的本质规定，是我国社会主义制度的内在精神之魂。

四、社会主义核心价值体系是社会主义先进文化的精髓、文化软实力的核心

在中国特色社会主义事业总体布局中，文化建设是一个重要组成部分，没有社会主义文化繁荣发展，就没有社会主义现代化。中国共产党是中国先进文化的代表者、推动者，社会主义先进文化则是中国共产党思想精神上的旗帜。何谓社会主义先进文化？社会主义先进文化的内容集中体现为社会主义核心价值体系，社会主义核

① 《毛泽东选集》第2卷，人民出版社，1991年版，第663—664页。

心价值体系是社会主义文化先进性、科学性和真理性的基本保证，是中国特色社会主义事业正确发展方向的根本保证，是社会主义先进文化的精髓。

当今时代，文化越来越成为民族凝聚力和创造力的重要源泉、越来越成为综合国力竞争的重要因素、越来越成为经济社会发展的重要支撑，丰富精神文化生活越来越成为我国人民的热切愿望。基于此，我们党把增强国家文化软实力作为一个重要发展战略，把文化繁荣发展作为发展是硬道理、发展是党执政兴国第一要务的重要内容。而建设社会主义核心价值体系是提高国家文化软实力的核心。通过建设社会主义核心价值体系，形成统一的指导思想、共同的理想信念、强大的精神支柱和基本的道德规范，增强对中华民族的凝聚力，巩固民族团结和睦的精神纽带；弘扬改革创新精神，树立创新理念，培育创新文化，提高中华民族的创新力，在激烈的国际竞争中始终立于不败之地；保持文化的民族性、时代性、先进性，展现中国特色、中国风格、中国气派；有力抵御西方资产阶级腐朽思想文化的渗透，有效维护我国文化安全；使中华文化更好地走向世界，扩大中华文化的国际影响力。总之，社会主义核心价值体系建设的过程，就是国家文化软实力提高的过程。

五、社会主义核心价值观是社会主义核心价值体系的精髓、中国梦的价值内核

党的十八大提出“三个倡导”，这个社会主义核心价值观是社会主义核心价值体系的精神内核及其遵循的根本原则，是社会主义核心价值体系的精髓。培育和践行社会主义核心价值观，是建设社会主义核心价值体系的重要举措，是新形势下深入推进社会主义核心价值体系建设的新要求。十八大以来，习近平总书记提出关于中国

梦的重大战略思想，指明了中国特色社会主义的前进方向和奋斗目标，描绘了人民幸福、国家富强、民族复兴的美好蓝图。三个倡导的核心价值观与民族复兴的伟大中国梦密不可分，培育和践行社会主义核心价值观对于实现中国梦意义重大，两者有机统一于中国特色社会主义实践。

实现中华民族伟大复兴的中国梦，既要有强大的硬实力，包括政治、经济、科技、军事等，同时也离不开思想、文化、价值观等软实力。这其中，价值观又是软实力建设的重中之重。凡是在世界民族之林拥有一席之地的民族，必定在思想文化上既对内具有强大的渗透力、感召力，同时也对外界有着较强的辐射力、影响力。社会主义核心价值体系是社会主义先进文化的精髓，决定着中国特色社会主义的发展方向。社会主义核心价值观是社会主义核心价值体系的最凝练体现，是中国特色社会主义在思想文化上的最鲜明标记，构成中国梦的价值内核。培育和践行社会主义核心价值观，既是深入推进社会主义核心价值体系建设的新要求，也是实现中华民族伟大复兴的必然要求。中国梦从理想一步步变为现实的过程，也是社会主义核心价值观深入人心并转化为推动中国特色社会主义伟大实践的过程。实现民族复兴的中国梦，只有在中国特色社会主义建设不断取得新成果的过程中才会越来越接近。培育和践行社会主义核心价值观，要与实现中国梦紧紧联系起来，从团结、动员干部群众为实现中国梦而努力奋斗。

（武警政治学院教授）

共产党政治核心价值的历史变迁与现实启示

上官酒瑞

价值是一种“为我关系”，是主体对事物的意义追问。英国思想家霍布豪斯认为：“各种社会制度和政治制度本身并不是目的。它们是社会生活的器官，是好是坏，要根据它们所蕴涵的精神来判定。”①这些精神与理想就是政治体系的深层结构，即政治价值。在一个国家政治生活的价值序列中，通常会有一种价值理念处于主导地位，发挥统帅功能，是为政治核心价值，它指引着政治生活的意义与目标，规定着政治变革的方向，是政治进步的精神力量。不过，政治发展的核心价值与不同时空中政治的主题密切相关，需要不断选择、调整、更新和优化。

一、“以斗为纲”的革命政治及其危机

中国共产党自诞生起就担负着挽救民族危亡、实现国家独立的政治使命。为此，党在总结经验教训的基础上，毅然举起了武装

① ［英］伦纳德·霍布豪斯：《社会正义要素》，孔兆政译，吉林人民出版社，2006年版，第1页。

革命的旗帜，适应革命需要，阶级斗争率成为指导党政治行动的核心价值。应当说，共产党人在相当程度上是运用阶级斗争思维对马克思主义进行认知、解释和运用的。这在共产党早期领导人对马克思主义的认识中可见一斑，如陈独秀和李大钊等就认为，马克思的阶级斗争学说与唯物史观相辅相成，是人类历史进化之自然现象。毛泽东更是坦陈“斗争哲学”是共产党的政治哲学，“政治就是阶级斗争”。毛泽东曾回忆说：“记得我在一九二〇年，第一次看了考茨基著的《阶级斗争》，陈望道翻译的《共产党宣言》，和一个英国人作的《社会主义史》，我才知道人类自有史以来就有阶级斗争，阶级斗争是社会发展的原动力，初步地得到认识问题的方法论。可是这些书上，并没有中国的湖南、湖北，也没有中国的蒋介石和陈独秀。我只取了它四个字：‘阶级斗争’，老老实实地来开始研究实际的阶级斗争。”[①] 他还有一句知名的语录：“马克思主义道理千条万绪，归根到底就是一句话：造反有理。”确实，关于阶级斗争的认识、研究和运用在毛泽东的思想体系中随处可见，最完整的表述是：“阶级斗争，一些阶级胜利了，一些阶级消灭了。这就是历史，这就是几千年的文明史。拿这个观点解释历史的就叫做历史的唯物主义，站在这个观点的反面的是历史的唯心主义。”[②] 能够看出，阶级斗争是毛泽东认识马克思主义的根本，是其政治思想的轴心，也是其领导共产党开展革命政治的核心价值。

浓厚的阶级斗争情节深刻地影响了毛泽东的革命生涯，也塑造了共产党的革命政治。以“研究实际的阶级斗争”为行动起点，对中国社会的阶级状况进行了广泛调查和研究，搞清楚了“谁是我们的敌人，谁是我们的朋友”这一关乎革命成败的首要问题；以广阔的农村社会为腹地，广泛动员底层劳苦大众参与革命，极大增强了

---

① 《毛泽东文集》第 2 卷，人民出版社，1993 年版，第 378—379 页。
② 《毛泽东选集》第 4 卷，人民出版社，1991 年版，第 1487 页。

群众的积极性和党的革命性；以农村包围城市、武装夺取政权为道路，推动革命“星星之火”走向“燎原之势”，为革命指明了方向；以武装斗争为重要法宝，为革命斗争的胜利提供了保障；等等。毛泽东认为：“在阶级社会中，革命和革命战争是不可避免的，舍此不能完成社会发展的飞跃，不能推翻反动的统治阶级，而使人民获得政权。”① 这实属严峻的政治形势使然。可以说，民主革命时期共产党的政治就是阶级斗争，无论是组织工作、宣传工作、群众工作，还是根据地政权建设、土地改革等都以阶级斗争为中心，服务于革命斗争。党因此成为名副其实的阶级斗争机器和典型的革命型政党，从事着革命政治。实践证明，“以斗为纲”的核心价值是适合中国革命需要的，对阶级斗争实践的展开也是非常有效的。正是在该价值指引下，党从小变大、从弱变强，领导中国人民历经土地革命、抗日战争和解放战争，取得了民主革命胜利，基本实现了国家独立和民族解放。

新中国成立特别是1956年社会主义改造基本完成后，党形成了初步判断：急风暴雨式的阶级斗争已经结束，社会主义制度已经建立，政治工作的重心应转向发展和保护生产力，满足人民群众对经济文化发展的需求。对此最完整的回答体现在1956年党的八大报告中。但是，由于国内外政治形势的变动以及其他种种原因，阶级斗争的价值理念迅速重回政治领域。特别是1962年的八届十中全会认为，中国社会依然存在着无产阶级与资产阶级两大阶级、社会主义和资本主义两条道路的斗争。与此同时，毛泽东强调阶级斗争的根本性、重要性和长期性，提出了“以阶级斗争为纲”，认为“阶级斗争是纲，其余都是目”，要“年年讲、月月讲、天天讲”，最后升级并演化为“无产阶级专政下继续革命的理论”。应当说，在社会主义与资本主义两大阵营对峙的世界政治格局中，中国政治领域中“以斗为纲”理念的存在与泛滥，具有一定必然性。但阶级斗争本

① 《毛泽东选集》第1卷，人民出版社，1991年版，第334页。

身固有的暴力性和破坏性，使它非常容易甚至说必定会超出限度而走向极端，甚至转向自己的反面，酿成严重灾祸。事实表明，在“以斗为纲”错误价值指引下，1957 年起特别是在“文革”时期，中国的革命政治陷入了全局性危机：政治组织瘫，政治权力失衡，政治制度失调，政治秩序失范，政治治理失效，经济濒临崩溃，权利遭受践踏，法制严重废弛等。灾难尤为深重，教训应该吸取。

真可谓：成也萧何，败也萧何。共产党“以斗为纲”取得了民主革命胜利。但是，在社会主要矛盾发生变化，政治主题发生转换的条件下，阶级斗争的严重扩大化既冲击了政治的组织载体和制度保障，也破坏了其社会基础，斗争哲学因此走向了反面，成为横行社会政治的“恶魔”。

二、“以物为本”的增长政治及其困境

摆脱危机，走向新生，构成了“文革”结束后共产党面临的首要政治难题。十一届三中全会开启了改革开放的历史新时期，把全党的工作重心转移为社会主义现代化建设，在根本上实现了政治路线、思想路线和组织路线的拨乱反正，推动了政治核心价值的转型，即从阶级斗争为纲转向以经济建设为中心。在此之后，邓小平的多次讲话能够说明这一点。1979 年他在党的理论工作务虚会议上指出：“我们当前以及今后相当长一个历史时期的主要任务是什么？一句话，就是搞现代化建设。能否实现四个现代化，决定着我们国家的命运、民族的命运。在中国的现实条件下，搞好社会主义的四个现代化，就是坚持马克思主义，就是高举毛泽东思想伟大旗帜。你不抓住四个现代化，不从这个实际出发，就是脱离马克思主义，就是要空谈马克思主义。社会主义现代化建设是我们当前最大的

政治。”[①] 同年，他又认为：“经济工作是当前最大的政治，经济问题是压倒一切的政治问题。”[②] 我们知道，告别“文革”后中国政治的主题即为政治体制改革，而改革的目标是解放和发展生产力；改革的突破口是农村家庭联产承包责任制；改革的主要内容是上层建筑中不适应生产力发展的环节等，都是围绕经济建设这个中心、服务于这个中心的。总之，“政治工作要落实到经济上面，政治问题要从经济的角度来解决”。[③] 既然，经济工作是“最大的政治”、“压倒一切的政治问题”，那么经济就是最根本的、第一位的，居于核心地位，具有统帅功能，以经济建设为中心就是指导政治改革的原则，构成了推动政治发展的核心价值。

在经济落后的条件下，将经济建设为中心确立为首要政治原则，强调“用经济政策来解决政治问题”，突出经济建设的根本性和重要性，反映了社会发展的基本规律和广大民众迫切要求改变贫穷落后面貌的愿望。改革开放后的中国政治治理基本上是围绕经济建设特别是经济增长展开的，是直接服务于经济增长这个中心的。如党政分开、机构精简，特别是很多地方政府设置了招商引资机构，这主要是适应经济市场化的需要；建立宏观调控机制、培育市场体系、打击地方保护主义、惩治市场不轨行为，甚至在一段时期内政府曾成为参与微观经济活动的主体，使政府的经济建设职能得到了强化；一系列围绕市场经济建立、发展和完善的经济政策和法律的实施为规范和调节经济运行提供了制度保障；生产力发展的状况，经济增长特别是 GDP 指标越来越成为衡量政府绩效的重要尺度；等等。就此而言，这一时期，中国的政治可称为增长政治。在经济建设为中心的价值指引下，执政党和政府牢牢抓住这个中心不动摇，大力发展生产力，综合国力大幅提高，人民生活水平迅速改善，由此赢得了广大民众的充分拥护和支持，树立了政治权威。特别是 1992 年十

① 《邓小平文选》第 2 卷，人民出版社，1994 年版，第 162—163 页。
② 同上书，第 194 页。
③ 同上书，第 195 页。

四大将建立社会主义市场经济体制作为经济体制改革的目标，极大地解放了生产力，释放了社会活力，推动了经济快速增长。这对于中国超大社会的政治治理而言意义重大。

但应明确的是，党和政府从不认为，经济发展能够解决一切问题，更没有将经济发展简单等同于经济指标特别是GDP的增长。如邓小平谈到经济建设和其他工作关系时就指出："现代化建设的任务是多方面的，各个方面需要综合平衡，不能单打一。但是说到最后，还是要把经济建设当作中心。离开了经济建设这个中心，就有丧失物质基础的危险。其它一切任务都要服从这个中心，围绕这个中心，决不能干扰它、冲击它。"① 很显然，他是在强调经济建设的基础地位，并无意否认其他工作的重要性，特别是他多次提出的"两手抓、两手都要硬"的思想都符合马克思的基本观点。马克思主义虽然强调经济生产的重要性，但并不存在所谓"经济决定论的贫困"。如恩格斯就曾认为："根据唯物史观，历史过程中的决定性因素归根结底是现实生活的生产和再生产。无论马克思或我从来没有肯定过比这更多的东西。如果有人在这里加以歪曲，说经济因素是唯一决定性的因素，那么他就是把这个命题变成毫无内容的、抽象的、荒诞无稽的空话。"② 但是，在强调"以经济建设为中心"、奉行"效率优先，兼顾公平"，认为"低速度就等于停步，甚至等于后退"③ 的情形下，很容易出现一种倾向，即认为经济发展与物质利益满足能够解决一切问题，甚至包括所有政治问题，视经济发展为"最大的政治"。现实中，很多地方、行业，甚至政府领导人确实将经济发展等同于经济增长，将经济量的增加作为目标追求，认为只要经济增长了，其他一切问题都会迎刃而解。工具合理性滑向了目的合理性。发展经济、实现经济增长由此从"中心"蜕变成了"唯一"，成了政治的"唯一"使命。即便在物质生活已基本满足的当今中国，这

① 《邓小平文选》第2卷，人民出版社，1994年版，第250页。
② 《马克思恩格斯选集》第4卷，人民出版社，1995年版，第695—696页。
③ 《邓小平文选》第3卷，人民出版社，1993年版，第375页。

种“以 GDP 为本”的现象仍具有极大的普遍性。这种增长至上的取向具有鲜明的发展主义烙印，即认为：“经济增长能够实现生活水平的提高、平等的扩大和社会的进步，也就是说，经济增长会导致更多美好价值的实现。于是，经济增长成为社会进步的先决条件。因为人们要追求社会进步，首先必然要追求经济增长，所以经济增长本身又成为发展的目的。”① 发展主义的产生及其蔓延确实推动了经济繁荣，创造了“经济奇迹”，到 2010 年中国已发展为世界第二大经济体。但在这种繁荣和奇迹的背后是严重的结构失衡，即区位失衡、城乡失衡、产业失衡与贫富失衡等，造成了一系列的政治治理困境。从现象学看，这体现为：经济增长了，但生态破坏了，人的生存环境恶化了；生活水平提高了，但一些人的相对剥夺甚至是绝对剥夺感增加了，幸福指数下降了；物质生活有保障了，但道德水准降低了，精神生活匮乏了；一些地方发达富裕了，但社会贫富拉大了，社会公正缺失了；市场扩张了，资本强大了，但劳动弱势了；等等。特别是 GDP 被偶像化、绝对化、神圣化之后，政府及其官员过深地介入经济领域，在追求数字、数量和规模的同时，制造了太多的“官出数字，数字出官”的丑态，更有借发展经济之名大肆设租寻租，贪污腐化，胡作为、乱作为、不作为现象时有发生。造成的结果是：“政绩工程”搞好了，经济增长了，但治理绩效降低了，合法性流失了。这非常类似于亨廷顿所说的“合法性困局”，即在大多发展中国家，“由于它们的合法性是建立在政绩的标准之上，威权政权如果不能有好的政绩，将失去合法性，如果政绩好了，也将失去合法性”②。从本质看，诸如此类的“有增长无发展”、“见物不见人”的怪象，体现了典型的“以物为本”的核心价值，违背了康德的道德律令。这已带来了巨大的社会与政治风险，对政治稳定与社会和谐构成了挑战。

① 陈向义：《马克思主义与发展主义的关系探析》，《哲学研究》2007 年第 5 期。

② ［美］塞缪尔·亨廷顿：《第三波——20 世纪后期民主化浪潮》，刘军宁译，三联书店，1998 年版，第 64 页。

三、"以人为本"政治价值的确立及其意义

21世纪以来，中国政治领域发生了一场静悄悄的革命，这就是共产党顺应时势，高瞻远瞩，逐步调整并形成了新的政治核心价值，即以人为本。江泽民提出了"三个代表"重要思想，即中国共产党要始终代表先进生产力的发展要求、先进文化的前进方向和最广大人民群众的根本利益。他认为："我们共产党人全部工作的出发点和归宿，都是为人民谋利益。这是我们的立党之本、执政之基。政治问题主要是对人民群众的态度问题，同人民群众的关系问题。人民是历史的创造者，群众是真正的英雄。"① 应当说，"三个代表"重要思想中蕴涵了丰富的以人为本因素，可视为以人为本核心价值的发端。以胡锦涛为核心的领导集体则明确地将"以人为本"写在了共产党的旗帜上。十六届三中全会首次提出科学发展观，即坚持以人为本，树立全面、协调、可持续的发展观，促进经济社会和人的全面发展，这是以人为本理念的正式提出。之后，在2004年召开的人口资源环境工作座谈会上，胡锦涛在阐释科学发展观的同时，对以人为本也进行了解释："坚持以人为本，就是要以实现人的全面发展为目标，从人民群众的根本利益出发谋发展、促发展，不断满足人民群众日益增长的物质文化需要，切实保障人民群众的经济、政治和文化权益，让发展的成果惠及全体人民。"② 2007年党的十七大报告将以人为本视为科学发展观的核心，并对以人为本的内涵做了更全面、明确的阐释。报告认为："必须坚持以人为本。全心全意为人民服务是党的根本宗旨，党的一切奋斗和工作都是为了造福人民。

① 《江泽民文选》第2卷，人民出版社，2006年版，第365页。
② 《十六大以来重要文献选编》（上），中央文献出版社，2005年版，第850页。

要始终把实现好、维护好、发展好最广大人民的根本利益作为党和国家一切工作的出发点和落脚点，尊重人民主体地位，发挥人民首创精神，保障人民各项权益，走共同富裕道路，促进人的全面发展，做到发展为了人民、发展依靠人民、发展成果由人民共享。”① 这既明确了以人为本的政治核心地位，即党和国家一切奋斗和一切工作的目标，是政治治理的出发点和落脚点，也揭示了以人为本的内涵和要求，体现了执政党崇高的价值理想。可以说，以十七大为标志，以人为本的核心价值正式确立，政治核心价值实现了从经济建设为中心向以人为本的转换。党的十八大报告指出：“始终把实现好、维护好、发展好最广大人民根本利益作为党和国家一切工作的出发点和落脚点，尊重人民首创精神，保障人民各项权益，不断在实现发展成果由人民共享、促进人的全面发展上取得新成效。”② 这进一步阐释了以人为本的核心价值立场。

何为以人为本？人们的认识有所不同。不过从政治学看，以人为本的“人”既是指政治生活中现实的个人，即公民，又是指人的政治集合体，即人民或民众，既然是当下的人，也指历史上的、未来的人。以人为本的“本”主要指国家治理中什么是最根本、最重要和第一位的，什么是政治发展的目标、宗旨和动力。作为一种政治价值核心，以人为本的内涵可概括为：人是政治的目的，政治以尊重人、服务人、体恤人和发展人为己任；人民主权是政治的公理，政治的运作基础是民意、行动指向是民利、运行目的是民权。

政治价值的多元化是现代社会开放、宽容、妥协的特性。那么在多元价值的格局中，如何凝聚共识，形成价值核心，直接关涉政治建设的方向和目标，规定着政治发展的动力和路径。在中国，政治核心价值从“以物为本”转向以人为本，其意义集中体现为价值

① 《十六大以来重要文献选编》（上），中央文献出版社，2005年版，第12页。

② 胡锦涛：《坚定不移沿着中国特色社会主义道路前进　为全面建成小康社会而奋斗——在中国共产党第十八次全国代表大会上的报告》，人民出版社，2012年版，第8页。

共识的形成。这是因为，以人为本意味着尊重人、保障人、服务人和关爱人，这一价值法则可以在不同民族、不同阶层、不同行业以及不同身份和地位的人们之间最大限度地形成共识，可以构造一种强大的“文化场”，为人们搭建价值共享的心理平台，可以得到人们的一致认同和支持，释放“大功率”政治价值效能，为政治发展提供明确的目标和强劲的动力。可以说，以人为本核心价值的确立体现了深厚的政治基础、历史根基和文化底蕴，具有独特的意义。

其一，就马克思主义的政治理想而言，它是一种价值观。马克思主义并非存在主义者所言说的“人学空场”，其理论始终贯穿着以人为本的精神。现实的人是马克思考察社会与政治的出发点和归宿点。“创造这一切、拥有这一切并为这一切而斗争的，不是‘历史’，而正是人，现实的、活生生的人。‘历史’并不是把人当作达到自己目的的工具来利用的某种特殊的人格。历史不过是追求着自己目的的人的活动而已。”[①] 既然人是“历史的剧中人和剧作者”，是社会的主体，那么人就应当是目的，是经济、社会和政治进步的尺度。当然，与西方人本主义不同，马克思以人为本的思想源于其唯物史观：“唯物史观的出发点是现实社会中的人的价值，生产力水平是衡量人的价值的一个客观标准，生产关系和上层建筑是实现人的价值的社会结构，而社会发展理论是对不同形态的社会结构所做的价值判断。”[②] 因此说，以人为本的实现是一个历史的过程。在传统社会，“专制政体的原则总的来说就是轻视人，蔑视人，使人不成其为人”，“使世界不成其为人的世界”，而成为“庸人的世界”，“政治动物的世界”。[③] 即便在现代社会，以人为本的价值原则也难于避免地被异化为诸如“以物为本”、“以官为本”等面相。西方马

① 《马克思恩格斯全集》第2卷，人民出版社，1957年版，第118—119页。

② 赵敦华：“西方人本主义的传统与马克思的‘以人为本’思想”，《北京大学学报（哲学社会科学版）》2004年第6期。

③ 《马克思恩格斯全集》第1卷，人民出版社，1956年版，第411、410、419页。

克思主义者马尔库塞将资本主义描述为一种“单面社会”，认为活动其间的都是具有“单面思维”的“单面人”，即只知道物质享受而丧失精神追求，只有物欲而没有灵魂，只有屈从现实而无能批判现实的人。有人研究认为：“社会主义实践上失误的根源之一是理论上的偏差，主要是偏离了社会主义的基本价值。社会主义基本价值的主旨之一是建立每个人自由而全面发展的社会。但是在以往的社会主义实践中，社会主义这一精髓并没有被社会主义的实践者自觉诉诸于实践。”[①] 这些将人工具化，违背以人为本的现象可以从马克思思想中得到解释。马克思认为，人的发展经历了三种形态，即“人的依赖关系”占支配地位的社会形态、“物的依赖性为基础的人的独立性”的社会形态和“建立在个人全面发展和他们共同的社会生产能力成为他们的社会财富这一基础上的自由个性”的社会形态。[②] 正因此，马克思和恩格斯的政治理想就是要推翻那些剥夺人、统治人、奴役人、蔑视人的社会与政治制度，真正实现“每个人的自由发展是一切人的自由发展的条件”的联合体，其政治哲学的精髓和政治理想的要义就是以人为本。中国共产党将以人为本确立为核心价值，意味着经济、政治和社会的发展要以服务人、关爱人为准则，要肯定人的利益、权利和尊严，实现发展成果的共享。这是社会主义核心价值的本真性回归。

其二，就西方政治文明发展的成果而言，它是一种价值对接。近现代社会以降，以肯定人的价值、尊严和权利为原则的西方文艺复兴和启蒙运动，在使人真正成为社会主体的同时，也推动了现代民主政治的发展。特别是卢梭对人民主权的本体性论证，使得主权在民的观念深入人心，构成了现代政治文明的公理。当然，民主政治的价值追求在现实中呈现为包括正义、自由、平等、博爱、权利等多元格局。但这些价值准则无不以人的生活为经纬，以人的发展

① 张艳涛：《马克思哲学观》，社会科学文献出版社，2008年版，第18—19页。
② 《马克思恩格斯全集》第46卷（上），人民出版社，1979年版，第104页。

为要义，其宗旨在于尊重人、肯定人、关爱人、服务人、保障人，可概括为以人为本，即以人为最高价值。现代民主体制下，无论公共权力的产生和运行，政治制度的设计和运作，还是公共政策的制定和实施，都应从现实人的需要出发，坚持人道原则，关心人、发展人；应尊重民意、实现民利、保障民权，真正体现情为民所寄、权为民所用、利为民所谋的精神。美国民主哲学家杜威曾言："政府、商业、艺术、以及所有社会制度都有一种意义，一种目的。那种目的就在于解放和发展一切个人的能力，而不管个人属于什么种族、性别、阶级或经济地位……民主有许多意义，但如果说它有一种道德意义，那它的道德意义就在于解决这样一个问题，即一切的政治制度和工业制度的最高检验标准就是它们有助于每个社会成员的全面发展。"① 历史表明，以人为本价值理念得以普及、深入人心的过程，就是民主政治建构和成长的过程。那些轻视人、忽视人、蔑视人、不将人当作人的暴力政治，那些控制、剥夺和压迫人民的专制政治，那些强奸民意、剥夺民利、摧残民权的强权政治等，总之一切非人道政治，都违背了康德的道德律令和以人为本的价值法则而必然破产。尽管说民主政治没有统一的模式，社会主义民主建设在制度设置、路径选择等方面都不同于西方，但在全球化时代中国政治发展不可能自立于人类文明之外。以人为本和现代政治文明的亲和关系意味着，以人为本的价值取向是中国政治发展必须坚守的核心精神。可以说，在政治治理出现困境的条件下，共产党提出以人为本的理念是一种价值自觉，是与人类政治文明发展成果的开放性对接。

其三，就中国传统政治文化的精髓而言，它是一种价值传承。中国传统文化博大精深，源远流长，无论是以儒家为代表的王道还是以法家为代表的霸道，民本都是横贯其中的价值精髓。早在商周

① [美] 列奥·施特劳斯、约瑟夫·克罗波西主编：《政治哲学史》(下)，李天然译，河北人民出版社，1993 年版，第 1015 页。

时代，中国人就提出了“民唯邦本，本固邦宁”的思想，民本即以民为本。孟子通过对历史上治乱成败的分析得出民心向背是国家兴亡之根本，将民本思想推到了一个相当的高度。他说：“桀纣之失天下也，失其民也；失其民者，失其心也。得天下有道：得其民，斯得天下矣；得其民有道：得其心，斯得民矣；得其心有道：所欲与之聚之，所恶勿施尔也。”荀子则提出：“君者，舟也；庶人者，水也；水则载舟，水则覆舟。”甚至《管子》中还有“以人为本”的提法，如“夫霸主之所始也，以人为本。本理则国固，本乱则国危”，等等。有理由认为，民本思想在中国历史上一脉相承，构成了历朝历代统治者治国理政的价值共识。但是近代以来，在走向共和的政治建设中，人们对传统政治哲学中以民为本的认识产生了分歧。有人指陈历史上的民本和现代民权是相辅相成的。如超梁启就认为：“要之，我国有力之政治思想，乃欲在君主统治之下，行民本主义之精神，此理想虽不能完全实现，然影响于国民意识者既已甚深，故虽累经专制摧残，而精神不能磨灭，欧美人睹中华民国猝然成立，辄疑为无源之水，非知言也”[①]。但也有人认为，“民本”是专制权力的题中之义，本身不包含任何民主的因素，“‘民本’强调的并不是‘民’自在自足的价值，而是它对于国家社稷，归根结底是对于君主的意义。因而，说穿了，‘民本’就是‘君本’，是‘君本’的修饰性转义表达”[②]。应当说，这两种观点都有道理但又都失之偏颇。恰当的认识是：民本作为一种价值法则、政治法则，与以人为本是相通的，甚或说在政治价值上以人为本就等同于以民为本。正如有学者指出的：“在价值法则方面，民本与人本是相通的，它们都把尊生爱人、保民养民作为最高的价值，把是否有利于人民作为最高的判断标准。在政治法则方面，民本与人民主权是相通的，它们都确认人民的主体地位，把人民答应不答应、同意不同意作为判断国家

---

① 梁启超：《先秦政治思想史》，商务印书馆，1926年版，第7—8页。
② 李宪堂：“试论儒家民本思想的专制主义实质”，《历史教学》2003年第5期。

治理的政治标准。”① 问题的根本在于，传统的民本不是一种程序法则，当它与专制体制结合时就无法“完全实现”其价值，必然落为专制的题中之义。但如果民本思想与现代理性的制度、程序和规则相契合，那就与以人为本是一致的，其价值自然能够实现。历史具有延展性，好似一只“无形之手”直接或间接地规定着现实。共产党继承以民为本的历史传统，提出了以人为本的核心价值，是对历史文化资源的开发和利用，也是对传统政治文化价值的一种历史性传承。

四、政治核心价值历史变迁的启示

历史地来看，政治核心价值的变迁构成了共产党革命、建设和改革的重要政治内涵。探讨核心价值转换的基本轨迹，分析其历史逻辑，对深化社会主义政治核心价值的认识以及推动实践的展开，具有重要启示。

其一，政治核心价值要体现人民主体性，避免边缘化。如果说民主革命时期“以斗为纲”的核心价值是中国社会与政治发展的内在要求，体现了广大民众的意愿，那么新中国建立后在社会主要矛盾已发生根本变化后，阶级斗争严重扩大化的革命政治则严重违背了民意；如果说在经济落后条件下，“以物为本”的政治治理代表了民心，那么当经济建设取得了巨大成就之后，仍然坚持“唯 GDP”的价值法则就是违背民愿的。可以说，人民主体性缺失的政治核心价值，自然无法得到民众的认同和支持，其边缘化的命运是必然的。马克思主义认为：“过去的一切运动都是少数人的或者为少数人谋利益的运动。无产阶级的运动是绝大多数人的、为绝大多数人谋利益

① 夏勇：“民本与民权——中国权利话语的历史基础”，《中国社会科学》2004 年第 5 期。

的独立的运动。"[1] 因此，中国政治建设和改革应始终以社会为本位，以尊重民意、实现民利、保障民权为己任，体现人民主体性。政治价值的人民主体性意味着，政治既要服务于最广大民众的根本利益，也要关注社会的每一个体，满足每个公民需求，不能借"人民"之名无原则地牺牲个体利益。长期以来在集体主义指导下，中国人更多强调整体利益、公共利益，严重忽视个人利益、公民利益。有人研究指出："'以人为本'原则要求不忽视活生生的个人。'群众利益无小事'——针对的就是这样一种常见现象：群众中许多个体的利益往往在维护整体利益的空泛口号下被忽视。所谓'个人的事再大，也是小事；集体的事再小，也是大事'被一些人津津乐道，其结果是'以人为本'在实质上被掏空了。"[2] 这无疑是违背人民主体性的。当然，强调个人利益的重要性，并不倡导利己主义和个人唯私主义。这是因为，尊重和维护合理的个人利益，旨在弘扬个体的积极性和创造性，最大限度发挥个体潜能，从而实现整体利益最大化。利己主义则是唯利是图、损人利己，甚至可能演化为政治生活中个别当权者谋取私利、贪污腐化的借口。实践中，过分强调整体利益忽视个体利益，或过分强调个体利益忽视整体利益的做法，都不符合以人为本的价值法则。

其二，政治核心价值的选择应富有弹性，具有兼容性。价值多元化是现代政治生活的基本特性。政治核心价值是能够集中体现公共权力取向，成为广大民众共识的价值观念，是多元价值格局中处于核心地位、具有统帅功能的价值形式。但无论如何"核心"并非"唯一"，政治核心价值的存在并非是对其他价值形式的否定或排斥，而应当是有机兼容与和谐共存。即使在民主革命时期，"以斗为纲"的政治核心价值也没有排除政治合作，如共产党领导的统一战线就是不同政党、阶级、阶层、民族之间的合作形式，与武装斗争一样

---

① 《马克思恩格斯选集》第 2 卷，人民出版社，1995 年版，第 283 页。

② 王锐生："'以人为本'：马克思社会发展观的一个根本原则"，《哲学研究》2004 年第 2 期。

构成了革命胜利的法宝。同理，以人为本核心价值的确立也不是对经济建设为中心的彻底否定和抛弃，而是纠正、深化和发展，目的是寻求一种更为优化的价值理念。发展是硬道理，以人为本的政治建设也应视发展为第一要务。如果说实践中偏离以人为本的经济增长不可避免地出现了“见物不见人”的怪象，那么丧失经济和物质前提谈以人为本也只能是一种空想。党的十八大报告对社会主义核心价值观进行了阐释：“倡导富强、民主、文明、和谐，倡导自由、平等、公正、法治，倡导爱国、敬业、诚信、友善，积极培育和践行社会主义核心价值观。”这突显了政治发展中价值观多元化、多样化，但彼此又兼容的发展态势。

其三，政治核心价值必须通过相关政治制度和公共政策得以实现。政治价值是以观念形式表达的政治活动企图，需要渗透于政治制度与公共政策中并得以实现。价值乃制度之母，任何政治制度无论其设置多么精致，但只要不符合其价值目标，就不能得到人们的认同和支持，终会被淘汰。如罗尔斯所言：“正义是社会制度的首要价值，正像真理是思想体系的首要价值一样。”① 同样，不同价值选择会影响公共决策，形成不同公共政策。“政治过程充满着价值、意图和目标”②，公共政策内含的价值体现在议程设置、决策和执行等不同方面。改革开放以来“以物为本”的核心价值是在解放和发展生产力、推动社会主义市场经济发展的相关制度、政策和组织体系的推动下有效实现的。以人为本核心价值的确立，意味着在政治发展中必须将价值法则转换为政治与程序法则，无论是政治制度安排、公共政策实施，还是政治组织规划，都必须从根本上体现以人为本精神，始终将人放到主体地位，使人的主体利益充分实现，主体价值充分尊重，主体作用充分发挥，人的全面发展充分展开。或者说，

① ［美］约翰·罗尔斯著：《正义论》，何怀宏等译，中国社会科学出版社，1988 年版，第 3 页。

② ［美］加布里埃尔·A. 阿尔蒙德、小 G. 宾厄姆·鲍威尔：《比较政治学：体系、过程和政策》，曹沛霖等译，东方出版社，2007 年版，第 407 页。

以人为本的核心价值必须充分体现、渗透于国家治理的全过程才能得以实现。

（中共上海市委党校副教授）

社会主义核心价值观的培育和践行研究

儒学精髓在社会主义核心价值体系建设中的地位及其应用

邵龙宝

“观今宜鉴古，无古不成今”，社会主义核心价值体系建设绝不能割断历史和文化传统。社会主义核心价值观为广大民众所体认有一个从应然到实然的实践过程；只有当核心价值的内涵和精神现实化了，即为社会上多数人所认同、接受和向往，成为指导民众行为的原则时，才成为现实的价值体系或价值文化。中国特色社会主义核心价值的形成是在马克思主义理论指导下，由经济、政治、社会和文化的诸种实践因素的互动，在历史演化中，由流变中的传统文化与西方文化的碰撞、对话和融合的过程中逐渐形成的。社会主义核心价值体系的建设必须建立在母体性、民族性、根源性的文化传统的基础上；必须吸取人类价值观念的精华和接受马克思历史唯物主义和辩证唯物主义的世界观和方法论的指导。

一、社会主义核心价值体系建设的内涵、结构与方法论

党的十八大报告用24个字分别从国家、社会、公民三个层面，

高度概括社会主义核心价值观，清晰而凝练。“倡导富强、民主、文明、和谐，倡导自由、平等、公正、法治，倡导爱国、敬业、诚信、友善，积极培育社会主义核心价值观。”这是对社会主义核心价值观的最新概括。

社会主义核心价值体系是一个完整的、内涵丰富的价值观系统，它是一个具有多层次结构的系统。我们都知道它的基本内容是马克思主义的指导；中国特色社会主义的共同理想；以爱国主义为核心的民族精神和以改革创新为核心的时代精神；社会主义荣辱观。从层次结构来看，还可以分为三种结构：其一，是信仰的三个层次的结构：最基础的“层次”是道德规范或原则，亦可表述为做人的信仰做人的信仰。信仰从最底层做人的信仰拾级而上，中间是社会的共同理想，最上面是共产主义理想和信仰。其二，是从实然到应然的结构：一是当下中国社会的价值观现状即实然的价值观状况；二是应然的理想的价值观念的目标。其三，是从规范到人格的进路，规范是指导行为的道德规范，人格是由观念和行为的修养逐渐内化的过程，即形成人格的境界。以上几个层次并非截然分开而是相互重叠的。

社会主义核心价值体系建设的研究目前存在以下若干问题：其一，中国元素太少，没能将传统文化的精华融入其中。其二，没能弄清和有效借鉴传统核心价值观形成的机理和传播机制。其三，把理想的应然的核心价值的构建当作实然的价值体系，以为社会主义核心价值体系建设只要凝练出二三十字的核心价值观，核心价值体系的建设就万事大吉了。事实上一个社会的核心价值体系具有两个面向：一方面它源于传统的流变，是现实的世界或现实的存在；另一方面又是对可能世界的理想目标的构想，一定程度上展望着和展示了可能的世界。社会主义核心价值体系建设也应从世界观方法论、本体论、伦理学等诸多层面展开研究，不仅要搞清当下价值观的存在状态，依据现实的状态建构应然的理想的目标，还要进一步研究将应然的核心价值转化为现实的价值文化的实践的机理。为了达到这个目标就需要研究传统社会的核心价值体系形成的机理和传播机制，以便从中获取有益的启示。其四，用静止而非动态的具有前瞻性的视野或思维方式来看问题，亦即在建设社会主义核心价值体系的过程中人们有意无意忽视了全球化的世界背景，往往用一种静止的而不是动态的眼光看问题。例如我们现在正面临第三次工业革命，它正在从根本上改变人们的生活方式和生产方式，使得我们所处的社会正在由原来的纵向等级结构向扁平化方向发展，从政治的角度看正从全球化向洲际化转化，从时空的视域看将由工具转变为命运共同体。[①] 其五，缺乏历史意识，只着眼于当代，忽视文化传统尤其是忽视对“活着”的传统遗存的考察。

二、儒学传统之于社会主义核心价值体系建设的地位和作用

儒学是中国传统文化的表征，是传统道德的主体，儒学之于中国社会和中国人的影响是诸子百家中任何一种学说都无法比拟的。自西汉儒学成为国家意识形态起，两千多年来它对中华民族精神、中国人的国民性的影响已渗入到社会机体的每个领域，每一个毛孔；无论它的精华抑或糟粕都是以文化传统遗存的方式在社会生活中发挥着潜移默化的作用，成为一种集体无意识，融化在每个人的血液里和日常生活的行为中。近代中国的前途与命运的问题也与儒学问题息息相关，五四以降直到今天中西方的对话、交融一直没有停息，近几年的国学热就是在这样的背景中兴起的。不管有人主张要复兴儒学，回归传统，还是主张彻底批判传统，贬低儒学，都说明传统

① ［美］杰里米·里夫金：《人类正引来第三次工业革命》，《社会科学报》2012 年 6 月 14 日第 3 版。

是不能割断和舍弃的。即便从辛亥革命后在教育体制内儒学传统已被扫地出门，似乎已然断裂，实际上在风俗习惯、思维方式、价值观念、行为模式等方方面面，儒学文化的传统是在流变中，在与西方文化的对话中不断变异，中国社会运作的机理和中国人的文化基因没有断裂。我们不可能抛开传统，就好像我们不可能握住自己的头发离开地球一样。人们以为建设社会主义核心价值体系是现代中国社会的事情，与儒学传统没有任何关系，实际上社会主义核心价值体系恰恰是建立在以儒家传统的文化背景之中的，不管是你要批判儒家的负面因素，还是要批判“儒家社会主义”的主张、复古主义的理念，抑或要在批判的基础上继承和弘扬儒家的精华，都离不开儒学传统。今天的中国是传统中国的延续，中国特色社会主义道路是一条有着自己的文化传统、基于自己的历史和国情、不同于西方的道路，而且是试图超越西方道路的一种新型的国家治理模式。中国特色、中国模式、中国形象的实质不是向西方的模式转型，而是在中西古今交融比较中的一种具有重大意义的制度变革。我们无论怎样学习和借鉴西方的思想理念和制度因素，我们的文明根基或者叫文化基因还是中国特有的，是与儒学有着千丝万缕联系的。

我们要探究儒学在历史上怎样成为有核心、有层次结构、多元一体的中华文化格局的主体；研究儒道佛互补怎样对中华民族精神、士大夫和普通百姓产生深层的影响；搞清楚传统社会核心价值观的教化机制，以便为社会主义核心价值观的入脑入心即大众化的路径提供可资借鉴的智慧；我们甚至应该试图回答为什么历史上一次又一次想要彻底否定儒学打倒孔子而不能的原委；为什么到了今天儒学作为阻碍中国现代化进程的绊脚石不能完全脱其干系，而其资源价值反而日益凸显出来？在社会主义核心价值体系中融入母体性、根源性和民族性的儒学元素也是对中国特色、中国形象、中国模式、中国气派的一种强化，这种“特色”、“模式”、“形象”的内涵是文化传统，是人文内涵。是中国社会的精神依归，为全社会的成员提供了共同的精神追求方向。对于这一问题的分析，一定要从历史唯物和辩证法出发，要在用马克思主义的世界观和方法论指导的基础上加以研究，才不会走偏方向。

三、儒学价值的当代转换：社会主义核心价值体系的资源整合

儒学价值的当代转换并应用于社会主义核心价值体系的建设不能仅从文本到文本的诠释，而应从文本到现实，又由现实到文本的互动；从具象到抽象，又从抽象到具象的互动，这就要求我们必须认清儒学等历史发展和文化传统的脉络，使理论具有前瞻性和预见性。儒学的道德自觉要以确立现代法权人格作为前提，凝练核心价值观应着力于人格的修养与社会正义的互动；儒学精华仁爱、和谐、责任、自强等理念应与公正、民主、信用等价值进行综合创新。

其一，从文本诠释到对“活着”的传统的考察。文本研究是儒学研究的基本方法但不是全部。儒学的发展流变是基于现实社会的经济政治社会文化的演化，不是从文本到文本的诠释，而是从文本到现实，又由现实到文本的互动，这就要求我们必须认清历史发展的脉络，才能使理论具有前瞻性和预见性。

在历史上儒学对现实的回应的过程就形成了“活着”的传统的流变。“头上三尺有神灵”是沉淀在老百姓心理结构中的一种价值和信仰；权力本位，对有权人的尊崇，权可操控生杀大权，权意味着钱，有权就有了一切，也是深扎在老百姓心中的一种价值。这种“集体无意识”就是“活着”的传统，这样的传统不能说就是儒学的传统，但是又不能完全与儒学脱掉干系。儒学研究的社会学方法是未来研究的一个方向，它有相当的难度，但这样的研究才能真正触及现实社会生活，才能使得死的文献活起来，才能切实使理论联系实际，使对文本的诠释赋予时代精神。对儒学文本的精华与糟粕

的分析是比较简单和容易做到的，但是对儒学重要理念在社会生活中所起的作用和影响的分析就有难度了。它要求我们必须要用马克思主义的历史唯物主义和辩证唯物主义的方法论对儒学的“活着”的传统进行反思批判；不仅仅要了解在以往哲学史上所出现的各种理论观念，还要在历史的脉络中在我们这个时代出现的各种新观念的踪迹，这个踪迹一定程度上就是所谓“活着”的传统。儒学可以说是世界上人学资源最为丰富的道德文化，其心性修养论是其实质，其弱项是缺乏知识论的逻辑思维特性，所以，我们一方面要应用儒学的人学资源，同时要批判其宗法专制主义的遗存；一方面要以马克思主义的人学思想作指导，另一方面要批判地借鉴西方与科学相应的逻辑和理性等传统的积极因素。

近代以来，儒学传统的价值观不断受到质疑和冲击、挑战，有人说它是“游魂”，有人说是“瓜果飘零”的状况，近代中国的儒学由于不能适应当时社会潮流的主题被边缘化了，但从近代到现代乃至当代的演化中，儒学并没有完全退出历史的舞台。西方的启蒙思想作为一种价值观对民众的影响很深广，但作为一种制度模式无法简单移植到中国的土壤中。西方的启蒙思想之所以能为西方的人们所普遍接受，不是因为他们概括得好，而是它们能够反映和代表资本主义的意愿，特别是资本主义革命初期反对封建主义的要求。西方的启蒙思想在中国的“正当性”曾一再受到质疑。新中国建立以来，尤其是“文化大革命”时期，教条化的马克思主义、形式化的社会主义价值理念也在市场经济和全球化的背景中被解构。马克思主义中国化在社会结构的变革方面取得了伟大的成就，但是在国民信仰、核心价值体系的构建上尚未与儒学的精华真正相融合。“马克思主义中国化”不仅要解决社会制度和社会结构的变革问题，还应解决文化和价值观的建构问题，其关键是要回答儒学在构建社会主义核心价值体系的资源价值。

近代儒学已经不是纯粹意义上的儒学，它已是在与西方文化和价值，与马克思主义不断进行对话的儒学。儒学的价值说到底是一种做人的信仰，是人之为人的表征，是一种区别西方的纯精神性、彼岸性、超验性的信仰，是要在人间建立道德精神王国的一种内在超越。它注重人格的不断完善，热衷于构建君子人格、贤人人格和圣贤人格，但对制度设计不感兴趣，因为它把一切都压在圣王一个人的品格和才智上。这样的“活着”的传统究竟有什么样的表现，造成了什么样的危害，对当代中国的民主政治建设造成什么样的阻力，都是我们建设社会主义核心价值体系的前提性问题。可见，将儒学精华融入社会主义核心价值体系是奠基于当代中国社会的历史需要的。自从近代中国西方的启蒙思想进入以来，现代新儒家在儒学研究中“援西入儒”，创造出许多新的理念、思路和治理的办法。

综上所述，我们不仅要进一步搞清楚“天人合一”、“中庸之道”、“内圣外王”、“和合”、“自强”、“厚德”、“忧患意识”、“仁爱”、“诚信”、“包容”等这些儒学的主要理念和范畴的文本意蕴，更要探究这些理念在现实生活和当下不同阶层的中国人的思想深处和行为方式、价值观念中究竟是一种怎样的理解？这些问题的回答构成了我们对“活着”的儒学传统的认识。这是建设社会主义核心价值体系的基础性问题。这种反思批判还应用马克思主义的异化理论对中西价值中负面因素进行辨析，对动态演化中的社会现实中的中西价值的正反因素进行权衡和整合。

其二，从道德自觉到法权人格的确立。儒家重视情义、道义，把有没有义看作人的本质特征，强调“义以为上”，认为“君子喻以义，小人喻以利”；强调以“义”来区分君子和小人；强调下对上要尽责，上对下要关爱。就这一点而言，儒学是义务论伦理学，它重“天爵”轻“人爵”；重义务，轻权利。这种传统导致中国人依附于权力，把有权的人当作主子，把寻常百姓看作“下人”或“奴仆”。这是儒学存在的最大问题。儒学的义务论在当时适应宗法专制主义社会的自然经济和等级结构的政治制度，但不适应 21 世纪的现代中国社会。西方启蒙思想家洛克的思想早在近代中国就对儒学的义务论伦理学构成了挑战。他的基本的价值取向是要保护个体人的自由权、生命权和财产权，且将这种权利的保护凝聚在法律（宪法）之中。洛克要我们回答：你作为一个人你应当享受何种做人的权利，然后才要求你尽什么样的义务。“以人为本”强调的是人的基本权利，在此基础上才能谈当事人的义务和责任。儒学的精华在于道德自觉，注重内圣而后才能外王。在专制主义的等级结构中这样的道德自觉越是到位，越成为专制统治者奴役的对象。所以，道德自觉要以确立法权人格作为前提。

法权人格在黑格尔看来是自我自由的现实化、普遍化和保障化。自由是自我人格的本质，黑格尔不赞成康德的纯粹义务论，为义务而义务使自身的需要无法得到满足，认为个人的合理的必要的需要不等于利己主义。自我需要包括合理的冲动和利益满足，是正当的不可侵犯的圣神的权利。法权人格不仅体现在主体的伦理实体上，还体现在法的权威上，这是一种法的伦理关系，主体与他人的关系叫法权关系。自我作为自由的实体体现为法权人格，理应受到尊重，理应获得应得的财产权、契约权。人人具有法权人格，人与人之间就不具有人身依附性，而是建立起了一种以相互需要为纽带的法权关系。儒学的道德自觉应当在法律的框架中加以诠释，以法律这个公器使人格的法权得到普遍的强制性保障。在这种情状下，“人格这个唯一抽象的规定构成了人的现实的平等”①。国家如何实现个人法权与社会整体利益的统一，个体的法权自由怎样与中华民族精神加以整合，这是转化儒学价值必须面临的一个大问题。黑格尔论证了市民社会的国家与个人法权及民族精神的关系问题，对我们今天转换儒学的义务论伦理学具有重要的启示效用。

其三，把仁爱、责任等儒学理念与民主、自由、信用等价值进行综合创新。儒学传统中“仰不愧于天，俯不怍于人”的做人的信仰，包括仁爱、正义、包容、责任、和谐、礼乐、自强、厚德、诚

---

① ［德］黑格尔：《精神哲学——哲学全书》（第三部分），杨祖陶译，人民出版社，2006年版，第343页。

信等理念，也是人类文明的结晶，可以与民主、自由、人权、法治、信用等进行综合创新。在第三次工业革命的新时代，生存意味着不仅仅是竞争而是合作，“不是各自为战，而是你我相连”①，“地球更像是一个由相互依赖的生态关系所组成的生命有机体，我们的生存则依赖于彼此合作共同保卫身处其中的全球生态系统”②。在这个世界上生活的公民不仅仅是中国公民，在洲际性经济中进行商贸活动时人们将成为洲际性政治联盟的公民。儒学的仁爱思想应该注入时代精神，使其具有更加丰富的内涵，把仁爱普遍地洒向洲际间的所有共同体中的人。“民胞物与”、“天下一家”、“主客相容为一”等儒学理念应该进一步进行开掘，以使人与人、人与社会、人与自然，人与洲际之间的所有陌生人相互之间得到关爱，地球共同体中的人彼此都用善心来对待，彼此看作是同舟共济的人。

在科技发展中人类要拯救自然家园、社会家园和精神家园的被破坏，消解自然、人和社会三大紧张纠结关系。人对自然的仁心，表现在人要真正认识到人是自然之子而不是自然的主宰；每个个体是社会集体的一员，人应该在社会之中与“他者”和谐相处中来认识自身，来爱民族、爱国家、爱洲际中所有人。在生态伦理被不断强化的今天，天人合一的中国传统理念与“敬畏生命”的西方生态思想可以相互阐发。儒家的仁爱与基督教的博爱、佛教的慈爱可以普适化。苏格拉底、孔子、耶稣和释迦摩尼的思想都有一个对人性的尊重、对生命价值的关爱、对精神和意义的追求，这些圣哲的思想虽有其差异但又有许多共同点。“美国学者关于‘通过孔子来思维’的论述、海德格尔对老子‘道’的认同以及西方对老庄哲学的研究与瞩目，都表现了西方学界对东方文化的回眸与寄托希望。”③无论中西方学者都越来越认识到“从古老智慧中寻找现代灵感”的

---

① ［美］杰里米·里夫金：“人类正引来第三次工业革命”，《社会科学报》2012 年 6 月 14 日第 3 版。

② 同上。

③ 彭定安：“当代人类文化发展的十大趋势”，《光明日报》2012 年 4 月 9 日第 5 版。

迫切需要。

民主、自由、正义、仁爱、包容、责任、厚德等价值理念都赞成与人为善，与社会和谐相处，都要变“与自然为敌”为“与自然为友”，人与自然“共同生存与繁荣”。人们对科技文化的偏向要转为重视社会——人文文化；人类文明从原始文明走向游牧文明、农业文明、工业文明，现在已经进入信息文明、网络文明和金融文明的新时代，原始人也已经演化为传统人——政治人——经济人向现代——文化人转换；知识社会的分裂状态将会转化为智慧的管理，人的德性再一次在新的高度上被颂扬。每一个人都在与他人相处中完善自身，人不仅仅是智能实体，而是“智慧实体”，智慧实体具有极高的情商，很高的仁心、爱心、博爱心和菩提心。人人都要回归自然之家、精神之家和爱的家园。正是在这个意义上，社会主义核心价值体系中的核心价值决不能少了具有母体性、民族性和根源性，同时又是普适性和全人类心的仁爱和正义、民主、自由、包容、责任、和谐等核心价值观。

（同济大学马克思主义学院教授）

社会主义核心价值观建设的三个精神支点

袁秉达

人贵有精神。人有精神，便成为世间最有灵性的高等生物和极富智慧屡创奇迹的万物精灵。人无精神，无异于行尸走肉；胸无理想，哀莫大于心死。人生在世，必须有精气神。一个民族、一个国家、一个政党情同此理。精神动力、精神支柱关系到民族的兴衰、国家的兴亡。中华民族历来是自觉追求高尚精神、注重精神修养的伟大民族。中国共产党历来注重继承中华五千年优秀文化，创造了丰富多彩的精神范畴，包括物质可以变精神，精神也可以变物质；“一手抓物质文明、一手抓精神文明，两手抓，两手都要硬”；“我们在建设高度社会主义物质文明的同时，还要建设高度的社会主义精神文明”；要求“振奋精神”、“崇尚精神”、“弘扬精神”、“贵有精神”；注重“精神财富”、“精神面貌”、“精神状态”、“精神风貌”、“精神境界”、“精神寄托”、“精神追求”、“精神力量”、“精神动力”、“精神原子弹”；等等。“实现我们的发展目标，不仅要在物质上强大起来，而且要在精神上强大起来。”① 在新的历史条件下，我们必须把民族精神与时代精神相互契合，在精神层面上有效推进社会主义核心价值观建设。

① 《习近平在同全国劳动模范代表座谈时的讲话（2013 年 4 月 28 日）》，《人民日报》2013 年 4 月 29 日。

一、爱国：在爱国主义情操中凸显中华民族高昂的精神追求

发扬振兴中华的爱国主义思想，是中国共产党领导革命、建设和改革开放的一贯经验和优良传统。24 个字社会主义核心价值观的灵魂与核心，就是爱国主义精神。在新时期社会主义核心价值体系建设中，中国共产党历来重视大力倡导中华民族的爱国主义精神。新时期的爱国主义思想，具有鲜明的时代特征和丰富而深刻的内容，它是动员和鼓舞中国人民团结奋斗的一面旗帜，是推动我国社会历史前进的巨大力量，是各族人民共同的精神支柱。

（一）爱国主义熔铸特定时空下的精神豪情

爱国主义历来具有特定的时空内涵，体现特殊的胸怀和豪情。在新的历史时期，爱国主义思想体现为爱社会主义、爱祖国、爱中国人民和中华民族的高度统一。1981 年邓小平针对有人说的“不爱社会主义不等于不爱国”的错误言论，严肃地指出：“难道祖国是抽象的吗？不爱共产党领导的社会主义的新中国，爱什么呢？港澳、台湾、海外的爱国同胞，不能要求他们都拥护社会主义，但是至少也不能反对社会主义的新中国，否则怎么叫爱祖国呢？至于对中华人民共和国领导下的每一个公民，每一个青年，我们的要求当然要更高一些。”[①] 1989 年邓小平在总结历史教训时说：“只有社会主义才能救中国，只有社会主义才能发展中国”，“不走社会主义道路，

① 《关于思想战线上的问题的谈话（1981 年 7 月 17 日）》，《邓小平文选》第 2 卷，人民出版社，1994 年版，第 392 页。

中国就没有前途”。他在强调爱国主义与社会主义的关系时说：“中国搞现代化，只能靠社会主义，不能靠资本主义。”[①] 他还指出：“只有社会主义，才能有凝聚力，才能解决大家的困难，才能避免两极分化，逐步实现共同富裕。”[②] 显然，爱国主义与社会主义高度统一，是新时期爱国主义思想的核心内容，具有鲜明的时代特征。

（二）确立“最大光荣”和“最大耻辱”的价值判断标准

新时期中国共产党倡导爱国主义思想，十分强调提高民族的自尊心、自信心和自豪感，并以此建立起爱国主义的价值观和荣辱观。邓小平指出：“中国人民有自己的民族自尊心和自豪感，以热爱祖国，贡献全部力量建设社会主义祖国为最大光荣，以损害社会主义祖国利益、尊严和荣誉为最大耻辱。”[③] 中国人有自信心，自卑没有出路。过去自卑了一个多世纪，在中国共产党领导下站起来了。鸦片战争以来的一个多世纪里，外国人看不起中国人，侮辱中国人。中华人民共和国建立后，改变了中国的形象。中国今天的形象，不是晚清政府、不是北洋军阀，也不是蒋氏父子创造出来的，是中华人民共和国改变了中国的形象。凡是中华儿女，不管穿什么服装，不管是什么立场，起码都有中华民族的自豪感。邓小平强调，像我们这样第三世界的发展中国家，没有民族自尊心，不珍惜自己民族的独立，国家是立不起来的。他坚信“中国人民既然有能力站起来，就一定有能力永远岿然屹立于世界民族之林。”[④] 在邓小平和党中央

---

① 《吸取历史经验，防止错误倾向（1987年4月30日）》，《邓小平文选》第3卷，人民出版社，1994年版，第229页。

② 《振兴中华民族（1990年4月7日）》，《邓小平文选》第3卷，第357页。

③ 《中国共产党第十二次全国代表大会开幕词（1982年9月1日）》，《邓小平文选》第3卷，人民出版社，1993年版，第3页。

④ 《致中共中央政治局的信（1989年9月4日）》，《邓小平文选》第3卷，人民出版社，1993年版，第323页。

倡导的新时期爱国主义思想中，强烈的自尊心、自信心和自豪感，是洋溢着民族精神和时代精神的高尚爱国主义情操。

（三）民族团结与祖国统一是中国人民的共同愿景

我国是一个多民族国家，国家的兴衰成败与各民族的团结与否息息相关。在新时期爱国主义思想中，维护整个中华民族的大团结，实现祖国的完全统一，凸显了爱国主义的浓厚民族特色和现实特点。中国各民族共同开拓了祖国的广阔领域，共同发展了祖国的经济文化，共同创建了社会主义新中国。坚持各民族的团结与祖国统一，是新时期爱国主义的必然要求。在社会主义现代化建设的进程中，各民族的社会主义一致性将更加发展，各民族的大团结将更加巩固。大陆同胞，台湾、香港、澳门的同胞，还有海外华侨，大家都是中华民族子孙。我们要共同奋斗，实现祖国统一和民族振兴。中国的统一问题，首先是个民族感情问题，凡是炎黄子孙，都希望祖国统一。大陆与台湾的统一，这是全中国人民的共同愿望。

（四）树立忧国、忧民、忧党的强烈意识

忧国忧民的忧患意识，历来是我国传统的爱国主义精神的一种独特的表现形式。古人说：“生于忧患，死于安乐”，“思所以危则安矣，思所以乱则治矣，思所以亡则存矣”。只有始终居安思危，经常分析和正确应对内忧外患，做到“安而不忘危、存而不忘亡、治而不忘乱”，才能不断地防危杜渐，遇危不乱，转危为安，长治久安。纵观近现代史，居安思危的忧患意识贯穿了我们党领导革命、建设、改革开放的全过程，覆盖了我们党执政兴国的全方位。党的十一届三中全会以来，在一些重要的历史时期，邓小平总是表现出一种超凡脱俗的忧患意识。1978 年 12 月，邓小平针对“两个凡是”指出：“一个党，一个国家，一个民族，如果一切从本本出发，思想

僵化，迷信盛行，那它就不能前进，它的生机就停止了，就要亡党亡国。”在谈到改革时，他强调：“如果现在再不实行改革，我们的现代化事业和社会主义事业就会被葬送。”[①] 1979 年 11 月，邓小平在谈到选拔接班人问题时，强调要“忧国、忧民、忧党”。当两个文明建设出现了“一手硬、一手软”的情况时，邓小平严肃地指出，如果风气再坏下去，经济建设搞得再好又有什么意义，反过来会影响整个社会变质。他指出，不惩治腐败，特别是党内的高层的腐败现象，确实有失败的危险。当前，世界社会主义发展正处在低潮之中，综合国力竞争日益激烈，面对国际风云变幻和错综复杂的形势，在新的历史条件下，我们仍然需要以忧患意识来表达强烈的爱国主义情感。在我国，爱国主义应该一以贯之地体现出深沉的忧患意识。

（五）用我们的历史教育人

结合党史、国史、改革开放史教育人民，特别是教育青年，强化人们的精神支柱，是社会主义核心价值体系建设的宝贵经验。在改革开放 30 周年、新中国诞生 60 周年和中国共产党诞生 90 周年的纪念活动中，已经取得了举国认同的教育效果。从历史研究中汲取社会主义核心价值体系建设的智慧和力量，具有特殊的历史意义和重大现实意义。江泽民曾经提出要发挥党史“资政育人”的作用，胡锦涛要求“做好以史鉴今、以史育人的工作”，习近平要求广大党员干部认真学习党史、国史，要“知史爱党，知史爱国”。[②] 所谓“资政”，就是为执政提供治国安邦的历史借鉴。发挥党史资政的作用，就是要研究、总结我们党近九十年的奋斗历程和基本经验，为党的建设、政权建设和中国特色社会主义文明建设服务。所谓“育人”，就是培养人和教育人。用党史育人，就是要运用党的历史教育

---

① 《解放思想，实事求是，团结一致向前看（1978 年 12 月 13 日）》，《邓小平文选》第 2 卷，人民出版社，1994 年版，第 150 页。

② 《习近平在中央党校建校 80 周年庆祝大会上的讲话》，2013 年 3 月 1 日。

党员、干部和群众，使他们更加深刻地认识到“没有共产党，就没有新中国”，“没有共产党的领导，就没有中国的现代化”的道理，成为有理想、有道德、有文化、有纪律的公民。当前，我们特别要充分运用党的奋斗史教育广大干部群众。我党的奋斗史，是一部不断改革创新和科学发展的历史，是一幅逶迤而又气势磅礴、雄浑而又绚丽多彩的画卷，同时又是一部内容丰富、蕴意深刻的教材。我们要充分运用它来教育广大干部群众，鼓舞和激励他们继续解放思想、实事求是、与时俱进，为实现社会主义现代化和中华民族伟大复兴而团结奋斗。最近党中央强调，用党的历史教育党员、教育干部、教育群众尤其是教育青少年，这是党史工作服务党和国家大局的一个重要内容，也是社会主义核心价值体系建设的一项战略任务。青年人不知道我们的历史，特别是中国革命、中国共产党的历史。我们要用这些历史教育人、启迪人、警示人，让广大党员特别是年轻干部深刻了解我们党走过的艰难历程，认清只有社会主义才能救中国和发展中国，以增强对祖国发展的信心、社会主义必然胜利的信念、对党和人民的信赖。

当然，必须指出，在推动中国发展的精神动力系统中有两个不同层面的内容：其一，共产主义的理想是我们的精神支柱，对马克思主义信仰是指引中国革命、建设和改革开放取得伟大胜利的一种强大精神动力；其二，爱国主义也是我们的精神支柱，是推动经济社会发展的又一种强大精神动力。中华民族的精神支柱和社会主义精神动力体现出先进性和广泛性的有机统一。社会成员是有层次性的，精神动力自身也应有层次性，以适应不同层次的社会成员的精神需要。其中，对马克思主义的信仰和共产主义的理想，主要是适应于高层次的先进阶层的精神动力；爱国主义则是适应于全民族、全社会每一个爱国者的精神动力，它具有普遍的适用性。对于整个民族和国家而言，这两个层面的精神动力都不可或缺的，都要发挥好。对于社会各阶层人员而言，则不能强求一律。社会先进阶层必须兼有两个层面的精神动力；对一般社会成员而言，普遍要求具备爱国主义的精神动力。在现阶段，爱国主义是一面具有最大感召力、向心力、聚合力的旗帜，它可把不同阶级、不同阶层、不同思想信仰的人和一切有爱国热情的炎黄子孙，紧密地团结在爱国主义的伟大旗帜下，实现我国的社会主义现代化建设的宏伟目标和祖国统一大业。

（六）实现中国梦要弘扬中国精神

习近平强调："实现中国梦必须弘扬中国精神。这就是以爱国主义为核心的民族精神，以改革创新为核心的时代精神。这种精神是凝心聚力的兴国之魂、强国之魄。"[①] 爱国主义始终是把中华民族坚强团结在一起的精神力量，改革创新始终是鞭策我们在改革开放中与时俱进的精神力量。全国各族人民一定要弘扬伟大的民族精神和时代精神，不断增强团结一心的精神纽带、自强不息的精神动力，永远朝气蓬勃迈向未来。

二、革命：在弘扬革命精神中升华中国人民的精神境界

中国共产党在长期的革命生涯中，始终敬畏革命，时刻保持和发扬高昂的革命精神。即便在现代化建设与改革开放进程中，我们仍然把改革称为"中国的第二次革命"、"新的伟大革命"等等。通过弘扬革命精神，升华中国人民的精神境界，注重人的精神层面的修养和提高，形成推动经济和社会发展的精神动力，是中国共产党推进社会主义核心价值体系建设的基本经验和重要路径。

① 《习近平在十二届全国人大一次会议闭幕会上发表讲话》，2013 年 3 月 17 日。

（一）博大精深的革命精神

在改革开放的新时期，邓小平主张仍然要弘扬“发扬革命和拼命精神，严守纪律和自我牺牲精神，大公无私和先人后己精神，压倒一切敌人、压倒一切困难的精神，坚持革命乐观主义、排除万难去争取胜利的精神”。搞社会主义建设，实现四个现代化，同样要在党中央的正确领导下，大大发扬这些精神。如果一个共产党员没有这些精神，就决不能算是一个合格的共产党员。“不但如此，我们还要大声疾呼和以身作则地把这些精神推广到全体人民、全体青少年中间去，使之成为中华人民共和国的精神文明的主要支柱，为世界上一切要求革命、要求进步的人们所向往，也为世界上许多精神空虚、思想苦闷的人们所羡慕。”① 1989年春夏之交，国内外政治风波迭起。江泽民受命于危难之际，在进一步探索和推进中国特色社会主义道路方面，担负起重大使命。他说：“一是必须坚持马克思主义的立场、观点、方法，坚持马克思主义的基本原理。这一点，要坚定不移，不能含糊。二是一定要贯彻解放思想、实事求是的思想路线，坚持勇于追求真理和探索真理的革命精神。这一点，也要坚定不移，不能含糊。”② 他把这两个“坚定不移”、两个“不能含糊”，始终作为检验我们是不是真正的马克思主义者的试金石。

在全面深化改革的基础上，弘扬革命精神具有特定的含义。我们强调的改革，它不是细枝末节的小修小补的改良，而是带有革命性意义的改革，它会带来思想观念、经济和社会的深刻变革。改革要扫除僵化保守的思想观念，清除影响生产力发展和窒息社会活力的体制障碍，同相对于僵化的计划经济体制而言，都带有革命性的意义。所以，我们把它称之为“中国的第二次革命”，比喻为“新

① 《贯彻调整方针，保证安定团结（1980年12月25日）》，《邓小平文选》第2卷，人民出版社，1994年版，第368页。

② 《江泽民文选》第3卷，人民出版社，2006年版，第335页。

的伟大革命”。我们在全面深化改革开放中，“敢于啃硬骨头，敢于涉险滩，既勇于冲破思想观念的障碍，又勇于突破利益固化的藩篱”，最终解放人的思想、解放社会生产力、解放和增强社会活力，这就为新世纪弘扬革命精神注入新的丰富内涵和鲜明的时代特征。

（二）艰苦奋斗的创业精神

在世纪之交，由于苏联、东欧等国出现亡党亡国的悲剧，世界社会主义发展跌入低潮，中国共产党带领中国人民坚定不移地推进中国特色社会主义伟大事业，1993 年 3 月，江泽民在八届全国人大一次会议闭幕式上的讲话中，提出了 64 个字的创业精神：“解放思想、实事求是，积极探索、勇于创新，艰苦奋斗、知难而进，学习外国、自强不息，谦虚谨慎、不骄不躁，同心同德、顾全大局，勤劳节约、清正廉洁，励精图治、无私奉献”。[①] 这一新时期的创业精神，为开创我国改革开放新局面提供了强大的精神动力。

（三）自强不息的民族精神

在 21 世纪，中国共产党依据具有五千年优秀文化的积淀和新时代实现中华民族伟大复兴的战略思考，进一步概括以民族自尊品格、民族团结意识、民族英雄气概、民族自强信心、民族创造精神和民族奉献精神为主要内容的中华民族精神：“坚持国家和民族利益至上、誓死不当亡国奴的民族自尊品格，万众一心、共赴国难的民族团结意识，不畏强暴、敢于同敌人血战到底的民族英雄气概，百折不挠、勇于依靠自己的力量战胜侵略者的民族自强信念，开拓创新、善于在危难中开辟发展新路的民族创造精神，坚持正义、自觉为人

① 《江泽民文选》第 1 卷，人民出版社，2006 年版，第 301 页。

类和平进步事业贡献力量的民族奉献精神”。[1] 这一科学阐述，深刻揭示了社会主义核心价值体系的灵魂和核心。

（四）继承革命传统的高昂精神

在社会主义核心价值体系建设中，中国共产党继承和弘扬的优良传统和崇高精神，既继承了优良的革命传统精神，又与时俱进具有跨越时空的显著特征。大家耳熟能详的高尚精神，主要包括“五四”精神、井冈山精神、长征精神、延安精神、为人民服务精神、英勇精神、大庆精神、老西藏精神、兵团精神、探索精神、开拓精神、拼搏精神、献身精神、实干精神、主人翁精神、群众首创精神、无私奉献精神、清廉自律的精神、忠诚负责精神、团队精神、敬业精神；以及展示当代中国知识分子的精神风貌；等等。根据新形势新要求，我们还要求广大干部在治国理政中，认识和把握科学精神、民主精神、法治精神；教育广大党员干部始终保持高昂的精神状态、奋进的精神状态、良好的精神状态，消除不良精神寄托等等，旨在推动党员干部在社会主义核心价值体系建设的精神层面树立模范带头作用。

榜样的力量是无穷的，学习先进榜样，可以见人见物见精神。我们特别注重弘扬先进典型身上体现的精神。我国在社会主义建设时期学习雷锋精神、王铁人精神、孔繁森精神、郑培民精神、谷文昌精神等等，引导党员干部和人民群众用先进模范的精神激励自己，更好地为实现社会主义现代化宏伟目标作出新的贡献。

通过弘扬革命精神，提升中国人民的精神境界，是我们党和国家在精神层面上建设社会主义核心价值体系的一个驾轻就熟的便捷通道，也是人民群众喜闻乐见的有效载体。

---

① 胡锦涛：“在纪念中国人民抗日战争暨世界反法西斯战争胜利60周年大会上的讲话”，《人民日报》2005年9月4日第2版。

三、革新：在改革创新中彰显当代中国人的时代精神

新时期实行改革开放30多年来，中国发生了翻天覆地的巨大变化。我们以“时空压缩”的方式，走过了西方发达国家100多年才能走完的历程，取得了举世公认的辉煌成就，在社会主义核心价值体系建设中，改革创新精神，既是对以爱国主义为核心的民族精神的继承，也是对优良革命精神的弘扬，更是对新时代精神的执着追求。

（一）时代在发展，事业靠创新

我们要把以改革创新为核心的时代精神，放到和平发展的时代背景和经济全球化的世界潮流中考察和研究，才能真正领略新时代中国人精神世界的开放眼界、开放心胸和开放精神；方可感悟中华民族价值追求中的自立自强的核心理念、核心利益和核心价值。20世纪80年代初期，邓小平敏锐地发现世界变了、时代变了，他从“东西矛盾”和“南北矛盾”的比较研究中，确认“和平与发展是当今世界的主题”，审时度势地自觉把握世界历史发展的进程，善于从世界看中国、从中国看世界；提出改革开放战略，坚持走中国特色社会主义道路，打破外部封锁和内部封闭的状态，把中国融入于整个世界文明发展大道，大胆吸收和利用世界各国文明发展的优秀成果，大力推进社会主义现代化进程，在走社会主义的科学发展、和谐发展与和平发展之路中，实现中华民族伟大复兴。

（二）改革创新始终是鞭策我们在改革开放中与时俱进的精神力量

我们国家正处在改革开放和社会主义现代化建设伟大进程中，机遇与挑战并存，困难与希望同在，任重而道远。许多新的问题需要在探索中解决，许多重要工作需要在创新中发展。各级领导干部要继续解放思想、坚持实事求是，以科学态度对待马克思主义，用发展着的马克思主义指导新的实践，始终坚持真理、修正错误，勇于变革、勇于创新，永不僵化、永不停滞，不为任何风险所惧，不被任何干扰所惑，在深入研究新情况、不断解决新问题的实践中努力开创各项工作新局面。

新时期中国改革开放带来的经济和社会大变革、大发展、大繁荣的巨大成就是有形的，而在辉煌成就背后深深蕴藏着的改革创新时代精神则是无形的。新时期以改革创新为核心的时代精神可以初步概括为：兼容并蓄、和而不同的开放精神；抓住机遇，发展自己的进取精神；敢闯敢做、革故鼎新的革新精神；先行先试、敢为人先的赶超精神；艰苦奋斗、后来居上的拼搏精神；更上层楼、勇创一流的竞争精神。

（三）创新驱动经济发展是大势所趋

我国经济总量已跃居世界第二位，社会生产力、综合国力、科技实力迈上了一个新的大台阶。同时，我国发展中不平衡、不协调、不可持续问题依然突出，人口、资源、环境压力越来越大。我们要推动新型工业化、信息化、城镇化、农业现代化同步发展，必须及早转入创新驱动发展轨道，把科技创新潜力更好地释放出来，充分发挥科技进步和创新的作用。新一轮科技革命和产业革命变革与我国加快转变经济发展方式呈现历史交汇，为我国实施创新驱动发展战略提供了难得的重大机遇。我国解决经济发展的深层次矛盾和问题，根本出路在于创新，关键是要靠科技创新。

习近平总书记在不同地点、不同场合多次谈到创新发展战略。创新驱动发展是他经济思想的重要组成部分。2013 年 7 月，习近平总书记在湖北省调研时指出，一个国家只有经济体量大，还不能代表强。我们是一个大国，在科技创新上要有自己的东西。同年 10 月在中央政治局第九次集体学习时，他强调创新驱动是形势所迫，实施创新驱动发展战略决定着中华民族前途命运。全党全社会都要充分认识科技创新的巨大作用，敏锐把握世界科技创新发展趋势，紧紧抓住和用好新一轮科技革命和产业变革的机遇，把创新驱动发展作为面向未来的一项重大战略实施好。要抓住新一轮世界科技革命带来的战略机遇，必须发挥企业主体作用，支持和引导创新要素向企业集聚，不断增强企业创新动力、创新活力、创新实力。

（四）大力推进实践创新、理论创新和制度创新

党的十八大强调，要把制度建设摆在突出位置，充分发挥我国社会主义政治制度优越性。我们要坚持以实践基础上的理论创新推动制度创新。党的十八届三中全会《决定》指出：“全面深化改革的总目标是完善和发展中国特色社会主义制度，推进国家治理体系和治理能力现代化。”① 这一规定，体现了我党实现中国特色社会主义实践创新、理论创新和制度创新的高度自信和更高追求，也是对“改革是实现社会主义自我完善”重要思想的继续推进和不断深化。全面深化改革的总目标的着眼点是通过制度创新的完善和发展，实现国家治理体系和治理能力的现代化。围绕这个一以贯之的改革总目标，《决定》关于制度完善的词频出现率很高，“制度”出现了

① 《中共中央关于全面深化改革若干重大问题的决定（2013 年 11 月 15 日）》，人民出版社，2013 年版。

183次，在所有热词中占据首位；作为具体制度形态出现的“体制”有88次，“机制”有115次，“完善”有113次，这几个词放在一起就可以看出，当前的改革已经推进到了更广更高更深的层次。“到二〇二〇年，在重要领域和关键环节改革上取得决定性成果，完成本决定提出的改革任务，形成系统完备、科学规范、运行有效的制度体系，使各方面制度更加成熟更加定型。”① 我们所要完善的中国特色社会主义制度是一个完整的体系，其中包括中国特色社会主义的根本制度、基本制度、中国特色社会主义的法律体系，以及经济、政治、文化、社会、生态文明等各个层面的具体制度。与此相应，朝着现代化目标推进的国家治理，也是一个完整的体系，其中包括：健全协调运转、有效制衡的公司法人治理结构；科学的宏观调控，有效的政府治理；科学有效的社会治理体制；推动国际经济治理结构完善；建立和完善事业单位、文化事业单位的法人治理结构；完善学校内部治理结构；把财政作为国家治理的基础和重要支柱；促进群众在城乡社区治理；创新社会治理体制，提高社会治理水平，改进社会治理方式；坚持系统治理，实现政府治理和社会自我调节、居民自治良性互动；坚持依法治理、综合治理、源头治理；在安全生产中建立隐患排查治理体系；完善环境治理和生态修复制度，推行环境污染第三方治理等等。毫无疑问，实现社会主义制度自我完善和发展以及国家治理体系、治理能力的现代化，最终目标和根本任务是在实践创新、理论创新和制度创新中，彰显中国特色社会主义制度的优越性。

当前，我们必须始终把改革创新精神贯彻到治国理政各个环节，不断推进我国社会主义制度自我完善和发展。同时，以改革创新精神全面推进党的建设新的伟大工程，全面提高党的建设科学化水平，建设学习型、服务型、创新型的马克思主义执政党。

---

① 《中共中央关于全面深化改革若干重大问题的决定（2013年11月15日）》，人民出版社，2013年版。

（五）勇于变革创新，勇做时代的弄潮儿

习近平认为，世间万物，变动不居。“明者因时而变，知者随事而制。”要摒弃不合时宜的旧观念，冲破制约发展的旧框框，让各种发展活力充分迸发出来。通过变革创新，为促进共同发展提供不竭动力。要加大转变经济发展方式，调整经济结构力度，更加注重发展质量，更加注重改善民生。要稳定推进国际经济金融体系改革，完善全球治理机制，为世界经济健康稳定增长提供保障。以地区经济合作与发展为例，习近平指出，亚洲历来具有自我变革活力，要勇做时代的弄潮儿，使亚洲变革和世界发展相互促进、相得益彰。在经济全球化时代，我们在维护和平、推动发展、共建和谐、合作共赢方面，同样勇于变革创新，驾驭国际国内两个大局，勇做时代的弄潮儿。

总之，中国共产党在新时期改革开放进程中培育和倡导的以改革创新为核心的时代精神，融化在中华民族的血脉中，熔铸于中国人民的精神世界里，并将在实现中国梦的进程中，不断得到升华和发扬光大。

（中共上海市委党校马克思主义研究院教授、上海科学社会主义学会副会长）

关于培育和践行社会主义核心价值观的思考

王联斌　马　坤

党的十八大报告在“扎实推进社会主义文化强国建设”部分，把社会主义核心价值体系建设作为一项重要任务，提出了新部署、新要求，特别强调：倡导富强、民主、文明、和谐，倡导自由、平等、公正、法治，倡导爱国、敬业、诚信、友善，积极培育和践行社会主义核心价值观。这一重要论述是我们党立足社会主义核心价值体系建设实践作出的重大理论创新。积极培育和践行社会主义核心价值观，必将有力地推进社会主义核心价值体系建设。

一、培育和践行社会主义核心价值观，是引领整合多样化社会思潮的现实需要

党的十六届六中全会《决定》指出，“坚持以社会主义核心价值体系引领社会思潮，尊重差异，包容多样，最大限度地形成社会思想共识”。党的十七大报告进一步提出，“建设社会主义核心价值体系，增强社会主义意识形态的吸引力和凝聚力”。在建设社会主义核心价值体系实践的基础上，十八大报告明确指出：“要深入开展社

会主义核心价值体系学习教育，用社会主义核心价值体系引领社会思潮、凝聚社会共识。”引领整合多样化社会思潮，把不同阶层、不同认识水平的人们团结和凝聚起来，需要在“加强社会主义核心价值体系建设”的前提下，积极培育和努力实践社会主义核心价值观。培育和践行社会主义核心价值观的过程，即是引领社会思潮、凝聚社会共识的过程。

二、提出用“三个提倡”培育社会主义核心价值观，其根本在于推进社会主义核心价值体系建设

提出、培育和践行全社会的核心价值观，是凝练“兴国之魂”，推进社会主义核心价值体系建设的伟大工程。十八大报告在第六部分“扎实推进社会主义文化强国建设”的第一个问题“加强社会主义核心价值体系建设”的阐述中，提出了培育社会主义核心价值观的问题，这里就回答了“为什么要培育社会主义核心价值观?”答案很清楚：“要深入开展社会主义核心价值体系学习教育。”可见，培育社会主义核心价值观是社会主义核心价值体系建设众多举措中的一项举措。《报告》同时指出：“社会主义核心价值体系是兴国之魂，决定着中国特色社会主义发展方向。”我们知道，人民群众是历史的主体，是实现兴国的根本动力。“兴国之魂”只有被广大人民群众所掌握，成为全体公民共同的价值追求和自觉的价值实践，才能真正地实现兴国强国。而要使“兴国之魂”被广大人民群众所掌握，就要实现社会主义核心价值体系的通俗化、大众化。总结提炼出“三个倡导”，就是一种通俗化、大众化的概括，因而，把“三个倡导”作为培育社会主义核心价值观的重要内容，希冀于有利提高社会主义核心价值体系的感召力和影响力，有利推进社会主义核心价

值体系的理论建设和宣传教育，有利社会主义核心价值体系更好地走进群众、引领群众，进而转化为坚持和实践社会主义核心价值体系的强大动力。还应看到，“三个倡导”的表述，采取的是一种开放性的表述方式。这种表述，既将我们现在倡导的理念鲜明地提了出来，有利于推动社会主义核心价值体系建设，又为实践的发展留有充分空间。在当前认识不尽一致、观点不尽相同的情况下，这种表述是一种务实而明智的选择，可以避免思想认识上的混乱，最大限度地统一思想、凝聚共识，形成社会主义核心价值体系建设的强大合力。

三、牢牢把握社会主义核心价值观的根本性质，坚持姓社不动摇

社会主义核心价值观是“社会主义”的，而不是其他什么主义的；是在中国特色社会主义建设的伟大实践中形成的，是对社会主义核心价值体系大众化的凝练和概括，而不是从其他什么价值观中抽出的几个概念的组合。在培育与践行中要牢牢把握核心价值观的中国特色社会主义本质属性，坚持这一根本性质不动摇。坚持社会主义核心价值观的根本性质，最根本的就是坚持以社会主义核心价值体系为统领，把社会主义核心价值体系的基本内涵和要求，贯穿于培育和践行社会主义核心价值观全过程的始终。社会主义核心价值体系包含四个方面的内容，即马克思主义指导思想、中国特色社会主义共同理想、以爱国主义为核心的民族精神和以改革创新为核心的时代精神、社会主义荣辱观。这四个方面的内容相互联系、相互贯通，把党的主张、国家意志和人民意愿统一起来，形成了一个结构完备、逻辑缜密的科学体系。坚持马克思主义指导地位，就抓住了社会主义核心价值体系的灵魂。培育和践行社会主义核心价值

观，必须在马克思主义尤其是当代中国化的马克思主义理论体系的框架内，解读社会主义核心价值观的内涵和要求。中国特色社会主义是全党全国各族人民团结奋斗的旗帜。十八大报告的主题鲜明指出："高举中国特色社会主义伟大旗帜"，"坚定不移沿着中国特色社会主义道路前进"。这是培育和践行社会主义核心价值观的核心目标和必须坚持的根本原则、实践路径。一但离开这个目标、原则和路径，社会主义核心价值观的培育和践行就有可能被引向邪路，就有可能被西方的民主、自由等价值观所误导。以爱国主义为核心的民族精神和以改革创新为核心的时代精神，集中体现了社会主义核心价值观的民族性和时代性特征；一旦忽视或背离这一特性，同样会把社会主义核心价值观的培育和践行引向邪路，根本性质发生改变。社会主义荣辱观是社会主义核心价值体系的思想道德基础，其基本精神已被凝练、转化为社会主义核心价值观的内涵和要求。因此，培育和践行社会主义核心价值观应当和培育社会主义荣辱观紧密结合起来，充分发挥社会主义荣辱观在社会主义核心价值观培育和践行中的导向促进作用。总之，培育和践行社会主义核心价值观，只有在社会主义核心价值体系的统领下，才能确保其社会主义的根本性质，实现其应有的价值。

四、牢牢把握"富强、民主、文明、和谐"的基本性质和要求

倡导"富强、民主、文明、和谐"是实现我国在社会主义初级阶段的奋斗目标和要求，是改革开放新时期以来我们党的基本主张，昭示中国特色社会主义伟大事业的美好前景，始终是一个鼓舞人心、振奋精神的价值理想，是一个能够凝聚起亿万人民群众智慧和力量的宏伟目标。对"富强"的追求，体现了社会主义初级阶段的最大

国情，既有当代的价值，更有传统的价值。“民主”同样是中华民族百年来孜孜以求的目标。民主作为国家的目标追求，是一种制度安排。所以，不同的社会制度有不同的民主内涵。我们的民主是社会主义的民主，是中国特色社会主义体系框架内的民主，与西方的民主有本质的区别。对“文明”、“和谐”的追求，最早出现在我国文化典籍《易经》、《管子》中，历经数千年的传承，被当代中国发扬光大。所以，倡导“文明”、“和谐”，既是中国传统文化的价值昭示，又具有重要的当代价值；既有鲜明的民族个性，又具有社会主义文化的显著特征。总之，倡导“富强、民主、文明、和谐”，彰显了当代中华民族的文化自觉、文化自信、文化自强。

五、牢牢把握“自由、平等、公正、法治”的基本性质和要求

倡导“自由、平等、公正、法治”，体现了社会主义核心价值观在社会价值导向上的规定，是立足社会层面提出的要求，是在社会秩序的层面上体现出的价值取向，反映了社会主义社会的基本属性，始终是我们党和国家奉行的核心价值理念。“自由”、“平等”是两个伟大的、神圣而庄严的字眼。从一定意义上说，没有自由就没有真正的活力和创造，没有平等就没有真正的公正和尊严。社会的活力、创造力、凝聚力来自充分而适度的自由、平等空间。但是，自由是对必然的认识，平等是对权利的尊重。没有限制的绝对自由和没有差别的绝对平等，在这个世界上是根本不存在的。在政治、经济和社会生活中，自由只能在法律和道德的框架内获得，平等只能在历史的发展进程中提升。在当代中国，确立正确的自由平等观的前提，是在不断推进依法治国的进程中，对法制的充分尊重和维护。“公正”是人们向往和追求的理想的社会关系状态。从价值意义上来

说，公正即是公平正义，是人类追求的普遍价值和共同理想，也是社会主义制度追求的首要价值。十八大报告强调指出：公平正义是中国特色社会主义的内在要求。但是，公平正义只能在全体人民共同奋斗、经济社会发展的基础上逐步实现。“法治”是治国理政的基本方式，从价值观层面上说，有两大基本内涵：一是对保障人的基本权利方式的追求。但是，在不同的社会背景下有不同的法治价值观。所以十八大报告指出：充分发挥我国社会主义政治制度优越性，积极借鉴人类政治文明有益成果，绝不照搬西方政治制度模式。二是对塑造法治品德的要求。《管子·七法》中不无感叹地说，“国皆有法，而无使法必行之法”。其实，使法必行之“法”是有的，这就是道德。道德是人们内心的法。法治的效度说到底取决于人们内心自知自觉的认同度和自律度。所以，只有塑造“弘扬社会主义法治精神，树立社会主义法治理念，增强全社会学法尊法守法用法意识”的品德，才能有效实现法治的价值。

六、牢牢把握“爱国、敬业、诚信、友善”的基本性质和要求

倡导“爱国、敬业、诚信、友善”，是我国社会主义国家的公民应当树立的基本价值追求和应当遵循的根本道德准则，是公民基本道德规范的核心要求，体现了公民道德行为的本质属性。2001 年党中央印发了《公民道德建设实施纲要》，提出在全社会大力倡导“爱国守法、明礼诚信、团结友善、勤俭自强、敬业奉献”的 20 个字公民基本道德规范，“爱国、敬业、诚信、友善”，是在实践 20 个字公民道德规范基础上，凝练概括出来的最核心、最基本、最具有价值导向意义的 8 字道德准则。作为我国公民，无论身份如何，无论其生活在何种道德和价值关系之中，都毫无例外地要认真践履 8

字道德准则；否则就不是一个合格公民。8字道德准则不但是广泛性的要求，而且具有先进性的内涵，是以先进性和广泛性相结合为特征的价值理念。如“爱国”讲的是做合格国民之道，最低限度的底线要求就是不做任何损害祖国利益的事；而先进性的高境界则是要把祖国的利益和荣誉看得高于一切，必要时不惜牺牲个人利益乃至生命来维护。“诚信”、“友善”讲的是公民立身处世之道，其规范的底线是不造假、不欺骗，不与人为恶；而高境界的要求是把守诚立信、善待他人作为崇高人格与尊严来追求和维护，进而达到“慎独”境界。“敬业”讲的是人生奋斗之道，主旨在于倡导不懈奋斗的精神，提升人的职业价值，其底线要求是不自弃、不渎职；而高境界要求是恪尽职守、开拓创新、拼搏进取等。

七、革命军人要为实现“三个倡导”的价值目标作出新贡献

培育和践行社会主义核心价值观对革命军人提出了更高的新要求，这就要始终坚持先进性的高标准，为实现“三个倡导”的价值目标作出新贡献。要当好“富强、民主、文明、和谐”的模范建设者、忠诚保卫者，“自由、平等、公正、法治”的模范维护者、努力推进者，“爱国、敬业、诚信、友善”的模范践行者、优秀传承者。我们国家要实现“富强、民主、文明、和谐”的价值目标，需要全体人民共同努力。革命军人肩负着保卫国家和建设国家的双重任，培育和践行社会主义核心价值观，就是要当好实现这一目标的模范建设者和忠诚保卫者。要提高对现实社会制度合理性的认识。任何理想价值目标的实现都是一个过程。我们现在建立的社会制度虽然还不够完善，但它却是走向完善、走向理想目标的现实基础和必由路径，是现实中的理想和理想中的现实。因此，需要我们认真珍惜

它、呵护它，不断推进它走向完善。要树立集体主义的自由、平等观，在维护集体、服从大局的前提下享受平等、追求自由，反对绝对平均主义、极端个人主义和自由主义；平等待人，公正处事，做遵纪守法的模范。人民军队向来是出英雄出模范的先进群体，在价值观和道德建设上始终走在全社会的前列。“倡导爱国、敬业、诚信、友善”，对于革命军人来说，不仅需要以更新的姿态、更高的标准模范践行，而且要成为优秀的传承者，以榜样的力量感染群众、激励人民，推进社会主义核心价值观建设。关于“爱国、敬业、诚信、友善”的基本内涵，已充分涵盖在我军2008年提出的当代革命军人核心价值观和2001年颁发施行的《军人道德规范》中。培育和践行当代革命军人核心价值观，加强军队道德建设，全面提高军人素质，是培育和践行社会主义核心价值观的应有之义。

八、当代革命军人核心价值观是对马克思主义价值观理论的丰富与发展，革命军人要在培育和践行当代革命军人核心价值观上下功夫、出成效

培育和践行当代革命军人核心价值观——“忠诚于党、热爱人民、报效国家、献身使命、崇尚荣誉”，“忠诚于党、热爱人民、报效国家”是最核心的价值目标、最神圣的军人使命、最崇高的荣誉追求；“献身使命”是实现价值目标的根本途径、最高的价值实践形式、获得荣誉的根本保证；“崇尚荣誉”是实现价值目标的内在动力、献身使命的激励机制，是价值主体对价值评价标准的理性认知。价值目标、价值实践、价值评价是当代革命军人核心价值观的逻辑结构。深化培育活动，要牢牢把握三者的丰富内涵和严密的逻辑关系，真正做到目标内化、实践常态化、评价激励化三者的有机统一。

培育和践行当代革命军人核心价值观与培育和践行社会主义核心价值观在目标上是一致的，同是建设社会主义核心价值体系的重要方面。二者不仅理论基础和总目标相同，而且在内涵上当代革命军人核心价值观体现了社会主义核心价值观先进性的要求。因此，贯彻落实十八大提出的“积极培育和践行社会主义核心价值观”的精神，对于革命军人来说，最重要的就是在深入持久培育当代革命军人核心价值观上下功夫、出成效。做当代革命军人核心价值观的坚定信仰者、执著追求者、模范践行者，是模范践行社会主义核心价值观、推进社会主义核心价值体系建设的使命担当，是合格的军人之行、崇高的军人荣誉，向全社会有力地彰显着革命军人崇高的价值，闪耀着璀璨的道德之光。

（南京政治学院上海校区教授；南京政治学院上海校区讲师）

社会主义核心价值观的主体与客体向度及其培育

刘　芳

核心价值观作为意识形态是人们“物质生活过程的必然升华物”①，是整个价值体系中最基础最稳定的部分，是在人们的价值观念体系中居于基础和支配地位，是一个国家、一个民族、一支军队存亡和发展的强大精神支柱。党的十八大报告倡导富强、民主、文明、和谐，自由、平等、公正、法治，爱国、敬业、诚信、友善的社会主义核心价值观，是社会主义思想体系的内核、实践运动的指针、制度安排的灵魂、价值体系的逻辑起点。培育社会主义核心价值观是推进社会主义核心价值体系建设的重大举措，是中国特色社会主义的“铸魂工程”，是时代赋予我们的重大历史使命。然而，正确理解和把握核心价值观的内在蕴涵和本质规定，是大力培育核心价值观的一个重要前提。我认为，社会主义核心价值观的内在蕴涵和本质规定，主要集中体现为主体与客体向度的统一。在培育实践中，把握了主体与客体向度的统一这一内在蕴涵和本质规定，对于增强培育的针对性，提高培育的实效性，是非常有意义的。

---

① 《马克思恩格斯全集》第3卷，人民出版社，2002年版，第54页。

一、社会主义核心价值观是反映社会主义基本的、长期稳定的社会关系及价值追求的价值观

社会主义既是一种思想体系、实践运动、社会制度，更是一种价值和价值观。社会主义核心价值观系指人们对社会主义价值诉求的基本看法和总体要求，是社会主义思想体系的内核、社会主义运动的指针、社会主义制度的灵魂，一直存在于在社会主义思想指导下以社会主义制度为目标的社会主义实践运动中，是社会主义道路、制度、事业的精神旗帜。它作为观念上层建筑，是社会主义思想文化、意识形态、道德规范的综合体，实质上是对社会主义基本制度、发展道路和生活方式的反映，是社会主义的精神自我。它是在我国社会主义革命、建设和改革的伟大实践中，根据我国具体实际和社会主义发展的基本规律而形成的关于社会主义价值本质的根本看法和总体观点，是在我国社会主义价值观、价值体系和核心价值体系中居于核心地位、起统领作用、相对稳定的根本价值理念，是社会主义真理性与价值性的高度统一，是马克思主义指导思想与中国特色社会主义伟大实践的高度统一，因而是反映社会主义基本的、长期稳定的社会关系及价值追求的价值观。

从发生学意义上看，它是在社会主义革命、建设和改革开放历程中逐步形成和发展起来并指导社会主义科学发展的价值目标和价值观念；从结构学意义上看，它是社会主义价值体系中最基础、最核心的部分，是中华民族长期秉承的反映社会主义本质和建设规律的根本原则和价值观念的理性集合体；从功能作用意义上看，它支撑着我们在建设社会主义长期实践中的价值取向、行为指向和行为

准则，从更深层次影响着我们坚持和发展中国特色社会主义的思维方式、思想方法、行为方式与实践自觉；从辩证法和认识论的意义上看，它集中体现为主体与客体向度的有机统一。

二、社会主义核心价值观主体与客体相统一的向度

人周围的世界不仅是物理形态的世界，而且是价值形态的世界。人们对价值形态的认识活动形成了价值意识、价值观念、价值观念体系和价值观。马克思主义认为，价值是对主客体相互关系的一种主体性描述，它代表着客体主体化过程的性质和程度，即客体的存在、属性和合乎规律的变化与主体尺度相一致、相契合或相接近的性质和程度。因而，某种意义上可以说，只有客体及其属性或功能的存在而没有主体及其意愿的存在便不存在着价值，且同一客体对于不同的主体在二者建立的关系和交互作用中显现出来的价值也有所不同。因此，价值总是与一定的主体相联系从而表现为价值观，社会主义核心价值体系也需要呈现为相应的价值观才能得到更为清晰的说明和更为有效的建设。

这是因为，价值观是对价值现象的总的看法，实质上就是人的自我意识，也就是一定历史时期价值主体的意识形式。价值观内在地体现了主体和客体之间一种特定的关系，即客体以自身属性满足主体需要或主体需要被客体满足的效益关系。从这个意义上说，价值观应有两个方面的内涵：一方面是主体的需要或要求；另一方面是客体的某种性质、功能。价值观就是在二者之间的关系中酝酿、发生和形成的。它既有主体性，又有客体性，二者内在地统一于价值观本身。为什么这样说呢？我们可以从发生认识论的意义上来看，价值观实质上就是人的自我意识，属于精神范畴。这种自我意识是

自觉的、自为的，而不仅仅是自在的。它的产生是人意识到自己是独立的、在它之外有着别的事物与它对立着，此时就产生了主体和客体（自己是主体，自己之外的事物是客体）。主客体发生分立以后，价值关系才得以产生。价值观是人自我意识中的意识。社会主义核心价值观的主体是人民大众，既包括共产党员和各级领导干部，也包括各个普通大众。客体是社会，即科学社会主义，当前就是中国特色社会主义。具体说，它包括中国特色社会主义道路、中国特色社会主义理论体系和中国特色社会主义制度三方面内容。党的十八大明确指出："中国特色社会主义道路是实现途径，中国特色社会主义理论体系是行动指南，中国特色社会主义制度是根本保障，三者统一于中国特色社会主义伟大实践，这是党领导人民在建设社会主义长期实践中形成的最鲜明特色。"① 由于社会主义核心价值观就是对人民与社会二者关系的集中反映，在当前就是人民大众与中国特色社会主义关系的集中反映。培育核心价值观既与主体有关，同样也离不开客体的建设。尤其需要指出的是，当前培育社会主义核心价值观，固然与主体建设息息相关，而且对客体的建设则更高。我们以民主、自由、平等为例，人民具有民主、自由和平等的观念和意识，这只是民主和平等的价值观建设的一个方面——主体的方面；同时还必须有社会为这个观念的生长和实现提供环境和土壤。在一定意义上说，正是具有民主观念和平等观念的社会造就了民主和平等的主体意识。因此，培育社会主义核心价值观既要在主体建设上下功夫，同样，也要在客体，即社会改革建设和发展上下功夫，实现核心价值观主体与客体的有机统一。没有以客体为基础的核心价值观是虚妄的，只是停留在空想中的概念和符号；没有主体的价值观，是隐秘于社会土壤之中的自在的价值观，是潜在的价值观而非现实的价值观。只有主、客体有机统一的价值观才是自觉的价值

① 胡锦涛：《坚定不移沿着中国特色社会主义道路前进，为全面建成小康社会而奋斗》，人民出版社，2012 年版，第 13 页。

观，才是内在蕴涵规定性与外在形式规定性相契合的价值观。党的十八大报告提出的社会主义核心价值观正是这样一种有着主体与客体高度统一的价值观。它既体现了人民群众的精神期待和要求，同时也体现了在新的历史阶段上社会发展本身的客观趋势和要求。可见，主体与客体内在的有机统一，正是鲜明地显示了社会主义核心价值观内在蕴涵的科学性。

三、在主客体统一中不断推进社会主义核心价值观的有效培育

综上可见，社会主义核心价值观的形成实质上就是主体与客体相统一的辩证过程，即共产党员、各级领导干部和普通人民大众与中国特色社会主义相统一的过程。当今时代是社会大变革、观念大碰撞、文化大交融的时代。人们思想活动的独立性、选择性、多样性和差异性日益增强，各种思想观念相互交织、相互碰撞、相互激荡。面对如此缤纷复杂、令人眼花缭乱的思想价值观念，我国总体上做到了国家、社会和中国特色社会主义的统一。而共产党员、各级领导干部和普通人民大众与中国特色社会主义相统一，则尚需继续努力。现实生活中，价值取向偏斜、价值观扭曲、价值选择失当的问题不仅在普通大众中严重存在，就是在共产党员和各级领导干部中，也同样是令人担忧，不容大意。而要实现共产党员、各级领导干部和普通人民大众与中国特色社会主义相统一，即将中国特色社会主义价值观念内化于共产党员、各级领导干部和普通人民大众的心灵之中，就要在主体与客体两方面的有机统一上下功夫、用力气。

从主体方面来说，最重要的就是要加强推进社会主义核心价值观的价值认同。这就要将社会主义核心价值观日常化、具体化、形

象化和生活化，注重将抽象的核心价值观念转化为具体的价值、理论和思想，注重以真实、鲜活的人物和事实来展示蕴藏于现实生活中的核心价值观念，从而通过一种能让广大人民群众喜闻乐见的形式，参与和推进社会主义核心价值观的大众认同，使社会主义核心价值观内化于广大人民群众之心，外化于广大人民群众之行。当前最重要的就是坚持加强领导干部率先垂范与英模人物示范引导相结合。

从客体方面来说，就是要求社会为与核心价值观相适应的价值观念的生长和实现提供良好环境和土壤。也就是说，培育社会主义核心价值观既要在主体建设上下功夫，同样，也要在客体建设，即社会的改革建设和发展上下功夫，实现社会主义核心价值观主体与客体的高度统一。比如，自由、平等、公正、法治等本身就是社会主义的价值理想和共产主义的价值本质，社会主义理应也必须高扬共产主义的这些价值理想的旗帜。但是，只有社会主义社会通过经济、政治、文化、社会各个领域相应的核心价值、基本价值、具体价值表现出来，贯穿于社会主义现代化建设的伟大实践之中，才能使之逐步由可能性变成现实性的过程。这就要求社会要为之提供更多的价值事实，满足人们的价值期待，不断消除现实社会中与核心价值背道而驰的现象。为此，就尤其需要以优化的制度作保障。这就要按党的十八大的要求，以更大的魄力和更大的勇气推进和深化社会各个领域的改革。这既是坚持和发展中国特色社会主义的内在要求，也是有效培育社会主义核心价值观的强烈呼唤。

（南京政治学院上海校区教授）

德治·法治和民治

——散论核心价值观的培育

陈　彬　韩狄明

近年来相继发生“毒奶粉”、“瘦肉精”、“地沟油”、“彩色馒头”等事件，诚信的缺失、道德的滑坡已经到了何等严重的地步。为什么会成为一条短腿？症结在哪里？如何建设？

一、道德需要播种与养护

道德是指不计功利、不假思索的利他主义行为习惯，是一种仁爱精神，是爱他人、爱同胞、爱人类的激情，是人们从孩提起被播种进心田并不断养护而生长起来的良心和良知所指引的行为。人非完全本善也非完全本恶，道德是外在灌输的，并受到环境熏陶的。

大凡有作为的作家、艺术家、教师都是人类道德的播种者、社会良心的守护者，因而被尊称为人类灵魂工程师。近年来，社会评价标准悄然变化，票房和利润成了“有作为”的评价尺度。于是他们中少数人的良知被平庸所淹没，宁可捐弃自己内秉的精神而去屈从于能换取金钱的性、权力和欺诈，将一些诱人的罂粟花植入人们的心田去换取高额的利润和华丽的奖杯。他们的作品和行为成了鄙俗的人们热衷的“伟哥”和龌龊的赌场，口袋鼓起来了。他们被标榜为成功人士。把道德作为事业、做成作品，已成为粗俗、劣质、无价值的代名词，甚至不能糊口，注定贫困，谁还愿意做道德播种者呢？

有一次笔者出差，在宾馆大堂遇上一群参加夏令营的小学低年级小朋友，很是喜爱，想与他们聊，找一个躲一个，有的甚至狠狠地瞪你一眼。有一个小朋友说出了原委，外出时，爸爸妈妈关照过，遇到陌生人不要同他们说话，离远点。我实在难以理解，第二天一早打开收音机有一档《治安天天盯》栏目，被视为“社会道德判官”的栏目主持警官就告诫你，不要与陌生人接触，如果有人对你特别关心，往往是骗子。社会就是由一个个陌生人组成的，一个人对社会的疏离和对他人的淡漠每天睁开眼就得到一次强化和巩固。年幼时或心理发展尚未成熟时往往会顺从父母、老师和权威人士的指令，并形成相应的道德观。今天的儿童，也即未来的成人，不断接受这样的指令，难以再具有不假思索的利他主义的道德行为习惯了，更多的却是对他人的疑虑、警戒、防范，甚至主动地进攻和伤害。他们一生都把交往中的他人视作骗子和坏人，活得既累又可怕。人对人的冷漠，乃至冷酷，已经在当代儿童的心中像钢网一般定型了，这是人类进入道德真空时代最可怕的现象，也是当代人类最无奈的悲哀。

人的本质是社会关系的总和，人的道德是在交往中生长和体现的，在交往中道德得到养护和强化。当一个社会的道德少有人播种和养护的时候，道德的滑坡会到“何等严重的地步”是可以预料的。

二、道德需要标识与标杆

“天下皆知美之为美，斯恶不善矣”（《道德经》），即众人都知道什么才是真正的美的时候，丑就无处藏身了。一个社会连美和丑都分不清楚了，那么丑就大行其道了。如何让大众识别什么是丑陋或歧途，不至于走错路，就需要有指路标识，譬如说毛泽东讲的“两个务必”，就是共产党人的道德标识，是社会主义的道德标识。勤劳、勇敢和节俭从来都是中华民族的道德标识，是我们宝贵的精神家园，是中华民族复兴的强大精神资源，近年来在一些场合居然被嗤之为低档与无能的标识，变成了社会底层的标志。经过30多年的改革，我们才刚刚富裕起来，竟然“罗马已成了这样一个城市，在那里，情妇的价格高于耕地，一盆腌鱼的价格高于耕地人”①。情妇与腌鱼的价格成了这个社会成功与否的标识，繁华的街景到处矗立着这种暗示的标识，电视上指引你的标识更加赤裸，君看过《财富人生》否？一群同事看过后居然有共同的感受：有财富才有人生，没有财富你就白活了；有财富才是成功的人生，没有财富，是草包，是孬种。殊不知，我们的雷锋同志，没有财富，捡牙膏皮，把节俭下来的钱帮别人解难，这类高尚的道德行为，按现行标准怎么看，也只能算作是一个不成功者。现在有多少人把雷锋作为一个人生的榜样呢？在财富人生电视屏前坐了一小时，大多数人的幸福感荡然无存。这个标识指错方向了。赶紧再搞一个《平凡人生》平衡一下吧。殊不知理性精神并不完全等同于人类全部的精神，人类全部的精神尚包括人类的信仰精神和人类的仁爱精神。

道德不仅需要清楚的标识，还需要让人仰慕的标杆，我们的民族曾经为有雷锋、焦裕禄、王进喜而变得无比自豪，我们今天依然需要并且急切呼唤一大批这样的道德标杆。今天，这样的标杆位置已经被财富人士取代，波士堂（BOSS的殿堂）已经成为所有人的偶像，那里不断杜撰常人不可能企及的故事。社会上BOSS永远只会是少数，而像雷锋那样的普通人永远是多数，BOSS最终的尺度是财

① ［美］斯塔夫里阿诺斯著：《全球通史——1500年以前的世界》，吴象婴、梁赤民译，上海社会科学院出版社，1988年版，第234页。

富，如何弄到财富呢？三聚氰胺、苏丹红、彩色馒头都可以快速致富。富起来后，便进入BOOS的殿堂，都成了圣人，真可谓“金子！黄黄的、发光的、宝贵的金子……这东西只这么一点点，就足够颠倒黑白，丑的变成美的，错的变成对的，卑贱变成尊贵，老人变成少年，懦夫变成勇士……这黄色的奴才，可以使异教联盟，国家分裂，祝福罪人，麻疯病人被当作情郎；有了它，在元老会议上，强盗可以封官获爵，受人们的跪拜、颂扬；有了它，鸡皮鹤发的寡妇能够重做新娘。”（莎士比亚）

我们呼唤新一代的道德标杆来净化我们的社会环境，让学有榜样，赶有目标。当这些人离我们远去而又没有崭新的标杆矗立起来时，道德迷失也是不足为怪的。

好在我们已经清醒地认识到问题的严重性：“如果没有国民素质的提高和道德的力量，绝不可能成为一个真正强大的国家、一个受人尊敬的国家。”①

“培育奋发进取、理性平和、开放包容的社会心态。提倡修身律已、尊老爱幼、勤勉做事、平实做人，推动形成我为人人、人人为我的社会氛围。”“形成扶正祛邪、惩恶扬善的社会风气。”②

三、道德需要法治与民治辅佐

温总理将食品安全归结为道德文化建设滞后是找到了根子上了。不必讳言，今天的社会是法治的社会，不缺法，而是缺德。良法也要靠有德的人去遵守和执行的。最可怕的是，那些失去了社会道德

① 温家宝：《讲真语·察实情——同国务院参事和中央文史研究馆员座谈时的讲话（2011年4月14日）》，《人民日报》2011年4月18日。

② 胡锦涛：《中共中央关于制定国民经济和社会发展第十二个五年规划的建议》，新华社2010年10月27日。

准则的法律工作者，黑律师李庄，涉黑大户、重庆司法局长文强，广东省政协主席、原公安厅长陈绍基，公安部部长助理郑少东……直至中国司法的最高殿堂，有官至最高人民法院副院长的黄有松等涉及大量贪腐。当犯法者与执法者沆瀣一气时，法就失效了。在有法的今天，法却失去了威慑的力量。在德法关系上，我们的祖先都懂得“德主刑辅”，“德礼为政教之本，刑罚为政教之用”（《永徽律疏》）。我们在讲德法的主辅关系时，也不能忽视法的作用，在那些没有法治无法无天的日子里，我们今天提起来仍然胆战心惊的。道德的自律教化作用只有与法律的他律约束作用相互补充和密切配合，才能达到建设社会文明的良好效果。这三十年法制建设的成就，我们应该充分肯定的。同时我们应该反思，为什么迎来了一个盼望已久的法治社会，社会上的黄赌毒黑却愈演愈烈了呢？翻开刚刚出版的党史第二卷，找到了答案。我们在讲法治时还丢掉了中国共产党人的一味特效药——“民治”。

早在1945年毛泽东在回答黄炎培共产党能否跳出政权兴亡“周期率”的问题时，明确指出：“只有让人民来监督政府，政府才不敢松懈。只有人人来负责，才不会人亡政息。”① “人民来监督”“人人来负责”，这就是“民治”。“民治”也就是我们党的群众路线。“我们应当相信群众，我们应相信党，这是两条根本的原理。如果怀疑这两条原理，那就什么事情也做不成了。”② 邓小平指出：“毛泽东同志倡导的作风，群众路线和实事求是这两条是最根本的东西。”③

德治、法治与民治要三管齐下，只是根据不同的症候，用的剂量时间有差别。缓则德教，急则施法，重则民治。道德文化建设，好比文火煮，缓缓的，需要时间，前述的只是属缓症，要创造一个道德成长的环境；急则治标，发烧到40度，赶紧打退热针，然后再

---

① 薄一波：《若干重大决策与事件的回顾》上卷，中央党校出版社，1991年版，第156—157页。

② 毛泽东：《关于农业合作化问题》（1955年7月31日）。

③ 《邓小平文选》第2卷，人民出版社，1994年版，第45页。

找病因；重则民治，也就是要发动群众治治了。

眼下出现了大量的利用公权为个人或小集团利益寻租的现象。部分国家公务人员肆意侵害群众利益，执法违法。一段时间里，人民日报和新华社都发表文章抨击："近年来，地沟油、毒火锅、苏丹红、瘦肉精、三聚氰胺、香精大米……问题食品五花八门，触目惊心。""4个'大盖帽'为何管不了一棵豆芽菜?""多头监管往往是有利抢着管无利都不管。""老想着利用监管谋利益而不是监管本身，那问题自然会相当的多。"中央媒体用这样的口吻来痛击地方政府是少有的，已经到了忍无可忍。病症已经有年头了，道德教育该抓了，但现在急性发作，急病要下猛药，就是发动群众，来一次群众运动。笔者本来吃不准，搞运动到底对不对？翻开刚刚由中共党史出版社出版的，中共中央党史研究室撰写的，完全代表中央声音的《中国共产党历史》第二卷，有底气了。中央对除"文革"以外的历次运动基本持肯定态度的。

进城后不久，我们党内有过类似今天的党和政府内的腐败状况，1952年搞了一场"三反"运动，就治愈了，健康了好多年。"1952年元旦，毛泽东在中央人民政府举行的团拜会上致祝词，号召全国人民和一切工作人员一致行动起来，大张旗鼓、雷厉风行地开展一个大规模的反对贪污、反对浪费、反对官僚主义的斗争，将这些旧社会遗留下来的污毒洗干净。"①

"三反"运动于1952年10月结束。从总的方面看，反贪污斗争的发展基本上是健康的。据统计，全国县以上党政机关贪污千元以上者10.8万人，为参加"三反"运动总人数的2.8%。其中，以中小贪污人员为绝大多数，受行政处分的占20.8%，免受处分的占75.56%。贪污万元以上受到刑事处理的大贪污分子占3.64%，其中，被判处有期徒刑的9942人，无期徒刑的67人，死刑立即执行

① 中共中央党史研究室编写：《中国共产党党史》第二卷，中共党史出版社，2011年版，第160页。

的42人，死刑缓期执行的9人。“三反”运动教育了干部的大多数，挽救了犯错误的同志，清除了党和国家干部队伍中的贪污腐败分子。同时，“三反”还是一场群众性的社会改革运动，有力地抵制了旧社会遗留的恶习和资产阶级的腐蚀，树立了国家工作人员的廉洁、朴素、为人民服务的工作作风。同时，社各界群众的广泛参与，使厉行节约、艰苦奋斗、爱护国家财产等新社会风气进一步形成。

书中是这样评价这场运动的：“‘三反’还是一场群众性社会改革运动……树立了国家工作人员的廉洁、朴素、为人民服务的工作作风。”“在‘三反’运动中，广大群众揭露出一批党员和干部的贪污、浪费和官僚主义现象以及少数腐化变质分子。这是对党员和党组织的一次群众性的审查。”“‘三反’运动对于共产党员是一次严格的考验，对于党的组织也是一次有效的清理。”“三反”运动“是整肃党纪、政纪，提高工作效率和转变社会风气的需要，是国家建设的一项带根本性的方针”。

子规夜半犹啼血，不信东风换不回。德治、法治、民治三管齐下，哪有不治之理。

（《上海商学院学报》编辑部副主任；上海商学院教授）

当代社会核心价值观建构比较研究

蒋　瑛

党的十八大明确提出了“积极培育和践行社会主义核心价值观”的要求，这促使核心价值观成为引领社会思潮、凝聚社会共识的重要思想引擎。因此，凝练出融合优秀历史传统、与人类文明发展相一致，并具备鲜明制度特征的核心价值观，对推进社会主义核心价值体系这一兴国之魂的建设具有重要意义。然而，不同国家的价值观都是深受本国历史文化背景和现代发展经验影响的，存在很大的差异性。虽然不同国家会保留核心价值观的通用价值元素，但都会力求突出本土价值元素，探寻适合本国的核心价值观建设路径。因此，我们可以通过对不同文化背景下的核心价值观建设进行比较，找到社会主义核心价值观建设可资借鉴的经验。

一、国外加强核心价值观建设的特点

各个国家核心价值观建设都是在“发扬本土”和“吸收外来”的关系调适中探寻适合本国的有效路径。在我们对国外核心价值观建设经验的梳理中，可以清晰地看到一些共性的特征：

（一）以思想教育引导价值观的形成

教育作为一种文化的存在，具有传递信息、更新知识并促进人的全面发展的主体功能，因此，国外在加强核心价值观建设的过程中，都广泛认同思想教育的重要性，高度重视运用这种方式，建立起严密的教育体制和政策，纠正人的行为标准和社会运行尺度的偏离。思想教育具有很强的现实针对性，并且对意识形态的引导作用不可估量。在各国制定教育发展规划及课程设置中，民族精神、爱国主义及公民教育等思想教育的内容占了较大比重。如：美国在进行学生思想政治教育规划过程中，不断重申强化“美国意识”，把资产阶级的精神文化和价值观念自然而然地渗透到每个公民的思想和行为中，在潜移默化中完成对每个公民的爱国主义教育，实现其对意识形态的灌输与掌控。英国根据其多民族、多种族、多文化的特点，依赖其发达的国民教育体系和开明的教育政策把精英、多元、兼容的核心价值观植入人心。正是因为学校加强了“核心价值观”教育，所以英国的学生能够尊重和理解文化的差异性，能够深刻认识种族和文化的多元化，能够正确处理种族分歧问题，因此学校是维护社会和谐的关键力量。

（二）以宗教信仰塑造价值观的建设

西方国家在价值观建设过程中非常重视宗教的作用。虽然许多资本主义国家都普遍施行“政教分离”，但这种分离不是把宗教和政治完全隔离，也不是把思想和文化断裂开来，而是单纯意义上的把宗教制度与政治制度进行分离。西方国家充分发挥宗教所特有的意识形态功能，政府通过提高宗教组织的社会地位、整合各种宗教教育力量、对宗教事务实行依法管理等措施，有效地实现了对宗教意识形态功能的掌控，使宗教以它特有的方式强烈地影响着社会的价值观。在宗教演化成人生终极信仰的过程中，人们的生活方式更多地投入到参与宗教生活和教会活动，宗教意识无形地渗透到社会生活的各个方面，并强烈地影响着国家的意识形态。《美国的本质》就认为，美国社会与基督教新教具有密切联系，基督教新教为个人主义、自由、民主、人权等思想提供了理论依据。可见，宗教信仰对西方价值观和政治信仰的影响之大。

（三）以法律尺度约束价值目标的实现

法律是用来约束人们行为的最基本的规范，价值观的合理构建正是建立在法治基础上的。很多西方国家都用法律制度来约束人们的思想言论和政治权利，通过法律对意识形态进行规范、约束和强化。西方国家宪法在赋予公民言论自由的同时，也会加入很多限制性条款。如联邦德国 1949 年《基本法》第 18 条规定："如任何人滥用自由表达的权利，特别是出版、教育自由，集会自由，结社自由，通讯、邮政、电讯秘密权，财产权和避难权，此种滥用法定权利与自由、民主的基本法令相抵触，即丧失上述各种基本权。"英国沿用至今的《官方秘密法》就规定，受法律保护的范围不包括与国家安全有关的所有信息，如果告诉没有得到授权的人或者没有得到授权获得与国家安全有关的信息，都是一种犯罪行为。美国更是崇尚"以法治国"的核心价值观。美国人普遍认同一种观念，即"不受约束的权力必然导致腐败，绝对的权力必然导致绝对的腐败"，以宪法和法律约束权力是美国法治的一个基本原则。因此，美国的法律传统中透露出浓重的法治高于政治的观念，在司法过程中贯穿法律权威情结。当然，美国社会的法治拥有自由、人权、正义、秩序等多元的价值目标，但崇尚自由和人权是美国最高的价值目标，并且宪法的制定、修订和贯彻明确为美国标志性价值观提供了保障。

（四）以政党意志主导价值观的构建

现代社会，政党逐步成长为国家构建核心价值观的主要统领者，执政党执政模式的选择直接影响到一个国家核心价值观的构建。政党凭借其完善的政治纲领、鲜明的政治主张、先进的政治理念引领整个国家和社会价值观要素的形成。因此，国家间综合实力的较量实质上是执政党执政能力的竞争。以新加坡为例，“亚洲价值观”是根据新加坡执政党“民本思想”的执政模式构建的核心价值观。作为新加坡“一党执政体系下”长期占绝对优势的人民行动党，在其执政的过程中，将以儒家文明为主体的价值观在当代东亚进行创新和发展，提出了适合本国发展实际并能代表广大民众根本利益的“经济发展和社会稳定优于民主与自由”的方针，还提出了通过倡导民主和人权来限制政府并打造“好政府”的理念。以民主加民本、利益代表和精英模仿并重的代议民主制成为“亚洲价值观”的核心。这种价值观的有效施行受到了西方国家，尤其是美国的肯定。1995年11月19日，《华盛顿邮报》载文说：“许多亚洲的政治家、学者和商界领导人自豪地宣称，横跨太平洋有一个基本社会价值观的巨大差别。他们有孔子文化模式，也就是他们引以为荣的‘亚洲价值观’。这些新儒家们坚持认为，他们的文化价值比我们的好。”“一个增长着财富和自信的东亚正在向我们可敬的西方价值理念提出挑战。”人民行动党的成功范式值得我们借鉴。

二、中外核心价值观的主要差异

资本主义社会经过几百年的发展，形成了自由主义、个体主义、宗教信仰等较为清晰明确的核心价值观。相较国外核心价值观，社会主义核心价值观处于一个正在形成并逐步完善的过程。由于历史文化背景的差异，核心价值观也存在很大的差异。

（一）思想体系的差异

资本主义思想体系的核心是自由主义，这也是资本主义的核心价值。自由主义的思想体系由人生来具有同样的平等的自由权利、法律面前人人平等、民主选举是自由平等具体实现的方式、个人主义是自由主义的优先原则等组成。以市场经济和现代工业为基础的自由、平等、民主、人权理论体系和社会制度实现了人人平等的社会理想。从这个意义上讲，资本主义相对于奴隶社会和封建社会是人类历史发展的伟大进步。然而，资产阶级先驱思想家们的期待在人类社会进入资本主义制度后，并没有真正得以实现，战争和掠夺、贫富差距等使追求平等的人类没有彻底摆脱不平等的社会生活环境。

马克思超越了资本主义思想体系，深刻地指出资本主义社会仍然是一个既不自由也不平等的社会，是一个异化的并非摆脱剥削和压迫的社会；必须以人与人之间的事实平等超越资本主义的形式平等。马克思主义是一个不断发展的开放的体系。而中国特色社会主义理论是当代中国的马克思主义，它凝结了中国共产党带领中国人民不懈探索、实践的智慧和心血，是引导中国人民团结奋斗的共同思想基础和价值观。

（二）社会道德观的差异

资本主义的社会道德观是以个体主义为主导的。这种个体主义使个人对自我权利的追求达到了至高无上的地步，一切以自我为中心，极端的利己主义，人与人之间充斥着因争夺利益而引发的对立与冲突，社会的合作关系就此瓦解。一些人为了实现个人目的不择手段，产生了价值错位、信仰迷失甚至道德沦丧等极为严重的社会后果。人与人的社会冲突在个体的精神层面打上了深深的烙印，相互间的信任感降到了冰点，没有任何值得信仰和敬畏的超越存在。所有这些，严重破坏了人类共同体的整合力。

社会主义主张的集体主义道德观有着个体主义所无法比拟的优势，它协调了个体成员与社会整体间的关系，化解了个人主义与集体主义的对立。集体主义是在社会主义公有制的前提下，把个人的利益与集体的利益紧密的联系到了一起；人们在根本利益一致的前提下，获得个人和集体利益的最大化。在个人和集体利益关系的处理上，以保障集体利益来使个人利益最大化。

（三）信仰的差异

在西方文化中处于核心位置的是宗教，同时，西方人们的信仰和精神的寄托也是宗教，这与西方文化有着“灵魂拷问”的传统密切相关。西方基督教文明有着一种对“原罪”的自我认识，通过对自我灵魂的改造，一种生命内在精神的重塑，以求获得神的恩典，重返天路历程。包含基督教在内的很多宗教的特点都是将人生的意义和生活的信念寄托于神，寄托于超越世间的精神欢乐。

而宗教虽然是中国文化的重要组成部分，并对中国人的心理、精神境界、价值取向产生了重大的影响，但它始终不能成为中国传统文化的核心。处于中国文化核心位置的是哲学，这是在对中国传统文化的理性实践中总结出来的科学经验。实事求是的哲学思想正在指导当代中国的改革开放、社会主义现代化建设事业中真实地发挥着不可估量的作用。实事求是哲学的智慧深藏于整个中国特色社会主义理论中，成为解决中国现代化建设中一切重大理论问题、各种疑难杂症的妙药良方，是中国人民真正的世界观和价值追求。

三、对中国加强核心价值观建设的启示

世界各国核心价值观建设中的诸多成功的经验，对正处于转型期的中国构建社会主义核心价值观来说，无疑可以提供有益的借鉴。

（一）必须强调党的指导思想的引领

强调党的指导思想的引领是我们理解社会主义核心价值观的基本前提。党的指导思想作为党理论创新成果的最高表现形式，是党的行动指南和理论基础。中国共产党从创立之初就鲜明的亮出了马克思主义的旗帜，奠定了它指导思想的地位。历史已经表明，中国共产党在领导中国革命、建设和改革开放的伟大历史进程中，在始终坚持马克思主义基本原理的同时反对把马克思主义教条化，在实践基础上不断根据中国实际推进理论创新，推进马克思主义中国化，并将最新的理论创新成果转化为党的指导思想和行动指南，彰显了与时俱进的理论品格。党的十八大报告指出："实践发展永无止境，认识真理永无止境，理论创新永无止境。"马克思主义经久不衰的原因，不是因为它本身具有什么长命元素，而是因为它的思想总是在适应时空的变化而不断更新。党指导思想是不变与变的统一，不变的是马克思主义的本源，变的是与时俱进的鲜活内容。只有坚持党的思想的引领，才能正确把握社会主义价值观产生和发展的历史条件、本质要求和客观规律，才能切实解决好影响当代中国价值观念传承和变革的重大理论与现实问题，积极回应国内外各种思想文化和社会思潮的挑战，克服封建主义传统观念的影响和资产阶级腐朽思想的侵蚀，进而保证社会主义核心价值观顺利而迅速地孕育和生长。

（二）必须彰显中国优秀传统文化的深刻内涵

我们在构建社会主义核心价值观的过程中，必然会融入民主、法治、自由等人类共有的现代文明成果，但对中国传统优秀文化的重视程度却远远不够。然而，任何割裂历史、摒弃优秀传统文化的价值观建设都无益于其健康发展。事实上，吸收传统文化的精华是建立核心价值的主要渠道，以儒家文化为代表的中华文明，其中的诚信、忠义、礼仪等传统价值观念恰恰是社会主义核心价值观所必须体现的部分。因此，如何在新的时代赋予它们新的时代特征和深刻内涵值得我们思考。我们的社会主义核心价值观构建要立足于优秀传统文化，保持开放的心态，吸收世界文明的共同成果以获得新的活力。

（三）必须拓展价值观建设的法治平台

目前，国外价值观建设，已经融入到社会生活的方方面面，所有可以进行价值观宣扬的时机、场所和媒介都被充分的利用起来。相比之下，人民当家做主的社会主义国家性质使我们具备了更多的平台优势。但是，我们必须拓展价值观建设的法治平台。因为，价值观是世界观人生观的核心，是用以指导人的行为的内在尺度，而法律是用来约束人的行为的最基本的行为规范。社会主义国家是依法治国的国家，实行法治是社会主义的重要标志。从价值理性上看，法治是人类理性的产物。真正的法治不只是要有宪法和法律，也不只是依法办事。真正的法治是一种政治文明成果，是一种从传统中衍生出来的政治生活态度和生活方式，是一种民主、公正、自由的政治文明秩序。社会主义国家人民当家做主的实现必须有一套切实可行的法律制度来保证，这正如没有民主就没有社会主义一样，没有法治，就不会有价值观的合理构建，更谈不上核心价值观。因此，必须把法治也视为社会主义的一种标志，与民主一样作为社会主义核心价值观的重要因素。拓展价值观建设的法治平台，首先必须完善相关法律，尤其是包括专门针对媒体、网络的立法；同时，必须有效加强执法力度，为构建社会主义核心价值观提供坚强的法律保障。

（南京政治学院上海校区讲师）

“精神太阳”：意识形态视域下的社会主义核心价值观培育

李海平

美国政治学家埃·科班曾用硬币来说明政治思想的特殊性，他认为：“硬币即使磨成光板，它仍然是有效的货币。”而“如果要使政治思想保持其价值，就得定期加以重铸”。同样，要保持主流意识形态的旺盛生命力和吸引力，就必须及时感知社会的变化，敏锐把握时代的脉搏，进行观念创新。党的十七大报告曾指出“社会主义核心价值体系是社会主义意识形态的本质体现”。而社会主义核心价值观作为社会主义核心价值体系的重要范畴，是我国各族人民团结奋斗的共同思想基础，是占支配地位的国家主流意识形态。党的十八大报告进一步提出和强调，要“倡导富强、民主、文明、和谐，倡导自由、平等、公正、法治，倡导爱国、敬业、诚信、友善，积极培育和践行社会主义核心价值观。牢牢掌握意识形态工作领导权和主导权，坚持正确导向，提高引导能力，壮大主流思想舆论”。可见，自觉把社会主义核心价值观融入到意识形态的建设中，是中国共产党作为执政党在社会转型时期意识形态自觉的重要成果和标志。积极培育和践行社会主义核心价值观就是要巩固全党全国人民团结奋斗的共同思想基础，让中国特色社会主义的“精神太阳”照耀每一个公民，并转化为集体行动。

一、社会主义核心价值观作为意识形态建设的重要成果是党在新时期的“精神太阳”

价值观是人们寄放灵魂的精神家园，也是特定阶级意识形态的核心部分。核心价值观是一定社会形态社会性质的集中体现，在社会思想观念体系中处于主导地位，决定着社会制度、社会运行的基本原则，制约着社会发展的基本方向。社会主义核心价值观是社会主义制度的精神之魂。然而，伴随着我国对外开放和社会转型，各种意识形态之间的博弈异常激烈，主流意识形态面临着淡化和弱化的挑战。意识形态是上层建筑，是特定阶级或集团行为准则、价值取向和社会理想的思想理论依据。意识形态对统治阶级尤为重要，它通过对政治统治的合法性进行充分论证和渲染，塑造自己的权威形象，以获取国民的认同和支持。正如马克思恩格斯所言，“每个企图取代旧统治阶级的新阶级，为了达到自己的目的，不得不把自己的利益说成是社会全体成员的共同利益，就是说……赋予自己的思想以普遍性的形式，把它们描绘成合乎理性的、有普遍意义的思想”①。而统治阶级的意识形态成为社会普遍意识形态的过程，就是意识形态政治社会化的过程。

意识形态对社会存在反映的能动性必然转化为对社会存在的能动作用，即体现着克服社会存在矛盾的努力。因此，马克思把资本主义的意识形态称为“精神太阳”。但是，意识形态作为规范所发生的作用就是“无论它照耀着多少个体，无论它照耀着什么事物，却

① 《马克思恩格斯选集》第1卷，人民出版社，1995年版，第100页。

只准产生一种色彩，就是官方的色彩”①。但是，“资本”只有不成为“主义”，才可能真正克服其文明化趋势的内在限制。② 通过对马克思意识形态的现代解释，我们可以认为社会主义意识形态对一些反映社会冲突的社会现象予以批判引导，从而体现出从思想的规范上克服社会冲突的努力。这就是马克思所说的“精神太阳”的作用。与资本主义意识形态“只准产生一种色彩”不一样，在社会主义核心价值观中却反映了不同社会群体的意向，在尊重差异、包容多样的过程中最大限度地形成思想共识。

伟大的社会变革必然引起意识形态的变革，尤其表现在思想文化领域。但是“没有意识形态的辩护，或者说意识形态的辩护功能失去效力，统治就变得赤裸裸的暴力强制，无法长期维持；社会也会因此而四分五裂，不得安宁”③。今天中国的改革开放和社会主义市场经济建设所带来的变化，正如丹尼尔·贝尔曾指出的：“市场是社会结构和文化相互交汇的地方。整个文化的变革，特别是新生活方式的出现之所以成为可能，不但因为人的感觉方式发生了变化，而且因为社会结构本身也有所改变。”④

政策绩效是民众对执政党主张最直接的感知与“确证”，是执政条件下自觉贯彻党的群众路线，始终保持党同人民群众的血肉联系最根本的途径。众所周知，人是一切问题的基础。马克思主义高度关注人，关注人的自由，关注人作为“类”本质的发展。正如胡锦涛在建党90周年重要讲话中所总结的：“来自人民、植根人民、服务人民，是我们党永远立于不败之地的根本。以人为本、执政为民是我们党的性质和全心全意为人民服务根本宗旨的集中体现，是指引、评价、检验我们党一切执政活动的最高标准。”因此，执政党建

① 《马克思恩格斯全集》第1卷，人民出版社，1960年版，第7页。

② 童世骏：“资本的‘文明化趋势’及其内在限制”，《学术月刊》2006年第10期，第24页。

③ 童世骏主编：《意识形态新论》，上海人民出版社，2006年版，第6页。

④ ［美］丹尼尔·贝尔著：《资本主义文化矛盾》，赵一凡等译，生活·读书·新知三联书店，1989年版，第163页。

设，尤其要关注人，关注群众，聚焦政策实效，聚集社会认同。很难想象，在中国这种特殊的意识形态话语体系中，离开了政策支撑、现实检验和民众认同，政治理论的价值与功能怎么体现？今天更应该关注具体政策取得的实效对意识形态的诠释和支撑作用，这样才会被大众认同并转化为集体行动。正如法国社会学家涂尔干所说："社会成员平均具有的信仰和感情的总和，构成了他们自身明确的生活体系，我们可以称之为集体意识或共同意识。"[①] 因此，我们要热切关注现时代的人类社会生活情势和历史命运，通过政策释放的人文关怀，为人们提供一种价值范导。实现最大范围内的社会公平与正义，这样人们的价值取向和心理失衡问题才会解决，执政兴国的基础才会坚实，可持续发展才有可能。

十八大指出"要多谋民生之利，多解民生之忧，解决好人民最关心最直接最现实的利益问题，在学有所教、劳有所得、病有所医、老有所养、住有所居上持续取得新进展，努力让人民过上更好生活"。"只有植根人民、造福人民，党才能始终立于不败之地"，"为人民服务是党的根本宗旨，以人为本、执政为民是检验党一切执政活动的最高标准。任何时候都要把人民利益放在第一位，始终与人民心连心、同呼吸、共命运，始终依靠人民推动历史前进"。"始终把人民放在心中最高位置"，"我们必须始终把人民利益放在第一位，把实现好、维护好、发展好最广大人民根本利益作为一切工作的出发点和落脚点，做到权为民所用、情为民所系、利为民所谋，使我们的工作获得最广泛最可靠最牢固的群众基础和力量源泉"。

---

① ［法］埃米尔·涂尔干著：《社会分工论》，渠东译，生活·读书·新知三联书店，2000年版，第42页。

二、社会主义核心价值观建设是社会转型时期党的意识形态历史嬗变与反思的逻辑必然

我国改革开放以来，经济社会各方面都发生了巨大的历史变化，实现了从封建到现代、计划到市场、社会革命到网络革命的重大转变，同样，作为社会主义意识形态的主流价值观也发生了历史性嬗变。因此，光靠以往的经验和理论是不够的，需要不断创新。1949年新中国建立到改革开放之前，我们党经历了逐步建构建设价值观但又迅速自我解构建设价值观的过程。当时面对党内和社会上不断出现的“以革命的名义”的革命价值观对建设价值观的种种否定，建设价值观无法形成党内的共识，无法形成社会多数人的共识，也就无法成为社会的共同价值观。目前我国处于完善社会主义市场经济和化解与整合各类重大矛盾关系并存的特殊历史时期，由于这一时期社会存在的多样性和变动性，决定了作为社会意识的价值观的多样化、多变性和复杂性。正如每个时代人们心目中的“白马王子”都不一样，全民皆兵时代崇尚军人，尊重知识时代尊重知识分子，全民经商时代都想变成富豪。

今天，人们对价值观的追求今非昔比，主流价值观边缘化的历史境遇呼唤价值观的重塑，而价值观的培育任重道远。从国际上来看，西方掌握了国际思想文化领域的话语权，马克思主义意识形态承受着西方意识形态的巨大压力；在现代社会，人们很容易滋生注重占有和消费的社会意识形态，信仰缺失、价值焦虑、拜金主义和个人主义等现象在不断蔓延。从国内来看，经济体制的深刻变革，社会结构的深刻变动，利益格局的深刻调整，生活方式的深刻变化，既给人们的思想带来了活力，也对人们的思想造成了很大冲击。在

中外各种思想文化的相互激荡下，在社会生活的多样化和价值取向的多样性日益明显的情况下，在人们思想活动的独立性、选择性、多变性和差异性进一步增强的条件下，马克思主义意识形态出现弱化和淡化趋势，社会思潮的多样化无法避免。

当然，从总体上说，我国的社会思潮潮头并不显著，各种社会思潮之间的界限也并不明显，然而潮流涌动，人民群众最能直接感受到体现在生产物质生活本身中的社会基本矛盾运动。信仰具有巨大的社会力量，有没有和有什么样的信仰，其作用大不一样，恩格斯曾经指出："中世纪的强烈信仰无疑地赋予了这整个时代以巨大的力量，虽然这种力量处于不自觉的萌芽状态……信仰逐渐削弱了，宗教的本质，把自己的本质神化，变成一种别的本质。人处在这种不自觉而没有信仰的状态，精神上会感到空虚，他对真理、理性和大自然必然感到失望。"① 马克思曾经指出："如果从观念上来考察，那么一定的意识形式的解体足以使整个时代覆灭。"② 现代西方学者也认为："一个社会不应局限于物质生产和经济交流。它不能脱离思想概念而存在。这些思想概念不是一种'奢侈'，对它可有可无，而是集体生活自身的条件。……没有价值体系，就没有可以再生的社会集体。"③ 可见，主流价值观的边缘化足以使国家政权颠覆，是社会基本矛盾激化的反映。④

社会意识反映社会存在。康德提出了"人是目的"的重大命题，他说：人的行为"无论是对你自己或对别的人，在任何情况下把人当作目的，决不只是当作工具。"⑤ 可见，把人本身的利益作为自己的目的，即人具有绝对价值。100 多年前，近代中国著名思想家严复就提出了一个有深刻思想内涵的观点："非新无以为进，非旧无以

① 《马克思恩格斯全集》第 1 卷，人民出版社，1979 年版，第 647—648 页。
② 《马克思恩格斯全集》第 30 卷，人民出版社，1995 年版，第 540 页。
③ [法] 吉尔·利波维茨基、[加] 塞巴斯蒂安·夏尔：《超级现代时间》，谢强译，中国人民大学出版社，2005 年版，第 111 页。
④ 陈新汉、邱仁富：《坚持核心价值体系的人民主体性》，东方出版中心，2006 年版。
⑤ [德] 康德：《道德形而上学探本》，唐钺译，商务印书馆，1957 年版，第 43 页。

守；且守且进，此其国之所以骏发而又治安也。”[①] 就是说，固守传统而不创新，一个民族就不能发展；全盘否定传统，则在世界中难以立足。

中国共产党一直具有非常强的自我学习能力、自我更新能力、自我感知和适应外部变化的能力。改革开放以来，我们党的意识形态领域首先发生了危机，即它在一定程度上无法有效解释和描述现实社会的历史嬗变。因为随着市场经济的引入，社会自主性的发育和利益结构的分化，主流意识形态的中心符号和象征便与现实发生了尖锐的冲突。主流意识形态本来是为解释和论证阶级动员、政治集权、赶超战略、经济社会权利平等而存在的，但它现在却要回答个体自主、分权、自由、竞争、社会分层这些问题，其内部的紧张不言而喻。造成这一困局的根本原因在于其赖以存在并欲对之加以解释和论证的社会经济条件发生了剧烈的变动和深刻的变化，正如邓小平曾经指出的“世界形势日新月异，特别是现代科学技术发展很快。现在的一年抵得上古老社会几十年、上百年甚至更长的时间。不以新的思想、观点去继承、发展马克思主义，不是真正的马克思主义”[②]。传统的经典性的价值观念业已消解，统一的规范被多元的价值取向所取代。我国原有的意识形态越来越难以发挥它引导社会现实的应有功能，有的内容甚至逐渐被遗忘、排斥和误解。对现有实践的成果进行较高层次的理论概括和逻辑整合是现实的迫切需求。这就要求我们要准确把握世界发展大势，准确把握社会主义初级阶段基本国情，深入研究我国发展的阶段性特征，及时总结党领导人民创造的新鲜经验，作出新的理论概括，永葆科学理论的旺盛生命力，提升意识形态的当代解释力和吸引力。当然，其创新必须是在原有理论基础上的变革性创新，而非否定性重构；必须结合最新实践不断增宏社会主义价值理念。

---

① 王拭编：《严复集》第1册，中华书局，1986年版，第119页。

② 《邓小平文选》第3卷，人民出版社，1993年版，第291—292页。

三、只有着力把“人的世界还给人自己”，才能最大限度地形成社会主义核心价值观并转化为集体行动

德国社会学家达伦多夫将社会均衡模式的实质性要素概括为：稳定、整合、功能协调和价值共享。在社会学家看来，一个社会体系要实现稳定、良性运行，必须有一个全社会共同体认和享有的价值，即一个社会的思想共识和整体核心价值观，这样，才有可能转化为集体行动。

首先，要把“人的世界还给人自己”，这是社会主义核心价值观形成的基本前提。

在现代社会，虽然人们的物质生活得到了极大的丰富和发展，但人们也时刻感受到物的压力给人带来的沉重的精神压抑，在不断地与物的关系中冲撞，仿佛要被撕裂成无数的碎片，从而失去了人之为人的精神意义。我们如何让物的生产真正以人为目的，而且使人从物的奴役中解放出来，更好地促进人自身的建设，使人真正成为一个人。这就必须“提高到真正的人的问题”，“不然的话，批判就会认为自己的对象所处的水平低于这个对象的实际水平”①。要想从物的奴役中解放出来，我们只有回到“人本身”，从根本上解决把“人的世界和人的关系还给人自己”② 的价值问题和历史使命，这是社会主义核心价值观必须要解决的首要问题。真正实现我国著名社会学家费孝通先生曾经提出“各美其美，美人之美，美美与共，天下大同”的愿景。

---

① 《马克思恩格斯选集》第1卷，人民出版社，1995年版，第6页。

② 同上书，第443页。

其次，要“最大限度地形成社会思想共识”，这是社会主义核心价值观形成的重要基础。

能否最大限度地形成社会思想共识（即科学的意识形态），是衡量社会主义核心价值观建设是否成功的标志。共同的思想基础是一个党、一个国家和一个民族赖以生存和发展的根本前提。没有共同的思想基础，党就要瓦解，国家就要分裂，民族就要解体。这是世界上无数铁的事实换来的深刻教训。十六届六中全会的《决议》指出：“坚持把社会主义核心价值体系融入国民教育和精神文明建设全过程、贯穿现代化建设各方面。”这一要求为最大限度地形成社会思想共识提供了总体的要求和思路。党的十八大关于社会主义核心价值观的提出，深刻揭示了共同思想基础的基本内涵和原则要求，更加有利于全社会共同维护。它既体现了思想道德建设上的先进性要求，又体现了其广泛性要求；既体现了社会的一致性愿望和追求，又涵盖了不同的社会群体和阶层，有着广泛的适用性和包容性，具有强大的整合力和号召力，凝聚起推动社会发展的强大动力，是各阶级阶层和各民族的精神纽带。

由于社会思潮的多样性和多变性，社会思想共识的形成始终是一个动态的过程。意识形态作为“被意识到了的存在”，是“与物质前提相联系的物质生活过程的必然升华物”①，是建立在经济基础之上的由思想观念构成的上层建筑。但是形成最广大人民所认同的共同价值观不仅必要，而且也是可能的。因为全国各族人民有共同的指导思想、理想追求、文化基础和制度保障。社会主义制度保证了最广大人民根本利益的一致，从而为全社会树立共同理想创造了历史条件。

当前，意识形态工作要从革命战争年代和阶级斗争年代立足于教育人、改造人的功能，转向尊重人、关心人、发展人和激励人，确立“以人为本”的理念，彰显人文关怀。意识形态建设必须增强

① 《马克思恩格斯全集》第3卷，人民出版社，1960年版，第29—30页。

时代性，注重解决实践中出现的实际问题；必须增强开放性，吸收现代世界政治文明和精神文明发展中被普遍认同的价值理念，如自由、平等、人权、民主、法治等，使之成为我国主流意识形态建设的重要思想资源；必须增强包容性，主流意识形态要获得公众对其最大限度的认同，就要适应新形势的发展变化和社会转型的特点，尊重差异、包容多样，吸收多样化社会思潮中的有利于解决社会矛盾、有利于社会发展的文化养分，从而最大限度地形成思想共识，即要赋予普遍性的思想体系，赢得社会中大多数人的认同，这样才能得以消解社会矛盾和冲突。

最后，要“内化为人民主体的自觉行为”，这是社会主义核心价值观培育的最终目的。

社会主义核心价值观是社会主义理想信念的直接表达，属于精神信仰层面的东西。精神信仰只有为人民群众所接受、所信仰才能在社会生活中产生巨大的作用。信仰由作为人们意识中深层心理结构的价值观念升华而来，它意味着一种为之而孜孜以求的行动。社会主义核心价值观相对整个社会价值要求而言，处于最高层次，本身具有引领社会的意蕴，而要发挥其引领社会价值取向的功能，先进层次（各级领导、党员干部和模范人物的传承、带动和示范作用）和青少年一代的广泛践行、内化认同是关键，因为具体行动更具感召力量。榜样的力量是不可低估的。2006 年 10 月 22 日胡锦涛《在纪念红军长征胜利 70 周年大会上的讲话》中强调：“要在全体人民中牢固树立社会主义核心价值体系，用中国特色社会主义共同理想激励广大党员、干部和人民群众，不断巩固全党全国各族人民团结奋斗的共同思想基础。”要充分发挥先进典型的示范导向作用，挖掘一批群众身边模范践行核心价值观的“草根”典型，如：“最美”人物、道德模范、感动人物、道德之星等先进典型，用他们的崇高精神和道德力量感染广大群众，增强核心价值体系的吸引力、凝聚力和感染力，有效引领广大群众的价值取向，使其对核心价值体系形成共识、付诸行动。

社会主义核心价值观，是一个外在于主体、不以个人主观意志为转移的客观要求和社会理性。因此，向人们灌输其相关的理论知识，告诉人们应当怎样贯彻，要求人们掌握所倡导的行为规范，是完全必要的，但是，社会主义核心价值观的培育最终效果是要通过提升人们的行为自觉来实现的，如果仅仅强调知识的灌输，就会使受教育者不能自主地、积极地发展其完善的理想的自觉的行为判断和行为选择能力。但是忽视了人们的接受心理，就很难收到内化的理想效果。因此，要使社会主义核心价值观的培育，必须注意研究个体的接受机制，既要考虑个体的需要和心理，也要考虑个体的接受程度和差异，有针对性地培育个体的心理品质和践行能力。

社会主义核心价值观的培育是一项系统工程，是全社会的共同责任。社会主义核心价值观是社会主义意识形态中最重要的部分。坚持中国特色社会主义的价值导向，巩固社会主义意识形态阵地，必须科学合理地解决人们关心的现实问题，找到全体社会成员在价值认同上的最大公约数，在具体利益矛盾、各种思想差异之上最广泛地形成价值共识，有效引领整合纷繁复杂的社会思想意识，这样，社会主义核心价值观的话语力就会获得极大提升，就能有效避免利益格局调整可能带来的思想对立和混乱，形成团结奋斗的强大精神力量。当然，要把社会主义核心价值观变成广大人民群众的自觉追求和实际行动，绝非一日之功，需要付出长期不懈的努力。

（南京政治学院上海校区副教授）

社会主义核心价值观培育的基础：行政组织文化重塑

刘兰华

行政系统在整个社会核心价值体系建构过程中起着主导作用，对整个社会的意识形态的内容及其方向产生着广泛的影响。诸多研究表明，组织成员的行为受到组织的信念和价值观的影响。而价值观则是组织文化的核心。组织文化对于组织成员以及整个组织的运作都具有广泛的影响力，它是系统论之后的组织理论家发现的一个重要的影响组织成员行为的因素。行政组织文化是指人们关于公共行政系统的价值观念，由此价值观念所影响或决定的行政组织及其成员所普遍遵循的行为模式，以及外在的物质表现符号。其核心是长期积淀在公共行政体系中的行为取向、思维模式和价值观念。行政组织文化在调节公共行政系统工作人员的行政心理、行政精神、服务理念以及保证行政组织有序正常运转、为社会提供优质高效的服务等方面都起着巨大的作用。鉴于现代社会生活的结构是以政府为中心而平面展开的，政府的领导和引导，决定着一个社会的行为选择。然而，政府能够作出什么样的行为选择，在还原的意义上，是要落实到人身上的，即落实到公务员的行为选择上来。而公务员的行为又深深受到行政组织文化的影响与形塑。

一、行政价值观与社会主体核心价值观的互镜

就内容而言，行政价值观与社会主义核心价值观之间是特殊与一般的关系，因此，行政价值观不能等同于社会主义核心价值观。但是，行政价值观与社会主义核心价值观的方向是一致的、根基是相同的，其最终目标是引导与教育国民为国尽力、为社会服务，形成和谐社会。从层次上来看，行政价值观与社会主义核心价值观之间是提高与普及、先进性与群众性的关系。富有成效的社会主义核心价值观建设会为行政价值观建设创造坚固的基础与良好的社会氛围。因为，对于行政人员来说，在长期良好的社会主义价值观教育的影响下，他能很好地把个人价值的实现纳入到整个社会的价值追求中，于是，在其进入公共行政领域之后就能很自然地、比较容易地接受更高层次的行政价值观。同时，在社会主义核心价值观建设的良好氛围中，行政人员也比较容易继续接受行政价值观的教育，从而坚持正确的行政价值导向。这也是世界各国在行政价值观建设方面所取得的基本经验，即社会核心价值观要为行政价值观的建设奠定良好的基础与氛围。

（一）社会主义核心价值观对行政系统提出的要求

构建社会主义的核心价值观对行政系统提出了两个方面的具体要求：一方面，行政主体要发挥表率与教育功能。行政主体特别是领导者往往是社会关注的焦点，对社会起着广泛的示范效用，领导者的言行是表达政府价值偏好的重要载体。因此，领导者本身是否依法行政、是否在行政管理活动中能够公正地处理问题、是否诚信

行政等等都深刻地影响着其他社会主体的价值观及其行为。负责任的公共行政领导者应该是能够根据自己所信奉的价值观采取行动，并让行动与价值观相一致。负责任地树立积极的组织伦理准则，树立公务员对其领导的信任，以及引导其下属也采取同样的行为。反之，不负责任的领导会腐蚀其下属的道德，毫无疑问，这将给下属提供一个负面的榜样。如果领导者口头上鼓励道德行为，而自己的所作所为却与自己所提倡的不一致，你的下属就会关注这种不一致，而不只是听你冠冕堂皇的话。这样，相应的组织文化也就形成了。另一方面，行政系统要凸显公共决策的意识形态功能。通过公共决策的制定与执行，政府可以向社会传达某种价值信号，从而对社会的核心价值观的生成产生影响。政府在原则问题上，赞成什么、反对什么，都要力图通过决策、在决策方案中进行明确的表达，以形成对社会主体的价值观的有效引导。

（二）行政管理活动对于培育社会主义核心价值观的基础作用

公平与正义是社会主义核心价值观的基石。因此，维护社会公平应成为培育社会主义核心价值观中行政系统所具备的一项重要功能。社会主义和谐社会中的社会公平至少包含以下三层含义：一是法律上的公平，它意味着法律面前人人平等，人们不会因地位、职业、年龄、种族等的差异而受到区别对待；二是收入分配上的公平，它意味着社会收入分配的公平，意味着为无劳动能力者提供基本的社会保障；三是可持续发展上的公平，即既要满足当代人的需要，也要维护下一代人的利益，它意味着一种代际的公平。正如罗尔斯所说："一个社会，当它不仅被设计旨在推进它的成员的利益，而且也有效地受着一种公开的正义观管理时，它就是组织良好的社会。也就是说它是一个这样的社会，在那里：（1）每个人都接受、也知道别人接受同样的正义原则；（2）基本的社会制度普遍地满足、也普遍为人所知地满足这些原则。”[①]

（三）公共行政的公正导向是获得社会秩序的最佳途径

“对于一个社会来说，最大的潜在的动荡因素是来自社会内部各个阶层之间的隔阂、不信任、抵触和冲突。通过对社会成员基本权利和基本尊严的保证，通过必要的社会调节和调剂，社会各阶层之间的隔阂可以得到最大限度的消除，至少可以缓解，进而可以减少社会潜在的动荡因素。”[②] 公正的公共行政能够消弭社会矛盾，增强社会成员的凝聚力，促进社会问题的解决，从而使政府在社会秩序的供给方面表现出很强的行政能力。因为，当公共行政遵循公正的原则时，就可以充分激发各个阶层以及绝大多数社会成员的潜能，使社会成员按照各自具体的贡献得到应得的回报，从而在总体上促成社会进步的动力机制，进而实现社会力量的有效整合与成员的团结合作。也就是说，公共行政的公正原则是一个保证绝大多数社会成员受益从而实现真正意义上的发展的原则，它可以有效地避免只有少数人受益的“有增长而无发展”的情形的出现。所以，公共行政“必须将公正观念归并于一种社会基本结构的理想形式，而持续发展的社会过程之积累性结果正是按照这一基本结构加以限制和调整的。”[③]

二、社会主义核心价值观由理论转化为现实力量的中介机制：行政组织文化

基于行政价值观对于整个社会价值观的引导与衍射作用，因此，

① ［美］罗尔斯：《正文论》，中国社会科学出版社，1998 年版，第 3 页。
② 吴忠民：《社会公正论》，山东人民出版社，2004 年版，第 2 页。
③ ［美］罗尔斯：《政治自由主义》，译林出版社，2002 年版，第 298 页。

社会主义核心价值观培育的一条基础路径便是形成良好的行政价值观，并使价值观从理论转化为现实力量，行政价值观是行政组织文化的核心要素，但不是唯一要素。行政组织文化还包括组织的其他表征，因此，构建以行政价值观为核心的良性行政组织文化是社会主义核心价值观发生作用的重要介质。有什么样的组织文化，政府成员就会在公共行政管理过程中表现出什么样的形象。因此，内部的组织文化决定着政府外部形象，而外部形象的塑造途径实际上也反映了组织文化的核心价值观念。因此，要重塑政府形象，一个很重要的途径便是行政组织文化的建设与良好运行。从目前来看，建构“参与型”行政组织文化对于促进社会的公平公正以及团结友善等社会主义核心价值观的培育不失为一种现实选择。

参与治理实际上是落实于当代治理的概念当中。参与治理有利于培育民主、合作、诚信、平等、公正等社会主义核心价值观念。关于参与治理，哈拉尔曾这样描述：“有效的参与体现了一种微妙的特性，这种特性远远超出了建立奖励制度、使下级参与解决问题、允许为达到目标有一定的自由，或者其他‘机制’。最关键的因素包括灌输一种参与文化：一种有关共同管理的合作哲学，真正发扬优点，强调人的价值、某种集体感和形成作为真正参与性领导的基础的‘参与精神’的其他无形的品质。”在哈拉尔看来，传统组织管理由于努力追求技术合理性而把组织成员置于受技术愚弄的境地，而这种“技术的愚弄”恰恰挫伤了组织成员的积极性。因为，组织成员对于这种愚弄是非常清楚的，他们完全了解这种愚弄技巧的机理以及掌握权力的人的真正意图，他们在接受这种“技术的愚弄”时已经对这种愚弄了然于胸了。所以，必须改变这种接受“技术的愚弄”的状况，必须树立一种新的观念，那就是“有效的组织体现了这些超验的价值观念”。[①] 公民无法参与公共决策和政策执行过程的现实困境为特定阶层提供了挟制公共组织谋取个人私利的机会，

① ［美］W. E. 哈拉尔：《新资本主义》，社会科学文献出版社，1999 年版，第 217 页。

其代价往往就是整体社会利益受损害。而由于公民有被隔离于行政过程之外的感觉，也导致了公民对政府成员表现出不信任，而这种不信任又经常导致公民对政府的嘲讽或出现政府管理无能现象。这就造成了目前公共政策执行中的一种困境：公众认为只有他们组织起来并激烈地抗议某项行政政策时，他们的诉求才能被政府听到。实际上，这种参与活动具有很强的抵触情绪，因为他们认为政府人员并不是真正关心公民的利益，而是出于“自私的动机”去做事的。这是一种无序的参与，这种参与是无效与充满冲突的，公众不是通过与行政人员的合作来决定怎样最好地解决问题，而是消极被动地作出判断，甚至经常蓄意破坏行政人员的工作业绩。而有序的公众参与可以使公共政策更符合公民的现实政策偏好，可以使公民成为政府的最直接评价者，可以使政府获得更好的民众支持度，从而最终有利于建设一个存在更少分歧和更少冲突的易于管理和规制的和谐社会。

三、参与型行政组织文化建设的制度途径

理论地看，“任何一项社会制度都是某种价值理念的体现，反过来讲，任何一种价值理念其客观存在必然体现在相应的制度上。制度与其理念如同一枚硬币的正反两面，差别在于制度是表层的行为法则，理念是深层次的行为信念。”① 任何制度都是有价值倾向与偏好的，只有当这种倾向于偏好符合社会需要时，其制度才是合理的；另一方面，一个反映社会客观需要的政府管理职能，本身就潜存着推动社会进步的科学价值，而行政制度正是这种潜在的科学价值得

① 邓周平、钱志发：《21世纪中国高等教育制度的价值取向与操作设计》，《教育研究》，2001年第2期。

以外化的有效手段。当今，在政府与社会的价值关系上，政府服务于社会的价值选择与职能定位已是不可阻挡的历史潮流，“参与型”行政组织文化只不过是这一历史潮流的观念表达与理论诠释，它所体现的就是政府与社会关系的“社会本位”的行政价值观。因此，我们不仅需要将这种行政价值观内化为政府人的价值意识，使其成为支配政府行为的“软件”；而且还需要将这种行政价值观外化为一种具普适性与刚性的制度，使其成为支援政府行为的“硬件”，即“参与型”行政组织文化的价值实现既需要价值观这一“软件”的支持，也需要制度这一“硬件”的支撑。

（一）塑造以民主和法治为核心内容的公共精神——无形制度培育

在政府治理的过程中，公民的公共精神影响着公共行政的治理行为与理念。弗里德里克森教授认为，那些具有公民精神倾向的人通常对政府有兴趣并尊重政府，并且具有更大的善或公共利益的观念。他指出，在政府组织中，当具有公民精神倾向的人占优势时，政府就最少腐败和最讲道德；反之，当政府组织中具有私益倾向的人占据上风时，腐败和不讲道德的行为就有增加的可能性。

（二）加强与完善公务员制度建设——有形制度建设

制度创新的过程其实就是新的文化确立和发展的过程。文化的创新与发展需要制度的支持与推动，制度的实施需要文化环境与其相适应：第一，通过健全法律制度，提高公务员的依法行政能力。依法执政能力是观念与行为一致性的统一，既要懂法又要在执法中按照法律办事，不能因情枉法、因情殉法。当然对于普通群众而言，法治观念的培育并非制定几部法律就一蹴而就，必须经过一个长期的渗透和积淀过程。对于作为政府代言人的公务员而言，需要时刻保持较强的法治意识和法治观念。因此，健全法律制度使其有法可依、有章可循是提高其依法行政能力的最关键的步骤。第二，建立健全公务员伦理制度，提高公共服务能力。做人民的公仆、全心全意为人民服务一直是执政党对其领导下的各级政府官员的基本要求，所以公务员的服务意识、服务观念还是比较强烈。但是在市场经济环境下，人们的逐利意识比较强，对公务员也产生了不可忽视的负面影响。因此，有必要通过加强公务员的道德建设来提高其公共服务能力。第三，完善公共部门人力资源管理制度，提升公务员群体的胜任能力。公务员的服务意识、回应社会、民众需求的意识都有所不足，自然提升自我胜任能力的需求也不足，这与社会对政府的基本要求存在差距。从人力资源管理的制度建设层面看，有待在以下几个方面进行完善：完善公务员职位分析与管理，为公务员胜任能力建设提供基础；改进公务人员考试录用制度，为客观评价公共部门绩效以及组织未来的发展提供人才基础；确立以胜任能力为核心的职务晋升标准，晋升的公平性直接影响到组织的管理文化和价值导向；实施绩效与胜任能力并重的公务员考核体系，考核制度应聚焦于组织的愿景与战略，领导者的期待以及民众的期待；进一步推进公开选拔竞争上岗制度，使真正有胜任能力的人才脱颖而出。

（华东师范大学政治系讲师）

社会主义核心价值观培育的维度分析

翟桂萍

社会主义核心价值观是社会主义核心价值体系的进一步提升和凝练。党的十八大报告提出了“三个倡导”的社会主义核心价值观，实现了社会主义核心价值观在国家层面、社会层面和个人层面的有机统一，进一步为社会主义核心价值观的培育指明了方向。而无论是国家认同、社会认同还是个人认同的形成，都需要从不同的维度不断拓展社会主义核心价值观的培育。

一、社会主义核心价值观培育的利益对接维度

马克思曾经指出，“‘思想’一旦离开‘利益’，就一定会使自己出丑”。[①] 利益是思想认同的基础，利益关系对价值认同具有巨大推动作用。社会主义核心价值观的培育必须要实现与人民群众利益的对接，否则难以收到成效。

利益是人们活动的基本行为目的，是唯物史观的重要内容。唯物史观认为，生产力与生产关系的矛盾运动推动着人类社会不断向前发展，而生产力是社会发展的根本动力，人类的需要和利益满足

---

① 《马克思恩格斯文集》第一卷，人民出版社，2009年版，第286页。

又推动着生产力不断向前发展的内在动因。因为，“人们为之奋斗的一切，都同他们的利益有关”。[①] 任何一个社会首先必须满足人们的物质生活需要，即满足人们的物质利益要求。因为“人们首先必须吃、喝、住、穿，然后才能从事政治、科学、艺术、宗教等等。”[②] 因此，利益是社会发展的基础、前提和动力因素。列宁曾将涉及广大人民的经济利益称之为“人民生活中最敏感的神经”。[③] 毛泽东也曾经指出：“马克思列宁主义的基本原则，就是要使群众认识自己的利益，并且团结起来，为自己的利益而奋斗”。[④] 所以，利益作为唯物史观的一个重要范畴，是任何时代都不容回避的。只有关注人民的利益需求，才能不断实现发展。同样，一定的物质利益作为人生存的基本前提，在任何时代都必须认真加以对待。新中国成立后，曾较多地强调国家利益和集体利益，在加上生产力水平的落后，造成了人民群众物质生活的频发。随着改革开放的推进和生产力的不断解放和发展，人民群众的物质利益得到了较好的满足。邓小平曾经指出：“贫穷不是社会主义，”“物质困乏不是社会主义，”“如果只讲牺牲精神，不讲物质利益，那就是唯心论”。[⑤] 在全面建成小康社会的现代化进程中，中国共产党作为最广大人民群众利益的代表者，必须把不断满足人民群众日益增长的物质利益需求放在首位，所以，我们始终坚持“发展是硬道理”，强调“要坚持以经济社会的发展作为科学发展观的核心要义。”这既符合马克思主义的基本要义，也符合当前我国社会发展的现实，适应了广大人民群众不断提高自己生活水平的现实需求。

核心价值观的认同需要利益的支撑。在马克思那里，利益是一个关系范畴，它反映的是人与人之间的社会关系，因此，马克思还

① 《马克思恩格斯全集》第一卷，人民出版社，1995年版，第187页。
② 《马克思恩格斯文集》第三卷，人民出版社，2009年版，第601页。
③ 《列宁全集》第十六卷，人民出版社，1988年版，第136页。
④ 《毛泽东选集》第四卷，人民出版社，1991年版，第1318页。
⑤ 《邓小平文选》第二卷，人民出版社，1994年版，第146页。

强调“思想不能脱离利益”，认为，“利益不是仅仅作为一种‘普遍的东西’存在于观念之中，而且首先是作为彼此分工的个人之间的相互依存关系存在于现实之中”。也就是说，利益作为一种特殊的关系，是在各种相互关系中存在的，而这种相互交织的利益关系中充斥的是各种价值观念。社会存在决定社会意识，利益关系影响着人们的价值认同。价值观与人民群众认同的连接是丰富的社会实践。现实生活是思想观念和价值体系形成的基础，离开了生活实践，再好的价值体系也是空中楼阁。“意识在任何时候都只能是被意识到了的存在，而人们的存在就是他们的现实生活过程”。[①] 人们思想意识的多样性，归根到底来源于生活实践，特别是现实的物质利益之中。作为意识形态的上层建筑深深植根于社会经济生活，思想价值体系只有在与经济生活实践的契合中才能增强认同，才具有生命力和创造力。人民群众不仅是社会物质财富的创造者，也是社会精神财富的创造者，而全部社会生活在本质上是实践的。

社会主义核心价值观的培育，既离不开人民群众的社会实践活动，更离不开人民群众利益的不断提升。人民群众是历史的创造者，是社会主义现代化的实践者。改革开放所取得的巨大成就，必然伴随着人民群众利益的不断提升和生活水平的不断提高，在这一过程中，社会主义核心价值观正是通过让民众能够切实得到实惠，通过自身利益的提高来体现对改革开放成果的共享。党的十一届三中全会以后，正是改革开放政策给人民生活带来巨大改变，从而使广大人民群众坚决支持和拥护党的改革开放政策和理论创新。因此，只要坚持把人民利益放在第一位，真正把人民生活水平的提高、把改善民生作为党的工作重点，把社会主义的价值追求落实于党的各项政策中，使人民群众在利益的共享和生活水平的不断提升中，切身感受到社会主义核心价值观与自身利益紧密相关，社会主义核心价值观必然得到广大人民群众的广泛认同和自觉践行。

---

① 《马克思恩格斯文集》，第一卷，人民出版社，2009 年版，第 525 页。

特别是在建设和谐社会的现代化进程中，更应当关注普通民众的利益满足。正是在利益的不断满足和提升中，人民群众通过自身利益满足的体验和感受，感悟到社会主义核心价值观的力量和魅力，感受到价值观对社会经济生活的引领，对自身生活的价值和意义，认识到社会主义核心价值观作为社会主义意识形态的重要内容，不是空洞的思想观念，而是以经济生活为基础的，是实实在在的利益。当生活实践中，善恶与对错的标准成为人们行动障碍的时候，文化在日常生活空间所发挥的作用就值得人们重新审视。无论是先进文化还是作为先进文化内核的核心价值观，都应当成为人们生活实践中的行动指南和道德标准。而由于人们所奋斗的一切都同他们的利益有关，所以在生活实践中增强人们的价值认同，最为核心的就是直接利益的获得。

在满足人民利益需求中增强社会主义核心价值观的认同。社会主义核心价值观的培育，要针对人民群众最关心、最直接、最现实的利益问题，特别是以民生为重点的社会建设，更要做好就业、收入分配、社会保障等方面的工作，不断提高人们的生活水平，满足人民群众不同的利益需求，提高社会满意度，使社会主义核心价值在满足人们利益的基础上得到有效认同。一旦离开基层群众的利益诉求、价值诉求，这些价值观的概念很容易被空洞化、抽象化，成为被西方的价值观系统所同化的东西。社会主义核心价值观以人民群众的利益为支撑，让人民群众在实践利益的享有中感知它、领悟它，才能真正发挥凝聚社会、整合力量的作用，真正转化为人们的自觉行动。

二、社会主义核心价值观培育的氛围营造维度

社会主义核心价值观的培育，离不开良好环境的熏陶影响。一

个社会的主流价值观不只是宣传口号，而是深深植根于人民大众之心，深深贯穿于人民群众的日常生活，是人们思想行为的准则，我们必须营造积极向上、向善的环境氛围，弘扬社会正能量，在良好的环境中实现对社会主义核心价值观的培育和弘扬。

改革开放以来，特别是在全面建设小康社会的新进程中，多元文化的交流、交融和交锋成为中国社会文化的常态。多元文化时代的到来，一定程度地解构了我国原有的价值体系，不同的利益需求带来了不同的价值取向，形成了多元的社会价值观，甚至带来了多元价值观之间的对立和冲突。特别是西方价值观对我国主流价值带来巨大冲击，助长了各种享乐主义、拜金主义、极端个人主义等消极思想的滋生，带来了人们思想行为的混乱。党的十八大报告，提出了“倡导富强、民主、文明、和谐，倡导自由、平等、公正、法治，倡导爱国、敬业、诚信、友善”的社会主义核心价值观，有助于引导多元价值观的健康发展和社会认同的增强，有助于规范人们的思想行为。

发挥信息优势，传递正能量。现代社会中，大众媒介已成为意识形态的重要载体。“无论大众传播采取何种形式，它都将在我们的生活中发挥极其重要的作用。大众传播是社会的耳目。它为社会提供做出决策的途径；它为社会提供认识自身的集体声音。它是传达社会价值观的主要方式。”[①] 在现代多媒体时代，信息技术的快速发展，带来的不仅是海量信息，而且是信息传递的革命性。无处不在的信息，正改变着我们的生活方式和行为方式。特别是在信息技术高度发达的当今时代，人们的日常生活无不处于现代传媒的包围之中，各种媒介信息可以引起人们思想上和行动上的变化，正在每时每刻、全方位和潜移默化地影响、塑造人们的情感和思想。在这一过程中，如果是负面信息不加限制的快速传播，或者是缺乏必要的

① ［美］赛佛尔、坦卡德著：《传播理论：起源方法与应用》第五版，中国传媒大学出版社，2006 年版，第 3—4 页。

管控，后果将非常可怕。著名的南京“彭宇案”所带来的是整个社会不信任度的上升，随之而来的是人们面对老人跌倒要思量“扶还是不扶”的问题，这是对中华民族传统美德的玷污，是对全社会道德底线的挑战。我们要综合运用各种手段，把提倡与反对、引导与约束结合起来，通过严格科学的管理，培育良好的社会氛围和良好的社会心态，抵制消极现象，形成扶正祛邪、扬善惩恶的社会正气。特别是对一些虚假信息，包括一些民族虚无主义、历史虚无主义者的错误言行，应当及时予以制止和纠正，新闻媒体要牢牢把握正确舆论导向，坚持以社会主义核心价值观为导向，引导和带动广大人民群众共同遵行社会主义核心价值观。

生产优秀文化产品，传播社会主流价值。任何文化产品都承载着一定的思想观念和价值理念。在建设社会主义市场经济过程中，假冒伪劣自然传递了一种自私自利、急功近利的价值观念。任何一个国家和民族的价值观念、思想意识、行为方式只有通过大规模的文化产业运作，才能向全世界传播和扩散，并且渗透到千百万人的生活中去。纵观古今中外，我们可以发现真正伟大的文化产品，不论它是自然科学产品还是社会科学产品，不论它是哲学产品还是艺术产品，都体现了时代的特点，都融入了时代的价值观。我们看到，美国公司和广告业的经营者、好莱坞电影公司的老板们，就不仅向世界其他国家销售它们的产品，而且也推销美国的文化和价值观。伴随美国文化产业兴盛而来的不仅是文化生产的国际化，更是美国价值观的全球流动和全球影响。文化作为一种特殊的商品生产过程，其不仅具有商品的属性，也承载着一定的思想价值和观念，是社会观念和社会价值的外化与凝结，是精神观念的物化存在，是满足人们精神文化需求的产品。因此在文化生产过程中，文化生产者要主动把社会的主导价值观自觉融入生产过程和文化产品之中，担当起营造良好社会文化氛围的历史责任。一定程度上讲，在市场经济已经渗透到社会生活方方面面的背景下，公众的日常生活特别是精神文化生活就是由文化产业来创设的。动漫的快速发展、大众文化的风行、婚恋节目的流行等等，创设了人们的日常生活，“超能力”几乎成为每个青少年的想象。文化产业所体现的思想意识和价值观念，通过日常生活状态传递给社会，并不断地延伸拓展到其他领域。因此，通过文化生产，造就大批优秀的文化产品，用物化的主流价值观念载体影响人们的生活，让公众在物质的享用中感受价值的魅力，在潜移默化地影响公众的思想观念和行为习惯，使社会主义核心价值观随文化产品的流动而得到延伸和拓展，用蕴含社会主义核心价值体系的文化产品去引领社会。

三、社会主义核心价值观培育的大众化维度

社会主义核心价值观只有为大众所接受、认可，才能内化于心、外化于形，才能成为公众的自觉行为。这就对社会主义核心价值观的培育提出了如何大众化、怎样贴近大众的问题。

首先，以情感共鸣的方式强化社会主义核心价值观的思维存在。社会主义核心价值观的培育首要的是怎样让受众接受。虽然任何一个社会核心价值观的形成都不仅是一个长期的历史过程，而且是一个客观的生活实践过程。但要把这种被表述的相对理性的“理”如何变成可以被认知的“理”，一个核心要素就是使其真正渗入受众的情感之中，融入其思维过程，成为其自身思维的一部分，有助于实现马克思所说的“理论一经掌握群众，也会变成物质力量”[①] 的状态。从革命战争年代开始，我党进行宣传教育的一个重要优势就是用真情实感激发广大群众对党的理论的认同，并进而参加革命，为党的理想而奋斗。在新的形势下，在多元价值观的影响下，社会主义核心价值观要真正进入公众的心灵，发挥引领作用，就要采取大

① 《马克思恩格斯文集》第一卷，人民出版社，2009 年版，第 11 页。

众化的语言、大众化的实践，来推动公众对社会主义核心价值观的情感认同。没有情感的认同，理论就难以走进人的心灵。这就要求社会主义核心价值观教育者自身首先要做到真学、真懂、真信、真用，才能真传播，才能以人格的魅力、精神的辐射和情感的认同引起受众的共鸣，增强社会主义核心价值观的说服力和信服力，使之真正进入公众的思想，内化为自觉行为。

其次，以熟悉性、生活性强化社会主义核心价值观的日常存在。社会主义核心价值观植根于丰富的社会实践之中，虽然党的十八大倡导富强、民主、文明、和谐，倡导自由、平等、公正、法治，倡导爱国、敬业、诚信、友善的社会主义核心价值观是理论的抽象，但培育社会主义核心价值观必须使之回归到生活实践本身，使之贯穿于日常生活空间。在社会主义核心价值观培育的过程中，要注重与各种日常生活的结合，善用用公众熟悉的身边事身边人为例，利用社会重大事件和“先进典型”，在注重思想道德的牵引。特别是在基层社会中，更要注重以邻里关系、社区建设以及居民需要的健康饮食教育、心理服务等为载体来传播社会主义核心价值观，在引导公众培养良好生活习惯、建造良好邻里关系的同时，使社会主义核心价值观渗透到了公民的日常生活，发挥了社会主义核心价值观潜移默化培育人的功能，增强了社会主义核心价值观的社会认同。另外，在日常生活实践中，还应注重发挥人民群众的相互教育作用，重视“朋辈群体”对同龄人的影响。也就是说，我们不能仅仅把社会主义核心价值观的培育看做是党政部门的事情，而应发挥社会公众自主学习、相互学习、相互教育的能力，真正使社会主义核心价值观贴近生活、贴近实际，在日常传播中潜移默化地渗透到社会生活的方方面面，实现对人民群众日常生活实践的引领。

第三，以现代信息技术手段强化社会主义核心价值观的价值存在。核心价值观的培育需要一定的载体，而现代信息技术手段是当今社会不容忽视的重要方面。现代信息技术手段以快速、便捷、网络化的方式改变着人们接受和传播信息的方式，改变着人们的生活方式。在交友、娱乐、微信、微博等成为现代人信息来源和社会交往主要媒介的情况下，传统的以理论灌输、电视报纸宣传等为主要形式的传播方式，难以有效扩展社会主义核心价值观的传播力和影响力，因此，必须强化各种以现代信息技术为依托的媒介的价值承载，凸显社会主义核心价值观在现代媒介中的价值存在。特别是大数据时代的网络信息传播中，必须不断创新社会主义核心价值观的传播方式，以更加适合现代人的直观化、形象化、简洁化的方式渗透到信息传播的网络中，让现代年轻人在畅游互联网的手指运动中，也能够不知不觉地接受社会主义核心价值观的熏陶和培育，体现现代信息技术对社会主义核心价值观培育的工具价值。

（南京政治学院上海校区副教授）

社会主义核心价值观培育的制度之维

罗会德

任何社会的核心价值观都不可能自发地形成并发挥作用，它必须依托一定的制度基础才能切实发挥道德教化、凝聚人心、稳定社会的效能。尤其是目前中国社会正处于急剧转型时期，各种道德价值观念并存，甚至相互冲突激荡，要使一种核心价值观真正在社会中确立起来，能够为人们所认同接受，自觉履行遵守，就必须按照价值观形成和发展的基本规律，软硬结合，虚实结合，科学进行制度设计，积极引导，使大众的道德自觉始终得到制度道德的规约和关怀。

一、现代社会制度是价值观培育的工具性基础

制度是人类社会的重要现象，也是人类社会的特有现象。它是一个社会良性运行的保证，也是整个社会风气的导向标。制度作为一种公共产品，是由人们所制定的具有普遍性的、以激励和约束人们行为的社会规范和规则体系。在人类社会文明史上，虽然各种社会基本制度都是按照统治阶级的价值观念体系建立的，但只有当统治阶级建立起符合自己价值标准的社会基本制度之后，其价值观念体系才能成为在全社会占统治地位、起主导和统领作用的核心价值。

制度中蕴涵着文化基因，是人们的伦理关系、价值关系及其评判尺度的现实凝聚物。社会基本制度直接决定着人们在现实社会生活中的相互关系，决定着人们各自的政治、经济地位，因而对人们价值观念的形成起着直接的、有决定意义的制约作用。

首先，现代社会制度为核心价值观培育提供刚性保障。一般而言，制度与价值观的形成存在双向互动的关系。一方面，任何制度都是以一定的价值取向为基础形成的，都是在一定的价值观念的指导下确立的，制度设计和安排总是体现着一定的价值观，价值观构成了制度的内在精神和品格。意识上的变革——价值观和伦理道德上的变革——会推动人们去改变他们的社会安排和体制。社会价值的改变——即意识形态的变革——是制度变革的主要因素。另一方面，制度一旦形成，又对人的价值判断起引导和规范作用，对社会核心价值观建设提供保障和支持。例如，政治制度的价值在于使政治的价值理念获得具体的落实。政治价值理念与政治制度的关系是，“价值规定了行为的总方向。然而，价值并不告诉个人在既定的情境中干些什么；价值太一般了。”因此，“价值通过合法与社会系统结构联系的主要参照基点是制度化”，“价值系统自身不会自动地‘实现’，而要通过有关的控制来维系。在这方面要依靠制度化、社会化和社会控制一连串的全部机制。”① 从国外经验来看，多数国家的主流价值观建设都以制度安排作保障，以保证行为的规范性、过程的持续性、结果的可靠性。

其次，现代社会制度为核心价值观培育确立了可能性空间。社会核心价值观的培育，是一个循序渐进的过程。在这一过程中，我们既要保存其历史性，又要培育新的特质。制度通过把新的、具有时代特征的进步思想观念具体化、固定化，通过反复训练，使人们逐步接受某一制度所提倡的价值观念，并将其由外在的他律转化为

① ［美］塔尔科特·帕森斯：《现代社会的结构与过程》，光明日报出版社，1988 年版，第 141 页。

内在的自律，形成适应现实生活世界的新的符号系统，这也就是新的价值观的形成。社会主义核心价值观培育的过程，其实质就是吸收各种已有文明成果和社会发展中涌现的新鲜文化元素，不断创新并营造新的文明体系的过程。而社会主义核心价值观作为一种柔性的社会特质，它的形成在很大程度依赖刚性社会制度的规范、引导和灌输。现代社会制度本身也促进新的价值观特质的生成，如民主、法治、公平、正义等。因此，社会主义核心价值观的培育，不仅要靠思想教育、实践养成，而且要靠制度机制加以保障、固化和“定型化”，需要建立健全相关的制度，实现社会主义核心价值观建设与制度建设的良性互动。

二、完善社会主义核心价值观培育的制度保障

“制度是人类文明进步的路径，并且构成人类社会发展的框架，制度的发展也就是社会的发展。”① 要培育社会主义核心价值观，就需要优先考虑其制度基础。构筑社会主义核心价值观培育的制度是一个内容丰富、体系完整、结构复杂的系统工程。借鉴古今中外价值观建设的有效经验，联系社会主义核心价值观培育的实际情况，当前需要创新和完善以下三个方面的基本制度。

（一）政治法律保障

任何社会要使其主流价值观得到广泛认同并保持稳定性、连续性，都必须使国家的法律法规和方针政策以及司法行政行为等很好地体现核心价值观的要求。我们所要培育的社会主义核心价值观，

① 曾小华：《文化制度与社会变革》，中国经济出版社，2004 年版，第 429 页。

是社会主义制度的本质反映，更应当在具体制度的设计安排、政策法规中得到充分体现。所以，我们必须以制度安排为依托，综合调动经济、法律、行政等各种手段，把社会主义核心价值观的基本内容和要求体现到制度设计、政策法规制定和社会管理之中，融入经济、政治、文化、社会、生态建设各个领域，使提倡与反对、引导与约束、鼓励与惩罚有机结合，形成有效的法律支持、政策保证和机制保障，使符合社会主义核心价值观的行为得到鼓励，违背社会主义核心价值观的行为受到制约。

美国著名法学家伯尔曼指出："在任何一个社会，法律本身都促成对其自身神圣性的信念。它以各种方式要求人们的服从，不但付诸他们物质的、客观的、有限的和合理的利益，而且还向他们对超越社会功利的真理、正义的信仰呼吁，也就是说，以一种不同于流行的现世主义和工具主义理论的方式确立法的神圣性。"① 法律必须被信仰，否则它将形同虚设。如果法律仅凭理性的推导与功利的计算，怎能够唤起人们满怀激情的献身？不具有神圣意味的法律又如何赢得民众的衷心拥戴？美国著名思想家托克维尔极具洞见地指出："法律只要不以民情为基础，就总要处于不稳定的状态。民情是一个民族的唯一的坚强耐久的力量。"② 由此可见，公民的法律情感以及在此基础上产生的法的神圣性的意识和观念，对法的"宗教"情怀和信仰，是全部法治建立、存在和发展的根本前提和保障，是法治本身之存在及其具有效力的"合法性"根据。这种对于任何法治都必不可少的情感和信仰，只有通过不断的公民意识教育才能形成。法治化的过程实际上就是一个法的神圣化的过程，即法的神圣性通过对公民进行法治的精神性信仰教育而内化为公民的内心信念的过程。在这一过程中，法的神圣性被强化的同时，其价值蕴涵也得到了极大提高。

---

① ［美］哈罗德·伯尔曼：《法律与宗教》，三联书店，1991年版，第44页。
② ［法］托克维尔：《论美国的民主》，商务印书馆，1988年版，第315页。

社会主义政治制度为社会主义核心价值观的培育提供了重要的制度平台和保障。坚持党的领导、人民当家作主和依法治国的有机统一，坚持和完善人民代表大会制度、中国共产党领导的多党合作和政治协商制度、民族区域自治制度以及基层群众自治制度，这“一个统一”和“四个制度”，构成了最适合我国国情、最能够把13亿人民的意志和力量凝聚起来的制度安排，为社会主义核心价值观的培育创造了良好的制度环境。但值得我们注意的是，一些地方、部门在制定方针政策、法律法规时，还存在倾向于维护自己的地方利益、部门利益的现象，有些还被既得利益集团所左右，出现具体政策与核心价值相背离的现象，严重影响社会主义核心价值观发挥积极健康的导向作用。因此，尽快使社会主义核心价值观的要求转化为政策、法律的规定，同时用法律的权威推动社会主义核心价值观的建设，就成为培养社会主义核心价值观的重要任务。

（二）经济保障

唯物史观认为，经济是基础，经济决定意识形态的产生和性质，经济的变革决定意识形态的变革。对此，马克思在《〈政治经济学批判〉序言》中明确指出：“物质生活的生产方式制约着整个社会生活、政治生活和精神生活的过程。不是人们的意识决定人们的存在，相反，是人们的社会存在决定人们的意识。”① 人类整个思想发展史证明，人们的精神生产及其价值观念将随着物质生产的变化而变化。根据这个原理，我们一定要正确认识和处理好经济建设与意识形态建设的辩证关系，把培育社会主义核心价值观与我国的经济变革联系起来，与我国社会主义初级阶段的经济发展现实联系起来，实现社会主义经济与社会主义核心价值观的良性互动，不能脱离经济的发展而空谈社会主义核心价值观的培育。

① 《马克思恩格斯文集》第2卷，人民出版社，2009年版，第519—592页。

令人欣慰和自豪的是，新中国成立以来特别是改革开放30多年来，我国的经济建设取得了举世瞩目的伟大成就，综合国力大幅度提升，人民生活水平得到明显改善，为社会主义核心价值观的培育提供了强大的经济基础和物质保障。但同时未来发展中也面临诸多挑战和问题，譬如经济结构、产业结构不够合理，粗放型的经济增长方式还没有根本改变；自主创新能力还不强，科技创新对经济增长的贡献度还不高；环境、资源瓶颈制约越来越大；城乡区域发展不平衡，城乡统筹发展的任务还十分艰巨；经济发展与社会发展还不协调等。这些社会现实充分说明社会主义初级阶段的许多任务还未完成，人民群众日益增长的物质文化需要同落后的社会生产之间的矛盾依然是社会的主要矛盾。正如邓小平所言："现在虽说我们也在搞社会主义，但事实上不够格。"①

马克思指出："意识的一切形式和产物不是可以通过精神的批判来消灭的……而只有通过实际地推翻这一切唯心主义谬论所由产生的现实的社会关系，才能把它们消灭。"② 削弱或消灭各种非马克思主义、反马克思主义意识形态，培育社会主义核心价值观，要求从"现实的社会关系"切入，我们必须把经济建设摆在中心位置，把发展社会生产力作为最根本任务，攻坚克难，深化改革，不断完善社会主义市场经济制度，努力创造高度的物质文明，为社会主义核心价值观建设提供坚强保障。

（三）社会保障

社会主义核心价值观培育同社会主义和谐社会建设密切相关。这是因为，首先，就社会主义核心价值观的理论建构过程来看，虽说社会主义核心价值观最终是以制度化的形式由国家颁布，但这一

① 《邓小平文选》第3卷，人民出版社，1993年版，第225页。
② 《马克思恩格斯文集》第1卷，人民出版社，2009年版，第544页。

价值观的产生又是各领域的理论工作者、专家、学者在论辩中集思广益的结果。社会建设所具备的价值整合功能，能有效地凝聚全体人民的智慧和力量，促进作为规范性社会思想共识的社会主义核心价值观内容的确立。其次，就社会主义核心价值观的传播而言，除了借助新闻出版、广播影视、文学艺术事业，坚持正确导向，弘扬社会正气外，亦离不开群众的积极参与。正确的价值体系只有被人民群众普遍接受、理解掌握并转化为社会的群体意识，才能为人们所自觉遵守。再次，借助于一些具体社会保障制度建设及社会事业的发展，可以有效平衡各方利益、化解社会矛盾，促进社会和谐，利于“各尽所能、各得其所而又和谐相处”的社会氛围的营造。因此，社会建设能为社会主义核心价值观培育提供社会基础保障。

长期以来，广大知识分子，特别是从事马克思主义理论研究、宣传、教育、解疑释惑的工作者，通过自己创造性工作，为社会主义核心价值观的凝练、宣传、发展营造了良好环境。党和政府也在加强政治建设、经济建设、文化建设、生态建设的同时，十分重视社会建设。经过60多年的探索发展，我们在有关社会建设的诸方面取得了令世人瞩目的成就，但也应当承认，在社会建设方面还存在诸多不足。如教育发展中，城乡间、东西部间的发展还不均衡，尤其是社会不同群体间受教育的公平性还存有问题；在就业中，大学生的就业和一些弱势群体的就业形势还十分严峻；在社会保障方面，住房、医疗、养老、教育等问题，群众还不十分满意。这些问题会在一定程度上影响社会成员对主流价值观发自内心的认同与积极支持。

当前，完善社会主义核心价值观培育的社会保障，需要着眼做好两个方面的工作：一是要建立健全人才管理机制、工作平台和课题研究机制，整合研究力量，优化资源配置，努力打造高水平的资源共享的宣传思想工作新平台，以推进社会主义核心价值观的研究和宣传。要大力实施建设社会主义核心价值体系研究工程，加强对重大理论和现实问题的研究，提高以社会主义核心价值观引领社会思潮的能力。二是要从维护最广大人民根本利益的高度，加快健全基本公共服务体系，加强和创新社会管理，推动社会主义和谐社会建设。党的十八大明确提出要“在改善民生和创新管理中加强社会建设”，为形成社会主义核心价值观培育的社会基础指明了方向和道路。

三、价值观培育的制度调适

当前，在制度建设方面要特别注意以下两个问题：

一是要注重制度的整体设计，协调推进制度与文化建设。要在总结以往制度改革经验教训、把握制度建设规律的基础上，对制度改革的步骤、方式、整体布局做到科学规划。制度建设具有根本意义，因为一切理念、设想、措施等最终是以制度的形式存在，只有通过制度才能得到规范、公正、长久的实行。另外，在重视制度建设的同时，也要重视文化建设，因为制度的土壤是文化，制度的根基是文化。

二是要把握制度改革的时机，加快制度创新的步伐。站在新的历史起点上，从理论上看，党的理论创新不断深化；从实践上看，我们积累了制度探索和创新的丰富经验；从现实来看，社会主义建设过程中的一些现实问题已经凸显。培育社会主义核心价值观，应该发展以和谐为核心的价值体系，作为整个社会精神文化的思想内核；大力倡导和谐的思想观念，在全社会形成崇尚和谐的价值取向；通过对和谐的肯定评价和相应的奖惩褒贬，建立健全各种制度以及法律规范、行为准则，以指导和约束各种社会行为。

实践证明，制度是人类社会发展成本最小的资源，制度建设每前进一小步，人类文明就会前进一大步。在现实社会实践中，只有找到体现社会主义基本制度本质规定和符合我国国情的有效实现形式，并通过一系列科学合理的具体政策、法规、制度和措施，正确地调节各方面的社会关系，妥善处理各种社会矛盾，才能使社会主义基本制度落到实处，使人民群众在现实生活中实际地享受到社会主义制度带来的各种现实利益，也才能为人民群众理解和接受社会主义核心价值观念、培育社会主义核心价值观奠定坚实的制度基础。

（上海立信会计学院副教授）

内化认同：社会主义核心价值体系建设的一个重要问题

刘泽雨

党的十六届六中全会通过的《中共中央关于构建社会主义和谐社会若干重大的决定》，第一次明确地提出了“建设社会主义核心价值体系”这个重大命题和战略任务。社会主义核心价值体系，是引领社会价值取向的一面鲜明的旗帜。在全社会进行社会主义核心价值体系的教育，如何把社会主义的这一崇高要求内化为个体的认知，再外化为具体的行为，是一个重要而关键的问题。

一、明确意义是内化认同社会主义核心价值体系的前提

社会主义核心价值体系的鲜明提出，是在科学发展观指导下，建设社会主义和谐社会的根本所在，是推进中国特色社会主义事业的动源保证。在新形势下建设社会主义核心价值体系有着较强的针对性。要使社会成员接受和践行社会主义核心价值体系，内化认同其建设的重要意义是一个重要前提。

（一）建设核心价值体系有利于巩固建设有中国特色社会主义的思想基础

共同的思想基础是一个党、一个国家和一个民族赖以生存和发展的根本前提。没有共同的思想基础，党就要瓦解、国家就要分裂、民族就要解体。这是世界上政党的建设和国家发展中用铁的事实换来的深刻教训。我们党历来重视共同思想基础的建设，几代领导人对此都有许多精辟的论述，把其提到“灵魂”和“生命力”的高度来认识。什么是共同的思想基础呢？历届领导人的讲话大都是从问题的重要性方面来论述的，它毕竟不是科学、系统和规范的表达式。要使人们在现实生活中能够把握和遵循，就必须对共同思想基础作出一个科学的概括和清晰的界定。这次社会主义核心价值体系的提出，就是对我们党和国家共同的思想基础基本内涵和基本要求作出了一个明确和规范的回答。今天把共同思想基础概括成核心价值体系的表达式，有着重要的现实意义。这就是：在社会思想观念和人们价值取向日益多样化的情况下，根本的原则的东西有时候却容易被疏忽、淡化。提出和明确社会主义核心价值体系，准确揭示共同思想基础的基本内涵和要求，将会更加有利于全党全社会自觉维护我们共同的思想基础。

（二）建设核心价值体系有利于引导社会思想道德共同进步

存在决定意识，思想道德是经济基础的反映，而不是脱离历史发展的抽象物。必须清醒地看到，无论从国际还是从国内看，我们前进道路上还面临不少的新问题和新挑战。西方敌对势力对我国的“西化”、“分化”长期存在，对外开放过程中，他们的政治主张、价值观念和生活方式也必然会乘虚而入。我国社会经济成分的多样化、组组形式的多样化、物质利益的多样化、就业方式的多样化，也必然给人们的思想观念、价值取向和文化生活以极大的影响。人们的价值追求越来越呈现多样性、独立性、差异性和选择性的特点。对于人们这种与现阶段经济社会状况相适应的思想道德和文化价值追求，不可能以一个要求冠全部，正确的方针是：倡导积极的，支持有益的，允许无害的，改造落后的，抵制腐朽的。我们要根据人们思想道德上的层次性，坚持用先进的思想道德来引领全体社会成员。用什么样的思想道德来引领人们在思想道德上不断提升和进步？这就呼唤要有一个引领整个社会的核心价值体系。社会主义核心价值体系既体现了思想道德建设上的先进性要求，又体现了其广泛性要求；既坚持了先进文化的前进方向，又符合不同层次群体的思想状况；既体现了社会的一致愿望和追求，又涵盖了不同的群体和阶层。社会主义核心价值体系具有广泛的适用性和包容性，具有强大的整合力和号召力，是联结各民族、各阶层的精神纽带。

（三）建设核心价值体系有利于促进社会主义和谐社会文化的建设

《中共中央关于构建社会主义和谐社会若干重大问题的决定》提出：“构建和谐社会文化，是构建社会主义和谐社会的重要任务。”什么是和谐文化？和谐文化是以核心价值观为引领的，先进性要求和广泛性要求有机结合的文化，是以社会主义核心价值体系为根本和内在规定性的文化。文化具有层次性：有先进文化、健康文化、落后文化和腐朽文化之别；文化又具有教育功能、益智功能、审美功能、娱乐功能、和休闲功能等。社会主义和谐文化建设，就是要有一个文化各种功能各得其所、各展所长的发展平台，促进健康有益的文化协调发展。但是作为社会主义国家，又要坚持文化建设的核心价值要求，在支持健康文化、改造落后文化和抵制腐朽文化中，大力发展面向现代化、面向世界、面向未来的、民族的、科学的社会主义先进文化。在和谐文化建设中，坚持社会主义核心价值体系这个关键，才能形成全社会的共同理想信念，增强全社会的凝聚力；才能树立全社会的和谐理念，培养全社会的和谐精神；才能形成全社会的良好道德风尚，形成全社会的和谐人际关系；才能营造全社会的和谐舆论氛围，建立全社会的和谐情绪、情感和心态。

二、真懂真信是内化认同社会主义核心价值体系的根本

什么是社会主义核心价值体系？《决议》中指出：“马克思主义指导思想，中国特色社会主义共同理想，以爱国主义为核心的民族精神和以改革创新为核心的时代精神，社会主义的荣辱观，构成社会主义核心价值体系的基本内容。”这些内容既是科学理论和文化发展的宝贵结晶，又是中国特色社会主义思想道德建设的时代要求，具有客观真理性和历史必然性。如何使这些核心价值体系的基本内容，转化为自身的自觉，真懂真信，坚定信仰，是内化认同的根本。

（一）理论的内化认同

马克思主义是社会主义核心价值体系的灵魂。如何把马克思主义所揭示的普遍真理内化成认识主体的自觉行为呢？一要解决对社会发展规律的认识问题。马克思主义揭示，人类社会的发展总是从低级到高级发展的。社会主义必然要代替资本主义，共产主义的理想一定会实现。不管前进的道路上发生多大的困难和曲折，这个历史发展的总趋势是不会改变的。对马克思主义揭示的这条社会历史发展的客观规律，我们一定要做到坚定不移和坚信不移。因为它不仅牵涉到人们对社会主义和共产主义的信心和信念问题，而且在实

际生活中还涉及到人们的理想追求、价值取向、精神动力和生活态度等诸方面的问题。现实生活中，不少人政治上、经济上和生活上出现了各种各样的问题，具体原因各有不同，但理想失落，信念崩溃，不能不是一个根本的原因。二要解决对人民是历史前进的动力的认识问题。马克思主义理论揭示，历史是由人民创造的，人民是推动历史进步的根本力量。这条原理对与我们树立群众观点，坚持一切相信群众、一切依靠群众、一切为了群众路线，十分重要。只有做到这一点，才能做到情为民所系，权为民所用，利为民所谋；立党为公、执政为民。也只有做到这一点，才能坚持以人为本，在一切工作中，永远把群众利益放在第一位，价值取向以民为先。三要解决对物质和精神关系认识问题。马克思主义理论揭示，社会存在决定社会意识，社会意识对社会存在有着巨大的反作用。只有从思想上真正认识这一原理，在实际工作和生活中，才能在搞好经济基础建设的同时，重视思想教育、道德建设和精神文明的作用，防止急功近利、好大喜功的功利主义倾向。片面夸大精神力量，就会导致“精神万能”论，滑向“左”的方面；一味反对精神作用，就会走向“实用主义”，产生“一切向钱看”。把握好经济基础和上层建筑的“作用”与“反作用”关系，才能坚持正确的价值取向。

（二）目标的内化认同

共同理想是社会主义核心价值体系的主题。一方面，要把共同理想作为我们每个人的社会理想。把振兴中华、实现四化、建设有中国特色的社会主义，在 21 世纪中叶全面实现小康社会的奋斗目标，这一全党和全国人民的共同理想，作为自己的社会理想，是我们自己的应尽义务和责任，为之奋斗、奉献，乃至于献身，是最有意义的价值追求，是人生最有应追求的价值目标。另一方面，又要把个体的理想追求与共同理想的追求有机地融合起来。毛泽东曾经指出：“社会主义制度建立，为我们开辟了一条到达理想境界的道路，而理想境界的实现，还要靠我们的辛勤劳动。"[1] 不可否认，由于每个人的背景志向和兴趣的不同，不可能都有千篇一律的理想目标追求，这本来就是客观事物的正常现象，否则，这个世界就太单调和没有色彩了。问题的关键是，要善于把自己的奋斗和追求有目标同社会的共同理想结合起来，把个人的奋斗目标融进共同理想的奋斗目标之中去。从一定意义上讲，社会应为个人的正当理想追求搭建实现的平台，创设良好的奋斗环境，同时，个人也应把自己的理想追求同社会的理想奋斗目标结合起来、统一起来，在个人理想和共同理想的博弈中，实现互利双赢，在实现共同理想中，最大限度地保证每个人的追求目标的实现。这样互利双赢的价值目标，是社会成员认同社会主义核心价值体系的重要基础。

（三）要求的内化认同

以爱国主义为核心的民族精神和以改革创新为特点的时代精神是社会主义核心价值体系精髓。如何认同这个社会主义核心价值体系的精髓呢？一是深刻认识爱国主义为核心的民族精神是我们团结奋斗，凝聚人心，屹立于世界民族之林的强大动力。爱国主义是民族精神的核心。在当代中国爱国主义是同社会主义结合在一起的。高扬爱国主义和社会主义的旗帜，就能最大限度地凝聚和动员全体人民，为振兴中华的宏伟事业而奋斗。只有把这个思想牢固地树立在我们头脑中，热爱我们的民族、热爱我们的国家、热爱社会主义制度，发扬爱国主义为核心的民族精神，才能把自己的聪明才智，贡献给民族振奋，国家富强、人民富裕的伟大事业中去；也只有把这个思想牢固地树立在我们的头脑中，才能建立起以民族、国家利益为重的价值认同和价值取向。二是深刻认识以改革创新为特点的时代精神是我们振兴中华、实现现代化、溶入世界的正确选择。"创

---

① 《毛泽东著作选读》（下册），人民出版社，1986 年版，第 781 页。

新是民族进步的灵魂”，是实现中华民族伟大复兴的不竭动力。改革开放使我们民族焕发了巨大的活力和创造力，形成了解放思想、求真务实、锐意改革、开拓创新的鲜明时代精神。改革创新是时代精神的核心。只有坚持改革创新，才能冲破一切不合时宜的观念、做法和体制束缚，破除主观主义、教条主义和形而上学的桎梏，让一切创造新生活的活力和源泉竞相迸发、充分涌流。内化和认同以改革创新为特点是的时代精神，是我们建设、实现现代化，熔入世界的正确的价值选择。三是深刻认识民族精神和时代精神相互融合是我们民族生命力、创造力和凝聚力的强大源泉。紧紧把握了这一点，就把握了社会主义核心价值体系的精髓。

（四）规范的内化认同

社会主义荣辱观是社会主义核心价值体系的基础。内化认同社会主义核心价值体系必须树立正确的社会主义荣辱观。一在是非美丑的价值判断上必须旗帜鲜明。在社会主义社会中，是非、善恶、美丑、荣辱的界限绝对不能混淆，坚持什么，反对什么，倡导什么，抵制什么，都必须旗帜鲜明。由于我们长期处于社会主义初级阶段，在思想道德领域中，既存在封建主义的思想道德残余，又有伴随改革开放而来的资本主义腐朽思想影响，还有随着市场经济发展过程中而出现的拜金主义、个人主义、享乐主义等等，所有这些，都呼唤建立全社会普遍奉行道德规范，形成和谐的人际关系和良好的社会风尚。二是坚持“八荣八耻”为主要内容的社会主义荣辱观。作为我们思想道德建设的基础，“八荣八耻”是胡锦涛在2006 年3 月4日民盟、民进联组会上讲话中首次提出的。它把中化民族的传统美德、中国人民革命道德同社会主义新时代的道德要求紧密结合起来，提炼和概括出八个方面的最基本的道德规范，为我们社会生活确定价值取向，作出道德判断提供了基本的准则，具有鲜明的价值导向。实践社会主义的荣辱观，就能扶正怯邪、扬善抑恶，促进社会风气的好转。对这一点的内化和认同，是建设社会主义核心价值体系的一项重要基础，而不应把它看成仅仅是教育青少年的事情和思想政治教育工作者的责任，它关系到全社会的每个成员。

三、带头践行是内化认同社会主义核心价值体系的关键

社会主义核心价值体系相对整个社会价值要求来讲，处于最高层次，本身就有引领社会的责任和要求，而要发挥其引领社会价值取向的功能，先进层次和青少年一代的广泛践行、内化认同是其关键。因为价值体系是抽象的和原则要求，具体行动更具有强烈的感召力和引领作用。

（一）各级领导干部应是践行核心价值体系的表率人

首先，这是由于领导干部的所处地位决定的。领导干部是公共事业和事务的管理者，担任着组织和领导带领广大人民群众建设四化、实现小康、构建和谐社会的光荣历史使命。领导干部所处的这样地位，客观上要求他们坚持用社会主义核心价值体系，来规范自己的行为。否则，就不能担当起中国特色社会主义建设的组织和领导工作。其次，是由于干部队伍的现实情况所决定的。不少干部思想作风、领导作风、工作作风和生活作风还存在许多问题，少数地区和部门腐败现象愈演愈烈，权钱交易、权色交易、权力寻租，涉及干部之多、职位之高，到了触目惊心的程度。这些领导干部出现这些问题的具体原因各种各样，但自身丧失理想信念、极端个人主义、享乐主义、拜金主义等侵蚀是一个共性问题。要解决干部的腐败问题，其中的理想信念、个人作用、价值取向和个人情趣等是非

常重要的内容，第三，是由于领导干部的作用所决定的。领导干部是党和国家路线方针政策制定者、具体执行者，他们的言行对广大干部群众有着深刻的影响作用和示范作用。要让人民群众坚持社会主义价值体系，自己首先应身体力行，带头践行。干部带头践行核心价值体系的影响力、号召力和示范力，是引领和整合社会价值取向的无言动力。

（二）广大共产党员应是践行核心价值体系的带头人

一是这是党的性质的要求。中国共产党的理论基础是马克思主义、毛泽东思想、邓小平理论和“三个代表”重要思想，中国共产党既是中国工人阶级的先锋队，也是中华民族的先锋队，党的最高纲领是建立共产主义社会制度，共同理想是实现四化、建设小康、振兴中华。中国共产党的这种先锋队性质要求他的每个成员必须具有与其奋斗目标相适应的核心价值体系。这个体系既是党的奋斗目标的客观要求，又是保证奋斗目标实现的基本保证。二是这是党的先锋队使然。共产党员是人民群众中的先进分子，要吃苦在前，享受在后，一心为了人民群众谋利益，当个人利益和集体与国家利益发生矛盾时，坚持个人利益服从集体和国家利益，为了党和人民的利益不惜牺牲自己的一切。共产党员的这些先进性要求，跟社会主义核心价值体系蕴涵的要求完全一致。一句话，凡是一个合格的共产党员，就必须是社会主义核心价值体系的践行带头人，否则，就会把自己混同一个普通的老百姓，就会失去共产党员先进性的作用。三是共产党员的影响力所致。中国共产党党员一是数量大，二是党和国家的各级领导干部绝大部分由共产党员担任。共产党员的言行对社会的精神风貌、价值取向和群众的行为影响十分巨大。作为中国工人阶级和中华民族先锋队成员的共产党员，在践行社会主义核心价值体系、引导社会风尚方面更应是走在前列。这是责无旁贷的，理当如此。

（三）青少年一代应是践行核心价值体系的传承人

一方面，青少年的思想道德价值认同的夯实，将影响青少年今后的人生走向。这个时期，正确的思想观点、价值取向的接受和认同，就能建立正确的世界观、人生观和价值观，选择有意义的人生道路；相反，如果错误的思想思潮先入为主，侵害渗透，就会产生相反的效果，甚至延误青少年的一生。因此，必须抓住有利时机，对青少年一代进行社会主义核心价值体系教育、引导，让其做德智体全面发展的一代新人。另一方面，青少年是中国特色社会主义事业的接班人，要使社会主义事业后继有人、兴旺发达，就必须用建立在中国特色社会主义事业基础上的社会主义核心价值体系教育引导青少年，并让其在学习工作和生活中身体力行，在内化认同的基础上，树立起践行核心价值体系的自觉意识，做中国特色社会主义事业的可靠接班人。

（上海海事大学社会发展研究所所长、教授）

政治包容的缺失及其建构

——基于政治价值视角的分析

张　弓

一、政治包容的缺失，是造成政治负效应的弊端所在

包容，往往被理解为一种态度或心境，它的意义涵盖了尊重（respect）、倾听（listen）、交流（communication）等，而政治包容，意味着在核心价值和基本制度安排认同基础上，不要求所有人在社会现实问题上保持观点的一致。在国内环境下，与人民群众紧密地联系在一起的作风，是中国共产党的优良传统；而在国际舞台上，以包容代替排斥，如求同存异、和平共处的外交主张，也是中国政府的不懈追求。

虽然在中国传统社会中有包容的思想，但是包容并未成为一种制度性的资源。处于社会转型过程中的中国，现代化进程在深度和广度上，都给人民的政治生活带来极大的影响，也导致社会失稳和不安。随着民主政治的发展进程加快，公民对于政治参与的要求空前高涨。与此相对的是，社会和国家的交流中缺乏有效的润滑——这种变化发展的政治文化所需的政治包容，正呈现出缺失的状态。

但政府在维护和强化现有的政治价值的同时，又必然想要得到全体公民的认同。这使得在新旧体制转轨，各种利益无法得到有效满足的情况下，国家和社会之间对政治包容的呼唤尤为强烈。当下中国，包容的缺失，令人们的政治生活存在着一定的不确定性：在面对诸如利益分配、官民冲突、沟通受阻等问题时，双方都表现得非常不淡定，以往党与群众紧密相连的鱼水关系正受到负面影响。

包容缺失所带来的政治负效应，主要有降低政治价值认同、导致政治心理失衡和阻碍政治行为协调。

（一）降低政治价值认同

政治价值对人的政治生活具有指导作用、规范作用，而政治认同则是人们对既有的政治价值的认可和肯定。“在群体内部对共同价值的认同是维护一个群体稳定的必要条件，在群体之间对一些价值的相互认同是进行对话、达成共识的先决条件。”① 从内在方面看，人们主观意识的改变，往往造成对已有的政治价值体系的反思和批评，并表达出对新的政治价值体系的期望，政治包容的缺失在一定程度上加剧了这种冲突；从外在方面看，政治、经济、文化的变化都对公民的政治价值观产生了冲击。包容的缺失，令主导政治价值和非主导政治价值之间的冲突难以避免，而在社会中，如果公民只能选择强制型政治价值认同，即被外力所迫，令其对某种政治价值体系产生非自愿的认同，那么长此以往，这种缺乏包容的政治价值观便会占据人们的头脑，以一种保守的“惰性”，或者说“惯性”，去引导其政治生活。在日常生活中，公民会接触到各种宗教的价值观、民族主义的价值观、不同社会、国家、政党的价值观，这些价值观是否科学，是否符合真理，是否符合最广大人民的根本利益，未经分析比对，是不能妄下结论的。但政治包容的缺乏，使得人们

① 兰久富：《全球化过程中的价值多样化》，北京师范大学出版社，2010 年版，第 15 页。

在接触到这种观念之前有了排他性的预判，并以一种抗拒的心态去面对这种观念。这非但不利于扩宽政治视野，更会阻碍包容性的政治价值观形成。

政治包容与政治价值认同紧密相关。在当下中国，促进社会各阶层的政治价值认同和意见整合，保持各阶层的内部团结和稳定，是中国共产党获得群众可持续的政治支持的基础。党的十八大报告指出：10 年来“我们能取得这样的历史性成就，靠的是党的基本理论、基本路线、基本纲领、基本经验的正确指引，靠的是新中国成立以来特别是改革开放以来奠定的深厚基础，靠的是全党全国各族人民的团结奋斗”。这三个依靠也是今后我们实现新的奋斗目标的法宝和保证。[①]

在取得成绩的同时，我们也不能忽视问题的客观存在——由个别事件所形成的负面影响，在一定程度上造成了政治包容的缺失，令人们面对业已形成的政治价值观时，产生了困惑。社会主义政治价值是我国广大人民自觉进行历史选择的结果，反映和维护着人们群众的根本利益，在计划经济体制下，个人从属于集体，个人的利益和集体利益挂钩，社会主义政治价值的认同度较高。实行改革开放以后，我国从计划经济体制转向市场经济体制，社会的利益结构发生了根本性的变化，利益主体呈现多元化的趋势。利益主体的多元化又必然会使政治价值分化，造成主导政治价值和非主导政治价值相持的局面。包容的缺失，使这种局面更不容乐观，同时也在降低两者间相互的政治价值认同：双方在发生利益冲突时，并没有通过政治沟通、利益整合等措施来缓解相互间的紧张程度。

---

① 胡锦涛在中国共产党第十八次全国代表大会上的报告，人民网，http：//cpc. people. com. cn/n/2012/1118/c64094－19612151. html。

近年来，中国各大城市纷纷开始提倡新时期城市精神。无独有偶，无论是“爱国、创新、包容、厚德”四个词组成的“北京精神”，还是“公正、包容、责任、诚信”四个词组成的“上海精神”，两地的城市精神都不约而同地强调了“包容”。之所以两大城市都将这个词写进城市精神中，在于“包容缺失”已成为一种客观存在的社会现象，并且这种存在与当前我国“构建和谐社会”的主导性话语相比，显得格外的不协调。因此，我们在面对包括政治价值度降低在内的各种不和谐现象时，不能仅仅采取回避的态度。而弄清政治价值认同度降低的原因，是解决政治价值认同度降低的重要前提。

从国家和社会的关系来看，过去高度集中的计划经济体制，使得国家在生产和消费等各方面都依赖于政府的指令性计划。而在当前的中国，市场经济的发展使得一些概念，诸如利益主体多元化、市场竞争激烈化、个人利益最大化等，从经济生活蔓延到政治生活中。公民的政治价值观日趋现代化，这就要求以“是否符合社会主义核心政治价值观”为原则，考察和评价涌入的各类观念。而我们通常以一种小心翼翼的方式，缓慢的接纳、吸收外来的价值观念，并在已有的社会事实范式之上，判断其是否符合中国的具体国情。社会迫不及待的渴望新鲜观念的同时，也因此产生了对此冗长过程的不满。这种由不满所导致的政治价值认同度的降低，需得到足够的重视，否则会造成更大范围的政治负效应。

（二）导致政治心理失衡

包容，也是一种政治心理，是与政治稳定相耦合的特定的政治心理。它要求在基本政治制度认同的前提下，社会成员和群体相互之间的理解，从而也构成政治心理的平衡。

政治心理联系着政治价值和政治行为，并受社会的经济和经济上的政治制度的影响。政治心理学之父拉斯韦尔从弗洛伊德的传统心理学研究方法出发，在其《精神病理学与政治学》中认为：“各种政治运动的生命力来自倾注在公众目的上的私人感情。”① 由此可见，参加政治运动的人将自己的个人情感融入到各种政治运动的发展中，是心理因素对政治行为施加影响的有力论证。而政治包容的缺失，是政治心理失衡的一个重要因素。

当下中国的政治文化环境中，在个体与个体、群体与群体、个体（群体）和政府之间显现着一种不和谐的政治心理，即双方互相不信任。这种情形意味着政治包容已成为社会的稀缺物。包容的缺失，令社会和国家间的不信任砌成了一堵“社会墙”：现实政治和理想状态的断裂，国家和社会沟通的不畅，社会对国家的倒逼等，不良情绪如焦虑、冷漠、仇视的抬头，又反过来对政治包容的缺失推波助澜。

随着我国经济的发展，政治改革的各项举措提高了人们的预期，但沟通机制的不健全、不通畅，却使得民意被严重积压，没有“排气阀”来调节，随时可能产生宣泄化、情绪化的外放，社会由此充斥着政治不信任。许多个人和机构不约而同地把目光投到了互联网上，试图通过对网络民意的整合，和网民进行互动等方式，来影响人们的政治心理，减少或消除人们的不平衡感。但互联网的普及，一方面使得人们参政议政的方式更加多元化，另一方面却令人们对由收入水平、知识文化水平、社会地位带来的政治效能差距有了更强烈、更直观的认识。社会中的“草根阶层”，作为互联网时代的产物，象征着由个人势力较弱但数量众多的公民所组成的群体，与精英阶层相区别。他们作为政治不信任的主体，有很强的凝聚力。当网络上诸如“炫富”、“火箭式升迁”、“招考潜规则”等热词，无一不刺激着围观者的神经时，社会中收入低、财产少的草根阶层便更希望能通过改革来增加、保护自己的利益。但不可忽视的是，当下

① 哈罗德·拉斯韦尔：《精神病理学与政治学》，伊利诺斯州格伦科自由出版社，1951 年版，第 18 页。

中国政府在推进政治、经济改革的过程中，更多的偏向于精英阶层。社会不公和贫富分化的加剧，令草根阶层不仅对精英阶层采取不包容的态度，更演变为一种仇视的情绪。伴随着“官二代”、“富二代”而来的，是“仇官”、“仇富”等没有任何妥协意味的字眼。另外，官员和富人的失当行为也刺激着大众群体，使得政治心理中所存在的恐惧、焦虑被放大，民怨便上升为民怒。

包容的缺失，同样体现在社会中犯罪行为的增多。近年来，我国各类刑事案件颇发，对构建和谐社会造成了极大的影响。根据最高人民法院的权威数据：2011 年全年全国法院受理各类案件 1220 万余件，同比上升 7.47%；2012 年 1—9 月全国法院受理各类案件 9563549 件，同比上升 11.9%。其中 2011 年受理刑事案 845714 件，同比上升 8.48%；2012 年 1—9 月受理刑事案 737712 件，同比上升 20.43%。[①] 由此可知，包括刑事案件在内的各类案呈显著增长趋势。另有数据显示：各级法院共审结一审行政案件 13.6 万件，同比上升 5.1%。[②] 另有数据显示：2005 年至 2011 年全国仅破获的毒品刑事案件就有 47 万起。刑事案件数量和危害程度的逐年上升，从一个侧面例证了人们在面对某一情况、事件时，往往抱着极端的、不包容的、不妥协的心理，而这种不包容、不妥协和政治不信任牢牢挂钩。政治心理上的不平衡，其关键在于：政治包容的缺失，致使阻碍政治认同、抗逆社会要求的负面社会心理产生。

（三）阻碍政治行为协调

政治包容是政治行为协调的基础。而政治包容的缺失，可能在一定范围内阻碍政治行为协调。

---

① 中华人民共和国最高人民法院网，2012 年 1—9 月全国法院审理各类案件情况 http：//www. court. gov. cn/qwfb/sfsj/index. html。

② 中华人民共和国中央人民政府网站：最高人民法院工作报告（2012 年），http：//www. gov. cn/test/2012 -03/19/content_ 2094709. htm。

按照《布莱克威尔政治学百科全书》的看法，政治行为乃是人们对政治的态度以及表达这些态度的方式。① 由此可知，对政治行为的研究是从政治社会化的研究入手，分析各类社会人群所造成的政治参与程度和形式上的差别，及其集中反映在社会化模式上的差别。而杰克·普拉诺在其《政治学分析辞典》中解释道：政治行为既包括可观察到的人的行动（投票、反抗、游说、政党秘密会议、竞选），也包括人的内心反映（思想、直觉、判断、态度、信仰）。通常这一术语是专指国家制度背景下发生的活动……简而言之，政治行为有时也被看作是对政治进行行为研究的同义语。② 无论是发达国家，还是发展中国家，政治行为协调都是现代国家治理的重要环节，也是社会利益分化与政治整合的共同要求。

伴随着政治经济与社会文化事业的发展，公民的政治行为所涉及的层级和范围都呈现出逐步提升和扩大的趋势。对公民的政治行为进行协调，使之在理性的轨道上运行，需要将"包容"持续作用于公民政治参与中，形成个体与个体，国家和社会间的包容。人们对政治价值的判断和评价是其政治行为的直接动机，与处于现代化进程的许多国家一样，中国经济的快速发展也积累了一定的负面政治心理，导致公民的政治行为处于理性和非理性之间，而由政治包容缺失所带来的政治价值认同度的降低，更令公民的政治行为欠缺协调性。

参与制定、通过或贯彻公共政策的行动即政治参与。政治参与作为当选的政治家、政府官员或普通公民都可从事的行动，往往被一些学者质疑其有效性。包括卢梭、J. S. 穆勒等人都主张最大限度地扩大普通公民政治参与制定政治性政策的机会。③ 对公民政治参与

① 戴维·米勒韦农·波格丹诺编，邓正来译：《布莱克维尔政治学百科全书》，中国政法大学出版社，2002 年版，第 545 页。

② 杰克·普拉诺等著，胡杰译：《政治学分析辞典》，中国社会科学出版社，1986 年版，第 107 页。

③ 戴维·米勒韦农·波格丹诺编，邓正来译：《布莱克维尔政治学百科全书》，中国政法大学出版社，2002 年版，第 563—564 页。

进行相关分析，有助于我们更直观的了解，作为个体或集体中的中国人，其政治行为的协调程度。我国目前对公民政治参与的分析逐渐进入数据化，从客观数据中，可以管窥政治行为不协调的危害。2011 年 6 月 27 日，中国社科院政治学研究所发布了中国第一部政治参与蓝皮书。该报告对中国公民选举参与、人民团体与自治组织参与、政策参与、接触式参与以及政治参与意识与政治参与评价五个指标已有数据进行了分析，得出的结论是：现今中国公民政治参与突出的状况是公民参与意识强，但参与行为实践少。[①] 出现这种状况，一个很重要的原因是，中国公民通常在某一事件或政策损害到自己的利益时，才会参与政治生活，而在其他情况下，往往只保持参与愿望，而不直接参与。“事不关己，高高挂起”，反映出不协调的政治行为，以及自私的政治文化。这样的政治文化下的人，“想到的仅仅是解决自己当前的经济和政治问题，他们与处在同样条件下的其他人没有休戚相关的联系”。[②] 但不可回避的一点是：在当下中国，政治文化正发生深刻的转变，政治文化中传统的、保守的、封闭的、集中的、主观的、武断的成份正在向新型的、开放的、分散的、客观的、民主的成份转变，[③] 在这样一个具备包容特性的政治文化氛围下，为什么会出现“强意识、少实践”的现象？邓小平说过：“七嘴八舌并不可怕，最可怕的是鸦雀无声。”选择性的沉默，从维权的斗士蜕化为鲁迅笔下的“看客”，是一种因畏惧、退缩而导致的政治参与弱化。更进一步讲，对政治活动和政治现象的价值判断，决定公民的政治行为。缺少包容所导致的公民政治参与，正嬗变为压抑的政治心理，阻碍着政治行为协调。

---

① 中国社会科学院社会科学文献出版社网，“2011 年《政治参与蓝皮书》发布会”，http://www.ssap.com.cn/WebSites/ChinaInternet/ChannelManager/ShouYe/XinWenZhongXin/ZuiXinDongTai/g+fkxOCpztqAD4ElhYVW7UgkEZ9p78qs4TTzKQbhcmsbhcms.htm。

② 中共中央马克思、恩格斯、列宁、斯大林著作编译局、国际共运史研究所编译：《葛兰西文选》，人民出版社，1992 年版，第 8 页。

③ 王沪宁：《试论我国政治和行政发展的道路》，中共上海市委宣传部编：《改革时代的理论探索》，上海人民出版社，1986 年版。

在现代政治学体系中，政治参与作为社会民主制度的基础，是民主政治的基本特征。在此基础上，政治参与者以各种方式，影响政治体系的构成和运行，而政治冷漠者，却对政治体系的构成和运行听之任之。在当下中国，随着经济发展，民主进步，以及社会的发展壮大，每个个体的生存都和政治紧密相连。普通民众更多地介入并参与政治生活，履行其政治义务，维护其政治权利。穆勒对此论述道："感情的滋养料是行动……让一个人对他的国家无事可做，他就将对国家毫不关心。"[①] 但这种发生在公共领域的政治行为，是积极的还是消极的，通常取决于民众的要求有没有得到回应。前文所述的草根阶层，通过政治参与对精英阶层施加影响，力图使政府行为更符合大多数公民的意愿。但精英阶层往往控制着话语权，他们要么是政治权力的掌控者，要么是其追求者。为了使自身利益不被侵犯，精英阶层往往将民众的意愿忽略掉，这就造成普通民众的政治效能感低下。奥罗姆曾说过："公民政治参与程度直接与各个团体所获的社会和经济地位成正比。社会和经济地位上优势越大，则公民政治投入的程度就越强烈，越广泛。"[②] 社会地位低下的人群，如果在政治参与的过程中无法得到回报，便只能采取消极的政治行为。

这种政治负效应，不仅对民主政治构成了一定的威胁，对社会主义政治文明建设也是不利的。须看到的是，任何制度都难以经受无止境的冲突，包容是民主制度稳定运行的重要心理条件。民主制度良好运行的国家，其公民文化往往具备包容的特性。公民的素质和态度对于现代民主的健康与稳定有很大的帮助，亚里士多德指出："一个城邦，一定要参与政事的公民具有善德，才能成为善邦。在我们这个城邦中，全体公民对政治人人有责。"[③] 政治参与并不总能解

---

① 悉尼·胡克：《理性、社会神话和民主》，上海人民出版社，1965 年版，第 287—288 页。

② 安东尼·奥罗姆：《政治社会学——主体政治的社会剖析》，上海人民出版社，1989 年版，第 286 页。

③ 亚里士多德：《政治学》，商务印书馆，1965 年版，第 384 页。

决人们的争端，故理性的公民应具有包容的精神：当决策的结果还未能反映自己的愿望，公民要以包容的心接受这个结果。如果以使用暴力相威胁，则更无法令他人理解，达成共识。同时，政治冷漠者也是一个国家必不可少的成员——并非每个公民都天生对政治权利感兴趣，而某些冷漠的个体或群体，在一定程度上采取回避的态度，却能使得民主制度更有效的运行。

伏尔泰曾说过："我不同意你的看法，但我誓死捍卫你说话的权利。"社会民意的表达或许有制度内和制度外之分，甚至以过于偏激的形态表现出来，但只要出于善意，没有违反法律法规，没有损害公共秩序，就应该以包容的心态对待，这样才能将政治负效应转化为正能量。一个多元的、和谐的政治环境，能吸纳不同的声音和意见，既是尊重公民的表达权，也是纾解社会焦虑、疏导矛盾冲突的必然要求。

二、政治价值的和谐统一，是培养政治包容的坚实基础

作为人们对政治生活本原意义的确定，政治价值的政治导向性相当明显，对于生活在不同政治生态圈中的人民而言，政治观念对其有着深远的影响。桑玉成认为：作为社会成员的共同信仰，政治价值是人民通过一定的精神生活模式所体现的政治的终极追求。[①] 这种终极追求令政治价值具有导向性的同时，也使其具有鲜明的时代特征。所以，我们在探寻培育政治包容的路径前，必须将其置放在目前中国的大背景中，才能进行解析。"在人类的政治生活中，意识

---

① 桑玉成，商红日：《政治价值、意识形态和政治信仰——关于当代中国政治哲学基本问题的断想》，《政治学研究》，2002 年第 4 期，第 81 页。

形态往往成为国家确立政治制度、强化政治信仰的重要依据……意识形态以其自我推崇的普遍意义对政治价值作出了界定、阐释和推广”。[①] 不同于西方的自由主义与保守主义，共产主义作为中国的历史性选择，符合最广大人民的根本利益。同时，共产党作为中国的执政党它同样需要意识形态合法性的支持。这个意识形态，就是共产主义意识形态，就是中国共产党的指导思想——马列主义、毛泽东思想以及邓小平理论、“三个代表”重要思想。[②] 对于作为最高公共生活的国家来说，基本政治价值具有普遍的影响力和普遍的指导意义。而在当下中国，共产主义意识形态贯穿整个国家生活的同时，我们却面临着一个问题——某些基本的政治价值正呈现“缺失”的状况。在这个问题上，我们已经有了一个预设：几千年的文化传承使得中国没有呈现出“循环式”政治发展态势。这种模式“是指权威主义政治与民主政治交替、交叉的模式”，[③] 也是多数发展中国家政治发展所经历的过程。但我们又面临另一个问题：如果在同一时间内无法实现社会中所有阶层的政治价值，作为国家层面上的政治价值又该如何处理这种潜在的冲突？

政治价值观既要传承，也要积极开拓。从人类政治生活的变迁和转型出发，核心价值的构建通常并非是对传统原封不动的照搬，而是需要“去其糟粕，取其精华”，并结合对外来政治价值观的扬弃，由此探寻适合本国国情的政治价值取向，这就需要从政治价值视角下的三个方面去找寻契合点：

① 桑玉成，商红日：《政治价值、意识形态和政治信仰——关于当代中国政治哲学基本问题的断想》，《政治学研究》，2002 年第 4 期，第 81 页。

② 郝宇青：《执政合法性资源的再生产：中国共产党的重要课题》，《探索》，2007 年第 5 期，第 47 页。

③ 赵虎吉：《重构政治价值：中国政治发展的内在属性与发展逻辑》，《学习与探索》，2011 年第 1 期，第 84 页。

（一）本土政治价值与外来政治价值之间

从横向上来看，在本土政治价值和外来政治价值之间需要找到平衡。在实现市场经济客观价值的同时，找到在中国政治体系中建立政治包容的路径。首先要做的是，在已有的政治制度之中，嵌入具有包容意味的政治价值观。根据《中华人民共和国宪法》，“工人阶级领导的、以工农联盟为基础的人民民主专政的国家制度和人民代表大会的政体制度，为中华人民共和国的根本政治制度”。[①] 中国共产党作为执政党，引导各民主党派实行自己的权力，结合全国人大、全国政协、国务院等机构，履行立法、决策、人事、监督等职能。当前在西方一直存在“中国威胁论”的声音。一些学者和媒体认为，由于中国是冷战后最大的社会主义国家，虽然中国已经放弃了教条式的马列主义意识形态，但中国仍然反对西方的价值观念，所以中国崛起后仍有可能成为非西方意识形态国家的领袖。这必然对西方的民主、人权、平等、自由等价值观念构成挑战。[②] 罗斯·芒罗和理查德·伯恩斯坦在《即将到来的美中冲突》一书序言中强调：“中国是地球上最后一个共产主义国家，在价值观上与美国相敌对。”两者都对我国提升国际形象有极大的阻碍作用。而东西方政治价值的不同，更是助长了外界对中国政治制度的妖魔化。

将具有包容特性的政治价值融入到各职能部门的工作中，培养和谐的政治文化，在市场经济日益发达、物质水平日益提高的今天，我们才能依然享有安居乐业的权力。强调包容，并不意味着向西方外来政治价值观一味的妥协和被动的接受。如今，中国已跃居世界

① 《中华人民共和国宪法》，中国法制出版社，2011 年版。

② 陈岳：《“中国威胁论”与中国和平崛起——一种“层次分析”法的解读》，《外交评论》，2005 年第 6 期，第 96 页。

第二大经济体，[①] 这个古老国家在百折不饶中培养出的政治价值观，本身具有了现代政治的优点：人民在宪法的指导下享有真正的自由、平等、民主。改革开放三十多年来，西方的政治价值观持续涌入，在带来新鲜感的同时，也极大的冲击了我国现有的价值观念。当民主、自由、法治、博爱等全人类共同的价值观，通过书籍、影像直观地表达出来时，中国民众普遍表现出乐于接受的心态，并潜移默化的对其深处掩藏的各种政治价值观，也产生了好感。能接受不同的政治价值观，对于培养我国人民的政治包容有积极的意义，但不可否认的是，“在当代的全球性社会中，当出现多种价值观的普遍化扩张时，价值观的冲突必然演变为激烈的社会冲突”。[②]

基于中西方文化差异、历史条件和社会环境的不同，一些政治价值的冲突正在扩大，在个人政治价值观方面，主要表现为自由主义、功利主义、个人主义正成为相当一部分人政治生活的价值准则。此类政治价值观，在道德上具有消极影响，其危害在于——无论国家如何以实际行动来改善包容缺失的现状，这类人都始终保持对现实的不满和对社会的不理解。他们总会举着“西方先进思想”来抨击党和政府，而无视整个社会正日趋于和谐的事实。基于此，我们更需要理性地对待西方政治价值的传入，审视我们的政治生活，构建良好的政治价值观。

（二）传统政治价值与现代政治价值之间

从纵向上来看，在国家层面上延续包容的历史传承尤为重要。马克思就此有过精辟的论述：“人们自己创造自己的历史，但是他们并不是随心所欲地创造，并不是在他们自己选定的条件下创造，而

① 2010年8月5日，中国人民银行副行长、国家外汇管理局长易纲在接受《中国改革》杂志专访时表示，“中国实际上现在已成为世界第二大经济体”。这项“里程碑”式的说法引起全球媒体关注，纷纷转载报导。

② 陈新汉，冯溪屏主编：《现代化与价值冲突》，上海人民出版社，2003年版，第52页。

是在直接碰到的、既定的、从过去承继下来的条件下创造。”[①] 但在当下中国，传统政治价值与现代政治价值之间，缺少相互维系的链条，这种因不包容而产生的冲突，时刻影响着社会的发展进步。如何在两者之间架起互相融合的桥梁，是为现代社会发展，提供价值支撑的良好途径。

政治价值在我国历史中有不同的体现，但其中都有包容的存在：殷周以来，由神权政治及宗法血缘组成的，以等级制度为代表的传统政治价值观受到了剧烈的冲击；而进入“春秋时期，严酷的社会现实彻底动摇了人们对天地鬼神的崇拜和信仰，迫使人们去修正天道与人道之间的关系。使民本主义以一种独特的运动方式向前发展。”[②] 其后的政治价值观以“忠君顺上”、“民惟邦本”等为主流。正是在这样一种大框架下，对“人”自身的探讨才被引入国家政治价值观中。我们可以看到，几大学派对自身思想的表述各有不同，如儒家追求“德治”、墨家提倡“兼爱”、道家倡导“法自然”[③] ……但其核心思想都有“包容”的意味。突出这种“不同而一”的理念，使其成为全体人民普遍奉行的价值观，不仅是对传统道德观念的继承和发扬，更可将包容的政治价值观涵盖我国各个民族、各个宗教信仰的人群，避免发生西方政局中的动荡不安。

由此可知，在国家层面上，中国自古以来是有“包容”生长的政治环境的。但正如李劼在评述自己的《中国文化冷风景》一书时所说：“中国文化有一个致命的传统，从不相信自己，一如其从不怀疑他人。”[④] 传统文化所具有的开放性，使其不断吸收外来文明的先进思想，并将其与自身相结合，以学习促成进步。这也表明，在当下中国，政治包容的培养路径并不是重新建构起一套新的制度模式，

---

① 中共中央马克思、恩格斯、列宁、斯大林著作编译局编译：《马克思恩格斯选集》第一卷，人民出版社 1995 年版，第 585 页。

② 王杰：《春秋时期伦理政治价值观的转向》，《文史哲》，2006 年第 1 期，第 24 页。

③ 吴志华，郝宇青主编：《政治学概论》，中国人民大学出版社，2013 年版，第 30 页。

④ 李劼：《中国文化冷风景》选章（7），新浪博客 http：//blog. sina. com. cn/s/blog_ 48c6f2150100cbga. html。

而应该是在现有的制度之中参入具有中国特色的、包容的政治价值观。只有在执政党和政府的有效控制之下，培育政治包容的举措才有可能推进。中国传统文化中的精髓如央地之间的关系、权力系统内部间的关系、官民之间的关系等，才会变成宝贵的经验，发挥其重要的借鉴作用。

（三）国家政治价值和个人政治价值之间

从国家层面来看，培育政治包容，首先需要拥有良好的政治秩序。亨廷顿认为，政治秩序作为一种目标，而非某种现实，其达成需要政治上的共同体和有效能的、有权威的、合法的政府。他由此提出：各国之间最重要的政治分野，不在于它们政府的形式，而在于它们政府的有效程度。[①] 西方政治学者在维护政治秩序方面的努力由来已久，柏拉图的《正义论》中，首先便对正义下了定义："正义就是照顾全城邦人民的利益，主要是照顾弱者和被统治者的利益。"他以分工互助来解释国家的起源，借用神话故事来描述理想国的等级制："他们虽然一土所生……有些人身上加入了黄金，这些人因而是最可宝贵的，是统治者。在辅助者（军人）的身上加入了白银。在农民以及其他技工身上加入了铁和铜。"[②]

政治制度是社会中突出的东西的总和——占统治地位的思想、爱和恨、风尚和恐惧、赞歌和称号。[③] 我国的根本政治制度是人民代表大会制度，它立足于我国独特的政治环境系统，有着变化发展的社会、经济、政治和文化条件。因此，将包容的精神融入到国家政治价值中，以此助力政治体制改革，可以形成多元的和谐：不同群体之间、不同价值之间，都能共同存在，共同发展。这样，人人都能恪守其分，安居乐业。

---

① 塞缪尔·P. 亨廷顿：《变化社会中的政治秩序》，三联书店，1989年版，第1—2页。
② 柏拉图：《理想国》，商务印书馆，1986年版，第128页。
③ 安吉洛·M. 科迪维拉：《国家的性格》，人民出版社，2011年版，第40页。

同样，在个人政治价值中，政治包容也必不可少。闻一多曾说过："个人之于社会等于身体的细胞，要一个人身体健全，不用说必须每个细胞都健全。"要在国家政治价值中培养政治包容，这个国家中个体间的关系首先应是包容的，因为只有个体的和谐，才会有社会的和谐，国家的安定。儒家经典著作《大学》中就提出了修身、齐家、治国、平天下的次序，并强调"自天子以至于庶人，壹是皆以修身为本"。所以，每个个体的道德修养，才是社会中政治包容存在的基石。当下中国所出现的政治包容的缺失，是个体道德修养有所下降的信号，也是一种警示。社会中的每个人都需要遏制心中怨恨的无序释放，更要遏制自身的戾气变成现实中的暴虐行为。近年来，我国社会中的失范行为呈上升趋势，人们在面对价值观冲突时，往往缺少包容的心态，其行为愈发的走向极端：2013 年 6 月 7 日，厦门市一辆公交车，在行驶至 BRT 金山站附近时突然起火，共造成 47 人死亡，34 人因伤住院。经勘查发现，起火公交车轮胎正常、油箱完整，现场发现的助燃剂经检验为汽油，而该公交车使用的是柴油发动机，由此可排除安全生产事故。经初步认定这是一起严重的刑事案件；无独有偶[①]，同年 6 月 22 日晚，上海宝山区一六旬男子持枪射杀 6 人，[②] 虽犯罪嫌疑人终被警方制服，但其恶劣行径已严重影响社会秩序。社会发展失衡所导致的价值领域的骤变，令个人政治价值观在一定程度上与国家政治价值观脱节，逐渐危害到社会的正常运行。

进入转型期后，现代政治价值体系的缺失，已成为我国社会不稳定的重要根源。因此，在现代国家建设中，必须要构建一套与现代制度相匹配的现代政治价值体系。[③] 当前，我国正逐渐建立"民主

① 厦门公交车起火事件第一次新闻发布会，厦门市人民政府网：http：//www. xm. gov. cn/xmyw/201306/t20130608_ 647530. htm。

② "上海 62 岁男子 6 小时连杀 6 人"，《半岛晨报》，2013 年 6 月 24 日刊，A05 版。

③ 江赛帆、桂西：《中国政治中政治价值体系的构建与国家建设》，《陕西高等学校社会科学学报》，2013 年第 3 期，第 11 页。

法治”、“自由平等”和“公平正义”为核心的现代政治价值体系，这同时也是现代国家需要确立的制度价值，是国家和社会共同认可的价值标准和行为准则。正是在这种大背景下，政治包容的缺失，才需要我们的进一步思考。

三、结语

包容，作为一种态度或心境，与“纵容”、“妥协”、“退让”相比，有截然不同的政治意义。外来的和本土的，传统的与现代的，个人的与国家的政治价值之间，都需要包容作为润滑剂，双方都需要沟通、信任，摒弃无端的猜忌、指责、冷暴力。

进入新时期，中国共产党在提出构建和谐社会的目标后，随即便提出要树立社会主义荣辱观和构建社会主义核心价值体系的要求，正是对政治包容缺失，所造成的政治价值观冲突的得当应对。在对话中协调立场，在交流中化解矛盾，我们才能最大限度地形成共识，真正实现社会和国家的互信，让各种“沉默的声音”重新回到民主的阳光下。需要明确的是，“不同即敌对”的思维无助于社会主义政治价值的传播，也不利于健康的政治心理的形成，更有害于政治行为的规范。欲让政治包容成为国家和社会沟通的桥梁，需要从外来政治价值与本土政治价值、传统政治价值与现代政治价值、个人政治价值与国家政治价值之间的关系入手，寻找契合点。在极端行为频发，社会问题日益凸显的当下中国，包容的政治价值观不应成为稀缺品，而应成为国家和社会、集体和个人共同享用的，真正符合社会主义价值观要求的实然之物。

（77169部队宣传干事、华东师范大学政治学系研究生）

诚信：社会主义核心价值观的基础

孙　柳

价值学术研究的重要前提在于，对自己研究方法的反思与反省，对自己的研究进行现实的定位。就诚信问题研究而言，我们要对国内外的研究思路进行清理和反思，找到诚信问题研究的理论生长点，即对应社会现实具有实际意义，否则我们的研究仅是空中楼阁，停留在虚无飘渺的玄虚理论之中。诚信是人类社会的基本道德规范，也是人的自由发展应有的品质，已经成为社会主义核心价值观的基本要素。要深刻把握“诚信”对于个人和社会的理论价值和现实意义，推进社会主义核心价值观的深入培育和践行。

一、超越与互动——“诚信”价值取向的结构功能

党的十八大报告从三个层面阐述了社会主义核心价值观的主要内容，并把“诚信”作为基本要素之一，这是党着眼于社会主义先进文化建设作出的重大理论创新，具有深刻的现实意义和长远的历史意义。文化是整个经济社会发展的灵魂，而价值取向就是文化的灵魂。所有文化产品和文化服务都包含着一定的价值取向。价值取向是价值哲学的重要范畴，是人们在一定场合以一定方式采取一定

行动的行为倾向。它是指某些价值观成为一定文化所选择的优势观念形态，或为个体所认同并内化为人格结构中的核心部分，具有评价事物、唤起态度、指引和调节行为的定向功能。价值取向是介于价值观念和行为之间的中间环节，具有实践品格，它的突出作用是决定、支配主体的价值选择，人们对价值的认识、判断均需通过价值取向才能在实践中实现。价值取向的合理化是进步人类的信念。价值取向可作为一种社会文化的倾向或人格倾向予以研究和把握。①将"诚信"价值取向上升并凝练为社会主义主义核心价值观的基本要素之一，已经成为先进文化发展的必然要求。

从古到今，"诚信"在中国社会是非常普及的词汇。孔子创"三纲五常"，把"信"与"仁、义、礼、智"并列为"五常"。孟子将诚、信结合在一起，提出道德修养论。程朱理学把"诚"推到了道德本体论和哲学本体论的绝对化巅峰。② 千百年来，中华民族视"诚信"为立身之本和自身的道德修养，历经时代变迁，逐渐形成了"诚信"的道德价值观念和道德行为评价标准。积极倡导"诚信"的价值取向，是把"诚信"作为文化所选择的一种优势观念形态，对于主体精神文化超越和新的价值创造提供了现实可能和具体途径，同时，当每个个体实现超越后，进而对整个社会建立诚信制度也促发为现实。因此，"诚信"的价值取向，便形成两类结构的转化过程。一类是"诚"与"信"的内生和超越。"诚"是"信"的内在价值尺度，"信"是这种内在价值尺度的理性规范化表现。"诚"作为形而上的道德本体，作为一种无形的力量，始终呼唤着人们为善的自觉和行善的意志，但外界环境的反向诱惑，无时无刻不在影响

---

① 关于价值取向的本质和含义，学术界有多种定义，可参考徐玲：《价值取向本质之探究》，《探索》，2000 年第 2 期；袁贵仁：《价值学引论》，北京师范大学出版社，1992 年版，第 350 页。包括查阅百度词条或价值学大辞典，可作比对梳理。

② 儒家文化的诚信经历了形成、发展、巅峰到衰亡的过程，主要伴随着封建礼学礼教的发展过程而发展变化的。关于诚信思想历史演变过程，可参考屈莲华：《对诚信思想历史演变的考察》，《人民论坛》，2010 年第 12 期（中）；陈劲、张大均：《中国传统诚信观的演变及其特征》，《道德与文明》，2007 年第 3 期。

着人们，因而，“信”作为一种具体的伦理规范和理性要求，就为每个主体的精神超越找到了现实的也是必要的切入途径。这样便形成了一个由“诚”为发端和起点，到“信”的一种外化，同时，由“信”为切入点，主体在伦理层面上的“信”，上升到本体层面而达到“诚”的互动式的结构体系，“诚”与“信”便建构出一个属人的世界和文化的世界。[①] 从这一类结构讲，积极倡导“诚信”的价值取向，便不能仅从人际交往的角度甚或居怀利邀福之心来理解诚信的观念，而宜注重唤醒人心内在的天德良知，由之逐渐在整个社会挺立起道义至上的至善价值原则，此其所以端本正原，深根固柢之道。[②] 另一类结构是“诚信”作为一个整体，从伦理走向治理层面的规范化外显和超越。马克思、恩格斯对“诚信”问题的研究主要是侧重于“信用制度”，这种诚信是遵守信用制度框架内的信任，不是伦理学上的信任。正如邓小平所指出，诚信问题的最终解决，仅靠道德的教化是不够的，还是要靠法制。主体诚信品格的养成是一个复杂的过程，主体的自觉和反省，需要一个时间段并不断受到失信而获益的各种诱惑和干扰，如果建立切实可行的诚信制度，将缩短诚信品格的养成时间，同时可以更好地惩罚失信行为，减少负面影响。尤其是当前改革开放和发展社会主义市场经济条件下，单纯依靠主体的理念和自觉，根本不能建立完善的诚信社会，必须把诚信道德要求制度化，依靠制度的外在强制和运行机制的科学性保障并促进诚信社会的构建。自律与他律、自觉与规约相结合，是道德建设的基本规律和经验。因为制度包含道德的基因，能够消除或防止偶然，范导主体产生前置的预期，进而理性的作出选择，推动整个社会的诚信建设。[③] 因此，要按照党的十七届六中全会要求，“把诚信建设摆在突出位置，大力推进政务诚信、商务诚信、社会诚

---

① 参见李星：《“诚信”的体用一源与生活世界的主体性建构——兼论朱熹的诚信思想》，《湖南农业大学学报（社会科学版）》，2011年第2期。

② 李景林：《诚信的本真涵义是什么》，《光明日报》，2012年1月31日第11版。

③ 参见王小锡：《诚信建设：自律与他律结合》，《光明日报》，2011年5月30日第2版。

信和司法公信建设，抓紧建立健全覆盖全社会的征信系统，加大对失信行为惩戒力度，在全社会广泛形成守信光荣、失信可耻的氛围”,[①] 力争创造诚实守信受尊敬不吃亏、欺骗失信受惩处遭唾弃的法律条件和舆论环境，为诚信的价值取向做扎扎实实的制度性基础工作，进一步推动社会主义市场经济的有序发展、推进和谐社会建设，为社会主义文化大发展大繁荣，建设社会主义文化强国奠定坚实的基础。

二、自觉和自省——“诚信”价值取向对个体自身价值提升的效应

“诚”与“信”虽合为一词，却既有区别又有联系。“诚”是一个核心概念，在儒家思想中它代表了“天道”运行的本质特征，是指道德主体的内在德性。“诚者，天之道也”，它不依赖任何事物而存在，是自觉的、能动的，反映人的内心态度，是着眼于反身自成的人性实现和人的本真存在之完成的层面。“信”是儒家道德规范体系中的基本范畴，也是中国伦理思想的一个重要范畴。它主要强调处理人际关系的践行层面，是“诚”的外在表现，体现为社会化的道德践履。将主观的“诚”现之于外，产生“信”的客观效果即为“诚信”。“诚”与“信”是辩证统一的，“诚”有其本体论价值，“信”有其工具性价值，两者统一于“诚信”一体之中。[②]

从“诚”的角度出发，积极倡导“诚信”的价值取向，就是考

---

① 《中共中央关于深化文化体制改革，推动社会主义文化大发展大繁荣若干重大问题的决定》，《人民日报》，2011 年 10 月 26 日第 1 版。

② 对“诚信”含义的界定，可参阅李景林《诚信的本真涵义是什么》，《光明日报》，2012 年 1 月 31 日第 11 版；李星；《“诚信”的体用一源与生活世界的主体性建构——兼论朱熹的诚信思想》，《湖南农业大学学报（社会科学版）》，2011 年第 2 期。

察古今中外“诚”所蕴含的新特点新内容，使其在新的时代、新的坐标中创造更新的伦理价值。对于个体而言，“诚”即自我之诚，产生对个体的自觉和影响，增强个体的内在认同，个体在“诚信”的氛围之中，获得应有的尊严，能够从自我意识中明确“我知道我是什么”、“我决意使我成为什么”。这种创价在于，“人的存在是一种创造性存在，这意味着‘我’是在生成着的，存在就是一个选择做什么人的过程。”① 这对于人的德性和存在完成具有重要意义。在自我之诚的前提下，个体与个体间，个体与群体间，便会由自诚演绎或创造出更多的人际价值、群体价值，产生全新的社会公共价值。因为个人在反躬自省的过程中，认识自我、定位自我，在他人和社会中找到自我，产生积极的心理，向上的姿态，形成克服任何困难的强大动力，能够正心善意的处理与他人交往，协调社会关系，增进相互了解，并通过更大范围，更广空间的联系，相互感染、传播、强化，获得更为广泛深入的人际认同和社会承认。② 当然，人的德性的内在性，从抽象到具体，必然表现于一定的功业成就。《中庸》所谓“至诚能化”，表现为个体德性人格与人文化成的外王事功的内在贯通。③ 人在现实中的事功成就，必须植根于其德性的基础，才能实现其作为人的本有价值。“诚”不仅是进德之途径和根据，也是修业为政和社会关系建立的根据。从这种意义上说，只有通过个体的自觉与自省，道德修养提高，进而各种伦理价值提升，才能建立良好的社会关系，成就事业，为社会良好氛围的营造，为推进和谐局面

① 赵汀阳：《论可能生活》，生活·读书·新知三联书店，1994年版，第133页。

② 杨阅、赵海月针对诚信的伦理价值做出分析，认为“诚”出现的新意蕴使其具有自信、互信和公信的伦理价值。“诚”对于单个个体价值，自信从而自成；对于两个个体价值，互信从而互利；对于社会群体价值，公信从而公益。主要从个体出发，探讨了个体与他人、社会在自诚基础上的伦理价值。另外，欧清华从诚信是最大的道德生产力角度出发，阐述了诚信对个体的影响。因此，从“诚”的角度分析，个体自身道德素养培育和伦理价值提升这一层面，也是基于对这些观点的吸取和发展，即提出诚信价值取向对于个体的创价功能所在。参见杨阅、赵海月：《论诚信的价值：从“伦理”到“治理”》，《学术交流》，2010年第12期；欧清华：《诚信：构建道德体系的基本维度》，《嘉应学院学报（哲学社会科学）》，2011年第7期。

③ 参见李景林：《诚信的本真涵义是什么》，《光明日报》，2012年1月31日第11版。

打下良好的基础。

三、规制和范导——“诚信”价值取向对推进社会和谐的效应

传统诚信观认为“信”是人立身行事之根本和社会人伦关系的一个普遍的道德原则。[①] 它体现着个体的本性，并将其内化到人们为人处事的言行准则之中，既在于唤起人们心中“持诚为善”的自觉，也在于维系社会交往的有序及合理，是对生活世界本身所做的规范化建构。[②] 因此，诚信作为一种道德责任，在维系正常的经济政治秩序，在推进和谐社会建设等方面发挥着重要作用。

从“信”的角度出发，积极倡导“诚信”的价值取向，就是力求在政府的引领和主导下，将诚信由伦理规范转化为社会管理和治理各个层面的规范，规制和范导社会秩序，促进社会和谐，创造更多的社会价值。由“诚”保证而实现的“信”，在经济、政治和法律等不同维度，能够产生实在的社会功能和价值，固化经济、政治和社会秩序，进而形成现代文明秩序。[③] 诚信是市场经济的产物，是市场经济中每一个主体所必备的道德品质之一，也是市场经济健康发展的本质要求和内在动力，它与市场经济秩序有内生统一关系。[④] 民主法治、正常的政治秩序、公平正义的实现、安定团结充满活力的局面，都需要在取信于民的基础上，建立、尊重和遵守诚信准则。

---

① 参见李景林：《诚信的本真涵义是什么》，《光明日报》，2012 年 1 月 31 日第 11 版。

② 李星：《“诚信”的体用一源与生活世界的主体性建构——兼论朱熹的诚信思想》，《湖南农业大学学报（社会科学版）》，2011 年第 2 期。

③ 杨阅、赵海月：《论诚信的价值：从“伦理”到“治理”》，《学术交流》，2010 年第 12 期。

④ 关于诚信与市场经济关系的阐述，参阅杨巧蓉：《市场经济视域下的社会公共诚信论略》，《山东青年政治学院学报》，2011 年第 4 期。

诚信能够最大限度地减少社会生活中的各种摩擦、风险和代价，降低整个社会的运行成本，能够减少各种失信越轨行为的发生，构建良好的人际环境，可以建立相互信任的正规秩序，避免欺骗和人际关系的恶化，成为推进和谐社会建设的道德基础。正如胡锦涛所指出，我们所要建设的社会主义和谐社会，应该是民主法治、公平正义、诚信友爱、充满活力、安定有序、人与自然和谐相处的社会。诚信是社会主义和谐社会的内在本质要求和具体体现，也是构建社会主义和谐社会的重要基础和前提。在诚信氛围中，即使社会存在一些矛盾和问题，但都是非对抗性的，是在有效化解的范围之内，是可以通过一定的协调机制而达成各方都需要的平衡。但是，如果缺乏诚信，非对抗性的矛盾和问题可能转化为对抗性的矛盾和问题，将让我们失去和谐。因此，一个国家诚信体系的崩溃，不仅仅会造成经济上的损害，还将对整个社会体系带来深远的影响。[①] 从这一层面讲，作为内“诚”外化的“信”，是一个主体德性的“诚中形外”，是一个动态的创价过程，发挥着规范化的作用，对社会管理正常秩序的维护与和谐局面的推进，具有强大的规制和范导功效。

（南京政治学院上海校区副教授）

① 卢小周：《试论诚信建设与社会主义和谐》，《广东省社会主义学院学报》，2007 年第 1 期。

法治视野中的社会主义核心价值观

蔺春来

核心价值观既是文化之基，也是兴国之魂。在价值多元的时代背景下，十八大报告对社会主义核心价值观在国家层面、社会层面和个人层面进行了准确概括，提出要“倡导富强、民主、文明、和谐，倡导自由、平等、公正、法治，倡导爱国、敬业、诚信、友善”。这一重要概括科学准确，意义深远，从各个层面、各个维度指明了社会主义的价值追求和发展方向，特别是对社会主义法治文化的尊重和倡导，更体现了中国特色社会主义在经济、政治、文化等方面的核心价值追求。

一、社会主义法治的价值追求丰富了核心价值观的精神底蕴

随着中国特色社会主义建设事业的发展，社会结构也在加速转型，社会更加自由开放，中西方文化交流也越来越广泛深入。传统文化与现代化发展现实之间的冲突、地区之间经济发展不平衡导致的文化观念冲突、中西方文化在理念和观念以及具体制度机制之间的冲突等也越来越频繁。不同阶层、不同阅历公民之间的价值观念差异也越来越大，多元化的价值观念体系正在形成。应当说，各种

价值观的形成都有其深刻的现实背景，在人身自由、思想自由越来越得到广泛实现的社会环境下，产生多元化的价值观念也是社会发展客观规律的必然反映。多元化的价值观念之间，需要相互对话、相互交流，才能相互融合，相互认同并归融于社会主义核心价值观，而对法治的认同和尊重是多元价值观之间相互交流、相互融合的重要思想基础之一。

从国家层面看，富强是对国家经济实力、文化实力和国际影响力的总体描述，这也是社会主义法治国家建设的基本目标。人民民主是社会主义国家的重要属性，是公民享有广泛自由的具体体现，人民民主既是法治的前提，也是社会主义民主政治的基本要求。文明和谐是对国家的精神风貌和运行状态的目标要求，也是社会主义法治国家应有的新形象。法治是治国理政的基本方式，在社会主义初级阶段的现实国情下，只有法治才能更公平、更稳定、更有效地保证党领导人民有效地治理国家，实现国家的富强、民主、文明、和谐。

从社会层面看，全面自由、人人平等、公平正义的充分实现是社会和谐稳定的重要保证，也是社会主义法治所追求的核心价值所在。社会主义法治的科学性、民主性和稳定性可以更好地协调各方利益，加强和创新社会管理，促进社会各项公共服务体系建设，实现和维护社会的自由、平等和公正。

从个人层面看，公民爱国、敬业的精神是实现国家富强团结、社会和谐发展的动力，也是公民个人幸福快乐的源泉。公民只有生活在相互信任、相互尊重的诚信、友善的氛围中，才能自觉守法、尊法和用法，才能用文明法治的方式解决利益冲突，避免矛盾的激化。同时，完善的法律环境也可以使公民对自己在社会中的行为有更加准确稳定的预测和期待，公民可以自由地按自己的意愿幸福地生活和发展，从而增强公民对社会主义道路和制度的认同，更加安居乐业，使公民之间的关系更加诚信和友善。

从以上的分析可以看出，引领社会思潮、凝聚社会共识的社会主义核心价值观从不同层面体现了加快社会主义现代化国家的建设、全面建成小康社会和实现公民幸福美好生活的宏伟目标，这三个层面的价值追求都与法治的价值追求内在统一，都深深地体现了公平、正义、自由和平等的法治精神。

二、社会主义法治的巨大成就加深了核心价值观的普遍认同

公民价值观的形成既受到宣传教育的影响，更受到现实环境的左右。公民只有在现实生活中切身感受到了社会主义核心价值观所倡导的价值追求给个人生活带来的幸福安全，给社会带来的和谐稳定，给国家带来的富强文明，才会真正认同核心价值观所倡导的价值追求。

社会主义核心价值观所倡导的价值追求符合公民对自由、公正、诚信、友善等的内心向往。改革开放以来，我国社会主义法治建设取得了巨大的成就，党的领导、人民当家作主和依法治国更加统一，有中国特色的社会主义法律体系基本建立，保障社会公平正义的法律运行机制越来越健全，公民参与立法的途径越来越广泛，公民在社会上的生活越来越幸福自由，政府的行为越来越阳光透明，腐败行为越来越受到预防和遏制。从社会主义法治发展的历史比较中，公民感受到了健全的法治给人身权利、政治权利、财产权利带来的广泛安全和保障，从法治的当代比较中，感受到了健全的法治给每一个公民带来的权利平等、制度平等和机会平等。公民感性的生活体验与理性的社会主义核心价值观的倡导形成了良性的相互促进，感性的生活经验印证了核心价值观所倡导的价值追求，核心价值观所倡导的价值追求实现了公民对自由、公正、诚信、友善的期待。这种良性互动加深了公民对社会主义核心价值观的

认同。

公民对社会主义核心价值观的认同度越高，就越会用核心价值观所倡导的价值追求来思考现实问题，指导自己的个体行为。目前各种非社会主义的价值观尚有一定的市场，有些还带有很强的迷惑性，给社会主义核心价值观的倡导带来了一定的阻力，这其中很大的原因，就在于部分公民不认同社会主义核心价值观，却对极端利己主义、拜金主义等价值观情有独钟，因为这些价值观念可以给个人快速地带来切切实实的利益，虽然这些利益是不道德、不公平和不可持续的，但如果此类行为不能及时得到有效制止，就容易使人们产生“遵纪守法吃亏”的印象。同时，极端利己主义、拜金主义等很容易使人丧失正常的理性判断能力，近几年发生的“毒奶粉”、“地沟油”、“假药”等诸多恶性事件就是这些价值观的现实反映。但社会主义法治可以使这些丑恶现象受到惩治，可以有效地从法律、制度层面最大化地消除了此类恶性事件发生的现实土壤，从这些丑恶现象发生后相关责任人都受到了及时的惩治，相关的法律制度得到了及时的修改、补充和完善的事实中，人们普遍感到，社会上的种种丑恶和不公平的现象不是社会主义制度本身的弊病，而是社会主义法治发展不健全不完善时期遇到的阶段性问题，通过完善的法治就可以有效预防和根治。通过诚实劳动、互敬互爱、明理守法地获得的利益才是正当的和可持续的，这样就可以引导公民理性地看待社会主义国家发展过程中遇到的各种困难，理性地看待个人的幸福和利益与他人的幸福和利益之间的关系，不被资产阶级的片面宣传所迷惑，不被极端利己主义、拜金主义等非社会主义价值观所左右，在与各种错误思潮和非社会主义价值观的斗争中明辨事非，加深对社会主义核心价值观的认同。

三、社会主义法治的制度机制促进了核心价值观的自觉践行

社会主义核心价值观的自觉践行既需要公民的普遍认同，也需要良好的法律体系和制度机制予以促进。这种促进主要表现在：一是社会主义法治文化的道德感召。社会主义法治体系和相关的制度机制是社会主义法治文化的外在显现。以自由、平等、公正、和谐等为特征的社会主义法治文化正成为我国主流文化的重要组成部分，对人们的行为影响越来越大，法治的行为模式和价值标准被越来越多的公民所接受，法治已成为引领社会风尚的重要共识之一。而非法治的行为模式和价值标准越来越被社会的主流道德所抛弃，这种潜移默化的感召力促进了社会主义核心价值观的自觉践行。二是利益驱动。从国家和社会的层面看，良好的法律制度和运行机制给社会管理和社会服务带来的高效已经有目共睹，人们已经越来越习惯通过法治化的方式和手段协调关系，解决生活中遇到的各种矛盾，法治的公正性、平等性和正义性已经得到了普遍接受，人们普遍相信法治化可以实现用最小的成本获得最大化的社会发展。从个人层面看，公民的合法利益和权利正受到越来越全面的保护，通过诚实劳动才能获得利益最大化已经成为社会的共识，这些都会促使人们通过合法的手段自觉践行社会主义核心价值观，以实现个人的发展目标。三是法律引导。法律本身所固有的强制手段对人们的行为有着很强的引导作用。通过对合法行为的肯定和保护，对违法违纪行为的惩罚，会使公民通过理性选择，放弃对社会秩序和他人利益有严重危害的极端价值观念，自觉选择符合社会主义核心价值观的遵纪守法的行为。

当前公民和社会价值观正呈现多元化的特征，各种价值观都有

各自存在的现实环境。社会主义核心价值观的自觉践行，从某种意义上说，就是要促使已经形成的非社会主义的价值观念向社会主义核心价值观所提倡的价值追求转变，形成广泛的价值观的共识，使社会主义核心价值观成为公民自觉自愿践行的价值指南。目前，我国已经构建了最适合中国当代经济发展和道德、文化传统的社会主义法律体系及其运行机制。这些法律体系和运行机制具有很强的公民行为调整功能、利益整合功能和价值导向功能，对社会主义核心价值观自觉践行的促进作用正在显现。但另一方面我们也必须看到，社会主义法治的整体作用尚没有充分发挥，诸如“潜规则”等有违社会基本公平的非法治现象还不同程度地存在，这些为非社会主义的价值观提供了滋生和蔓延环境，也对核心价值观的提倡和践行都产生了较大的阻碍作用。因此在社会主义核心价值体系建设中，应当更加重视法治文化建设、法治制度和机制建设，重视法治对社会道德和价值观形成和发展的促进引导作用，通过构建更加完善的社会主义法律制度和运行机制，有效地预防和制止违法违规行为的发生和发展，有效地调整公民权利、利益等的公平分配，有效地维护公平正义的社会环境，以促进社会主义核心价值观的自觉践行。

（南京政治学院上海校区副教授）

尊法意识的培育是践行社会主义核心价值观的内在要求

郭玉梅

社会主义核心价值观的传播和践行既需要理论宣教，更需要公民的普遍认同。从法治维度看，公民尊法意识的强弱是决定社会主义核心价值观在法治领域能否得到自觉践行的重要因素。改革开放以来，社会主义法治建设领域成就斐然，全社会守法、学法和用法的意识在逐步加强。但与此同时，全社会的尊法意识却没有得到同步的提高，这在一定程度上阻碍了法治进程的深入和社会主义核心价值观在法治领域的自觉践行。

一、尊法意识是社会主义核心价值观的重要维度

党的十八大报告在社会建设层面概括了“自由、平等、公正、法治”的社会主义核心价值观，强调要全面推进依法治国的进程，要树立社会主义法治理念，增强全社会学法尊法守法用法意识。其中增强尊法意识是首次出现在党的全国代表大会的报告中。所谓尊法意识，是指尊崇和信仰社会主义法治，将依法治国视为治理国家的基本方略的意识。尊法意识的首次提出，丰富了社会主义核心价

值观中法治理论的内涵，也回应了法治建设实践中面临的现实难题。

法治是社会主义核心价值观的重要组成部分。社会主义法治的自觉践行必须以全社会对法治的普遍尊重和认同为基础。这种认同不单纯是认同法治可以更好地实现国家、社会和个人的发展，还要认同法治本身即是重要的需要维护的核心价值。应当说，虽然全社会对法治本身含义的理解以及法治运行的基本规律已经有了很深的认识，但这种认识普遍还停留在法治是实现国家、社会和个人发展的必要手段上，还没有真正认同法治本身的价值。这种意识反映到行为上，就是没有将法治稳定和法治尊严的维护视为应当追求的核心价值，没有将法律视为维护社会公平正义的根本准则。现实生活中不尊重法治，将法律视为可遵守可不遵守的一般规则，通过以权代法、曲解法律或选择性适用法律等等方式实现个人或某一群体利益的情况还大量存在。这些现象从表面上看，似乎都可以找到诸如“法律不健全”、“执法力量不足”等等的借口，但从价值层面上看，都是没有将法治本身视为核心价值，没有尊法意识的典型反映。

法治作为调整社会关系的重要方式，其存在的本身就是重要的社会价值。法治的价值是社会价值，不是个体价值。法治的主体是社会不是个人，故而得到满足的是整个社会而不是个人，然而正是不以个人满足为对象这一点，反倒让每一个人分享法治带来的好处成为可能。例如，法治可以降低社会的运行成本，维护社会的正义和稳定，这些都是社会发展不可或缺而依靠个人力量无法完成的，因此尊重法治既要尊重法律本身，更要尊重法治本身所蕴含的社会价值。

平等和尊重是社会主义法治的重要特征，体现在制度层面，就是公平体现最广大人民利益的社会主义法律体系以及保证法律得以实现的一系列制度和机制。尊法意识的强弱直接反映了对平等和尊重价值认同的高低，尊法意识既要求公民在实现自身利益时尊重法律，更要求在社会共同利益、长远利益而与个体利益发生冲突时尊重法律，自觉依据法律的规定抑制个体利益以实现他人或社会的共同利益。这一点往往是公民尊法意识强弱的重要衡量标准。从利益角度看，个体追求自身利益的最大化实现无可厚非，但这种利益的最大化必须在法律的框架内实现，否则就可能侵害到他人利益或者社会公共利益，法治既保障公民利益的实现，又为公民的利益划定了明确的边界，尊重法律就是对他人利益、社会共同利益的尊重。因此尊法意识本身就是社会主义核心价值观的生动反映，是社会主义核心价值观的重要维度。

二、尊法意识的培育有助于深度推进社会主义法治建设

从当前社会主义法治建设的实践看，完善的社会主义法律体系已经基本实现，但法律的应有作用却没有得到全面的发挥，有法不依、执法不严的情况还大量存在，某些领域已经阻碍了法治进程的深入推进。虽然立法机构的立法的热情和执法机关的执法的力度在不断提升，但实际效果却难以让人满意。造成这一现象的深层次原因之一，就是全社会尚没有形成普遍自觉践行核心价值的文化氛围，尚没有形成普遍的尊法意识。

从社会发展的角度看，我国建国后长期处于计划经济体制下，依靠行政权力分配社会资源的制度中形成的“尊权不尊法”的意识还相当广泛。应当说，通过行政手段分配和整合社会资源是适合计划经济体制的有效方式，但随着社会主义市场经济的普遍建立和成熟，依靠法治的方式调整社会关系就成为必然的选择。但这两种调整社会关系的方式转换是个长期的过程，因为长期依赖行政手段管理社会的历史传统，难以自发孕育出适应社会主义法治建设需要的尊法意识，在这样的现实中推进社会主义法治建设，尊法意识的培育就显得尤为重要。

从法治建设的角度看，目前我国社会主义法律体系建设已经基本完成，相关的制度机制也已经完备，法治建设的重点已经由基本制度建设转向社会主义法治文化建设上，尊法意识的培育本身也成为法治文化建设的重要内容。特别是要实现从封建意识浓厚的传统法律文化向现代法治文化的转型，尊法意识的培育就更为重要，因为社会主义法治所倡导的尊法意识与我国传统法律文化中对法律的尊重意识已经迥然不同。传统法律文化中对法律的尊重，实质上还是对行政权力的尊重，如果没有社会主义法治所需要的正确的尊法意识，法律文化的建设必然会偏离正确的轨道。因此尊法意识的培育已经成为法治文化建设深度推进的重点方向之一。

从公民个体角度看，人人都期望实现自身的愿望，如果缺少践行社会主义核心价值观的自觉性，个体必然会以自身的利益为标准来选择自己的行为方式，而无暇顾及社会的公共利益和长远利益。当一个社会无法给每一个成员的个体利益提供平等的机会和保护时，社会成员必然会通过个体的行为来实现和保护自身的利益，这无疑会降低社会的凝聚力，降低全社会对社会主义核心价值的认同。理论上，虽然可以通过普遍的法律强制来规范人们的行为，但普遍的法律强制既与社会主义法治高度自觉的要求背道而驰，其所带来的高昂的成本全社会也难以承受。尊法意识的增强只能通过引导来实现，惩罚和强制难以催生出全社会对法律的尊重和信仰。因此社会主义法治的实现方式，只能依赖于全社会高度认同基础上的自觉践行。

三、尊法意识培育的关键是引导全社会对核心价值观的普遍认同

公民尊法意识的增强既靠外在利益的驱动，更靠内心认同的支

持。“中国特色的社会主义核心价值观作为一种主流文化存在并起支配作用，必然要经历价值认同、价值践行的过程”。而公民对法治的认同来源于现实比较基础上的理性思考，“社会主义核心价值观的认同过程是由认同的各要素有机匹配与相互作用而形成的动态过程”。因此，只有广泛地实现社会公平，社会成员切身感受到法治所带来的正义、公平、稳定和安全，通过自身的理性选择自觉认同法治的过程和结果，才能增强全社会对法律的尊崇和敬仰。但我们又仿佛进入到一个理论怪圈，就是要引导公民尊重法律，培育尊法意识，首先需要营造一个尊重法律的公平现实环境，而公平现实环境的营造，显然又必须以公民具有尊重法律的意识为前提。这就需要在理论上寻找突破口，打破僵局，用适合当下现实的方式来引导全社会尊法意识的提升。

首先，用社会主义发展的巨大成就引导全社会认同社会主义核心价值观。人们对核心价值观的认同与否，主要取决于核心价值观是否符合人们的心理预期，是否会满足人们的现实需要。改革开放后，以经济建设为中心的发展战略使我国经济、社会和文化等建设领域得到了飞速发展，取得的巨大成就本身就极大了满足了人们的发展需要，为社会主义核心价值观的普遍认同提供了强大的现实基础。应当说，培育全社会的尊法意识，建设社会主义法治国家的物质基础已经成熟。目前需要解决的理论问题之一，就是如何将社会主义核心价值与个人的发展融为一体，使社会主义核心价值观具体化、通俗化和常识化，让全社会充分认识到社会主义核心价值的实现与个人价值实现之间的互动关系，即让全社会普遍认同社会主义核心价值观的社会价值。因为社会主义核心价值观更多的是从全社会的整体利益和长远利益的角度出发，满足全社会和谐、可持续发展的需要，而个人发展的价值更多的是考虑满足个人生活和发展需求。这二者之间可能会存在着矛盾和冲突，因为个人的发展主要考虑的是个人幸福的最大实现，而个人必须承担的诸如环境保护、资源的合理节约使用等社会责任则会较少考虑。要实现社会的和谐和可持续发展，每一名社会成员都必须承担相应的社会责任。如果社会成员不能普遍意识到自身应当承担的社会责任，则核心价值观的认同就无从谈起。

其次，用民主的立法和公正的执法引导全社会认同法律。民主的立法意味着在立法过程中，每一名社会成员都可以充分地发表意见，每一条意见都会得到充分的尊重，立法的过程本身就是一个公民意见集中、辩论和相互妥协的过程，使法律能更广泛地体现社会各阶层的意志，这一过程本身也是很好的法治宣传教育过程，民主透明的立法程序可以使社会成员在潜移默化中普遍认识到法律与自身利益的息息相关，公民就会更加认同法律的内容。从近几年的立法实践看，立法机关向全社会征求立法建议的范围越来越广，人们参与立法的热情也会越来越高，法律得到认同的程度也越来越强。人们在认同法律内容后，才能尊重法律，才能主动追求法律的社会价值。同时严格公正的执法也是引导全社会认同法律的重要环节。良好的法律如果得不到公正的执行，这本身就是对法治权威的极大破坏。如果以权代法的情况大量出现，法律起不到调整社会关系的主要作用，而权力却能带给人们实实在在的利益，人们会自然地选择尊重权力而忽视法律。

最后，用党员干部的带头尊法引导全社会共同尊法。应当看到，同其他的具体制度一样，法治本身也有着明显的局限性，例如法律规定的现实滞后性、法治的社会成本、执法者的能力与水平等等都可能制约具体案件中法治目标的实现。现实生活中通过不尊重法律的方式获得实际利益的情况也常有发生，甚至还存在着一定量的“违法得利、守法吃亏”现象。这就需要必须有一部分社会成员首先放弃通过不尊重法律而获得实际利益的机会，自觉遵守法律，带头营造和维护尊重法律的社会氛围。从社会实践看，党员干部应当承担起这一责任，因为党员干部是思想政治上的先进群体，这一属性本身就要求党员干部有责任带头营造和维护社会主义的先进文化氛围，同时党员干部在社会生活中的影响也大于普通群众，普通群众对党员干部也寄予了很大的期望，党员干部的带头会起到更大的示范作用。当尊重法律成为社会的主流意识和主流行为时，法治宣传教育的效果也会得以扩大，社会主义法治文化建设就会更加成熟。

（南京政治学院上海校区讲师）

社会主义核心价值观培育的多元文化土壤

张　娜

自2006年10月党的十六届六中全会首次提出社会主义核心价值体系以来，党的十七大、十七届六中全会对社会主义核心价值体系建设不断推进。2012年11月8日党的十八大进一步提出社会主义核心价值观，明确指出“倡导富强、民主、文明、和谐，倡导自由、平等、公正、法制，倡导爱国、敬业、诚信、友善，积极培育和践行社会主义核心价值观”，表明党和国家对中国特色社会主义的认识从制度层面转到价值层面。“三个倡导”为进一步凝练和培育社会主义核心价值观提供了基本范畴与原则，表达了党坚持中国特色社会主义价值为导向，深化中西价值关系认识，吸收中国传统文化价值的多元培育路径。

一、培育社会主义核心价值观立足的是多元而非单一文化土壤

文化的历史性与社会性决定了任何一种文化都是对历史文化形态和现实文化形态的继承与融合。价值观作为精神文化的一种，同样如此。中国的历史实际同样要求当前社会主义核心价值观的培育不能只关注社会主义价值形态，还要重视多元文化的融合。

中华文明伊始，就有百家争鸣的文化盛况，之后在儒学占主导地位的同时，其他思潮共同发展，中华文明作为一种完整的文明在多元文化中不断推进。鸦片战争后，中国的大门被打开，中华文明随着中华民族独立的革命运动与各种外来文化相互激荡。旧民主主义革命期间中国的仁人志士不断抗争无果，最终在马克思主义指导下实现了新民主主义革命的胜利，并通过社会主义革命建立了社会主义新中国。中华文化共同经历了两千多年的封建文化传统、半个多世纪的半殖民地半封建文化、以及新兴的新民主主义文化和马克思主义文化，中国人的价值观念受到中国传统文化、封建文化、半殖民地半封建文化、新民主主义文化以及马克思主义的多元浸染。可见，中国复杂的历史进程决定了当下社会主义价值观培育必须重视中国多元文化共存的历史传统。

改革开放后，全球化的浪潮席卷中国，西方各种文化思潮大量涌入中国，并以其特有的异质性、开放性、时代性迅速在中国人的价值领域占据一方天地，当代国人成为中国传统社会复杂文化体与西方资本主义社会思想行为的集合体。在这诸多文化价值思潮的相互碰撞冲突中，当代国人或遭遇西方观念与中国传统文化冲突带来的心灵拉扯，或经受西方思想之种在中国文化土壤中不当嫁接的苦果，丢失了原本清晰的价值观念，导致当下中国社会信仰缺失、价值迷失、信任流失。

社会主义核心价值观的培育，正是用社会主义价值文化实现对中国社会主义初级阶段多元文化价值冲突碰撞的化解与调和，包括对各种文化价值中积极与消极因素的分解剥离，以及对各种文化所占权重的重新划分等。如何甄别各种文化中的优秀价值，合理安排各种文化的价值排序，尤其是如何以马克思主义为指导，批判借鉴西方文明、中国传统文化的价值内核等成为社会主义核心价值观面对的主要问题。“三个倡导”是社会主义核心价值观对多元文化调和的重要成果，体现了马克思主义指导下的中国特色社会主义价值取向、西方价值文明以及中国传统文化价值的融合，并突出了中国特色社会主义价值取向的首要地位。

“三个倡导”的第一个倡导“富强、民主、文明、和谐”是对中国特色社会主义价值取向的直接体现，在“三个倡导”中占据首要位置，反映了社会主义核心价值观培育中中国特色社会主义意识形态不可取代的主导地位。第一，“富强、民主、文明、和谐”是中国当前建设社会主义现代化国家的现实目标，是立足社会主义初级阶段对当前中国基本路线的重大设计，是直接指导中国特色社会主义现代化建设的基本价值。第二，“富强、民主、文明、和谐”切合了社会主义初级阶段新发展模式的要求。社会主义初级阶段的根本任务是发展，在中国特色社会主义实践的过程中，党和国家对发展的认识从最初单一的经济发展，强调物质文明；深化到经济、文化发展“两手抓、两手都要硬”，强调物质文明和精神文明；再到对党自身建设和社会和谐的重视，强调政治文明和和谐社会；最后提出生态发展建设美好中国的要求。当前社会主义现代化的发展模式包含中国特色社会主义政治、经济、文化、社会以及生态“五位一体”的发展模式，“富强、民主、文明、和谐”正是“五位一体”发展模式的目标要求。总之，“三个倡导”的第一个倡导“倡导富强、民主、文明、和谐”，立足中国当前社会主义初级阶段的基本国情，抓住了中国特色社会主义现代建设的目标理想，展现了社会主义核心价值观培育中中国特色社会主义价值取向的首要和核心地位，是提升中国特色社会主义自我优越性、自我魅力以及社会主义制度优越性的重要保障。

二、培育社会主义核心价值观以中国特色社会主义价值取向为主导，批判借鉴西方文化

第二个倡导“倡导自由、平等、公正、法制”体现了社会主义

核心价值观培育过程中对西方文化的吸收借鉴。在对社会主义核心价值观凝练问题的讨论中，就如何对待中西方价值问题学界存在超越论和驳斥论。超越论者认为，社会主义与资本主义代表着不同层次的人类文明进程，作为更先进的社会主义文明，其核心价值观应该是对资本主义价值观的扬弃与超越。驳斥论者同样从中西价值比较出发，却主要集中在对资本主义价值文明中的全盘否定上，认为资本主义进程中产生的价值观，不应该存在于社会主义核心价值观的价值范畴内。两者都认为社会主义核心价值观与西方文明没有关系，但前者是对中国历史现实重视不够的浪漫情怀，后者则有一种对西方价值重视不足的文化固守。

从纵向历史来看，“超越论”者的基础是资本主义，但不论在制度形态上还是思想形态上，资本主义都没有在中国社会真正形成过，也就是说，中国还缺少这一发展进程上的文化和价值积淀。

首先，在制度层面，中国特殊的历史进程表明资本主义与社会主义不存在真正意义上的制度更替。1840 年鸦片战争爆发，中国从封建社会过渡到半殖民地半封建社会，在经过长达半个多世纪的民族斗争后，最终走上了新民主主义社会。新民主主义社会具有浓厚的无产阶级气息，中国的社会主义社会在新民主主义社会发展的基础上形成，从而在制度上跨越了资本主义。正如毛泽东所说：“革命的两个阶段中（新民主主义革命与社会主义革命，作者注），第一个为第二个准备条件，而两个阶段必须衔接，不容横插一个资产阶级专政的阶段。”“民主主义革命是社会主义革命的必要准备，社会主义革命是民主主义革命的必然趋势”。因此，在中国具体的历史环境中，资本主义这一制度形态并没有真正形成。

其次，在思想层面，资本主义的思想启蒙未能在中国社会立足。从胡适的思想救国运动到轰轰烈烈的新文化运动，资本主义民主科学的思想虽然来过中国，但在中国面临亡国灭种的特殊时刻，马克思主义“全世界无产阶级联合起来”的共产主义理想来到中国，资本主义的思想启蒙运动在救亡图存的民族运动中夭折。正如李泽厚所说："救亡压倒启蒙"，资本主义启蒙思想只是当时少数知识分子的认知，而不是整个社会的主流意识形态。近代中国社会是马克思主义指导下的社会主义思潮、中国浓厚的封建思想观念、以及少数资本主义启蒙思想混杂的多元状态。因此，从思想层面来说，资本主义也没有在中国真正成形，中国特色的社会主义核心价值观与资本主义价值观并不存在事实上的前后关系，也就无法实现对其批判基础上的有效凝练。

从横向现实来看，"驳斥论"者排斥的主要对象是西方社会产生的价值观，然而不论从我国和平发展的外交政策还是中国文化强国的深远目标，社会主义核心价值观的培育都无法无视西方文化价值而封闭发展。第一，文化封闭不利于我国和平发展外交政策的顺利实施，不利于营造良好现代化发展的国际局势。当前世界和平与发展成为时代主题，经济全球化与政治多极化成为两大发展趋势。一方面多极政治实体在动态稳定中力图相互保持一定距离，另一方面经济全球化以势不可挡的势头不断将世界各国紧密联系起来。和平发展成为各国普遍认同并遵从的治国方略，各国之间的关系变得日趋复杂，一国的发展都与其他国家密切相关，各国之间在经济、文化、科技、教育、能源、医疗等各个领域相互合作共赢互利，全方位、多层次、宽领域的深度交织成为各国发展的必然选择与有效方式。虽然东西方意识形态的斗争一直都暗潮涌动从未停息，但和平解决问题争端成为不同意识形态国家的共识，发展更成为世界各国更大的主题。因此，社会主义核心价值观虽是中国意识形态的本质表现，却不简单的以社会主义意识形态来否定文化价值的借鉴。第二，中国要成为文化强国，引领世界的文化发展潮流就成为中国文化发展的应有之义。社会主义核心价值观对内要凝聚人心，对外要在世界文化价值中与不同价值观争夺话语权；社会主义核心价值观不仅要能够吸引本国意识形态的人民，还要能够吸引世界不同意识形态的人们。社会主义核心价值观立足点在中国，目标却在世界；社会主义核心价值观的培育不应该是狭隘封闭的，而应该是立足于全人类视角上的开放的。因此，西方文明能够流传至今必定包含了有益的人类共同价值取向，社会主义中国不能因为意识形态不同的文化体具有了某些价值观念就将这些价值要素排斥于社会主义核心价值观的大门之外，这不只是对整个人类共同价值的排斥，更是对本民族文化的自我束缚。中国要提高国家软实力成为世界文化强国，就要求中国的社会主义核心价值观不能固守本土文化，排斥他族文化，而要在发扬本土文化的基础上，吸收全人类文化价值，以世界的眼光来发展中国文化。

“三个倡导”的第二个倡导“倡导自由、平等、公正、法制”正是站在世界的高度，吸收人类文明，将西方价值文明融入中国特色社会主义的价值追求。西方重视个体自由、平等、公正的权利要求孕育着西方的文化价值体系，在与西方社会交流合作的过程中，现代化的交流模式要求我们同样关注个人权益，关注自由、平等、公正、法制是中国传统文化中比较薄弱的成分，对“自由、平等、公正、法制”的倡导，符合世界交流合作趋势。不过，西方传统中的“自由、平等、公正、法制”不能照搬于中国实际，在不同的历史背景下，它们具有不同的现实含义，社会主义制度下的“自由、平等、公正、法制”不能简单地等同于资本主义制度下的“自由、平等、公正、法制”，中国特色社会主义制度下的“自由、平等、公正、法制”是在建设社会主义和谐社会的层面上来理解和运用的。

三、中国传统文化是培育社会主义核心价值观的文化土壤

培育社会主义核心价值观，内在的包含两种价值目标，对内凝聚本国人民的力量，巩固全党全国各族人民团结奋斗的共同思想基础；对外树立中国文化形象，引领世界文化潮流。前者是培育社会

主义核心价值观的直接目标和首要任务，后者是培育社会主义核心价值观的重要使命与远大目标；前者是社会主义核心价值观内在本质的根本展现，后者是社会主义核心价值观内在本质的辐射延伸。二者共同构成培育社会主义核心价值观的目标体系，而前者始终是后一目标实现的价值基础，前一目标实现与否直接决定着后一目标成功与否，因此培育社会主义核心价值观首要的根本的任务还在于如何在本国人民内部凝聚力量形成共识，得到本民族广大人民的认可。而要想得到本民族广大人民的认同，就必须深入本民族认同价值形成的文化价值之中，即必须扎根于本民族的传统文化中。因此，中国传统文化在社会主义核心价值观的培育中占有举足轻重的地位，是社会主义核心价值观的平台和土壤，抛开中国传统文化谈当前中国的社会主义核心价值观如同无源之水、无本之木，失去了其最具活力和最具特色的部分。

中国传统文化是一种道德文化，注重将个人品德修养作为培育人和建立国家秩序的根本核心和重要手段。其中，儒家学说是中国传统文化的主流和重要组成部分，是凝成中华民族精神的重要来源。牟宗三曾对中国文化评述如下："察业识莫若佛、观事变莫若道、而知性尽性，开价值之源，树立价值之主体，莫若儒。"儒学一定意义上代表了中国传统文化，其对个人道德品格的要求也比比皆是。中国传统儒学的最高价值理想是"内圣外王"，熊十力指出："《庄子·天下篇》以内圣外王称孔子，却是囊括大宇，孔子与儒学之广大在此。"儒学鼓励人们以"内圣外王"作为修身立命的价值理想：所谓"内圣"，是指"内在于个人自己，则自觉地作圣贤工夫（作道德实践）以发展完成其德性人格之谓也"；所谓"外王"，是指"外而达于天下，则行王者之道也。"而如何实现"内圣外王"的价值理想则如《礼记·大学》所云："自天子以至于庶人，壹是皆以修身为本，其本乱而末治者否矣，其所厚者薄而其所薄者厚，未之有也！"即孟子所言："人有恒言，皆曰：'天下之本在国，国之本在家，家之本在身'。"因此，要实现"内圣外王"之理想，最根本的就在于“修身”，也就是个人良好道德品格的养成。儒学围绕如何成为一个“内圣外王”之人，展开了一系列关于“道德”内涵、“修身”之法等的探讨，形成了中华丰富而深厚的道德文化传统。

“三个倡导”的第三个倡导“爱国、敬业、诚信、友善”，正体现了社会主义核心价值观培育的道德情怀，是对中华五千年优秀传统文化的传承与回应。“爱国、敬业、诚信、友善”着重个人道德品质的要求，重申了个人德行养性对于治国平天下之重要性，是中国实现文化强国之路的重要途径与方式。不过“爱国、敬业、诚信、友善”虽然体现了中华传统文化着重个人道德修养培育的思想内涵，但作为现代中国公民道德建设的一个方面，体现的是对当代公民最基本的要求，在品德养成的高度上与中国传统价值观对个人“内圣外王”的要求还有很大距离。孔子曾根据个人道德养成的不同程度划分出五种人：“人有五仪：有庸人，有士，有君子，有贤人，有大圣。”圣人作为道德的最高境界，处于最高阶段，之下还有贤人、君子、士、庸人四个等级，“爱国、敬业、诚信、友善”之于孔子的“五仪”，作为对个人精神性的指导其提升的空间可见一斑。因此，在培育社会主义核心价值观的过程中还应该挖掘更深层次的中华文化价值。

总之，十八大“三个倡导”的社会主义核心价值观的提出，是党和国家对社会主义核心价值体系建设的重大推进。“三个倡导”内在地体现了培育社会主义核心价值观的多元文化融合的路径：第一个倡导“富强、民主、文明、和谐”体现了社会主义的发展方向，是“三个倡导”中首要的和核心的价值观念，决定社会主义核心价值观的根本性质，为中国特色社会主义的发展指明前进方向。第二个倡导“自由、平等、公正、法制”体现了社会主义核心价值观对西方文化价值的借鉴。要更快实现“富强、民主、文明、和谐”的价值目标，就需要加强文化的批判和借鉴，为中国特色社会主义的现代化建设提供更加丰厚的文化和价值支撑。第三个倡导“爱国、敬业、诚信、友善”体现了社会主义核心价值观对中国传统文化价值取向的融合，是凝聚中华民族、团结广大人民的价值要素和价值根基，是中华民族实现“富强、民主、文明、和谐”的价值目标的独特方式。总之，培育社会主义核心价值观，就是要通过中国民族“爱国、敬业、诚信、友善”特有的道德行为方式，借鉴西方“自由、平等、公正、法制”的现代化社会制度，为实现中国“富强、民主、文明、和谐”的社会主义现代化目标不断努力奋斗。

（上海师范大学马克思主义学院讲师）

社会主义核心价值观培育的生活场景

苏杨珍　王建华

党的十八届三中全会指出，坚持立德树人，加强社会主义核心价值观教育。而教育是一个体系，学校教育仅仅是教育的一个部分，社会则是一个更大的课堂，要进一步推进社会主义核心价值观教育的日常化、大众化。核心价值是意识形态的主体，社会主义核心价值观是社会主义意识形态的本质体现。而意识形态的生命力不仅仅在于它是一种居于主导地位的文化价值，更重要的是它只有真正成为一种存在于日常生活中的思想意识才是有效的，只有成为一种存在于生活政治中的思想意识才能发挥作用。日常生活是人的最直接、最普遍的存在方式，我们主张核心价值观培育要面向日常生活世界，关注广大群众的生活情境与生活经验积淀，巩固社会主义意识形态发生作用的社会基础。

一、意识形态的现代转型与日常空间的认同

汤普森认为，现代意识形态已经从信仰的模式变成了行为模式，这意味着不是再到人们的观点或谬误、世界观或思想概念体系中去寻找意识形态的东西，而是在日常生活经验本身中去寻找，因为意

识形态是在日常生活背景下运作的。[①] 因此，而现代社会的发展使政治正在由解放政治向生活政治发展，这就要求我们要日益关注生活空间中人们的思想状态，要特别注重对社会风尚的引领和塑造。因为一定时期的社会风尚反映和体现着生活状态中人们的物质与精神追求，它反映了一个社会的主流意识形态和核心价值观。也就是说，意识形态不仅仅是一个上层建筑，是国家建构，更重要的是要有社会认同的根基。意识形态建构只有具有深厚的社会根基和社会认同才能巩固，否则就是形而上的空中楼阁。

日常生活空间的价值认同对于核心价值观的培育更具有基础性意义。特别是在多元文化时代，主流意识形态的主导作用受到诸多挑战，特别是在日常生活领域，物质主义、享乐主义成为日常生活价值的主流，公众的生活更多的是对时尚的追求、对流行的追捧。特别是近年来“三俗”文化的流行，将公众置于一个灵魂缺失的文化氛围中，到处充斥着历史虚无主义、民族虚无主义和价值空虚。这种文化状况在一定程度上割裂了核心价值观与社会生活的关系，使国家的核心价值理念逐渐失去现实生活的支撑。而核心价值观的生命力恰恰是植根于对生活世界的引领。没有在现实生活中发挥作用的核心价值观，不是一个社会真正的核心的价值观。法国著名思想家托克维尔认为：美国之所以迅速崛起并领导世界，就是因为美国的国家观念与社会观念的吻合。因此，用社会主义核心价值观引领社会风尚，使核心价值以潜移默化的方式渗透到人们的日常生活之中，不仅在移风易俗中、在价值选择中启发人们的思维、引导人们的行为，确立良好的道德标准和行为习惯，而且形成核心价值观与日常生活秩序相互需要的良性互动关系，从而使社会主义核心价值观真正根植于社会生活，根植于人们的思想活动，实现核心价值观与人们的观念和行动的协调一致，真正在社会发展进程中发挥出核心价值的引领作用。

---

① ［美］约翰·汤普森：《意识形态与现代文化》，泽林出版社，2005 年版，第 21 页。

二、在理论的实践性中增强对社会主义核心价值观的认同

理论只有与实践相结合才具有生命力。一种价值体系只有得到被多数人接受、理解和掌握，才能转化为一种社会意识，才能为人们所自觉遵守和奉行。“意识在任何时候都只能是被意识到了的存在，而人们的存在就是他们的现实生活过程。”① 因此，只有在现实生活中彰显价值观的实践功能，才能更好地增强人们对社会主义核心价值观的认同。虽然核心价值观来源于社会实践，是一种思想意识和行为规范，属于上层建筑，但反过来，它必须在人们的生活实践中发生作用，才能得到更广泛的认同。因为思想价值体系只有与生活实践相契合才能增强认同，才具有生命力和创造力。社会主义核心价值观的培育离不开人们的实践活动，离不开社会生产和生活。因此，核心价值观的培育不仅仅是一个思想传播过程，更是一个实践过程。特别是在全面建成小康社会的进程中，更应当关注普通民众的日常生活实践。人们只有在生活实践中获得切身的实际利益，才会进一步认同核心价值观。在这一点上，依然体现了马克思主义物质决定意识的唯物史观。因为“人们为之奋斗的一切，都同他们的利益有关。”② 只有使核心价值观切实贴近人们的利益需求，有利于人们的利益满足，它才成为现实生活的规范，才能获得广泛的社会支持和认同。因为，只有融入生活实践中的规范才会真正获得生命力和影响力。所以，培育社会主义核心价值观不能仅仅停留在宣传的层面，需要解决好人民群众最关心、最直接、最现实的利益问

① 《马克思恩格斯文集》第一卷，人民出版社，2009 年版，第 525 页。
② 《马克思恩格斯全集》第一卷，人民出版社，1995 年版，第 187 页。

题，让人们感受到社会主义核心价值观切实的实践功能，有效实现核心价值与社会实践的对接，使人们在利益满足的基础上真正认同并自觉践行社会主义核心价值观。

三、在日常文化的生产中强化社会主义核心价值观的承载

理论的力量不仅取决于自身价值的大小，更取决于它是否被传播以及传播的深度和广度。作为社会主义意识形态本质属性的核心价值观的传播除了政府的主导宣传，更重要的是要使之作为一种日常化形态渗入人们的生活。而一个国家和民族的价值观念、思想意识、行为方式只有通过大规模的文化产业运作，才能向全世界传播和扩散，并且渗透到千百万人的生活中去。特别是在大众文化流行的今天，如何创设大众文化的价值承载，成为每一个参与者必须思考的问题。大众文化所具有的世俗性、流行性、消遣性等特征使之成为民众乐于接受的文化样式，而社会主义核心价值观的先进性、崇高性、规范性等特征如何通过文化的生产渗透到大众文化，使之成为社会流行价值观的核心要素，对于社会主义核心价值观的培育而言至关重要。

文化产品总是承载着一定的观念和价值。在文化产业日益受到青睐和追捧的背景下，我国电影、电视、动漫等行业正以惊人的速度创造出海量产品，改变了传统文化市场的供需矛盾，影响着人们的精神文化生活。我们看到，美国公司和广告业的经营者、好莱坞电影公司的老板们，就在不仅向世界其他国家销售它们的产品，而且也推销美国的文化和价值观。我们知道，文化产业在创造经济产值的同时，也传承着社会文明，影响着人们的价值取向和行为选择。党的十八大明确提出：“加强重大公共文化工程和文化项目建设，完

善公共文化服务体系，提高服务效能。”就是要在发展文化产业的同时，重视公共文化的发展，以更好地满足人们的精神文化需求，发挥文化教育人、培养人、塑造人的功能。一定程度上讲，公众的日常生活特别是精神文化生活就是由文化生产来创设的，无论是大众文化还是高雅文化，多数人都是一种被动接受。所以，在中国综合国力跃居世界第二的背景下，强化文化生产中的价值承载是培育社会主义核心价值观的题中应有之义。因此，文化生产对社会主义核心价值观的日常传播的意义不言而喻，我们要将社会主义核心价值观充分体现在各种文化产品的生产过程，使文化产品在满足公众精神文化需求的同时，实现核心价值观的自然传播，实现在日常生活世界中对民众潜移默化的情操陶冶和价值引领，达至润物细无声的效果。

四、在大众传播中营造践行社会主义核心价值观的文化氛围

一种价值观的生命力在于它被践行的程度。社会主义核心价值观要成为人们的自觉行为，就必须具有良好的社会文化氛围。在媒体时代，我们每一个人都生活在一定的文化环境之中，都自觉不自觉地接受着各种思想观念的影响。特别是在网络化时代，培育社会主义核心价值观的最佳状态就是实现人的自觉意识与无意识的结合，也就是把自觉的内在信仰转化为无意识的习惯性行为。这样，社会主义核心价值观就自然地转化为人的自觉行动，成为人们自觉践行的行为准则和价值标杆。有西方学者就认为，当代资本主义社会所具有的世界影响力，并不是某种严厉的意识形态的教化诱使人们赞同它，而恰恰是媒体和消费文化所带来的娱乐使然，认为意识形态的这些因素无一不是渗透于各种媒体文化当中。可见，媒体化时代

的信息充斥在社会的每个角落，正改变着人们的生活世界和生活方式，特别是在信息技术的快速发展所带来的便捷，使媒体传播成为掌控人们日常生活价值的重要手段。一定程度上讲，谁控制了的传媒，谁就掌握了日常生活空间的话语权，谁的思想文化和价值观念就得以广泛传播，影响力就会日益扩大。当今世界，美国之所以具有强大的吸引力，一个重要的原因就在于它掌握了世界大部分的媒体力量，拥有强大的舆论传播能力。为此，我们要培育社会主义核心价值观，营造良好的文化氛围，就要借助先进的传播手段来深化社会主义核心价值观的传播，特别是要善于运用现代传媒手段，借鉴民主喜闻乐见的文化传播形式，让民众在精神的愉悦中接受社会主义核心价值观的熏陶，让人们生活在积极向上的文化生活之中。习近平同志在全国宣传思想工作会议上指出要弘扬主旋律，传播正能量，特别强调指出坚持正面宣传为主，关键是要提高质量和水平，增强吸引力和感染力。我们在日常生活空间强化社会主义核心价值观的传播，就是要结合公众的社会需求，运用现代化的手段，以多样化的载体、多样化的形式不断创新社会主义核心价值观的传播，增强其表现力、传播力和吸引力，把社会主义核心价值观与大众文化有机融合结合，让公众在娱乐中享受崇高，在潜移默化中增强认同,，真正在日常生活空间创设积极向上的文化氛围，发挥社会主义核心价值观对社会生活的引领。

（山东交通学院讲师；南京政治学院上海校区讲师）

核心价值观培育须廓清历史虚无主义

王建国

中国的进一步发展亟需核心价值观的构建与培育，而廓清历史虚无主义的迷雾与影响尤其是认清其实质显然是题中应有之义。近年来，在如何对待历史这样重大的问题上，不时出现刺耳的噪音，这就是历史虚无主义思潮在中国的沉渣泛起、阴魂不散。这股错误思潮具有很大的欺骗性、迷惑性和渗透性，值得我们予以关注警惕。

历史虚无主义是西方文化传统之现代流变的产物。历史虚无主义可以说是一种国际性的思潮。在西方近现代的哲学与历史的思想家中内蕴着历史虚无主义的特征、倾向或因素的不乏其人，这就构成了在当今世界流行泛滥的历史虚无主义的理论渊源。把历史科学与自然科学截然加以区分的德国哲学家文德尔班主张放弃对现实的普遍规律的研究，把历史思维封闭在个体性之中，突出地强调历史对象的一次性与独一无二的性质，把“心灵直观”当作历史思维的主要形式，事实上已经排除了在历史领域内进行科学认识的可能性，与他试图建立一种历史科学的初衷背道而驰。提出历史形态学的德国历史哲学家斯本格勒完全割裂了近代与古代之间的联系，又强调各种文化之间的不可沟通性，从而使他的历史相对主义实际上导致了历史虚无主义。提出历史轴心期的德国哲学家雅斯贝尔斯混淆了历史事实与历史意识的界限，否认历史客观规律的存在，否认客观地认识历史的可能性。主张“一切真历史都是当代史”的意大利思想家克罗齐，以历史认识的现代性完全排斥了历史的过去性，以历史认识的主观性完全否认了历史认识的客观对象。主张“一切历史都是思想史”的英国历史哲学家柯林伍德，把一切历史都看成是在历史学家自己的心灵中重演过去的思想，把历史学家自身的思想当作批判关于事实材料的陈述的标准，因而取消了历史认识与历史客体的界限，否定了不同观点之间重合与交流的可能性，也就为把历史过程转变为历史思想的主观化开辟了道路。特别值得一提的是，以创立批判理性主义与反历史决定论闻名于世的英籍哲学家波普尔，以强调历史无规律性、历史无重演性、历史的不可预测、历史不可检验、历史没有意义的基本观点以及反整体主义、反本质主义、反乌托邦主义的方法论来批判历史决定论尤其是唯物史观，对马克思主义构成了最为严重的挑战与威胁。

中国在走向现代化的过程中，空前地遭遇到历史虚无主义。20世纪二三十年代，就有人宣扬“全盘西化”论，认为中国文化不论哪一方面都比不上西洋文化，因而对西洋文化要“诚心诚意的全盘接受它”，这种论调显然隐含着或彰显着历史虚无主义。20世纪80年代起则又有人宣扬历史文化虚无主义的观点，说只有以“蓝色文明”的雨水来“滋润这片干旱的黄土地”，才有可能使它“重新获得生机”，实际上是要“西化”中国。自改革开放以来，历史虚无主义思潮在中国一直时隐时现。历史虚无主义在中国的全面呈现则是在20世纪90年代以后。大气候的影响特别是苏东剧变，加之中国社会从以政治为导向的社会向以经济为导向的社会的急骤转变，不仅弱化了传统社会主义及共产主义价值，也一度否弃了自身的传统文化价值的现代意义，同时也否弃了包括西方精神文化在内的整个人类精神文化价值。这一时期有关理想式微、价值坍塌、道德滑坡、人文精神危机的评论以及“告别革命论”的出笼，都在不同层面表明历史虚无主义的全面泛起。现代西方社会推行并带来全球效应的新自由主义，也助长了当代中国的历史虚无主义倾向。

近几年，中国的历史虚无主义现象在思想领域和影视创作方面又有较为明显的表现。一些人以“反思历史”为名，从纠正“文化大革命”的“左”的错误，走到“纠正”社会主义，认为我国不该过早地搞社会主义，而应该让资本主义充分地发展；从纠正毛泽东同志晚年的错误，走到全盘否定毛泽东同志的历史地位和毛泽东思想；从诋毁新中国的伟大成就，发展到否定中国革命的历史必然性；从丑化、妖魔化中国共产党领导的革命和建设的历史，发展到贬损和否定近代中国一切进步的、革命的运动；从刻意渲染少数中国人的不文明行为，发展到否定五千年中华文明等等。

历史虚无主义的中国化中具有多维实质。所谓实质，通常是指事物的存在根据与根本性质，意即本质。历史虚无主义的中国化，使其具有政治、思想、方法、危害等多维度的实质。

从政治实质上看，现代中国的所谓历史虚无主义往往是从反对社会主义和中国共产党领导的政治需要出发，否定近现代以来的一切革命，主张中国走资本主义道路，实行“全盘西化”；攻击和诬蔑中国共产党；给领袖人物抹黑。比如，竭力贬损和否定革命，诋毁和嘲弄中国人民争取民族独立和人民解放而进行的反帝反封建斗争，诋毁和否定我国社会发展的社会主义取向及其伟大成就。又如，以重评历史人物为名，模糊是非善恶的价值界线。再如，在电视屏幕上，肆意“戏说”历史事件和历史人物的电视连续剧久播不衰。还如，颠覆传统经典，“改编”和翻拍红色经典。

从思想实质上看，在历史虚无主义在当前中国的实际表现中充斥了诸如唯心史观、解构主义、怀疑主义等杂烩。比如，历史虚无主义打着“还原历史”的幌子，大作翻案文章，为已被历史淘汰的旧势力评功摆好。又如，历史虚无主义通过消解和解构历史，否认一些人们已经普遍接受并为历史实践的进程所不断证明的历史结论。

从方法实质上看，当前中国的历史虚无主义，充斥了反辩证法意义的形而上学、诡辩论、实用主义等。历史虚无主义所宣扬的思想观点，不是在全面、系统地掌握有关材料的基础上经过科学的分析得出来的，而主要是在表达自己的某种倾向、某种情绪，带有极大的主观随意性。他们攻其一点，不及其余，抓住支流、现象下结论，用这种方法去剪裁历史，编排历史，把好的说成坏的，把坏的变成好的，从而达到歪曲历史的目的。比如，历史虚无主义为了标榜自己的创新和理性思考，一再提出所谓的“范式转换”。他们主张用所谓的“现代史观”取代“革命史观”，把革命同现代化对立起来，借以否定中国近代史上的革命斗争。又如，在对新中国历史的认识上，历史虚无主义割裂和对立了两个30年的历史阶段使其人为地相互否定，甚至整体否定建国以来的60年历史。

从危害实质上看，当前中国流行泛滥的历史虚无主义，不仅涉及史学领域的大是大非问题，而且直接关系到做人立国的根本问题。首先，“否定革命”将导致人们对中国革命史、中国革命、中国共产党及其领袖人物的认同产生怀疑。其次，“主张抛弃传统”将割断历史并严重消解人们的民族自信。再次，历史虚无主义制造的思想混乱，不利于核心价值观的构建与培育。

（中共上海市委党校马克思主义研究院常务副院长、教授）

和谐社会正义建构的两个价值维度

——以现代西方价值危机为鉴

马　坤

十八大报告中指出，在新的历史条件下夺取中国特色社会主义新胜利，必须坚持维护社会公平正义，必须坚持促进社会和谐。十八大报告指出，公平正义是中国特色社会主义的内在要求。要在全体人民共同奋斗、经济社会发展的基础上，加紧建设对保障社会公平正义具有重大作用的制度，逐步建立以权利公平、机会公平、规则公平为主要内容的社会公平保障体系，努力营造公平的社会环境，保证人民平等参与、平等发展权利。中国共产党对中国特色社会主义的探索、坚持和发展，体现了对科学社会主义公平正义观的理论丰富和实践发展。本文旨在从现代西方正义观的价值危机与马克思主义价值追求构筑的张力之中，探寻和谐社会正义建构的价值坐标，即“个体”与“社会”的共生性平衡。

一、西方“权利本位”正义观的价值危机

从一定意义上讲，现代西方政治哲学是以自由主义的权利概念为基点的，围绕“权利”建构起制度化的正义框架，用以反对整体

专断权力对于个体的侵犯。罗尔斯的《正义论》被西方学术界誉为20世纪政治哲学“最伟大的成就”和“划时代的理论”，还被推崇为与洛克《政府论》和密尔《论自由》相并列的“自由民主传统的经典著作”。罗尔斯正义观念的基本内核是，社会每一个公民的自由权利具有不可侵犯性和平等性，强调个体权利对于社会福利总量的优先性、正义对于功利的优先性。显然这是承续和弘扬了由洛克和密尔所奠基的西方自由主义传统。然而，对于洛克和密尔力图证明个体权利先验地、天然地合乎正义理念，我国学者依据马克思经典文本给予了深度批判。奠基于个体权利之上的正义观“在本质上是形而上学的”，这种正义观“以理性为原则，从抽象的人和抽象人性出发，借助他们所想象的自然法权”构建起来。但“那种脱离现实社会关系的纯粹性存在物或理性存在物、那种孤立的在社会关系生活或生产的原子式个人”“在现实社会生活中是根本不存在的”。有鉴于此，马克思将正义的基础回归到历史的、具体的人的物质生产实践，以便“彻底颠覆西方古典自由主义公正观的形而上学基础”。[①] 现代西方正义理念正是以原子式个体概念以及个体与社会的二元对立作为前提预设，致力于在个体与社会之间、个体与个体之间划定其权利与义务的边界。

黑格尔最先揭示出权利本位的现代社会蕴含着“分离”的本质，“在市民社会中，每个人都以自身为目的，其他一切在他看来都是虚无”，[②] 黑格尔讲的市民社会，其实就是现代资本主义国家。正是现代社会秩序和意识形态预设让人相信，个人是作为自足的权利主体存在，任何共同体都是个体基于利益的工具性联合。然而事实上，一旦个体被剥离与共同体的普遍性道义关联，则个体权利只能是占有和维护自我利益的权利。这可追溯至对现代政治话语影响深远的霍布斯的“自然状态”，其设定了人趋利避害、自我保护的权利是无

① 苗贵山：《批判与超越：马克思恩格斯对正义的追问》，《河南大学学报》（社会科学版），2006年第3期。

② ［德］黑格尔：《法哲学原理》，商务印书馆，1961年版，第197页。

条件的和绝对的，所有义务只是派生性的，义务的约束力有赖于它本身对确保权利的有效性，现代社会的法律和道德正是基于人的自然权利而非自然义务来建构的。[1] 个体权利优先于义务所带来的弊端之一，正如列奥·施特劳斯一针见血指出的，个体权利在高贵的面目下只不过“把每个人的自我利益神圣化”了。黑格尔将作为现代社会“个人”概念基础的自由和权利，称为抽象的自由和权利。这里的“抽象”，是指受个人意志和欲望的偶然性和任意性支配，公共善或整体利益在此并没有地位，遑论赋予抽象自由和权利以具体内涵。不难理解，在个体权利与社会整体利益关系失衡的前提下，单纯“权利为本”的现代制度以权利取代价值认同，以自由压倒义务，权利就失去了标准，自由就失去了方向和道德约束。

这是权利政治的内在困境，个体权利渐趋丰富更加速暴露其内在逻辑缺陷，“权利政治的技术操作是明确清楚的，可是其价值判断却是模糊不定的，这相当于，知道怎么做事情却不知道该做什么事情。”[2] 哪些权利是正当的，哪些权利是不正当的？在权利的价值序列中，哪些权利应优先？对于诸如此类重要问题的分歧争论，因为普遍价值标准的缺失而无法得解，导致人们各行其是。之所以在现代初期这一困境并没有明显地显现出来，是由于那时候人们普遍所要求的是，用以抵抗权力政治压迫和罪恶的基本权利。随着人性的释放、人的自我利益被不断抬高，特别是将社会、共同体看作与个体相对立的抽象物而抽离掉公共价值，于是人们之间的“权利”界限就变得混乱、冲突，产生了大量有争议的问题，从民主、平等、环境保护到税收、福利、教育等等。有时权利甚至沦为一些人为所欲为的挡箭牌，“权利虽是保证自由的王牌，但权利又是特殊利益或

① 赵汀阳：《坏世界研究——作为第一哲学的政治哲学》，中国人民大学出版社，2009 年版，第 226—227 页。

② 同上书，第 240 页。

特权的借口，这是价值标准缺失所导致的权利悖论。”① 如果说传统社会的共同体价值高于个体价值，带来的是权力专制和人性被禁锢，那么现代社会个体价值优先于共同体价值，导致的则是价值危机。历史实践证明，无论是共同体还是个体，都无法单独具有绝对价值，唯有个体权利、义务和共同体价值兼容并存、互补共生，才能形成更有生命力的制度创新。

二、马克思主义正义理想的价值分析框架

马克思主义将正义的价值基点确立为社会生活中的个人，即是说以个体作为正义的着眼点、出发点和归宿点，“全部人类历史的第一个前提无疑是有生命的个人的存在”，② “代替那存在着各种阶级以及阶级对立的资产阶级旧社会的，将是一个以各个人自由发展为一切人自由发展的条件的联合体”。③ 马克思明确反对西方“孤立的、退居于自身的单子的”④ 个人主义价值观，相反，个体与社会是相互依赖、互为本质的。在相互依赖的关系中，个体是社会的构成细胞，社会则是个体生存发展的方式和条件。在互为本质的关系中，“人的本质是人的真正的社会联系，所以人在积极实现自己本质的过程中创造、生产人的社会联系、社会本质，而社会本质不是一种同单个人相对立的抽象的一般的力量，而是每一个单个人的本质，是他自己的活动、他自己的生活……这些个人是怎样的，这种社会联系本身就是怎样的”。⑤ 从这种思想观念出发，正义、权利、美德等

---

① 赵汀阳：《坏世界研究——作为第一哲学的政治哲学》，中国人民大学出版社，2009 年版，第 241 页。

② 《马克思恩格斯选集》第 1 卷，人民出版社，1995 年版，第 67 页。

③ 《马克思恩格斯全集》第 4 卷，人民出版社，1958 年版，第 491 页。

④ 《马克思恩格斯全集》第 3 卷，人民出版社，2002 年版，第 183 页。

⑤ 《马克思恩格斯全集》第 42 卷，人民出版社，1979 年版，第 24—25 页。

道德因素，是同生产、共同体的利益分配、人的自由活动等实践因素联系在一起的。也正是在上述唯物史观的意义上，马克思对未来社会给予了一种整体论构想。一方面，共产主义或社会主义的正义价值诉求建立在人们物质实践基础之上，唯其如此，才具有现实性根基和革命性力量；另一方面，新的社会生产方式通过与自身相适应的正义价值辩护来证明其历史合理性。如果我们只是强调马克思哲学的实践特性，而忘记了渗透其间并作为孕育新哲学的根基的伦理关怀，就不能达到理解马克思哲学变革的原则高度，也就不可能懂得“新唯物主义的立脚点则是人类社会或社会的人类”[①] 这一新哲学的真正含义。这里的“人类社会或社会的人类”，实际上说的就是一种追求人的自由全面发展之正义理想的社会生活形态。

假如马克思不是把人的自由全面发展作为与现实相比照的正义立场上的评判尺度和价值指引，那么他就会漠然于剥削制度下的非正义，但“这种冷漠的看客形象不属于马克思，而是属于那些把马克思当成技术型的经济学家和简单经济决定论者的人们。”[②] 这提示我们在马克思那里，历史尺度与伦理尺度、现实层面与理想层面、历史合规律性与合目的性从来没有混淆过，也从来没有机械地分离过，而是相互交融、相互促进、相得益彰。“人类社会”与“社会的人类”只有在相互依存、相互成全中才能共同实现，人的自由尺度为社会发展提供正义指引，反过来，离开了社会超越各种冲突之上的和谐建构，也就没有人的完善可言。正是在历史合规律性与合目的性相统一的全面视野下，马克思主义关于人的自由全面发展不仅作为终极正义理想，而且也作为资本主义生产方式内部并趋向于超越该生产方式和社会意识的具体的历史运动过程，实际上这一正义理想已经贯穿于社会主义实践进程，并于其间不断被赋予具体丰富的内涵，从而展现为一幅幅持续发展的现实画面。而人的自由全

① 《马克思恩格斯选集》第1卷，人民出版社，1995年版，第57页。

② 王新生：《马克思超越政治正义的政治哲学》，《学术研究》，2005年第3期。

面发展理想所蕴含的“个体”与“社会”交互作用、协调生成的唯物史观分析框架，又昭示出和谐社会正义建构的完备性价值取向，即“个体”与“社会”的共生性平衡。

三、和谐社会正义建构的完备性价值取向

就结构与价值的完备性而言，现代正义至少包含个体权利与公共善两个不可或缺的维度，其中，个体权利构成现代正义的着眼点与出发点。不可忽视，在我国由于深受传统文化中群体至上价值取向的影响，个体权利的基础性原则至今还没有得到普遍确立和广泛认同。个体之间的权利和义务界限尚未明晰划定，个体的正当需要和利益没有得到应有重视，结果就必然导致片面的个人主义大行其道。究其原因，“个人的需要和利益是否认不了的，从道德上否认个人的需要和利益，必然使个人的需要和利益通过非道德的途径来加以实现；个人的权利和义务是不应否认的，否认了个人的权利和义务，必然导致个人进取心的缺失和责任感的淡漠。”[①] 现代正义在权利为本的政治框架下保护个人、释放人的潜能，权利成为个人手中的政治护身符，离开了个体权利这个基础，就没有现代正义。特别要说明的是，和谐社会的权利基础作为建构正义的一种方法论原则，其本体论依据是个体存在的独立性和独特性，换言之，个体权利基础是对个人的具体存在和具体利益这一客观存在的承认，是一个事实判断。它不同于利己主义意义上的个人主义，后者是一种认为个人利益高于一切社会利益和他人利益的价值取向。

社会主义和谐社会正义建构必须坚持以个体权利为基础，有鉴于此，以人为本恰恰彰显出着眼个人利益实现与发展需求的一个正

---

① 沈晓阳：《正义论经纬》，人民出版社，2007年版，第111—112页。

义价值维度，将人置于和谐社会的“目标主体”、“价值主体”和“发展主体”的核心地位。坚持以人为本，就要切实保障人民依法享有各项权益，维护社会公平正义，满足人们的发展愿望和多样性需求，关心人的价值、权益和自由，关注人们的生活质量、发展潜能和幸福指数，体现社会主义的人道主义和人文关怀，促进人的全面发展。以人为本的社会主义和谐社会较完美地诠释了“建立在人们的现实差别基础上的人与人的统一”，[①] 是具有丰富个性和创造潜力的个体通过实践交往活动交互作用的产物，反过来，和谐社会还应进一步创造个体与社会之间内在的统一。不是在人之外确立某种以物为尺度的发展观念和理解框架，社会即是处于相互关系中的个人本身，而“人是人的最高本质”，因此和谐社会的发展，在归根结底的意义上是社会成员个体在实践交往过程中，不断自我超越、面向未来展开自我创造和自我生成的价值实现过程。既然和谐社会与人具有本质的统一性，那么人在追求自身价值实现过程中所进行的主动性选择和能动性创造活动，将对社会发展进程产生深度影响，人的决断和行为与社会发展的前途命运休戚相关。这就要求每一个社会成员树立强烈的忧患意识和责任共识，社会发展的命运就掌握在人自己的手里，因此我们要有对自身行为负责的担当精神，学会自我克制、自我协调，尽量减少社会发展的风险和代价，走全面、协调、可持续的科学发展道路。

镜鉴现代西方社会的价值危机，个体权利不可单独为本，对于权利本身必须追问其正当性，即个体权利依据的合法性证明，这在形式上体现为权利的普遍性，在内容上体现为权利所指向的公共善。基于此，和谐社会的权利基础需要公共善的价值引导与共生性平衡，即是说，“社会”构成和谐社会正义建构中不可或缺的另一价值维度。“只有在共同体中，个人才能获得全面发展其才能的手段，也就

① 《马克思恩格斯全集》第27卷，人民出版社，1972年版，第450页。

是说，只有在共同体中才可能有个人自由。”① 社会是人们交互作用的产物，但社会本身并非完全被动的、承受性的，尤其是作为个体之间和谐互动所形成的和谐社会，不仅可以提供一个共生共赢的规范秩序，而且通过这种秩序展示和传达一种能够有效引导社会成员的价值精神。正如社会主义核心价值观着眼于社会整体利益和目标追求，具有整合多元、消弭分裂、协同一致的价值导向功能，使每个人在自由发展的同时不乏向心力，由个体自我认同扩展为群体社会认同，从而为中国特色社会主义的健康发展提供强大的精神支撑。不难理解，西方单独为本的权利概念是抽象、缺乏生命力的，需要植根于特定的社会历史语境与文化传统中才能获得丰富的内容。和谐社会正义建构中的权利观，从现代文明谱系中吸纳营养，从广大人民群众的诉求中把握方向，更植根于中华传统深厚的文化底蕴，将各种资源融合为一种给予其正当性证明的价值理据，有助于克服西方原子式抽象权利本位的局限性，从而使我们更深刻地理解权利观的价值伦理指向与行为规范导向。

在和谐社会的正义框架内，权利观既是社会成员之间利益的平衡，也包含了相互包容、有效期许的个体美德维度。和谐社会内聚的人文意蕴和人文内涵，不仅要求通过完备有效的制度建构实现个体权利与义务的统一，将各种社会矛盾与冲突置于协调、有序、可控的状态之下，而且要求在现代西方国家所止步于底线性的基本道德的基础上，进一步提升人性与人格，促进人的自我完善与自我实现，包括通过培育和践行社会主义核心价值观增强社会成员的自主能力，弘扬道德主体精神与伦理自觉。诚如十八大报告围绕建设社会主义文化强国明确提出的，要坚持依法治国和以德治国相结合，加强社会公德、职业道德、家庭美德、个人品德教育，弘扬中华传统美德，弘扬时代新风。推进公民道德建设工程，弘扬真善美、贬斥假恶丑，引导人们自觉履行法定义务、社会责任、家庭责任，营

① 《马克思恩格斯选集》第1卷，人民出版社，1995年版，第119页。

造劳动光荣、创造伟大的社会氛围，培育知荣辱、讲正气、作奉献、促和谐的良好风尚。

就正义本身的建构而言，社会制度可以建构正义，却并不必然保证和谐。如果社会成员之间缺乏彼此承认和心灵上的沟通、融合，人们的正义动机只是出于他律的约束规范，而不是萌发于内心的认同，这样的社会即便由于法律的强制而稳定、有序，却不能使人的内心获得自由，主体之间的和谐也无法真正实现。有鉴于此，和谐社会在通过制度创新实现权利—义务关系的结构性重构的同时，引领社会成员在日常社会生活中塑造平等包容、互信互补、合作共赢等美德也是正义建构的题中应有之义。总之，和谐社会的正义建构致力于将社会成员的潜能、创造性与活力整合成一种积极的力量，而不至于使各种活力因为分散、相互抵消而阻碍文明的进程，唯其如此才能超越西方权利本位的价值危机，彰显出以人为本的历史与价值的意义。

（南京政治学院上海校区讲师）

社会主义核心价值观教育明理践行机制

王天恩

价值观教育的效果关键在明理践行，探索价值观教育明理践行的机制，对于培育和践行社会主义核心价值观至关重要。本文在价值观教育明理践行机制探索的基础上，力图通过提升需要层次提高社会主义核心价值观教育明理践行的效果。

一、社会主义核心价值观教育明理践行的宏观机制

社会主义核心价值观教育明理践行的宏观机制，在社会存在方式、思维方式和行为方式的整体互动之中。

存在方式是外部世界存在的形式及其运动规律，包括自然、社会和人自身的存在。思维方式则是存在方式的内化，这种内化发生在人们对外部世界的认识过程中。在社会领域，相关思维方式则是社会存在方式的内化，这种内化发生在人们对社会的认识过程中。

人们不仅认识社会，而且同时在改造社会；而在改造社会的过程中，人们的思维方式又外化为行为方式。行为方式决定人们社会实践的特点，因此又不仅在很大程度上决定了人们对社会的认识和改造，而且就主体而言在一定范围内改变了社会存在方式。

正是在这个意义上，思维方式是存在方式的内化，而行为方式则是思维方式的外化。社会存在方式、思维方式和行为方式构成一个三角互动结构。也正是这个三角互动结构，蕴含着社会主义核心价值观教育明理践行的宏观机制。

社会存在方式是人的思维方式的重要客观依据，但社会存在方式本身并不直接决定人的思维方式。社会存在方式对人的思维方式的决定作用，必须通过它在人们头脑中的观念形式才能发生，也就是说，必须让人们对社会存在方式形成一定的认识才行。在这个意义上，在社会领域，思维方式可以看作是社会存在方式的内化。这种内化发生在人们对社会的认识过程中。社会存在方式内化为思维方式，事实上就是一个社会认识形成的整体过程。由于这种内化是主体基于自身需要与社会存在相互作用的结果；由于这一内化过程事实上就是一个认识过程，在社会认识领域，作为社会存在方式内化结果的思维方式便既包含认知结构，又包含价值结构（如认知过程包含价值取向等）。而从整个社会来说，人们的思维方式在很大程度上决定于教育，特别是国民教育。也就是说，在很大程度上，国民教育决定着人们的思维方式和行为方式。在这个意义上，社会主义核心价值观培育（体系有效融入国民教育）的过程，应当是一个内化为（学生）人们的思维方式，并外化为（学生）人们的行为方式的过程。而社会主义核心价值观教育明理践行的宏观机制，正在于社会存在方式、思维方式和行为方式所构成的三角互动结构。

二、社会主义核心价值观教育明理践行的微观机制

社会主义核心价值观教育明理践行的微观机制，在观念、情感、意志和实践四层次。

根据深入到心灵的程度，社会主义核心价值观教育可以有四个层次：观念层次、情感层次、意志层次和实践层次。在某种程度上说，信仰是建立在一定认识基础上的价值观系统，因此同样涉及这样四个层次。

在社会主义核心价值观教育中，观念层次和情感层次涉及明理，意志层次和实践层次涉及践行。在观念层次，人们在教育中通过价值认识达到对社会主义核心价值观的认知，甚至否定或认同；在情感层次，人们通过对社会主义核心价值观的理解影响到情感，达到对社会主义核心价值观的态度形成生理评价和体验，产生反感或共鸣；在意志层次，人们进一步对社会主义核心价值观形成决定达到某种目的而产生的心理状态，社会主义核心价值观深入到动机；在践行层次，人们有意识、有目的、有计划地调节和支配自己行为的心理过程直接外化为行为，并形成与相应社会主义核心价值观相联系的稳定的行为方式。

三、提高社会主义核心价值观教育明理践行效果的根本机制

提高社会主义核心价值观教育明理践行效果的根本机制，在需要层次的提升。

在社会主义核心价值观教育中，价值认识不仅本身就是人的认知需要，而且与人的情感需要密切相关。

“情感是人对客观事物是否满足自己的需要而产生的态度体验”，意志已经是社会主义核心价值观深入到动机层面反映这种需要，而行为则是满足需要的外部活动。而且，社会主义核心价值观的提升和道德进步的逻辑也正是人类需要层次提高的过程。

道德进步是一个从一种外在要求变成人的内在需要的过程。源

于自然威慑的道德、源于社会契约的道德和源于人的内在需要的道德标志着人类道德从外在要求变成人的内在需要这一过程的三个不同发展阶段。在市场经济条件下，人们的行为是否遵从既定的道德规范，取决于在他们的价值观天平上，作为道德观念根据的价值与行为本身所带来的价值的比值。

道德教育是一个在道德行为方面谋求个人需要与社会需要统一的过程，在这一过程中，通过教化引导人的需要和人性的发展是社会主义核心价值观教育明理践行的重要机制。因此，无论从社会主义核心价值观教育明理践行的宏观机制还是微观机制看，提升社会主义核心价值观教育明理践行的效果，都必须从提升人们的需要层次入手。归根结底，提升人们的需要层次是社会主义核心价值观教育明理践行的根本机制。

（上海大学马克思主义学院院长、教授）

中层干部践行社会主义核心价值观探析

徐远申

从系统论的角度说，世界上任何事物都是由一定数量相互联系和相互作用的部分组成的系统。如果把某一个部门或单位看成是一个相对独立的系统，那么这个部门或单位的干部就可以分为高层干部、中层干部和基层干部。高层干部属于决策层，基层干部属于执行层或操作层。中层干部则属于管理层，是属于处在承上启下的中间位置，发挥着上情下达、下情上达的桥梁和纽带作用。在培育和践行社会主义核心价值观的过程中，中层干部必须发挥着先锋模范作用和表率作用。本文仅就中层干部如何理解价值观和社会主义核心价值观的内涵与意义，以及如何践行社会主义核心价值观的路径问题，笔者作了一番探索和分析。

一、价值观与社会主义核心价值观的内涵与意义

从哲学意义上说，价值观是关于价值的根本观点、看法和态度，回答诸如“信仰什么”、“追求什么”、“珍视什么”这样的问题，表现为人们的信仰、信念、理想，以及价值原则和价值规范。价值观是世界观的重要组成部分。在现实生活中，人们常常把世界观、人生观、价值观并提，主要是为了突出世界观中人生观的地位和作用，

进而突出世界观、人生观中价值观的地位和作用。

每个人、每个组织、每个社会都会自觉不自觉地拥有自己的价值观。从根本上说，人们的价值观都是来自于他生活其中的社会，是一定社会的物质生活方式、政治法律制度、观念文化传统等因素潜移默化地濡染、熏陶和塑造的结果。因此，价值观都具有时代性、民族性和阶级性的特点。

纵观古今，任何一种社会形态的存在，都必须依靠其核心价值观来维系。在我国的历史上，春秋时期的管仲就把“礼义廉耻”作为国家的四大准绳，即国有四维，“一曰礼，二曰义，三曰廉，四曰耻”，“四维不张，国乃灭亡”。这实际上是把核心价值观放到国家安危存亡的高度来看待，体现了一个伟大政治家高瞻远瞩的视野。同样，社会主义社会也有自己的主导价值观，即社会主义核心价值观。为此，在中共中央办公厅印发的《关于培育和践行社会主义核心价值观的意见》中指出：社会主义核心价值观是社会主义核心价值体系的内核，体现社会主义核心价值体系的根本性质和基本特征，反映社会主义核心价值体系的丰富内涵和实践要求，是社会主义核心价值体系的高度凝练和集中表达。党的十八大提出，倡导富强、民主、文明、和谐，倡导自由、平等、公正、法治，倡导爱国、敬业、诚信、友善，积极培育和践行社会主义核心价值观。这与中国特色社会主义发展要求相契合，与中华优秀传统文化和人类文明优秀成果相承接，是我们党凝聚全党全社会价值共识作出的重要论断。

“三个倡导”言简意赅、内涵丰富，既继承中华传统文化的精髓、又顺应当今时代发展的要求，既反映社会主义的本质属性、又吸收人类文明的优秀成果，体现了国家、社会和个人价值追求的统一，为社会主义核心价值体系建设指明了方向、明确了标准、提供了遵循。“富强、民主、文明、和谐”是我国在社会主义初级阶段的奋斗目标，是国家层面的核心价值观要求，“富强”是基础，“民主”是保障，“文明”是灵魂，“和谐”是目标，四者有机构成一个整体。“自由、平等、公正、法治”，体现了社会主义社会的基本属性，是社会层面的核心价值观要求，是社会主义核心价值体系诉诸于社会管理实践而形成的基本价值导向，充分体现了我们党对人类社会发展规律的认识达到了新高度和新境界。“爱国、敬业、诚信、友善”，体现了公民个人层面的核心价值观要求，分别提出了每个公民对国家、对工作、对社会、对他人应持的态度和应尽的责任，涵盖了社会公德、职业道德、家庭美德、个人品德各方面，集成了中华民族传统美德、中国共产党人革命道德和社会主义新时期道德的精华，为促进广大人民群众道德修养达到更高境界提供了最核心的价值导向。可以说，这三个层次的理念相互联系、相互贯通，实现了政治理想、社会导向、行为准则的统一，兼顾了国家、社会、个人三者的价值愿望和追求。

面对世界范围思想文化交流交融交锋形势下价值观较量的新态势，面对改革开放和发展社会主义市场经济条件下思想意识多元多样多变的新特点，积极培育和践行社会主义核心价值观，对于巩固马克思主义在意识形态领域的指导地位、巩固全党全国人民团结奋斗的共同思想基础，对于促进人的全面发展、引领社会全面进步，对于集聚全面建成小康社会、实现中华民族伟大复兴中国梦的强大正能量，具有重要现实意义和深远历史意义。

二、中层干部践行社会主义核心价值观的路径

中层干部在部门或单位中所处的地位和作用，决定其必须更加自觉地践行社会主义核心价值观，而且要在自己所管理的团队活动中起先锋模范作用和表率作用。

（一）理论认知是践行的前提和基础

中层干部践行社会主义核心价值观的首要前提和基础在于理论上的认知。社会主义核心价值体系是社会主义核心价值观的外在支撑，而社会主义核心价值观是社会主义核心价值体系的精神内核和根本原则。只有认真学习研究社会主义核心价值体系，才能深刻领悟社会主义核心价值观的导向性，才能坚持马克思主义的世界观、人生观和价值观，才能牢固树立中国特色社会主义的理想信念。中层干部只有坚定理想信念和党的宗旨意识，才能保证正确的政治方向，才能有效实现对核心价值观的认知认同，进而把为民、务实、清廉作为践行社会主义核心价值观过程中的特殊价值追求。

首先，特殊价值追求体现是为民，即情为民所系。邓小平同志说："我是中国人民的儿子，我深情地爱着我的祖国和人民。"[①] 中层干部要自觉摆正与人民群众的关系，从思想和感情深处真正把人民群众当主人、当先生，始终把人民群众的安危冷暖放在心上。为民，就要权为民所用。作为中层干部，手中或多或少都掌握着一定的权力，但一定要清楚地认识到，一切权力都是人民赋予的。因此，必须做到权为民所用，绝不能权为己所用。为民，就要利为民所谋。中层干部要认识到：权力就是责任，就是服务，为人民服务。任何工作要不要做、能不能做，都要从人民的需要、人民的利益出发，而不能从个人或小集团的利益出发。

其次，特殊价值追求体现是务实。务实是中国传统美德，更是一种实事求是的科学精神。邓小平同志在改革开放初期就告诫全党，"世界上的事情都是干出来的，不干，半点马克思主义都没有"。[②] 中层干部要真正坚持为人民服务，就一定要务实。务实，就要讲实

---

① 《十六大以来重要文献选编（中）》，人民出版社，2006 年版，第 152 页。

② 《十六大以来重要文献选编（下）》，人民出版社，2008 年版，第 874 页。

情、出实招、办实事、求实效。要有“钉钉子”的精神，才能扎扎实实地把各项工作向前推进。

第三，清廉既是党的性质和宗旨的内在要求，也是党的优良传统和作风。靠着它，我们党赢得了民心，赢得了天下。历史的经验教训告诉我们，执政党的最大危险就是腐败，在长期执政的条件下，在改革开放的环境中，中层干部面临着各种诱惑，能否清正廉洁，关系党的形象，关系人心向背，关系党和国家的生死存亡。清廉，就要加强修养，提升境界，不断增强自律能力；清廉，就要不断增强制度意识、法律意识，自觉接受人民和法律的监督；清廉，就要艰苦奋斗，勤俭节约。因此，要自觉陶冶高尚的道德情操、培养健康的生活情趣，审慎对待社会交往，带头反对铺张浪费和奢靡之风。

当前和今后一个时期内，中层干部由于其自身具有的特殊价值追求要求，所以要通过各种方式认真学习马克思主义的经典原著，特别是认真学习党的十八届三中全会精神和习近平总书记的一系列讲话精神。通过认真学习和研读实现理论上的认知，才能更加有效地去践行社会主义核心价值观。从根本上讲，中层干部践行社会主义核心价值观要落实在国家、社会和个人三个层面。要通过中层干部的执政实践和工作作风让群众真切地感受到社会主义核心价值理念。因此，中层干部要成为社会的中坚、单位的骨干、民族的脊梁、事业的楷模。

（二）内强素质、外塑形象是践行的关键

1. 内强素质

中层干部践行社会主义核心价值观，必须要有过硬的领导素质作为支撑。没有过硬的领导素质，践行社会主义核心价值观就是一句空话。我国领导干部的素质现状，从总体上说是好的，也是必须要予以肯定的。然而，也确实存在一些干部的素质亟待提升的问题。一般说来，“50后”、“60后”干部中不少人已成为各级领导班子的

骨干，“70后”、“80后”干部正在成长起来。现在在职的领导干部特别是年轻干部，大都学历层次较高，专业知识较好，思想活跃，视野开阔，富有开拓精神，给党和人民事业注入新的生机活力。同时也要看到，现在在职的领导干部相当一部分人没有直接参与新中国成立以后进行的社会主义革命和20世纪五六十年代的大规模社会主义建设，许多人没有“文化大革命”这样严重挫折的亲身经历，更年轻一些的干部也没有改革开放初期的工作经历。由于缺乏严格的党内生活锻炼和艰苦复杂环境的考验，一些干部的世界观、权力观、事业观还存在着这样那样的问题。主要是：政治上理想信念不坚定，是非观念模糊；思想上追求个人利益至上，违背党的宗旨和纪律；组织上拉关系、找靠山、搞小圈子，个人凌驾于组织和群众之上；工作上为了个人所谓政绩做表面文章，搞形式主义，不惜劳民伤财；作风上丢掉了艰苦奋斗的传统，图享受、摆阔气，严重脱离群众；廉洁上对自己要求不严，用人民赋予的权力谋取私利等等。因此，中层干部需要进一步提升践行社会主义核心价值观的素质，应该进一步增强党性，要把增强党性、思想道德修养、执政为民三者融为一体。三者内在完美的统一才能确保中层干部忠实地践行社会主义核心价值观。三者之一出了问题，都将损害社会主义核心价值观的确立和践行。例如，思想道德修养体现在一个人的世界观、人生观、价值观上，体现在一个人的工作生活和社会交往上。一个具备良好思想道德修养的干部，能够“内正其心、外正其容”，拥有良好的形象和人格魅力，而且能够自觉抵制权力、金钱、美色的诱惑，这样就会在社会上受到尊重、受到欢迎，产生独特的感召力和影响力。一个人的良好思想道德修养是在学习中升华的结果，在内省中完善的结果，在自律中养成的结果，在实践中铸炼的结果。只有坚持用心去做，就会不断有所收获、有所提高。

2. 外塑形象

中层干部在加强内在素质的同时，必须注意践行社会主义核心价值观的外在形象。内强素质是隐性的，但也一定会客观地透过外在形象淋漓尽致地展示出来。只有符合社会主义核心价值观的良好形象才会受到全社会的推崇，才能进一步密切党群关系。能够展现中层干部社会主义核心价值观的外在作风包括：密切联系群众、艰苦奋斗、勤俭节约、勇于担当、公正为民、清正廉洁、慎独自尊等。因此，中层干部要牢记“两个务必”，讲党性、重品行、作表率。

在践行社会主义核心价值观活动过程中，中层干部应发挥先锋模范和表率作用。在践行社会主义核心价值观时，必须冲锋在前。结合中层干部的工作要求和特点，将核心价值观理念渗透到日常领导和管理工作中，不折不扣地落实到每一项工作和每一个环节中。要求群众做到的，中层干部必须首先做到；要求全社会禁止的，中层干部必须带头坚守底线。只有如此，才能真正发挥先锋模范作用和表率作用。

（三）制度约束、群众监督

从管理的角度说，制度建设带有根本性和长期性。践行社会主义核心价值观：一是决不能停留在说的阶段，而应该付诸于实践；二是决不能说一套做一套，要真正体现在行动的方方面面。为此，必须建立起一整套制度约束机制。

在践行社会主义核心价值观的过程中，中层干部要善于在各个部门或单位内进行制度设计，即运用制度规范践行活动的质量和成效，以确保宣传、贯彻和践行社会主义核心价值观活动的开展。因此，中层干部要发挥制度约束力的作用，坚持从理论认知、内强素质、外塑形象，再到制度规范，形成一种具有可操作性的运作方法，真正把践行活动贯穿在领导和管理日常工作的全过程和各个方面。

为确保践行社会主义核心价值观的正确方向，还需要建立监督机制。实践证明，由于中层干部属公众人物且掌握人民赋予的公共权力，因此对他们加强监督非常必要。当前，尤其要加强中层干部“四风”方面的监督，即在形式主义、官僚主义、享乐主义和奢靡之风方面的监督，以及对落实中央八项规定情况的监督，这有助于规范和促进他们积极努力践行社会主义核心价值观。监督不仅局限于八小时以内，而且关键在八小时以外。这也已经为干部所普遍接受。随着网络的发展普及，社会公众对干部的监督愈加深入全面。所以，中层干部应当怀着坦诚的心态和崇高的责任心与使命感，自觉自愿主动接受来自于社会各方面的监督，以确保践行社会主义核心价值观的质量和长效。

三、结束语

总之，中层干部在践行社会主义核心价值观活动的过程中，必须带头起先锋模范作用和表率作用。为此，中层干部必须深入了解价值观和社会主义核心价值观的内涵，尤其是作为中层干部所追求的特殊价值的内涵，即为民、务实、清廉的价值追求之目标，并以此为切入点带动践行社会主义核心价值观的活动。其次，当践行的目标和意义明确以后，就要在践行的路径上作出选择。笔者认为，应该把理论认知作为践行的出发点，既要内强素质，又要外塑形象；即要有制度约束，又要有社会监督。有了正确的践行路径，就可以在培育和践行社会主义核心价值观的活动中真正取得实效。

（中共上海市委党校第三分校教授）

“中国梦”语境下青年价值观整合探析

卢　杨

中国正处于社会发展与转型的快速时期，青年价值观呈现出前所未有的多元化态势。“中国梦”的提出，既是时代发展的要求，也是当代青年应为之奋斗的共同价值目标，青年应在“中国梦”的引领下，成为身负责任感和使命感的社会发展中坚力量。

一、青年价值观现状及问题分析

中国改革开放30多年进程中产生的各种变化，潜移默化地影响着当代中国青年价值观的形成和发展，青年价值观呈现出由传统到现代、由封闭到开放、由单一到多样的转变，同时在转变的过程中，引发出青年价值观念的矛盾与冲突。因此，当代中国的青年价值观需要在矛盾和冲突中进行整合，进而不断完善自身的价值体系。那么，当前青年价值观的现状和问题表现在哪些方面，这些是我们需要直面的问题。

（一）青年价值观现状分析

改革开放以来，随着中国经济政治文化的快速发展和巨大变化，青年的价值观伴随着时代前进的脚步也有一个变迁的过程。当代中国青年的价值观，体现出鲜明的时代烙印，表现在价值目标多元化、价值手段多样化和价值评价差异化等方面。

首先，价值目标多元化。青年价值观目标呈现明显的多元化特点。比如，在人生价值目标上，有的青年追求经济收入，有的追求学术成就，有的追求民众福利；在职业价值目标上，有人追求工作的稳定，有人追求职业的挑战，有人追求收入多少；在消费价值目标上，有人喜欢时尚新颖，有人喜欢功能齐全，有人喜欢价格便宜，有人喜欢品质奢华；在选择配偶的价值目标上，有的青年看中人品，有的看中能力，有的注重外表，有的珍重感情等等。

其次，价值手段多样化。为实现自己的价值目标，青年的手段是多样的，他们对自己的成长的路径设计是多方位、多视角的。一项调查表明，大学生最愿意采用的 10 项价值手段依次为：拼搏进取、诚实守信、深谋远虑、勇于竞争、量力而行、百折不挠、自我控制、洁身自好、随机应变和埋头苦干。由此可见，青年的价值手段总体呈现出多样化的特点。

最后，价值评价差异化。今天的中国青年，对社会事物和社会问题的评价和判断，已经不再是普遍认同的一个标准，他们更加注重自身权利和利益的表达，不再盲目地听从统一的价值评价。他们有自己的价值评价角度，对于同一事件和问题有各自不同的具体看法，具有价值评价差异化的特点。

（二）青年价值观问题分析

应当看到，当代青年价值观总体积极向上，但也存在着不少值得我们关注的问题。从价值观的结构来看，问题主要表现在以下几个方面：

首先，在价值目标上，表现为功利化、实用化的倾向。

随着中国社会转型的加快，当代青年在社会巨大的压力和家人的殷切期望下，变得越来越务实，功利主义、实用主义在当代青年中颇具市场。他们抱怨自己是“倒霉的一代”，他们忙于找工作，忙于奋斗自己的房子、车子、票子，对他们来说，“为中华之崛起”而读书是不切实际的，甚至是幼稚可笑的。他们想法实际，目的明确，“到沿海去，到工资待遇最好的地方去，到挣钱最多的地方去”是他们最为现实迫切的目标和要求。

一些青年讲究实惠、计较实利，甚至对于人生价值的理解仅仅停留在物质的层面，以欲望来代替目标，“宁愿坐在宝马里哭，也不愿坐在自行车上笑”，甚至以此为豪。这些情况表明，青年的价值观容易受到诸如享乐主义、拜金主义的诱惑，并且个别青年甚至会被动的调整自己的价值目标，以欲望的充分与否来评价人生的全部价值。

尤其是个别青年把名誉、地位、享受看作是自己的价值目标，甚至为了获利，为了出名，可以不择手段，人格可以出售、隐私成为商品、绯闻可以换钱，目的就是博人眼球，让人注意，于是就有了“芙蓉姐姐”、“流氓燕”，有了郭美美的网上晒富。还有当前的很多“选秀类”的节目，让一些青年人心潮澎湃地投入到“我要露脸、我要成名”的名利漩涡之中，而很少考虑自己真正的人生目标。

其次，在价值手段上，表现为市场化、目的化的倾向。

在青年价值目标实现的手段上，可以具体分为积极与消极两个对立的方面。积极的价值手段应该是拼搏进取、百折不挠、努力奋斗的，而消极的价值手段则是委曲求全、犹豫徘徊、卑躬屈膝的。应当说，当代青年的人生价值手段总体上是积极向上，但从现实来看，还是存在不少的问题。

在价值目标实现的手段上，市场化、目的化的情况比较突出。不少青年为了适应社会的需求，努力按照“市场行情”来打造自己，并以其来实现自己的价值。尤其是在大学校园中，出现了考研热、实用知识热等现象，学子们加入到各种“考证”大军的行列之中，目的就是为了在日后的就业竞争中能够有更多的“筹码”，进而适应市场的需要。所以，他们努力的“考试”、努力的“拿奖”、努力的“实践”，其目的是相当明确的。然而，如果从深层次进行分析的话，他们的价值手段实际上是极为功利的，对于“什么样的生活才是有意义的”、“什么样的生活才是美好的”这些深层次的人生价值问题不做思考，甚至也来不及思考，就以“市场化的需求”代替了自己本应真正追求的人生价值，并目的明确的寻找到为之实现的价值手段。此外，在价值手段上，部分青年缺乏进取精神，得过且过、坐享其成、听天由命、投机取巧、消极应对的现象还是大有人在，尤其是奉献精神更为缺乏，在很多青年眼中，“甘做人梯”这样的方式他们是不会认同的。

最后，在价值评价上，主要表现为模糊化、错位化的倾向。

在青年价值评价标准上，错位化的倾向也比较突出，尤其是随着中国互联网的发展，网络以及大众媒体对青年们价值观的影响越来越凸显。积极的媒体效应可以使青年从中获得为美好人生目标奋斗的精神动力，获得对人生价值哲理的深刻理解，而负面的媒体影响则会混淆、误导青年的价值评价标准，甚至使得部分青年以恶为善、以假为真、以丑为美、以愚为智，以愚乐代替娱乐，以呕像代替偶像，个别青年甚至以“反精英、反智慧、反美学”为荣进行自我标榜。比如，网上“恶搞”现象层出不穷，有些“恶搞”不再停留在一般的、娱乐性的层面，而将对象指向了许多人们熟知的历史英雄人物，“雷锋是因为帮人太多累死的”、“黄继光是摔倒了才堵枪眼的”，青年们本应崇敬的偶像一再被调侃丑化，反映出青年价值评价标准的扭曲和错位。

此外，在知识与金钱、道义与利益、奉献与索取等社会所关注的价值焦点问题上，青年们的选择和评价容易出现模糊化的倾向。在中国改革的进程中，社会分配差距明显拉大，金钱意识普遍强化，这对青年的价值评价有直接的影响。比如，当青年在各种利益冲突中寻求自身的价值时，知识和道义的价值开始在青年中产生动摇，金钱和利益可能成为他们的首选。由此可见，评价标准错位、是非标准模糊，是当前青年价值评价标准上存在的主要问题。

总之，当代中国青年价值观日趋多元，这是改革开放以来最为深刻的社会变迁之一。尤其是当青年价值观分化到一定程度且问题突出时，对其的整合就要提上议事日程。整合青年价值观的目的：一是为了实现对青年价值观的有效引导；二是为了建立广泛而稳固的社会基础。针对青年价值观存在的问题，“中国梦”的提出，可谓是“恰逢其时”，为青年价值观的整合提供了现实的路径。

二、“中国梦”语境下青年价值观的整合路径

一个民族要持续并长足的发展，必须依赖一种具有该民族立场的社会主导价值观，以利于树立目标、凝聚力量、统一步调。它可以为青年价值观的发展奠定主体的导向、前进的航向。当“中国梦”成为青年的价值共识和行为共识时，将会直接决定和引领中国社会发展的方向。

首先，在价值目标的整合上，要以“中国梦”为导向，实现“多元”与“一元”的结合。

要培养青年积极健康的价值观，需要发挥“中国梦”的强大整合和引导能力。“中国梦”是一种整体的价值目标，是当前中国社会倡导的“一元”主导价值目标，反映出国家和社会发展的目标和要求，能够真正起到统率、凝聚青年力量的目的。

青年是中国社会未来的中坚力量，是民族的希望所在，把“中国梦”作为青年价值观整合的目标，是这一群体社会政治角色的切实体现，是国家利益与集体利益、个人利益结合的现实体现。当前，中国正处于转型时期，在转型分化的背景下，每个人、每个阶层都有各自的梦想，这些梦想往往是有各自的诉求，甚至是大相径庭的。社会转型时期，价值观念波动、利益格局多元，急需一个共同的梦

想来求同存异、凝聚力量、形成共识，而“中国梦”的提出，可以将青年们大大小小、五彩缤纷的梦想凝聚为一个共同的愿景和诉求，在不同中寻求共同，在共同中尊重差异，这样就可以将青年们的力量汇聚，给青年以希望、给青年以信心、给青年以力量。只有这样，才能确保青年在面对各种挑战和困惑时，坚定自己的选择，不会迷失前进的方向。

由此可见，“中国梦”的提出，对教育青年自觉认同、维护社会一元化的价值目标具有重要的意义。而承认青年价值目标的“多元性”，就是承认青年对其自身合法利益的追求，是对青年具体价值目标的尊重。把“中国梦”蕴含的价值观内容作为当代青年价值观的整合目标，是可能的、现实的，是顺应时代潮流的必然选择。

其次，在价值手段的整合上，要以“中国梦”为导向，实现“知”与“行”的结合。

青年价值观的整合，不仅仅是一个理论的问题，更是一个实践的问题，更需要考虑“知”、“行”的统一。“中国梦”体现了价值目标和价值手段的统一。在价值手段的整合问题上，可以将“中国梦”这一价值目标分解为具体的价值手段，就是“知”与“行”的结合。

一个人价值目标确立的关键时期就是青年时期，因此特别需要正确的教育和引导，让他们有正确的“认知”。青年要认识到自觉承担国家和民族赋予的历史责任是成长的必然，因此，要学会处理好个人发展与社会责任、奉献与索取的关系，在个人努力的过程中实现自我价值与社会价值的统一。应该使青年懂得，作为价值目标的“梦想”是重要的，但实现目标的道路则是艰难和曲折的。要帮助青年认识到，当“梦想”的目标确立后，需要具有坚韧不拔的精神和付出艰苦的奋斗，需要在实际的行动中为巩固和完善这个目标而努力。

青年价值观的最终体现还是在实践过程中，应该让青年们意识到，“中国梦”的实现关注到每一个青年切身的发展，面对问题与困难，可以抱怨，但更应该行动。青年应积极主动的参与社会实践活动，从而在社会的历练中不断增强对“中国梦”的认识，从自身做起、从现在做起、从脚下做起、从细节做起，努力实践，发挥主动性，在“知行统一”中为实现我们的“中国梦”而努力。

最后，在价值评价的整合上，要以“中国梦”为引导，实现“内容”与“形式”的结合。

对于价值评价的整合，强调的是在“中国梦”的价值目标下，青年需要对实现手段作出正确的评价和判断，对违背“中国梦”实现的行为品质给予否定和贬斥，对符合“中国梦”要求的品质和行为进行认同和赞扬。

在价值评价的整合问题上，尤其需要教育工作者的引导。在社会急速转型的今天，“教会顺从”的时代已经过去，青年价值观的引导迫切需要建构一种主体式、参与式、创造式的引导机制。我们在对“中国梦”引导中要充分认识青年的心理特征，改进引导方式，主动接近青年、靠近青年，对他们平等相待，尊重和保留他们不同的意见和建议，要让“引导”从说教中走出来，回归青年的生活，从而建立起一种平等互动的引导模式。

在引导的内容上，可以围绕“中国梦”进行展开，进行立体化的教育。让他们认识到“中国梦”与“个人梦”之间的关系，“顾全大局”与“快乐自己”、“国家强大”与“个人幸福”不是相悖的；要让他们理解“中国梦”与“美国梦”的区别，在国家的发展、民族的复兴中感受到实现自身价值的真正意义。在引导的形式上，对“中国梦”的阐释应该尽量多样化。如果老是采用一种形式，青年就会感到厌烦，因此要在教育的过程中采取青年喜闻乐见的形式，融知识性、科学性和趣味性为一体，才能增强教育的说服力、吸引力和感染力。

总之，对于青年价值观的整合，需要多维的视角，而“中国梦”的提出，则为青年价值观的整合提供了现实的途径。实现伟大而美丽的“中国梦”需要每个青年人的辛勤努力和付出，当代青年应肩负这一重要的历史使命，将个人梦、国家梦、民族梦结合起来，在实现中华民族复兴的伟大历程中，焕发出绚丽的光彩。

（华东理工大学马克思主义学院讲师）

消费主义视域下大学生社会主义核心价值观培育[①]

王亚南

加强大学生社会主义核心价值观培育，把社会主义核心价值观转化为大学生的自觉追求，增强社会主义意识形态的吸引力和凝聚力，是高校大学生社会主义核心价值观培育的基本内容和重要目标。党的十八大报告中指出，“倡导富强、民主、文明、和谐，倡导自由、平等、公正、法治，倡导爱国、敬业、诚信、友善，积极培育社会主义核心价值观。牢牢掌握意识形态工作领导权和主导权，坚持正确导向，提高引导能力，壮大主流思想舆论。”[②] 因此，坚持社会主义核心价值体系引领，以社会主义核心价值观整合大学生的价值观，破解消费主义的价值误区和诱惑，在大学生中形成最大限度的思想共识，已成为加强大学生社会主义核心价值观培育的当务之急。

---

① 本文系教育部人文社会科学研究专项任务项目：思想政治理论课有效教学的整体建构研究（项目批准号：12JDSZK014）；国家社科基金项目“马克思主义中国化的世界影响与国际评价研究”（项目批准号：12CK009）阶段性成果。

② 胡锦涛：《坚定不移沿着中国特色社会主义道路前进　为全面建成小康社会而奋斗》，http：//news. xinhuanet. com/18cpcnc/2012 - 11/17/c_ 113711665_ 7. htm，2012 年 11 月 17 日。

一、消费主义视域下大学生社会主义核心价值观培育的意义追问

在社会主义市场经济条件下，消费主义思潮获得了前所未有的蔓延和拓展，由此引发在我国现代化进程中出现哲学价值观层面的消费主义价值观问题研究。“我们时代需要怎样的价值”，“大学生应该树立怎样的价值观”成为时代课题。大学生是中国特色社会主义事业的建设者和接班人，只有当他们能够准确把握和理性认同社会主义核心价值观，才能担当起社会责任和历史使命。因此，在消费主义视域下，如何充分发挥社会主义核心价值体系在高校的引领作用，指导大学生世界观、人生观、价值观的构建，完善和规范他们的政治方向、政治立场和政治信仰，培养出优秀的人才，对大学生社会主义核心价值观培育具有十分重要的意义。

（一）抵制西方意识形态的战略意义

青年是国家的未来，赢得青年就是赢得国家的未来。西方国家总会利用我国改革开放之际，借助经济、科技等手段，对我国进行思想文化渗透。高校历来是西方国家思想文化渗透的主阵地之一，裹挟着西方文化和价值观的消费主义，对广大大学生产生巨大的吸引力和诱惑力。大学时期正是世界观、人生观和价值观逐渐形成、基本确立的重要时期，大学生因其思想活跃、容易接受新生事物、求新求变等特征，其“三观”的形成和确立可塑性强、可变性强。因此，高校应大力加强对大学生的社会主义核心价值观培育，破解消费主义的价值诱惑，拒斥消费主义的话语侵害，推进大学生对社会主义核心价值观的认同，力保中国特色社会主义建设事业后继有人。

（二）践行社会主义核心价值观的重要保证

以消费主义为代表的西方思潮的侵入，带来的社会后果之一就是社会价值的多元。多元价值的并存与冲突，体现在价值领域就是传统价值观念正逐渐被人们淡忘甚至是忽视，守则意识、底线意识的缺失正日益严重，而新的主导性的价值观念还没有完全确立，多元化、多层次的价值观念引发人们对传统的集体蔑视和对现代的高度狂热。传统与现代的不和谐也体现在高校中，价值的多元导致大学生不文明行为频发，不以作弊为耻，反以作弊不被抓为荣；不以奢侈浪费为耻，反以一味追求超过自身承受力的高消费为荣，如此之类具有一定的代表性。长此以往，对大学生自身的成长、成才都会造成不必要的损失。因此，在高校培育社会主义核心价值观就显得尤为重要，这也有助于在全社会范围内营造践行社会主义核心价值观的良性氛围。

（三）引导大学生社会主义核心价值观认同的迫切需要

当前大学生对社会主义核心价值观认同的差异性具体表现如下：其一，政治信仰不够清晰，部分大学生缺乏对马克思主义基本理论的自觉学习，面对西方社会思潮，缺乏政治辨别力，并对中国的现代化建设和国际格局，缺乏客观、全面的把握和认识；其二，理想信念不够坚定，不少大学生淡化理想信念，学业上实用主义倾向突出，人生坐标模糊；其三，民族精神和时代精神不够突出，部分大学生难以把握传统与现代的辩证关系，往往对西方文化情有独钟，信奉个人主义，强调成功的物质价值；其四，道德底线不够明确，部分大学生是非标准含糊、道德观念缺失，混淆真假、善恶、美丑，不诚信、不文明行为时有发生等等。这些表现的存在迫切需要对大学生进行社会主义核心价值观的培育，引导他们重新选择和树立正确的价值观念。

二、消费主义的本质及其危害

美国学者弗雷德里克·杰姆逊在《全球化的文化》一书中指出，当资本主义进入“全球资本主义”（global capitalism）阶段后，消费主义成为其三大制度性支柱之一。即，消费主义借助强大的传媒攻势，成功的将商品的象征意义推广到全球，并借此建立一套旨在体现等级秩序的社会身份系统。在消费主义所塑造的全球消费世界里，它改变了传统的消费习惯、消费方式，创造了新的消费需求和更高的消费欲望，其背后还是遵循了资本在全球范围内追求利润最大化的逻辑，用一种更隐蔽的方式实现了资本的全球扩张。当然，这种资本的扩张，不仅仅是资本主义生产方式和消费逻辑的全球扩张，更重要的是实现了资本主义生活方式、价值观念的全球改造。国内学者陈昕在《救赎与消费》一书中也强调，消费主义是指这样一种生活方式：消费的目的不是为了传统意义上实际生存需要（needs）的满足，而是为了被现代文化刺激起来的欲望（wants）的满足。[①]在今天的中国，部分已经富裕的地区和群体开始进行从需要到欲望的转变，并形成一种趋势，这种趋势对没有富裕或正在走向富裕的地区和群体已经有了相当程度的辐射和影响。

诚然，不能忽视消费主义的部分合理内核——在改观不和时宜的消费理念和消费行为方面的推进作用，以及引发整个社会对消费与积累、生产与发展关系的转变，尤其是在当下需要通过扩大内需发展生产、推动经济的境遇下，消费的意义变得十分重要。但是，当消费的意义从生产领域扩展到整个社会领域，而在社会层面民众

① 陈昕：《消费与救赎》，南京：江苏人民出版社，2003 年版，第 7 页。

还没有来得及充分理解其意义的时候，带有鲜明西方色彩的消费主义对整个社会精神思想价值的冲击可想而知。

（一）片面追求符号象征意义

符号化理解消费。受消费主义的影响，消费发生了判断标准的根本转变，消费品的使用价值贬值，人们更加重视消费品的“符号象征意义”。这种对人为创造出来的“意义”的追求与消费，使人们永远陷入“欲购情结”的漩涡而无法自拔。同时，人们的消费“主要不在于满足实用和生存的需要，也不仅仅在于享乐，而主要在于向人们炫耀自己的财力、地位和身份。因此，这种消费实则是向人们传达某种社会优越感，以挑起人们的羡慕、尊敬和嫉妒”。[①] 因此，当某种商品被赋予了金钱、地位、身份等一定符号意义时，拥有它并消费它就成为对他人炫耀的资本和条件。结果就是，“物品不是用来为人服务的，相反，人却成了物品的奴隶，成了一个生产者和消费者”。[②]

符号化的消费模糊了消费对象的本质，从而导致人的自我认同的集体缺失。在消费主义生活方式下，人们通过消费来获得认同、通过消费来确定身份、通过消费来展示价值、通过消费来实现意义。在“我消费，故我在；我消费，我有价值；我消费的越多、品味越高，我的价值就越大”口号的引领下，导致人们恋物情结的泛滥、对公共事务的冷漠、个性的集体迷失等，社会形成一种“形象”消费和崇拜的风气，人们在符号化的消费中被剥夺了享受真实的权利。当对消费对象的本质认识出现缺位、缺少人文价值关怀，一味追求其外在的象征意义时，这时的消费就会变质为浪费、玩物丧志，会使人心灵空虚、人性迷失、道德堕落。

---

① 王宁：《消费社会学》，北京：社会科学文献出版社，2001 年版，第 200 页。

② 陈学民：《痛苦中的安乐：马尔库塞、弗洛姆论消费主义》，昆明：云南人民出版社，1998 年版，第 31 页。

（二）片面追求物质享受，物质化理解人生意义和价值追求

消费主义引导下的消费已经不再是为满足人的正常生存和发展的物质、精神需要，而是满足通过广告不断反复轰炸而激发、制造和诱导出来的欲望。这种欲望其实就是马尔库塞指出的与人的“真实需求”相对立的“虚假需求”。在消费主义的笼罩下，“今天在我们的周围，存在着一种由不断增长的物、服务和物质财富所构成的惊人的消费和丰盛现象。富裕的人们不再像过去那样受到人的包围，而是被物所包围”。[①] 波德里亚所描述的消费社会已然展现在我们每个人面前，我们被丰富的消费品所包围，已经分不清自己到底需要什么，更无法从消费中体会到什么是幸福。马克思也指出：“一个民族要想在精神方面更自由地发展，就不应该再当自己的肉体需要的奴隶，不应该再当自己的肉体的奴仆。他们首先必须有能够进行精神创造和精神享受的时间。”[②] 在这里，马克思强调精神生活在幸福中的地位，在他看来，人不仅是自然存在物，更是社会存在物和精神存在物。所谓符合人性的人的需要不仅包括自然需要，而且还包括社会需要和精神需要。人的物质享受一旦成为目的本身，他便会失去人的面貌，现实是消费主义的生活方式剥夺了人们精神上的创造和享受。当人的消费越来越禁锢于物质享受时，人的主体性也就丧失了——人被异化，所谓的价值、意义只能从不断消费的过程中来展现和体味。

物质化的消费掩盖了消费的真实需求，从而引发人的精神家园的荒芜。随着我国经济取得长足进展，物质产品丰富，人们生活水平有所提高，但被消费主义俘获的人们信奉享乐、物欲的生活方式，

---

① 让·波德里亚：《消费社会》，南京：南京大学出版社，2001 年版，第 1 页。
② 《马克思恩格斯文集》，第 1 卷，北京：人民出版社，2009 年版，第 125 页。

将物质生活的丰富和感性欲望的满足作为人生最重要、最有价值的追求，将不断占有和享用的物质财富作为人生意义和价值的象征，物质享受至上的消费主义不断强化和冲击着人们的消费观念和价值底线。这样，在这部分人的生活中，似乎只有物质享受才是最紧要的，其他的尤其是精神的满足、理想的追求、价值的实现统统抛在一边，即使是有些精神上的需求，那也是与物质消费相关联的，而且是被物质化的，需由物质享受的多少来衡量的。因此，强调物质主义和享乐主义的消费主义最终导致了人们的精神需求和物质需求的失衡。

（三）疯狂掠夺自然资源，破坏生态和谐

消费主义作为一种生活方式，把消费作为唯一追求，势必会无限地占有一切，而漠视他人的价值和利益，它所关心的是个人欲望的满足，至于满足的手段和此种满足所带来的社会后果，则不在它关心的范围或者说不是重点。马克思对这样的生活方式早就有过深刻地揭露："古代国家灭亡的标志不是生产过剩，而是达到骇人听闻和荒诞无稽的程度的消费过度和疯狂的消费。"① 在消费主义的驱使下，现阶段人们对各种自然资源的掠夺呈现为一种非理性的疯狂和贪婪状态。贝尔曾一针见血地指出："资产阶级社会与众不同的特征是，它所要满足的不是需要，而是欲求，欲求超过了生理本能，进入心理层次，它因而是无限的要求。"② 由消费主义所刺激起来的人的欲望，已经接近甚至超出了地球生态环境所能承受的极限，当前出现一系列全球性环境污染、生态危机等事件多少都与消费主义有着不可分割的联系。

无节制的消费扭曲了人与自然的关系，进而影响到社会发展模

① 《马克思恩格斯全集》，第30卷，北京：人民出版社，1995年版，第419页。

② 丹尼尔·贝尔：《资本主义文化矛盾》，北京：生活·读书·新知三联书店，1989年版，第68页。

式的选择和实现。这种疯狂掠夺自然资源、破坏生态和谐的做法，被有的人解读为谋求发展过程中不可避免的情况。确实，为求发展，以破坏生态为代价的例子，在每个向现代化迈进的国家里或许都发生过。但是，发生了并不意味着可以继续下去，尤其是在我们这种资源依赖性大、消耗量大的国家，继续掠夺资源，破坏生态、势必将会把所有的资源消耗殆尽，从而剥夺我们子孙后代的生存权。这种竭泽而渔、杀鸡取卵的发展模式，其实也是消费主义对社会价值观影响的一个重要方面，为实现发展的可持续，我们需要有一个清醒的认识。否则，今天的富裕必将带来后世的贫困。

由此，在消费主义生活方式和价值观念的辐射与影响下，包括部分大学生，信奉物质利益的实现与满足，确立了“物质享受”在他们世界观、人生观和价值观中的主导性地位，从而产生崇拜物质利益、追求享乐的人生价值目标的转向。当前大学生炫耀性消费、超前消费等现象已不少见，校园中“拼爹”、“炫富”等问题暴露出当前我国高校部分大学生价值观的扭曲和异化，推进大学生的“三观”塑造与引导，加强社会主义核心价值观的培育显得尤为重要。

三、消费主义对大学生社会主义核心价值观培育的影响

消费主义借助传媒这一技术平台，对大学生在各方面产生“虹吸”式的作用，以其巨大的吸引力紧紧抓住大学生的眼球，并在其强大的话语攻势面前，消解了大学生的判断力和抵御能力，发挥了更加隐蔽而有力的作用，直接对高校的社会主义核心价值观培育产生挑战和影响。在消费主义影响高校大学生社会主义核心价值观培育过程中，我们首先有必要廓清那些潜在的和已经显现的影响及问题，唯有如此，才能在培育中克服困难、消除障碍。

（一）不认同社会主义核心价值观，存在动摇马克思主义指导地位的潜在危害

随着消费主义在高校的不断渗入，对大学生的社会主义核心价值观培育就越要坚定不移地坚持、巩固马克思主义的指导地位。作为培养祖国未来和民族希望的高校，其实一直在强调马克思主义的指导地位，但是如果自上而下的宣传没有得到自下而上的认同，就很难形成契合点，其效果不明显，马克思主义意识形态所蕴含的精华则无力彰显。

在高校，不认同社会主义核心价值观，其实也是有差异性和层次性的。在学校扩招，高等教育大众化的背景下，消费主义思想的滥觞已在一定程度上干扰了正常的教育秩序，改变了教育的“本性”，也使得高校的管理者和服务者——不少校领导受制于扩大生源、提高就业率这根红线，疲于奔命，而对于从思想方面提升学校的内涵建设、加强马克思主义理论为指导的意识形态建设则采取重形式、走过场的态度。广大的思想政治教育工作者，受制于各种现实条件和因素的困扰，有的专业教师缺乏深入研究马克思主义理论的精神和意志，缺乏必要的责任心；有的思想政治教育工作者疲于应付各种学生日常管理工作，无暇顾及学生的所思所想。高校的广大学生则在日益严重的教育功利化推动下，更是远离了马克思主义的理论滋养。长此以往，高校面临马克思主义指导地位动摇的潜在危险。

（二）盲目崇拜西方，造成大学生的政治信仰困惑

在高校进行社会主义核心价值观培育，本身就是一种承认价值多样性的态度和事实。在这样一个不可回避的事实面前，能够做的就是积极探索用社会主义核心价值体系引领社会思潮的有效途径，

主动做好意识形态工作，既尊重差异、包容多样，又有力抵制各种错误和腐朽思想的影响。

西方价值观在消费主义等社会思潮的包装下，对大学生的政治信仰及价值判断产生影响。大学生的信任出现困惑并不意味着不信任，而是说对所期待的政治结果表现出过多的负面情绪，进而降低或削弱了对自己所坚持或选择的政治信仰的信心。因此，从这个角度而言，与其说是大学生政治信任显现困惑，不如说是部分大学生判断政治是非的标准日益模糊或者西方化。比如，受西方媒体及社会不良风气的影响，一说民主自由必将西方国家奉为宝典，主张三权分立、推崇多党执政；一讲社会问题就将矛头指向党、政府，贬损党的形象，否定歪曲政府的作用等等。虽然这种情况不是主流，但对于大学生整体的政治信任的确产生了不良影响。

（三）割裂历史，使得大学生迷失发展的方向

在消费主义语境中，包括西方国家在内的各种价值观念相互影响、交融。社会主义核心价值观既是一种新型的具有社会主义意识形态的价值观，同时也是必然内涵中国传统优秀文化的价值观念，是在转型中的中国传统文化不断与时俱进的发展和历史进步，是一种动态的、“正在进行时”式的价值构建。必须认清楚的一点是，越是具有本民族特色的价值观，就越具有世界性的传播资本，也就越能够同西方的所谓“普世价值”争夺话语权。但是，在与“世界接轨”的过程中，重视历史就意味着保守，强调传统就是守旧的声音不绝于耳，看似创新，实际是割裂历史，这对于培育社会主义核心价值观是一种伤害。

这种伤害在高校也有所显现。作者作为高校思政课专业教师，曾经在课堂上做过一个调研，90% 以上的学生对于当前影视作品中篡改历史、调侃历史、戏说历史的情况表示可以接受，近 30% 的学生表示其对中国历史人物或事件的了解来源于影视作品，60% 以上

的学生认为历史的真实性与自己无关。这虽然仅是一个个案，但也反映出一种现实，历史在被大众娱乐的过程中日渐庸俗化，被肢解得面目全非。一个忘记历史或是没有历史感的民族，要想实现“伟大复兴”任重而道远。

四、消费主义视域下大学生社会主义核心价值观培育路径的选择

当前，在消费主义影响下，如何通过社会主义核心价值体系的引领，做好大学生的社会主义核心价值观教育、认同和内化，是高校推进大学生社会主义核心价值观培育工作的重点之一。大学生的社会主义核心价值观培育工作不仅包括理论层面的接受，还应包括实践层面的指导，这是一个立体的过程。它需要在理论层面充分认识和把握消费主义的本质，在实践层面培养和提高大学生在消费实践活动中的价值自觉能力，进而确立正确的世界观、人生观和价值观，形成对社会主义核心价值体系的最大限度的共识和认可。

（一）重新认识消费主义，树立科学的消费观

消费主义成为西方国家的价值观念，当然有其生成发展的历史渊源、逻辑前提和理论根基。事实上，消费主义在全球的蔓延，尤其是在发展中国家的扩张都是资本追求利益的内在本质要求，符合资本逻辑的合理要求，也反映了某种客观现实可能和人们利益的诉求，可以说这是一种客观实际。但是，消费主义在履行资本逐利的职能时，不自觉地充当了为资本扫清一切障碍的利器，即它倡导的消费方式不但引发传统消费方式的彻底改变，进而引发整个社会运行机制的彻底改变：消费成为一切，成为前提，这不可避免带来一

系列的消极的、破坏的后果。因此，必须充分认识和把握消费主义的本质，对其引起的影响要有足够的重视，并对之有全面的、清醒的解析和批判。

面对高校中部分大学生因消费行为的偏差而产生各种价值偏差，应该相应地增加消费价值观教育的内容，从树立科学的消费观开始。科学的消费观应该是发展的、公平的、理性的、和谐的消费观，通过对大学生树立科学消费观的引导，能够使大学生既能满足个体的合理需要，在消费中实现了自己的成长成才，又兼顾了与他人、社会的和谐共赢。即，在树立科学的消费观的过程中，坚持物质价值与精神价值的统一、坚持个人价值与社会价值的统一，并要突显人的主体价值身份，实现发展的、公平的、理性的与和谐的消费。

（二）坚持社会主义核心价值体系教育，着力引领大学生的思想

党的十八大报告中指出："社会主义核心价值体系是兴国之魂，决定着中国特色社会主义发展方向。要深入开展社会主义核心价值体系学习教育，用社会主义核心价值体系引领社会思潮、凝聚社会共识。"① 因此，面对消费主义的侵蚀，高校应根据学生的成长规律、认知逻辑和心理特点，采取多种形式的教育，创新方式方法，充分发挥社会主义核心价值体系整合的功能，加强大学生对社会主义核心价值观的认同，拒斥消费主义的话语侵害，并在价值观念日益多元化的高校中重塑社会主义核心价值观的话语权。

为此，高校积极培育社会主义核心价值观，牢牢掌握意识形态工作领导权和主导权，要做到：第一，要将社会主义核心价值体系融入课堂教学，抓好思政课理论教育主阵地，发挥人文社科类课程

① 胡锦涛：《坚定不移沿着中国特色社会主义道路前进　为全面建成小康社会而奋斗》，http://news.xinhuanet.com/18cpcnc/2012-11/17/c_113711665_7.htm，2012年11月17日。

的作用，在各专业课程教学中潜移默化渗透价值观教育。第二，要将社会主义核心价值体系教育融入大学生社会实践活动中去，发挥实践基地的长效作用，创新社会实践活动机制，按年级分类别等开展实践活动，提高社会实践活动的针对性和实效性。第三，将社会主义核心价值体系融入校园文化建设中来。坚持物质文化、制度文化和精神文化相统一的原则，建设和谐的校园文化，从而规范行为、陶冶情操、激发认同感、使命感和归属感，形成强烈的向心力和凝聚力。第四，将社会主义核心价值体系融入校园网络建设。充分利用校园网络宣传社会主义核心价值体系，扩大影响、营造氛围，减少网络对大学生的消极作用，为大学生健康成长营造良好的网络环境。第五，将社会主义核心价值体系融入学校管理服务工作。在管理中育人、在服务中育人，加强高校大学生价值观教育的领导机制，强化大学生价值观教育的队伍建设，建立学生自我教育机制，做好服务工作，通过服务促进教育，真正使社会主义核心价值内化为大学生自己的价值观念，外化为他们自己的自觉行动。

（上海立信会计学院讲师）

论大学生社会主义公正观的培养路径

李秀芳　王　鑫

社会主义公正观是马克思恩格斯公正观在当代中国的新发展，是站在最广大人民群众立场上，以最广大人民群众利益为实现目标，对社会各项经济、政治、文化等方面制度的主张和看法，随着社会的进步，社会主义公正观也在不断发展。社会主义公正观是站在无产阶级立场上对以往一切不公正社会制度的反思，是无产阶级对经济、政治、社会体制的综合评价标准。然而，由于生产力和生产关系发展的固有规律性，私有制和阶级差别在当今不可能马上被消灭，其过程具有复杂性和阶段性，社会主义公正观很难在大学生的思想中自发确立，通过思想政治教育加强大学生的公正观教育，树立社会主义公正观显得颇为重要。

大学生思想政治教育的重要目标是将党和人民的主张通过各种有效的教育方式，使得大学生这一青年群体不断学习先进理论，形成正确的世界观，用以指导社会主义现代化建设的实践。可见，社会主义公正观是党和人民经过长期探索进而形成的鲜明主张，对大学生开展社会主义公正观教育是大学生思想政治教育的应有之义。大学生作为青年人的重要组成部分，其公正观问题不容忽视，提升社会主义公正意识，端正公正观有助于实现思想成长，有助于形成现代公民品格。而当前我国社会主义尚处在发展的初级阶段，各项社会制度、规范不尽完善，社会不公正的现象时有发生，马克思主义公正理论、社会主义公正状态尚未真正实现。然而，站在历史长河的角度来看，这种不合理现状是和社会主义公正格格不入的，在全体社会成员的努力下必然是能够改变的，而当前的思想政治教育应当让大学生意识到上述问题的实质，认识到社会不公的阶段性和历史性，认识到社会主义公正实现的必然性。在大学生中开展公正观教育具有现实的可行性，同时也是历史的必然要求。

由于社会主义公正观是党和人民长期经验的总结和理论的结晶，这一理论无法在大学生群体中自发形成，因而大学生社会主义公正观的培育需要探求立体化、系统性、全方位的教育支持，既包括教学这一主阵地，亦包含校园实践、社会实践、媒介宣传、家庭社会环境熏陶等多种综合条件。

一、融入教学中的公正观教育

当前，大学生公正观教育在学校中的主要形式为思想理论课教学和学生工作者开展的日常思想政治教育，并以前者作为开展公正观教育的主阵地。

首先，以政策为向导，夯实公正观教育的理论基石。大学生思想理论课教学的重要内容是开展党的方针政策宣传和解读，在党的方针政策方面，有关社会公正问题的认识也在不断发展，从党的十五大提出“效率优先、兼顾公平”，到十六大提出“初次分配注重效率，再次分配注重公平”，再到十七大、十八大突出强调“初次分配和再分配都要兼顾效率和公平，再分配更加注重公平”。我国主流意识形态在公平和效率的关系问题上的观点，已经进行了重要的调整，这种调整体现了中国社会发展进程本身的议程变化。也反映出社会主义公正观在分配领域的不断变化，由改革开放之初的效率优于公平，发展到适应当前社会发展的“同时处理好效率与公平关系”。这些关于公正的思想的教学影响了大学生的观念，对于大学生认识社会、认识世界、认识人与人之间的关系产生了直接作用，“知为行之始”，只有理解“知”才能学会运用“已知”分析和解决“未知”问题，并将之融会贯通。

其次，以课程为基础，强化公正观教育的基本理论。在思想理论课教学中，社会主义公正观教育散见于《法律基础与思想道德修养》、《马克思主义原理》、《毛泽东思想和中国特色社会主义理论体系概论》、《形势与政策》等课程中，如教学中的社会公德教育、家庭美德教育、集体主义原则等内容有助于培养大学生的社会主义公正观念，从历史唯物主义、政治经济学和党的理论的角度向大学生阐明社会成员在人类历史进程和社会财富分配中的应有地位，提出群体价值超越个体价值，坚持公平分配原则等观点。社会财富分配公正是社会主义公正观的重要体现，也是大学生最容易接触到，最容易理解的公正。社会主义公正观站在全体劳动者的立场上，实行按劳分配为主体的制度，因而在最大程度上实现了社会公平正义。在教学中，教育者站在历史唯物主义的角度，分析了社会主义制度取代资本主义制度的必然性，社会主义所倡导的按劳分配以及按需分配的终极目标是分配公正的最佳状态，通过理论学习让大学生理解社会主义公正达成的历史必然性，理解社会主义公正思想的重要内容在于强调群体价值高于个体价值，在这一问题上，连西方学者也不得不予以承认，丹尼尔·贝尔认为：“我所谓的社会主义是经济政策的优先权问题，在这个领域中，群体价值超过个人价值，是经济政策合法的依据。”① 将社会主义公正观的最新理论通过教学的方式输送给大学生，无疑能最为便捷、高效地树立大学生的公正观。可见，加强大学生社会主义公正观教育，必须强化教学这一载体，将社会主义公正观念融入教学过程，为大学生思考周围的社会现象，解决面对的社会问题提供直接的思想武器。

再次，以素质教育为扩充，消除公正观教育的不足。除了思想

---

① 丹尼尔·贝尔：《资本主义文化矛盾》，三联书店1989年版，第21—23页。

理论课教学中存在公正观教育的内容外，各种文化素质课程甚至专业课中也包含了公正观的教育内容，譬如大学生职业生涯教育、公共关系教育、心理健康教育等课程也在向大学生提供公正观的思想内容。当然，当前社会主义公正观教育在大学生思想理论课教学中还存在诸多不足之处，譬如公正观教育分散于理论课教学中，关于公正观教育的系统性内容却并不多见，理论教学尚显不足，对于什么是公正、为什么要实现公正、怎样实现公正、树立何种公正观等问题尚未形成系统化、理论化、专门化的教学内容。值得一提的是，大学生对于社会热点问题普遍具有较高的兴趣，公正观教育以社会热点问题为载体，进行判例式教学，引导大学生发现问题，提出对公正的看法，这种从实际案例到公正观念的教育方式值得教育者思考。通过社会主义公正观的教学这一主阵地，能够让大学生对主流公正观产生认知、认同理念，并深刻认识到一些不合理的社会现状都只是暂时的，在党的领导下，经过持续努力是完全能够改变的。

二、融入校园实践中的公正观教育

日常思想政治教育主要由学生工作者来承担，这是学生除了在课堂上接受公正观教育以外的重要平台。其教育形式则包罗万象，譬如各项奖惩、各项团日活动立项评比、主题班会、学生干部工作、学生党建活动等多种形式。上述日常思想政治教育形式在相当程度上影响了大学生公正观的形成，一次公平的评奖评优，一个关于公正的讨论，一例公正的班干部竞选等事件都能极大地影响大学生对公正的认识。不容忽视的是，大学生除课程学习以外，他们普遍将大量精力花在团学工作上，即参加由学生组织举办的各种集体活动、比赛竞赛互动等，这些活动已经成为大学生日常生活必不可少的组成部分。

（一）大学生校园实践教育需大力发挥网络工具的作用

当大学生遇到不公正对待时，他们会主动反思，试图对其理解，当他们无法在思维上冲破不公正现象时，大量的抱怨、反抗情绪就会流露出来，并常常倾泻在 SNS 网站、微博等交往工具上。专业问卷调查网站“问卷星”调查显示，使用人人网的大学生比例为 84.21%，使用 QQ 空间和微博的比例分别为 57.89% 和 42.11%，使用 BBS 的比例为 36.84%。这些网络交际工具逐渐成为大学生信息交换的主要平台，连续的“转帖”、“跟帖”放大了个别学生的主张，对于大学生公正观具有较大的影响。同时，由于众多社交网站的社会化运行，学生工作者试图主导网站的价值观变得越来越困难，然而这种困难并不能成为教育工作中停止用网络开展公正观教育的理由。当前，以上海的“易班”为代表的网络思想政治教育不仅将思想政治教育大大贴近了广大学生，有助于站在大学生的角度用其喜闻乐见的方式开展公正观教育，在一定程度上提升了教育效果。

（二）大学生校园实践教育需鼓励其与不公正现象作斗争

值得注意的是，大学校园中的不公正现象屡有发生，这极大打击了大学生正确公正观的形成。前不久，有媒体爆出，高校团委和学生会已经成为“藏污纳垢”之地，成为大学生官本位、腐化堕落等思想的肇始之地。此观点虽言过其实，但的确反映了高校团学工作的阴暗面，一些依靠拉帮结派取得学生干部职位，再通过学生干部职位为少数“特权”群体谋取奖助学金和一些“出国交流机会”、“志愿者学分”等和大学生切身利益息息相关的问题。一项调查显示，有多达 70.8% 的在校大学生表示曾受到过不公正对待。[①] 部分高校学生活动的这一生态俨然成了腐败丛生病态社会的缩影。社会上价值观的多元化已深刻影响到高校已是不争的事实，我们的教育不仅要从理论上让大学生懂得社会主义公正观的优越性，更重要的是，面对当今社会形形色色的不公正现象，尤其是校园实践中的不公正，教育者要通过创设条件，鼓励大学生和校园实践中的不公正现象作斗争，要保障大学生争取合理权益的制度畅通，对依照校规校纪检举、揭发校园实践中不公正现象的大学生进行一定物质和精神奖励。只有确保校园中学生群体的公平正义，才能培养出富有社会主义公正理念，为实现整个社会的公平正义而努力的建设者。

同时，作为教育工作者，加强大学生社会主义公正观教育，必须维护校园活动中的公正程序和公正结果，制定相关规章条例，积极创造和改善大学校园的公正环境，加强校规校纪的执行力度来促进大学生正确公正观的形成，做到奖罚分明，严格按照规章制度进行学生日常活动的管理。让大学生真切体会到同学之间人格的平等、机会获取的平等和分配的平等。

（三）开展校园实践的公正问题讨论，深化大学生公正理念

一些通过教学对于社会主义公正观产生初步认识的大学生，一旦经历校园实践中的不公正对待，其原有的、并不牢固的社会主义公正观极易发生摇摆，为了杜绝这一现象，教育工作者应在大学生中开展大量的理论探讨，针对校园和社会上存在的不公正现象，层层剥开、分解讨论，对问题的本质予以及时剖析。讨论的形式也是多种多样的，可以班级为单位，定期召开班会，每次班会设定不同

---

① 龚鉴英：《当代大学生公正观特点分析》，《学校党建与思想教育》，2011 年第 14 期，第 385 页。

的主题，但这些主题都以校园公正作为讨论核心；也可以动员学校各种学生组织，由学校统一组织，各学生组织针对校园实践的公正问题展开辩论，在一次次的讨论和辩论中使得大学生坚定校园和社会正义的信心。让大学生学会分析这些问题，这样有利于鼓励他们自觉抵制不公正的校园实践，与这些现象做斗争。

必须指出的是，创设公正的校园环境还需要从学校的机制运行上寻求突破，建设公正的校园环境，意味着现有高校需要向纳税人公开经费预算和运行状况，向教师公开利益分配规则和制定规则的影响因素，向学生公开各项评选的全部程序，向学生公开各种学生组织和学生事务的产生、运作、发展的内在机制。这些改革是社会发展的必然要求，也是培养社会主义现代化建设合格接班人的重要条件。可见，公正校园的创设并不是简单的口号，而是要从制度条件出发，以公开透明为切入点，以完善制度规范为主体，以引入社会公众、媒体监管为催化剂，全方位实现校园环境的公正，最终实现校园实践对大学生社会主义公正观的教育作用。

三、融入社会实践中的公正观教育

社会实践是大学生理论学习、校园实践活动以外的又一重要活动领域。它既包括大学生为了响应社会、政府和学校号召在国家和社会重大事件中参与志愿者活动，如2008年北京奥运会、2010年上海世博会志愿者活动；也包括大学生为深入社会，了解基层而开展的暑期社会实践活动，他们的足迹遍布城乡，在实践中积累为人民群众服务的本领；同时，还包括大学生日常活动，譬如围绕所学专业进行的实践操作，以及为了减轻家庭经济压力，锻炼适应社会能力而参加的勤工助学活动等。故此，大学生社会实践既包括日常的，也包括突发的，既包括专业操作性的，也包括略带商业目的的，其范围较为宽广，也使得几乎全部大学生都参与到其中。得益于广泛参与性和强烈体验性等特点，通过社会实践对大学生进行社会主义公正观教育显得尤为重要。

（一）社会实践中的公正观教育需要完善志愿者工作制度

志愿者或义工是随着现代社会发展、进步而逐步出现、繁荣的一种现象。志愿服务是实现大学生人生价值的一个重要部分，当前，大学生中的主流群体具有强烈的奉献精神，他们富有爱心，乐于助人，并在助人的过程中锻炼了自身的社会实践能力。近年来，重大社会事件频发，志愿者工作在这些事件的运行中起到一定保障作用。然而，由于大学生缺乏足够的实践经验，阅历较浅，他们对实践中出现的不公正现象常常产生误解，这些现象甚至严重影响了他们服务社会、奉献社会的信心。为了解决此问题，学校和政府管理机构应当制订、不断完善志愿者工作制度，在为大学生参与志愿服务提供保障的同时，要尽可能减少和消除不公正现象。譬如在志愿者的遴选、考核、评优、推介等方面注重程序公正，在志愿工作宣传方面，强调为人民服务的观念，理解个人和集体的关系，在志愿服务的目的方面，让大学生懂得志愿服务本身就是为了实现社会主义公正。在志愿者工作中不仅锻炼了大学生的实践能力，更在志愿服务的各个环节上以公正的运行模式深刻教育大学生，使得广大学生在志愿服务中受到并接受社会主义公正观的教育。

（二）社会实践中的公正观教育需要加强大学生维护自身权益的能力

社会实践中的公正观教育绝不是空洞的、抽象的、虚无的，而是有形的、具体的、实在的教育，但贯穿于社会实践中的公正观教育并非巨细无遗，一些在实践中产生的不公正现象没有得到及时处理，这就要求大学生自身具备一定的维护自身权益的能力，并在与实践中的不公正做斗争的同时，锻炼自身的意志品质，培养公正观念。

为加强大学生维护自身权益能力，首先，应提升大学生维权意识。一些大学生在社会实践中，面对复杂的社会关系，由于自身处于弱势，常常对于自身所遭受的不公正对待自认无耐，忍气吞声，不愿意甚至不敢向对方讨回公道。因此，学校在开展文化素质教育时，应加入社会实践中的维权意识教育，提升大学生的自我人格意识以及公平正义观念。其次，应提升大学生维权技巧。在一些涉及商业利益如家教、勤工助学等形式的社会实践中，当一些大学生遇到不公正对待时，他们有时会采取非理性的手段应对，甚至用非法的手段维护正义，结果是应对效果有限，造成大学生对社会不公正现象认识的片面化、扩大化，这就影响了高校教学和校园中对大学生开展的社会主义公正观教育，降低了教育效果。为此，学校、社会应建立和加强大学生社会实践求助机构的建设，学校教育需要向大学生教授维护自身权益的合理及合法方式，对遭受的不公正对待及时采取正确的处理，及时化解因此而产生的负面影响。

（三）社会实践中的公正观教育需要加强对社会媒体的监管

大学生是青年中对于社会现象最为敏感的群体之一，他们在同龄人中较多地关注社会事件，具有较为独立的思想见解。现代信息技术的发展更促进了大学生对社会事件的及时了解，特别是在一些社会重大事件发生后，大学生一般会较早地作出反应，总体而言，大学生是社会成员中的“积极分子”。然而，社会事件的背后是舆论导向，官方媒体对于社会事件的报道更加正面、积极，这是较为传统意义上的媒体宣传，社会成员包括大学生所接受的大多是此类信息。随着市场化运作的铺开，一些以逐利为目的媒体日益增加，这些媒体为了提升阅读量，增加广告收益，不惜大量登载猎奇消息和负面消息，甚至大肆渲染、编造骇人听闻的社会不良事件，据粗略统计，近年来报刊媒体对于负面信息的报道高达80%。譬如，在2011年，主流媒体仅针对河南省洛阳市较大社会事件的负面报道就多达5次以上，包括："电视台记者遇刺"、"旅游者被误认上访打伤押回"、"囚禁性奴丑闻"、"威胁记者"、"智障者坐牢三年"等连串负面报道。一年来，报刊和网络媒体上终日充斥了多个地区难以计数的的负面信息。这些信息无疑对大学生产生了巨大影响，虽然主流大学生群体能对社会事件加以辩证分析，但依然会有一些学生认为社会倒退，甚至认为当今社会现象与所学理论格格不入，使一些学生产生迷茫心态，另有一些则将不公正现象"正常化"，发生价值观扭曲，甚至消极颓废。因而加强对此类学生的公正观教育显得更为迫切，我们的教育应当是全方位的，不仅体现在学校教学和校园活动中，更要发挥社会这个重要的教育平台，而媒体则起到至关重要的作用。

大学生尚处于价值观的形成时期，他们对于社会现象的认识与其他群体有所不同，他们受到媒体舆论的影响更为显著，这些舆论从社会层面对大学生产生了深刻的教育，在观念上，大学生容易从一个极端滑向另一个极端。一个普遍负面的舆论环境极易造成大学生公正观的扭曲。可见，对舆论风向的监管有必要进一步加强，这绝不是呼唤舆论控制，而是确保媒体报道更加准确、真实、公正、全面，要合理配置负面和正面信息的比例，在社会中要营造社会主义主流公平正义氛围。

除了社会媒体对大学生社会主义公正观的教育产生重要影响外，家庭环境的影响、朋辈群体的影响、所经历重大事件的影响都发挥着潜移默化的作用。然而，上述影响因素和教学、校园影响以及社会媒体的影响是相互渗透互为条件的，诸多因素在大学生社会主义公正观教育的过程中成为一个互动的生态系统，多重影响系统只有协调发挥作用才能真正为大学生社会主义公正观的培育产生积极影响。我们期待着社会主义公正观的教育能够从高校教学、校园实践、社会实践、社会媒体、家庭环境等方面立体化开展，在暴露和揭示社会黑暗面的同时，通过多重方式将更主要的精力集中在正面信息和具有中国特色的社会主义公平正义的教育上来，进一步优化各种教育因素的配置，而这正是值得我们继续思考的重大时代问题。

（上海海事大学讲师；上海中医药大学基础医学院讲师、华东师范大学博士生）

高校大学生与社会思潮影响机制研究[①]

陈海青

党的十八大报告首次对社会主义核心价值观进行了新概括，突出强调“倡导富强、民主、文明、和谐，倡导自由、平等、公正、法治，倡导爱国、敬业、诚信、友善，积极培育和践行社会主义核心价值观”。[②] 报告郑重指出，社会主义核心价值体系是“兴国之魂”，它决定着中国特色社会主义发展方向。而要深入开展社会主义核心价值体系学习教育，则必须坚持不懈地用社会主义核心价值体系引领社会思潮，凝聚社会共识，从而牢牢掌握意识形态工作领导权和主导权，坚持正确导向，提高引导能力，壮大主流思想舆论。为此，对于高校来说，在培育社会主义核心价值观的过程中，应当重视对各类社会思潮的引导。而作为高校意识形态教育的一项重要教育内容，我们必须充分考虑社会思潮接受机制，深入分析研究高校大学生自身的内在因素与社会思潮传播的相互关系，探寻其规律，突出大学生在教育接受过程中的主体地位。

---

① 本文为教育部人文社会科学研究规划基金项目“基于中西文化传统的人格理论比较研究”（项目批准号 10YJA10051）的阶段性研究成果。

② 胡锦涛：《坚定不移沿着中国特色社会主义道路前进为全面建成小康社会而奋斗——在中国共产党第十八次全国代表大会上的报告》，人民出版社，2012 年版，第 31—32 页。

一、当代大学生的人格特性

在进入高校学习之前，大学生在中学阶段已经逐步积累了比较广泛的书本知识，抽象思维有了显著的发展，“个体已能在头脑中进行完全属于抽象符号的推导，能以理论作为指导去分析、解决各种问题”。[①] 此时青少年开始接受学校正规的思想政治教育，对政治知识、政治观点的形成有了初步的感性上的了解。他们对一件事情，不再仅仅限于自身的利益的角度来认识，而且能够把它同他人、集体、国家、民族联系起来，尤其喜欢对身边现实的社会政治问题追根问底。由于自我意识的发展，进而产生了自我认识、自我体验、自我评价的强烈愿望，迫切想了解人生和社会的真谛，因而在学习和生活中比较注意对政治事件、政治信息、政治刺激以及与主流价值体系有较大差异的各类社会思潮的认识和感受。

进入高校后，青年学生逐步走向生活独立，生活圈逐渐扩大，通过大学阶段的学习和实践，对社会的接触和了解也较以往深入。在这一阶段，他们的权力感较强，而义务感、责任感相对较弱，再加上青年好奇心较强，很多事都想亲力亲为。在广阔深入的社会生活实践中，他们的价值观进入了一个不断思考、不断比较、不断选择的时期。青年通过社会生活阅历，他们积累了一定的政治知识，具有既定的政治情感、政治价值取向和政治理想、信念，经过实践的直接体验和间接认识，他们对政治问题的探索，对政治现象的认识，对政治事件的判断都逐渐深刻，逐步地从低级到高级，由对政治现象的粗浅认识上升到比较系统的理性认识。但是，由于这阶段青年学生的政治阅历较少，再加上所面对的世界又是纷繁复杂，使

① 王玄武等：《政治观教育通论》，人民出版社，1999 年版，第 185 页。

得他们对政治的评价与判断会有一个反复认识、不断深化的过程。这就导致了青年在其政治价值观的发展上不可能是直线式的一蹴而就，而是会经历一个多次反复、曲折发展的过程。而他们的价值观也就是在这种磨砺中逐步得以充实与完善，并渐趋成熟。

可以看出，社会环境特别是不断变化的现实生活对青年大学生个体的政治人格提出新的要求，促使其个体继续进行政治社会化，所以大学阶段是人生价值观形成的关键阶段，也是进行意识形态教育的最佳阶段。

二、社会思潮的接受性

接受性形成是思想形成的一个重要规律，也是近年来意识形态领域的一个研究热点话题，是制约高校意识形态教育实效性问题的一个核心问题。马克思曾说：“事实上，世界体系的每一个思想映象，总是在客观上被历史状况所限制，在主观上被得出该思想映象的人的肉体状况和精神状况所限制。”① 换言之，客体在影响主体时，能否产生效果与产生何种效果，不仅在于客体因素本身，更在于接受者本身的意识、知识、能力、素质等主体因素，在于主客体两种因素之间的平衡和协调。所以可知，认识是在同化和调节中不断建构的产物。客观地讲，教育接受活动的发生，必须以教育的可接受性为前提。所以大学生的意识形态教育，例如社会主义核心价值观的教育，也要符合可接受的原则，使其各种内容和信息的性质及属性与受教育者的接受特性相适应、相接近、相契合。

社会思潮的接受活动是由多重结构要素构成的复杂开放系统，核心是接受者如何“反应、选择、整合、内化和外化”相关思想政

① 林崇德：《发展心理学》，人民教育出版社，1999 年版，第 351 页。

治信息。该五个环节的建构模式如图 1 所示：

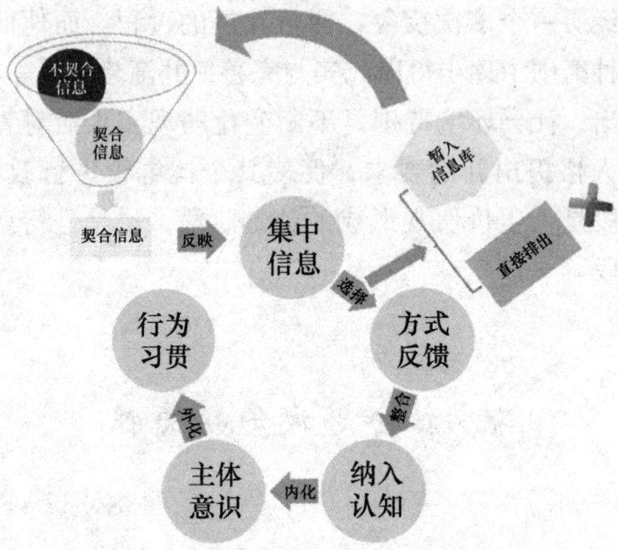

图 1　社会思潮接受五环节

反应环节是后继系列活动发生和运行的前提条件，具有一定的指向性。接受主体对契合自身需要的外来信息产生反应的集中，反之，则反应冷淡甚至反感拒绝。选择环节是基于判断基础上主体所作出的自觉抉择。经过筛选后的部分信息被接受者以语言、表情或行为的方式作出反馈；部分信息被直接排出主体意识之外；余下部分肯定性和暂时无法评判的信息则被送入信息库，等待进一步分化和整合。整合环节是接受者对经过前两个环节筛选后进入认识场的思想信息进行加工，对接自身原有的政治价值结构，进而将其纳入到自身的认知结构。内化环节是个体“将某种关系、观念、标准、态度等转化为自己内部的心理活动或心理因素的过程”，[①] 最终积淀为形成能指导自身的社会行为并相对稳定的主体意识。最后的外化环节则主要指接受者将内化形成的思想观念和信念自主地转化为自

① 朱智贤：《心理学大词典》，北京师范大学出版社，1989 年版，第 35 页。

身的行为，并养成相应的行为习惯。

接收者最基本的心理接受规律是团体压力导致的从众心理。人首先具有天然的合群愿望。群体的存在对于个人往往成为一种真实（或想象）的压力存在。为维持心理平衡和消除紧张，个人通常会下意识地接受所在群体的标准和价值观。一般而言，团体规模越大，从众的心理现象越明显。其次是模仿倾向。人的社会化过程是一种不断被塑造的过程，也是不断从思想观点和行为上靠拢和模仿符合周边要求的他人的过程。周边社会文化环境的无形影响往往导致绝大多数人在既有的选择中进行选择而不是自主地决定自己的选择。通过这种被动地无意识模仿，个人不断消除自我与世界的对立，以期与周围融为一体。从这个角度看，现代各类社会思潮、特别是新自由主义、消费主义等等思潮的盛行及其迫使不少大学生加入这个群体，变成“单向度的人”便是一个不难理解的现象。

三、社会思潮的高校影响机制

“机制”一词，来源于希腊文，本意是指机器运转过程中各构件由于某种机理而形成的因果关系和运转方式。该词后被广泛应用到自然科学和社会科学领域，泛指研究对象某一系统由其内外关联性而形成的因果联系和运行状况。我们把这个概念借用到意识形态接受领域，是指意识形态接受诸要素之间的相互关系及其运行过程和运行原理。①

---

① 影响机制包括社会机制和个体机制。所谓社会机制是指各种社会环境对于接受活动的影响方式，个体机制是指受教育者自身的生理、心理因素对于接受活动的影响方式。本文考察机制的具体影响，所以不具体区分社会机制与个体机制。

（一）学术旗手占领“潮头”，驾驭思潮流向

人是环境的产物，人的价值观的形成，除受正规教育这个控制因素影响之外，还受到自然、政治、经济、文化、道德等环境因素的影响。这些因素在一定程度上左右思想教育的作用，影响个体接受各种社会信息和教育信息的广度和深度。作为“潮头”的学术旗手们可以敏锐地感受到通过社会中一些带有普遍性的事件和基本问题体现出来的社会基本矛盾运动的辩证关系，从而提出理论和观点。在社会文化环境中，知识分子在社会思潮引导中的作用是非常巨大的，一方面，大量的知识分子工作的场所是各类高校，与大中专学生接触比较密切，对于人生观、价值观正处于定型过程中的他们而言，知识分子的言论与思想观点无疑起到了巨大的影响作用，特别是著名的专家、学者，其影响力更大；另一方面，相当一部分知识分子工作在科研院所，他们往往通过与政府部门合作，为政府决策提供服务间接影响与传播社会思潮，影响力不可小觑。另外，知识分子特别是专家、学者对媒体的影响深刻。媒体是传播信息的平台，但是对于经验信息的归纳与抽象概括乃至形成一定的认识理论与解释范式则是专家、学者的特长。因此，专家、学者是媒体所需的思想养料的主要来源，媒体也成为现代社会中知识分子思想与言论传播的主要渠道。

以新自由主义思潮为例，其拥护者自20世纪80年代中期通过大量译著译文、大学讲坛或论坛宣讲以及科研机构的专门研究等方式在国内进行传播，使得其代表人物哈耶克、弗里德曼、张五常等人的著作成为热捧的对象。新自由把“不公”统统归于政治上的集权，并以此要求实行西方式的民主改革。在西方强势理论话语权的影响下，在一些媒体的推波助澜下，新自由主义的观点溢出学术界，影响一大批商业、文化甚至政治精英。而新自由主义同新“左派”自20世纪末以来的系列论战经过网络传播、媒体放大后，对普通民

众的价值取向产生广泛的潜在影响。80年代中期的“《河殇》”事件以及1989年发生在北京的“政治风波”，都与新自由主义思潮密切相关。90年代以后，“淡化意识形态”、“淡化政治”的观点则成为新的落脚点。

再看民族主义的影响。民族主义有利于保存民族的文化传统，有助于强化民族自尊心，唤起民众爱国热情，提高民族凝聚力。例如，我国最早建立的官方论坛“强国论坛”和民间论坛“天涯社区”以其较为完整的发展历程和丰富多元化的观点在大学生当中享有盛誉。尤为可贵的是，饶谨的Anti-CNN. com网站以健康的民族主义者的身份，向世界传递“中国人理智、勇敢、敢于担当”的声音。但民族主义又极易偏向激进。一批具有社会学家、资深媒介人、大学教师、作家以及青少年教育工作者背景的学界文人，以自己的博客和电子杂志《少年中国说》等作为舆论宣传的阵地，形成一个有理论支撑、有思想领袖、有经典文章著作、有固定发言阵地和舆论宣传机关的具有典型“左倾”民族主义特点的思想派别，竭力为民族主义及其存在寻找创造思想理论的基石。早在1996年就出版了引起国内外巨大轰动的民族主义著作《中国可以说不》，到2009年出版的《中国不高兴》，其中王小东的“尚武论”观点就具有相当明显的民族主义代表性。他发文指出，当前时代的两个最基本的问题是生存空间的问题和少数人决定多数人的命运的问题，认为“从人类历史看，能过上好日子的民族都是尚武的民族”，[①] 论证了战争的合理性，宣扬武力、掠夺、强权。激进的民族主义打着“维权”、“关注底层”、“追求新闻自由”等旗号，利用网络传播平台，对社会热点问题进行热评，煽动急风暴雨式的社会运动、甚至是暴力对抗和破坏秩序的激进维权活动，增加了社会不稳定因素。近代以来，中国饱受西方殖民侵害，从来就不缺少滋生激进民族主义的文化温

① 王小东：“回顾与展望当代中国民族主义”，http：//news. ifeng. eom/opinion/speeials/sht-ml。

床。20世纪90年代以来，特别是我国驻南斯拉夫使馆被炸和中美撞机事件以后，激进的民族主义不断抬头，不仅停留在知识分子的文化圈子当中，而且通过网络的传播，新闻媒介的放大，不断蔓延到普通民众（特别是青年学生）当中，凝聚成一股影响力巨大的意识形态运动。一系列涉日、涉法问题引发的争论和抗议，2008年保卫奥运圣火传递、反对藏独、抵制家乐福事件，就可见一斑。应该说，激进的民族主义是以爱国主义为出发点，但其非理性的情绪立场和暴力倾向分化了意识形态认同，对国家政治外交产生深刻影响，增加了社会不稳定因素。

（二）学生主体伫立“潮中”，组汇思潮主体

社会思潮的传播并不是单极输出，而是时刻要受到接收者的选择、吸纳、甚至改造，“传播者和接收（受）者的阶级属性、政治倾向、文化水平对社会思潮传播的影响较大”。[①] 作为高校主体的大学生具有密集性、年轻化、知识性和活跃性等特性，使思潮传播具有了相应特点。

首先，青年大学生的主体需要是接收（受）社会思潮的动力机制。需要是人的一切活动的源泉与动力。“需要—活动—满足—新的需要”，这是一个不断反复、永无止境的发展过程。因而，有无接受需要就成为制约意识形态教育效果的核心动力因素。对于大学生群体而言，处于成长关键阶段的他们不仅有着物质利益的需要，更有着解疑释惑的需要、精神满足的需要、自我完善的需要、政治参与的需要。

其次，认知结构是青年大学生接收（受）社会思潮的加工机制。大量的实证研究表明，受过良好教育的公民“因为有健全认知技巧，学历高的公民政治关心程度也高……在社会文化水平较高的地域和

① 王炳权，梅荣政：“论社会思潮的传播与控制”，载《求实》，2005年，第11期。

群体中，政治社会化的广度、深度和速度，都要大于社会文化水平较低的地域和群体”。[①] 大学生是具有较高知识文化的群体，他们的思维能力、独立性和批判能力发展较快，对事物的敏感度高。他们不满足于对社会思潮的事实认知，总会产生对其的评价性认识，即价值性认知，从而直接影响大学生的政治判断能力，产生大学生政治素质的差异性。这个政治认知系统处于动态发展中，大学生获得政治知识和分析问题的能力随主客观条件变化而发生变化。

第三，非理性因素是青年大学生接收（受）社会思潮接受的调节机制。非理性形式主要是“指主体的情感、意志以及潜意识、习惯等意识形式”。[②] 它们相对于理性因素来说具有不同的作用方式和活动特点。与智育接受相比，非理性因素在意识形态教育接受活动中的作用更为突出。接收（受）者的情感体验是接受教育活动中正负效应的关键，它自身有内在地制约人的认知指向和行为强度的力量。大学生的心理处于向成熟过渡的阶段，其情绪情感具有鲜明、激烈、丰富的特点，其情绪情感、兴奋性与细腻性并存，以兴奋性为主；波动性与稳定性并存，以波动性为主；外显性与内隐性并存，以外显性为主。他们比较容易受到情感的触动，同时也容易受到外界各种负面效应的影响而产生不满、抵触、厌烦、对立等比较激烈的情绪体验，对于意识形态接受有着强大的负面影响。此外，大学生群体对自我价值的高标准追求，同意志能力的相对匮乏之间所产生的矛盾，常常会造成大学生的理想和实践的脱节。在接受活动中，坚韧的意志，饱满的热情，往往能激起卓绝的精神力量，而轻松的情绪，欢愉的心境，又常使灵思泉涌，这些都无疑地有利于加速政治价值观教育接受的进程。

---

① 苏崇德：《比较思想政治教育学》，高等教育出版社，1995年版，第24页。
② 王浦劬：《政治学基础》，北京大学出版社，1995年版，第355—400页。

（三）潮尾余波未尽处，且看“蝴蝶效应”

青年大学生正处于世界观人生观形成、成熟时期，实现人生价值是他们最强烈的愿望。但是由于他们的思想认识、情感意志、自我意识等心理承受能力还处于不稳定、不平衡状态，社会经验还十分缺乏，经济上尚未完全独立，思想政治上还不成熟，因此在如何面对人生问题、实现人生价值上普遍缺乏明确的取向，容易陷入价值选择的困境，不可避免地产生一种对社会现实的失落感和迷茫情绪，而社会思潮作为对现实问题思考的一种总结，将以其不同的效果对大学生产生影响。从总体上讲，绝大部分社会思潮的作用是双重的。而且，社会思潮对大学生的影响并不仅仅局限于其“刀刃”的本身。大学生从其对新异刺激的兴趣出发，基于自身需求并在接收社会思潮过程中产生利益共鸣，从而不但成为社会思潮积极的接收（受）者与追随者，更有可能成为实践者和传播者，形成社会思潮扩散的“蝴蝶效应”。

传播学理论告诉我们，无论是接收者还是接受者，二者都有继续传播的可能。区别仅仅在于接收者的传播主要体现为人际传播，且多为无意传播；而接受者的传播主要体现为大众传播，而且往往呈现出有意传播的特点。所以，当一个大学生在接收（受）了某类社会思潮后，便具备了三种可能：一是渴望与他人进行交流，共同分享这个消息；二是希望更多的人赞同和支持该社会思潮；三是在同其他人思辨，以吸引更多人关注，从而扩大思潮的传播空间。例如，本次课题的访谈综合结果表明，所有的被访大学生对象都表明，自己在“听到一些关于民族主义方面的新闻或者消息，会主动跟同学或者朋友讨论这个问题”，同时 87.5% 的同学认为原因在于“国家兴亡，匹夫有责”；而在认同，或者默许民族主义相关事件及其所采取的相关行动之后，75.4% 的同学会采取“参与网络论坛讨论相关事件，并转发”这项行动。

概而言之，接收（受）不同性质的社会思潮首先影响对大学生的人生价值追求和个人的健康成长，也影响大学生参与政治的热情程度和社会化会程度。为此，在21世纪全球化的背景下，高校马克思理论工作者必须坚定不移地推进马克思主义中国化、时代化、大众化，坚持不懈地用中国特色社会主义理论体系武装头脑，深入实施马克思主义理论研究和建设工程，建设哲学社会科学创新体系，推动中国特色社会主义理论体系进教材、进课堂、进头脑。坚持社会主义核心价值观，大力弘扬民族精神和时代精神，广泛开展理想信念教育，把大学生团结凝聚在中国特色社会主义伟大旗帜之下，深入开展爱国主义、集体主义、社会主义教育。在对西方主要社会思潮进行深入研究和适度把握的前提下，向大学生唯物地、辩证地介绍当代影响较为深远的各类社会思潮。一方面应该承认当代西方社会思潮提出的许多引人注目的新问题、新观念，开拓了新的研究领域，反映了现代科学和人类文明的进展，因而有必要从中吸收其合理的，有益的思想因素；另一方面也要分析这些思潮对社会，特别是对人们心理产生的影响，对其中消极成分应坚决摒弃。

（同济大学马克思主义学院博士后研究人员）

当代革命军人核心价值观培育与践行研究

军队要在社会主义核心价值观培育中发挥表率作用

罗建林　李　黎

党的十八大报告指出，“加强社会主义核心价值体系建设，要深入开展社会主义核心价值体系学习教育，用社会主义核心价值体系引领社会思潮、凝聚社会共识”。并强调“要大力弘扬民族精神和时代精神，深入开展爱国主义、集体主义、社会主义教育。倡导富强、民主、文明、和谐，倡导自由、平等、公正、法治，倡导爱国、敬业、诚信、友善，积极培育社会主义核心价值观”。积极培育和践行社会主义核心价值观，是我们当前和今后相当长的时间内思想政治建设中的大事。军队和武警部队更要积极行动，做学习、培育、践行社会主义核心价值观的表率。

一、人民军队一直是践行我国社会主义价值观的先锋

从八一南昌起义打响第一声枪以来，人民军队先后创造了井冈山精神、长征精神、延安精神、航天精神、抗震救灾精神等许多宝贵的精神财富，涌现了无数的英雄模范人物。人民军队为党、为国、

为民舍生忘死的崇高精神风貌和无私无畏的价值追求，一直受到我国广大人民群众的尊敬和敬仰。

在人民军队诞生以前，旧军人在我国广大人民群众心目中的形象是很糟糕的，他们往往被斥之为“一介武夫”。老百姓一直自我告诫“好男不当兵”。特别是在那些战乱频繁的年代，军人的“匪气”更是令人闻风色变。以至于在红军初创时期，还有人将这支农民武装称为“赤匪”。后来随着红军在根据地“打土豪分田地”的正义举措，他们才逐渐赢得了广大劳动人民的热爱、支持和拥戴。到了抗日战争时期，人民军队在人们心目中的地位迅速上升，这主要是因为人民军队奋勇抗日，成为了中华民族的脊梁，因而受到人们的广泛敬仰。当时许多热血青年就将参军视为保家卫国的最佳途径，毅然奔赴革命圣地延安。到了解放战争时期，伴随着人民军队的节节胜利，董存瑞、邱少云、黄继光等军人形象使人民军队越来越成为英雄和胜利的代名词。“当兵不怕死，怕死不当兵”成为当时的人们对人民军队英雄的最好赞美，人民军队也逐渐成为一个以“爱国主义”、“英雄主义”为核心价值观的优秀集体而受人尊敬。在抗美援朝这场惨烈的战争中，无数英雄的不朽事迹使人民军队的形象变得前所未有的高大，以至于小说《谁是最可爱的人》中的人物形象迅速成为那个年代人民崇敬的对象。在这些英雄形象的感染下，20世纪60年代，我国掀起了“全国学习解放军”的热潮。那时，全国清一色的绿军装演绎着时代美丽的符号，甚至连姑娘择偶，首选都是军人。后来，由于雷锋的事迹，“解放军同志”变成了“解放军叔叔”，这种把军人的称呼由“同志”向“叔叔”转变，更加确认了人民军队在人民心目中的道德力量。尽管雷锋的一生是短暂的，但他用平凡而短暂的一生铸就了我党我军“全心全意为人民服务”的铮铮誓言，直到今天，雷锋精神仍然是人们对于军人，乃至整个社会的期盼。改革开放以来，随着使命的新变化，人民军队的价值观又在抗洪抢险、抗震救灾、奥运安保等重大事件中不断地感动着中国，甚至也感动着世界。

80多年来，尽管人民军队所坚守的具体价值观随着时代与使命的变化而不断变化，但这种变化不是忽东忽西地随波逐流，也不是忽好忽坏地变幻莫测，而是人民军队核心价值观在内容上的不断充实、在表述上的不断明晰。人民军队所奉行的这些价值观引领时代潮流的事实从未改变，由此也铸就了中国军队特有的光辉形象。

二、人民军队理应成为践行社会主义核心价值体观的重要力量

社会主义核心价值观的培育是一个非常复杂的系统工程，需要党和人民长期不懈的努力。作为在全社会中最具组织性、纪律性、战斗力和感召力的人民军队，无疑是引领社会主义核心价值观培育的重要力量。强调人民军队是引领社会主义核心价值观培育的重要力量，并不是要否认共产党员的先进性作用，因为共产党员同样是人民军队中的中流砥柱，只不过共产党员在人民军队中更集中、更能体现共产党员集体的先进性。当然，也并不是说人民军队的现状已经完全具有了足以发挥好引领社会主义核心价值观培育的所有条件。因为在开放的世界中，形形色色的思潮不可避免地会对官兵的理想信念、价值追求产生影响。但中国共产党与人民军队长期以来所铸就的独具特色的政治关系，保证了人民军队依然会是引领社会主义核心价值观培育的重要力量。从井冈山的星星之火到万里长征的血风腥雨，从八年浴血抗战到四年解放战争，从抗美援朝到保疆守边，从抗洪抢险到抗击非典，从抗震救灾到奥运安保，不管环境多么险象环生，也不管任务多么紧迫艰巨，只要党中央一声令下，广大官兵便义无反顾，勇往直前，人民军队勇于献身的战斗豪情始终是中国共产党培育和激发出来的。

经过三十多年的改革开放和快速发展，我国社会正处在一个

“黄金发展期”与“矛盾凸显期”并存的关键阶段。今天的社会环境更为复杂，一方面人们思想的自主性、差异性明显增强，人们的精神风貌、思想观念、道德风尚正朝着更加民主、文明、健康的方向发展；另一方面人们的思维方式和行为方式不时地发生偏差，特别是在相关法律法规、体制机制和管理监督尚不健全、不完善的情况下，拜金主义、享乐主义和极端个人主义极易滋长蔓延，导致一些人的价值观念发生扭曲，精神空虚、道德滑坡、信念动摇，社会主义思想道德建设面临严峻挑战，加快社会主义核心价值观培育的紧迫性不言而喻。

在这种情况下，人民军队作为保证我国经济社会平稳快速发展的武装力量，理所当然应该成为社会主义核心价值观培育的重要力量。经受了艰苦卓绝的战争考验的人民军队，今天同样有能力经受住市场经济条件下的各种考验。因为人民军队始终坚守：在复杂的社会环境中继续保持人民军队的优良传统和政治本色，认真履行全心全意为人民服务的根本宗旨，努力走在全社会精神文明建设的前列。作为党领导下的人民军队，解放军队和武警部队历来是先进思想和进步精神的坚定拥护者、热情传播者和先行实践者，同时也承载着更多的道德要求。在积极培育社会主义核心价值观这个新的伟大实践中，军队有责任、也有能力当好标兵、做好榜样。

三、人民军队践行社会主义核心价值观的主要方法

习近平主席在出席十二届全国人大一次会议解放军代表团全体会议时强调：“国防和军队建设，必须放在实现中华民族伟大复兴这个大目标下来认识和推进，服从和服务于这个国家和民族最高利益。”这一重要论述，体现在社会主义核心价值观的培育上，就是要

求人民军队必须自觉以持续培育当代革命军人核心价值观为抓手来引领社会主义核心价值观的培育。

一是要深刻理解积极培育社会主义核心价值观的重大战略意义。十八大报告提出“要加强社会主义核心价值体系建设”，“要积极培育社会主义核心价值观”。这标志着我们党对社会主义思想道德文化建设规律的认识达到了一个新的水平。只有认识到位了，才能增强我们在培育社会主义核心价值观中走在前列的责任感和自觉性。当前我们正处在一个思想大活跃、观念大碰撞、文化大交融的时代，在多种文化同时并存，正确思想和错误思想、主流意识形态和非主流意识形态相互交织的情况下，必须努力培育具有广泛感召力的社会主义核心价值观，将中华民族历史的厚重与时代的要求科学地结合起来，使先进文化得到发展，健康文化得到支持，落后文化得到改造，腐朽文化得到抵制，实现文化自身的和谐。社会主义核心价值观是引领社会思想道德建设的一面旗帜，是全民族团结和睦、奋发向上的精神纽带，是社会主义秩序得以运转和维持的基本精神依托，是社会主义社会发展进步的“生命线”，是社会主义意识形态大厦的基石和文化建设的根本。积极培育社会主义核心价值观，将有助于构建和谐社会建设所需要的文化认同和价值追求，有助于引导人们超越民族、城乡、地域以及社会阶层等方面的差异，消除彼此之间的分歧和隔阂，增强社会成员的归属感和向心力。

二是要充分认识在积极培育社会主义核心价值观中党、国家、人民对部队提出的要求和殷切期望。我军作为党绝对领导下执行特殊政治任务、具有高度组织纪律的武装集团，历来以党的旗帜为旗帜、以党的方向为方向、以党的意志为意志，知责思进，必须在培育社会主义核心价值观过程中肩负起特殊使命。军队在政治思想建设和精神文明、道德文化建设等方面走前列，是党和人民的一贯要求。胡锦涛同志曾在纪念红军长征胜利70周年大会讲话中指出：“红军长征胜利充分说明了一个真理：建设一支听党指挥、服务人民、英勇善战的革命军队，是革命的依托、民族的希望。”这既是对我军建设历程的高度总结和概括，也是新形势下党对人民军队的政治要求。同时，“长征精神”、“两弹一星精神”、“抗洪精神”、“载人航天精神”等都是人民军队对社会主义核心价值观的诠释，也为人们筑起了永远的精神高地。新形势下军队和武警部队仍然要紧密结合部队的使命任务与实际，围绕实现强军目标的现实要求，找准切入点，要自觉地把培育社会主义核心价值观的基本要求融入部队思想政治建设的全过程，使之成为官兵奋发向上的精神力量和团结和睦的精神纽带，确保部队走前列。

三是要把持续培育当代革命军人核心价值观作为践行社会主义核心价值观的切入点。十八大报告在强调加强社会主义核心价值体系建设和积极培育社会主义核心价值观的同时，对军队提出了要“毫不动摇坚持党对军队的绝对领导，坚持不懈用中国特色社会主义理论体系武装全军，持续培育当代革命军人核心价值观”。“忠诚于党、热爱人民、报效国家、献身使命、崇尚荣誉”的当代革命军人核心价值观能够凸显和代表社会主义核心价值观的先进性。持续培育当代革命军人核心价值观，既是从根本上保证人民军队继续保持坚定的政治立场、崇高的理想信念和高尚的价值追求，从而确保人民军队自身先进性的需要，同时又符合培育社会主义核心价值观的本质和要求，是引领社会主义核心价值观建设的需要。在人民军队中大力培育当代革命军人核心价值观，不仅反映了社会主义核心价值观建设对军队的本质要求，也必将对社会主义核心价值观建设起到牵引和推动作用。

总之，新形势下，我们要持续培育当代革命军人核心价值观，为积极培育社会主义核心价值观提供强大的牵引力和推动力，为实现强军目标提供强大的精神动力，为实现中华民族伟大复兴的强国梦提供强大的战略支撑。全体官兵要始终把当代革命军人核心价值观作为价值取向来确立，作为道德情操来恪守，作为行为准则来遵循。正确对待名利得失，耐得住寂寞、经得住诱惑、守得住本色，干一行、爱一行、钻一行，在奋斗中赢得尊重，在奉献中实现价值，使当代革命军人核心价值观深深融入中国军人的灵魂血脉，化作全军官兵推动国防和军队建设科学发展、忠实履行使命的强大动力，为积极培育社会主义核心价值观作表率。

（武警政治学院教授；武警政治学院讲师）

新形势下培育和践行当代革命军人核心价值观的思考

张　明

中共中央政治局委员、中央军委副主席许其亮在会见2013年度践行当代革命军人核心价值观新闻人物获奖代表时强调指出：核心价值观是国家民族的文化内核和“方向盘”、“稳定器”、“导航仪”。持续培育当代革命军人核心价值观，是我军模范践行社会主义核心价值观的实际行动，是深入贯彻强军目标的铸魂工程、基础工程。新形势下大力培育和践行当代革命军人核心价值观，进一步引导官兵坚定政治信仰、强化军魂意识、纯洁思想道德、激发战斗精神，有利于打牢全体官兵团结奋斗的共同思想基础；有利于推动部队全面建设和科学发展；有利于实现党在新形势下的强军目标；有利于实现社会主义现代化和中华民族伟大复兴的中国梦和强军梦。紧紧围绕党在新形势下的强军目标持续培育当代革命军人核心价值观，必须把发挥核心价值观的主导作用与激发官兵践行价值观的自觉性结合起来，加强统筹协调、增进理解认同、强化示范引导、突出中心工作、搞好调查研究，确保培育和践行活动卓有成效。

一、加强统筹协调　提高领导能力

各级党委要肩负起把方向、谋长远的职责，坚持把培育和践行当代革命军人核心价值观摆上重要议事日程，加强统筹协调提高组织领导能力。

党委科学统筹。培育当代革命军人核心价值观，是党委加强对部队思想政治领导的一项极为重要的工作，必须坚持大事大抓，认真筹划部署，精心组织指导。要把培育当代革命军人核心价值观作为党委的重要工作，成为贯穿基层部队理论学习与思想政治建设的主题活动，充分发挥其对其他教育活动的统揽、带动和融合作用。按照总政治部统一部署，2014 年结合深入开展“牢记强军目标、献身强军实践”主题教育活动，把培育活动的内容纳入到党委中心组理论学习的计划当中。通过组织党委中心组成员共学研讨，进一步理清教育思路，找准重点问题，拿出对策办法。党委书记要强化管思想、抓教育的政治自觉行动自觉，履行好第一责任人的职责，提高领导教育的能力水平。各级党委应结合部队实际，尝试建立思想政治教育主官、军事政治主官双负责制，保证教育训练不分家，使主题教育始终服务部队的中心工作，积极克服以往教育“时间难保障、人员难集中、分层施教效果不明显”的问题，切实做到学习教育和工作训练两不误、两促进。

机关合力指导。机关各部门要在党委统一领导下，各尽其责，齐抓共管。党委机关的思想政治教育领导小组要加大对基层部队的工作指导力度，进一步细化各级抓思想教育终端落实的具体办法，严格按照计划抓进度，按照标准求实效，防止教育大呼隆、争彩头的现象发生。重点抓好教育联系点的指导工作，及时总结梳理并积极推广部队思想教育的经验做法，帮助基层部队解决实际困难，切实形成思想政治教育有人抓、及时抓、反复抓的良好局面，巩固和深化思想政治教育的经验和效果。

提升骨干能力。针对部分基层部队开展思想政治工作的意识不强、发现解决问题的能力偏弱、“不懂不会不精”教育的问题，以及少数基层政工干部在教育中唱“独角戏”的现象，应该注重利用学习培训、以老带新、示范启发等办法，不断提高政治干部和一线骨干开展思想教育的实际能力。要坚持细化教育任务，鼓励带兵骨干全程参与思想教育各个环节。各级政治机关要积极利用总政治部《2014 年全军思想政治教育意见》颁发实施的有利契机，切实抓好“四会”优秀政治教员评选，重点加强对教育骨干的基本理论笔试和课堂实践能力的考核，多角度、全方位地激发和调动各级教育骨干抓教育的热情。

二、增进理解认同　打牢思想根基

持续培育当代革命军人核心价值观，思想教育是基础。总政治部张阳主任指出，要坚决贯彻落实习主席重要指示精神，聚焦强军目标，深化培育工作，真正使强军目标成为广大官兵的价值追求和自觉行动。要强化创新意识，进一步改进形式、丰富内容，增强培育工作的时代性和感召力。要弘扬务实作风，扎实推进培育工作，确保取得实实在在的成果。因此，要把培育当代革命军人核心价值观贯穿思想教育全过程，紧密联系官兵的思想实际，引导官兵深刻理解当代革命军人核心价值观的重大意义、科学内涵和实践要求，划清是非荣辱界限，增进对当代革命军人核心价值观的高度认同，打牢真诚信奉、自觉践行的思想基础。

明确阶段目标专题学。新形势下持续培育当代革命军人核心价值观，必须紧紧围绕强军目标安排教育内容，并将之划入主题教育活动的各个阶段，做到每个阶段突出一个学习专题，每个专题安排一次首长授课，每次授课解决一个实际问题。要通过各个专题的学习教育，重点帮助官兵解决“学、信、行、法”四个问题，在熟知基本理论、基本观点和基本要求的基础上，使当代革命军人核心价值观的基本要求逐步内化为官兵的理论认同、政治认同和情感认同，自觉转化为日常行为规范和良好道德习惯，切实固化为官兵正确的信念目标、道德标准和价值取向。

拓展教育内容系统学。坚持把核心价值观的教育与我军历史使命、理想信念、战斗精神及荣辱观教育构成完整的内容体系。坚持用党的创新理论武装头脑，以高度政治自觉学习习主席系列讲话精神，坚定理想信念，提升精神境界，传承红色基因，把对党和人民的大忠大爱固化成强军的实际行动和能力。要始终修养身心、树好形象，大力弘扬我党我军优良传统，不辜负组织培养和家庭、战友的期望，勇敢前行，做永远闪光的恒星，不做瞬间消失的流星，为强军实践注入强大精神力量。同时，注重发挥驻地院校专家学者和基层理论骨干的作用，通过“热点透视、焦点辨析、难点解读”等方式，帮助官兵充分认清当代革命军人核心价值观的科学内涵、时代背景和现实意义，切实树立正确的世界观、人生观和价值观。在认真学习领会的基础上，结合新形势下官兵思想教育的特点，集中力量编写好配套政治教材，切实把教育内容变成官兵感兴趣的话题，把学习重点变成官兵关注的热点，用官兵朴实的话讲官兵明白的道理，真正做到读本大家带、理论随处学、观点随时记。

融入经常教育重点学。深入开展以“传统美德、社会公德、职业道德、个人品德”为主要内容的“四德”教育，以“四德”促“四爱”，自觉把官兵对党、人民、国家和军队的政治热情转化为爱党、爱人民、爱国家、爱军队的高尚道德情操。要以“核心价值观指引军旅人生路”大讨论和“以道德为镜鉴，做品格高尚的时代军人”思想辨析与演讲会的形式，教育引导官兵懂得对国家真诚、对父母尽孝、对师长敬重、对同志关爱、对家庭负责、对岗位尽责等基本人生道理，从而进一步确立当代革命军人正确的道德标准和价值取向。

三、强化示范引导 着重表率推动

伟大的时代呼唤伟大的精神、英雄的群体，强军兴军需要思想引领、榜样引领。先进典型是我党我军倡导的革命理想和崇高精神的模范实践者，对官兵培养践行当代革命军人核心价值观具有很强的示范引领作用。要大力宣传坚持我军性质宗旨、忠实履行职能使命的英雄模范和先进典型，深入挖掘其精神内核和时代意义，让官兵从先进典型的感人事迹和优秀品质中受到鼓舞、汲取力量。

典型示范带动。要大力宣扬我党我军各个历史时期的英模人物，突出宣扬全国“双百”人物，宣扬全军作出重大贡献、具有重大影响的英模，宣扬本单位的战功荣誉和英模事迹。大力宣扬具有鲜明时代特征的重大典型，宣扬基层一线、平凡岗位特别是执行重大任务中涌现出的先进典型。重视培养和宣扬官兵身边典型。提高典型宣传质量，增强典型的广泛影响力和持久生命力。要充分发挥先进典型的导向激励作用，以先进典型事迹报告会，以及“我从英模身上学什么、履行使命做什么、军旅人生怎么走”等学习讨论等活动，引导官兵向先进典型学习，走典型成才之路，自觉把“人生设计”融入到使命任务之中，融入到部队建设的科学发展之中。

领导人格表率。人格魅力既是对真理的注解，也是对官兵的感召。领导干部要带头学习、身体力行，不断加强世界观改造，提高思想境界和人生追求，真正做到讲党性、重品行、作表率，充分发挥在培育当代革命军人核心价值观中的示范作用。各级党委领导要积极投身理论学习，深入部队宣讲，推动培育活动深入开展。要针对当前部队少数官兵提高能力素质上“优”不起来，行动上“急”

不起来、作风上“实”不起来的问题，深入开展“增强责任树形象，提高能力求发展”的教育整顿，党委常委要带头查找自身在“精神懈怠、能力不足、脱离群众、消极腐败”等方面的问题，在世情、国情、党情发生深刻变化的新形势下，加强党员干部能力建设和先进性建设，切实为官兵树好形象，当好标杆。

奖惩激励推动。坚持把培育工作纳入干部考核评价体系和“创先争优”的评比活动之中，与入党考学、评功评奖等个人成长进步挂钩起来。对在部队教学训练中成绩突出的先进单位和优秀个人，要通过组织典型事迹报告会等形式予以表彰，以快报、广播、网络新闻等官兵喜闻乐见的形式予以大力宣扬，并在干部晋职、士官选取等问题上予以优先考虑和提拔使用，真正让官兵身边的一些先进典型“香”起来，“红”起来，切实形成争先创优的良好氛围。

四、突出中心工作　注重点滴养成

持续培育当代革命军人核心价值观，重在实践，贵在养成。要把学习培育当代革命军人核心价值观融入部队教育训练管理、执行重大任务和官兵日常学习工作生活之中，让官兵在实践养成中升华思想境界，校正人生追求。促进部队全面建设科学发展，不断强化使命意识、精武意识，努力增强履行使命任务本领，把践行核心价值观转化为增长才干、履职尽责的实际行动。

在中心工作中强化。许副主席指出：要始终练好打赢本领、争创一流，瞄准明天战场的新要求、新挑战，超越自我，用更高标准、更严格要求，把自己锻造得更加过硬，在强军的实践中做“领跑者”。培育当代革命军人核心价值观，要坚持紧贴训练、依托训练、服务训练，做到教育引导与实践锤炼有机结合，相得益彰。把培育活动作为军事训练中政治工作的重要内容，实现与军事训练实践接轨。要坚持把正面引导渗透到军事训练的各个环节，通过“学习新知识、掌握新装备、苦练新本领”岗位练兵和“精武训练标兵”评选等实践活动，使当代革命军人核心价值观所倡导的“献身使命、爱军精武、争创一流”等价值取向成为官兵练兵热情的强大动力，确保以军事训练的深入发展牵引和带动当代革命军人核心价值观的培育，部队始终保持旺盛的战斗精神。

在重大任务中磨砺。完成重大任务，既是加强军事斗争准备的重要途径，也是当代革命军人核心价值观加钢淬火的最佳舞台。要以军事训练为基本平台，以执行军事演练、维稳处突、抢险救灾等重大任务为生动课堂，做到部署任务有要求、组织实施有内容、检查考核有标准。及时总结宣扬部队执行重大任务中凝聚形成的革命精神和战斗作风，为深化学习培育提供生动教材。要把执行重大任务作为磨练革命精神的熔炉，践行当代革命军人核心价值观的舞台，努力在圆满完成任务中实现当代革命军人的人生价值。

在点滴养成中完善。军队建设中，要始终牢固确立以人为本的建军治军理念，其中一项重大任务就是要把推动部队建设与加强部队科学管理结合起来，与促进官兵全面发展结合起来，努力在提高官兵综合素质上见成效。要结合部队使命任务特点，坚持把核心价值观的普遍要求与岗位职责结合起来，引导官兵从小事做起，积极参加助人为乐、健康军营、节能环保等活动，利用各种时机和场合强化日常养成。严格每日生活管理，加强官兵自我约束，形成自觉培养践行的良好习惯。要进一步抓好文明廉洁接训兵工作，把培育当代革命军人核心价值观转化为各级领导干部廉洁从政、广大带兵骨干文明廉洁带兵的思想道德行为标准，切实做到励志律行有依据，言行举止有标准，日常养成有遵循。

五、搞好调查研究 严格检查考评

要深入基层、深入一线、深入官兵搞好思想调查，及时掌握官兵所思所想、所需所盼，使教育接好地气、找对穴位、敲准鼓点。要认真研究、把握培育当代革命军人核心价值观的特点规律，坚持循序渐进，既要确立长远目标又要提出阶段性要求，既要建立长效机制又要着力解决现实问题。同时，要坚持改进创新，吸收借鉴社会和外军的有益做法，综合运用各种方法途径和现代科技手段，增强培育工作的科学性实效性。

搞好调研指导。各级党委要带头落实调研制度，认真组织“一班人”紧密联系部队使命任务和官兵思想实际，系统学习研究培育活动的指导思想、基本内容和实践要求，深入研究核心价值观培育、实践和形成的客观规律，及时分析解决教育实施过程中遇到的突出矛盾问题，切实增强对教育活动的整体把握。要结合具体分管工作，分片挂钩负责，广泛开展一人一题专项调研活动，切实摸清干部、士官、义务兵等不同群体、不同类别、不同层次、不同年龄官兵思想心理和行为方式特点，科学分析他们的人生追求、价值取向和道德观念的新变化，掌握议教、管教的主动权。

加强检查考评。坚持对照标准，及时进行检查讲评，准确将检查情况予以通报，跟踪督促抓好教育整改。要严格根据总政《2014年全军思想政治教育意见》的具体要求，坚持把平时教育检查与支部每月议教、党委每季教育形势分析结合起来，与干部士官考核和年终总结工作结合起来，对各级主题教育落实与成果转化、官兵的思想政治素质和部队培育成效进行综合考评，使之真正融入部队建设的方方面面。目标和规划一经作出，就要具体落实到个人负责组织实施，要防止职责不清、互相扯皮、逃避责任的现象发生。要将风险评估结果作为决策管理的重要依据，建立行政过错责任追究制度，以保障决策管理的科学性、民主性和规范性。

总之，持续培育和践行当代革命军人核心价值观，必须及时把基层部队学习培育的成功经验和做法固化为制度，坚持依靠制度机制规范引导，逐步建立健全形势分析、调查研究、部署规划、组织实施、示范引导、检查考评、服务保障等工作机制，促进部队深入学习、长期培育、自觉践行，确保培育和践行活动系统化经常化和制度化。

（南京政治学院上海校区教授）

牢固确立社会主义核心价值观
不断强化官兵的理想信念

邬沈青

社会主义核心价值观与社会主义核心价值体系密不可分、有机统一。社会主义核心价值体系是社会主义核心价值观的基础与前提，是社会主义核心价值观形成发展的原则与依据，社会主义核心价值观是社会主义核心价值体系的内核与精髓，是在社会主义价值体系中居主导地位、起支配作用的价值理念，决定社会主义核心价值体系的基本特征和发展方向。党的十六届六中全会通过的《中共中央关于构建社会主义和谐社会若干重大问题的决定》明确提出："马克思主义的指导思想，中国特色社会主义的共同理想，以爱国主义为核心的民族精神和以改革创新为核心的时代精神，社会主义的荣辱观，构成社会主义核心价值体系的基本内容。"党的十八大分别从国家、社会、个人三个层面对于"社会主义核心价值观"进行了凝练，报告提出了三个倡导，"倡导富强、民主、文明、和谐，倡导自由、平等、公正、法治，倡导爱国、敬业、诚信、友善，积极培育社会主义核心价值观。"同时，党的十八大又进一步指出："社会主义核心价值体系是兴国之魂，决定着中国特色社会主义发展方向。要深入开展社会主义核心价值体系学习教育，用社会主义核心价值体系引领社会思潮、凝聚社会共识。"这一重大战略思想，对于进一步强化军人理想信念，铸牢精神支柱，具有重大理论价值和实践意义。

一、充分认清社会主义核心价值观对于强化官兵理想信念的重大意义

价值观念和理想信念同属意识形态的范畴，两者之间有着密切的内在联系。价值观念是理想信念的基础和支撑，理想信念是价值观念的升华和体现。确立社会主义核心价值观是坚定军人理想信念的思想基石，也是强化军人理想信念的必然要求。

首先，社会主义核心价值观具有鲜明的阶级性，体现了军人理想信念的本质特征。马克思主义认为，人类社会是经济基础和上层建筑的有机统一体，经济基础决定上层建筑，而上层建筑对经济基础具有反作用。社会意识形态属于上层建筑，规定着社会的思想道德文化建设的性质和方向。一个国家、一个民族，在长期的实践中必然要形成一定的价值体系，其中居于核心地位，起主导作用的就是核心价值体系，它总是与社会基本制度及其要求相适应的，核心价值观念具有鲜明的阶级性。纵观人类社会发展史，任何社会都有其核心价值体系和核心价值观，都是统治阶级从精神、观念层面维护其社会秩序的基本精神依托。中国封建社会宣扬的“三纲五常”，西方资本主义国家标榜的“自由、民主、人权”，其实质都是一定社会制度的产物，都是对人们实行思想统治的工具。社会主义核心价值观，作为社会主义社会的价值观，作为社会主义意识形态的重要组成部分，充分反映了社会主义基本的、长期稳定的社会关系及主要价值追求。同时，社会主义核心价值观作为马克思主义价值观在中国特色社会主义历史条件下的具体运用和发展，充分体现了马克思主义价值观的基本精神和特质。马克思、恩格斯等经典作家在其思想和理论体系中虽然未对社会主义核心价值观做出直接、系统的阐述，但却从许多方面，间接阐述了消灭剥削、实现社会公正、共

同富裕和人的全面发展等社会主义价值观内容。因此，社会主义核心价值观是引导人们实现自身价值和全面发展、促进社会和谐的强大精神武器，与资本主义及其他阶级社会的核心价值观是完全不同的。我军作为党缔造和领导下的人民军队和执行党的政治任务的武装集团，始终以党的政治理念作为自己的政治信仰，必然要以党倡导确立的核心价值观来引领自己的价值取向，支撑自己的理想信念。

其次，社会主义核心价值观具有鲜明的导向性，指明了军人理想信念的目标方向。社会主义核心价值体系坚持马克思主义指导思想，追求中国特色社会主义共同理想，弘扬民族精神和时代精神，倡导社会主义荣辱观，集中反映了社会主义、爱国主义、集体主义的价值导向，明确了当代社会最基本的价值取向和行为准则，具有强烈的主导性和强大的引领力。我军在传播先进思想、培育良好风尚上，历来走在全社会的前列。军队要成为实践社会主义核心价值体系的模范，做共产主义远大理想和中国特色社会主义共同理想的坚定信仰者、科学发展观的忠实执行者、社会主义荣辱观的自觉实践者、社会和谐的积极促进者，坚持把马克思主义中国化的理论成果作为科学真理来坚信，把建设中国特色社会主义作为崇高理想来追求，把民族精神和时代精神作为内在动力来强化，把社会主义荣辱观作为基本行为准则来践行，使社会主义核心价值观真正内化为坚定的理想信念和明确的目标追求，成为引领思想行动的科学指南。

最后，社会主义核心价值观具有鲜明的时代性，拓展了军人理想信念的深厚内涵。概括起来集中体现了“三个统一”：体现了理想与现实的统一。共产党人的最高理想是实现共产主义，在现阶段的共同理想是走中国特色社会主义道路，实现中华民族的伟大复兴，实现强国梦。把理想目标的实现牢牢建立在中国特色社会主义的伟大实践之中，体现了最高纲领与最低纲领的有机统一。体现了继承与发展的统一。作为马克思主义中国化的理论成果，毛泽东思想、邓小平理论、“三个代表”重要思想、科学发展观，既一脉相承，又与时俱进，同时也使军人理想信念的理论基础更加坚实，思想武器更加锐利。体现了传统与时代的统一。以爱国主义为核心的民族精神和以改革创新为核心的时代精神，共同构成了社会主义核心价值体系的精髓，极大激发了民族生命力、创造力和凝聚力，使当代中国人民始终保持昂扬向上的精神风貌和进取活力。社会主义核心价值观还以“海纳百川”的胸襟，积极吸纳当今世界优秀精神文化成果，不仅极大丰富了中华民族的精神宝库，也有力构筑了军人理想信念的思想高地。

二、准确把握社会主义核心价值观灌注强化官兵理想信念的精神内核

核心价值观作为整个价值体系中最基础、最核心、最稳定的部分，是一个人的“关键信念”，也是一支军队长期秉承的永恒准则。“忠诚于党、热爱人民、报效国家、献身使命、崇尚荣誉”是当代革命军人核心价值观，这五个方面是相互联系的整体，是反映我军官兵与党、人民、国家、军队的关系以及我军官兵相互间关系最基本、最核心的价值观念，体现了我军优良传统、时代发展要求、官兵价值追求的统一，是军人特有的核心价值理念，对军人思想道德和行为方式起着主导作用。要使社会主义核心价值观灌注于部队之中，必须准确把握其内涵要素和精神实质。

一是要把铸牢军魂、听党指挥作为最高要求。党对军队的绝对领导，是我军永远不变的军魂，是我军的根本原则，是党和人民对军队的最高政治要求。新的历史条件下，习主席着眼强国强军伟大梦想，把听党指挥上升到强军之魂的高度加以强调，确保部队绝对忠诚、绝对纯洁、绝对可靠，一切行动听从党中央和中央军委指挥。要始终不渝地高举中国特色社会主义伟大旗帜，不断强固听党指挥的思想根基，始终不渝地坚持党对军队绝对领导的根本原则和制度，

确保枪杆子永远掌握在忠于党的可靠的人手里。注重严守党的政治纪律和组织纪律，强化政治意识、号令意识、大局意识，做到平时听招呼、战时听指挥、关键时候不含糊。更加注重适应世情、党情、军情新变化，积极探索贯彻落实党对军队绝对领导根本原则制度的有效途径和方式，确保无论战争形态怎么演变、军队组织形态怎么调整、部队建设内外环境怎么变化，始终把党对军队绝对领导落到实处，始终不渝地坚持以党的旗帜为旗帜，以党的方向为方向，以党的意志为意志，坚决完成党赋予的各项任务。

二是要把服务人民、践行宗旨作为本质要求。全心全意为人民服务，是我军必须永远坚持的根本宗旨，是我军的力量之本、荣誉之源、价值之根。无论在任何时候、任何情况下，都要始终做到视人民利益高于一切，切实解决好为谁服务、为谁扛枪的问题，永远做人民利益的忠实捍卫者。坚持为人民服务奉献一切，自觉服从和服务于党和国家工作大局，积极为全面建设小康社会贡献力量。坚持靠人民支持战胜一切，发扬军民一致的优良传统，不断巩固同呼吸、共命运、心连心的军政军民关系，形成夺取胜利最深厚、最伟大的力量源泉。

三是要把忠诚使命、能打仗、打胜仗作为特殊要求。忠诚使命，就要自觉把个人追求融入履行我军新使命的伟大实践之中，把勇于担当使命、敢于献身使命、立志不辱使命的决心意志内化为革命军人特有的价值理念和目标追求，转化为提高应对危机、维护和平、遏制战争、打赢战争能力的自觉行动。能打仗、打胜仗，是检验部队各项工作成效的唯一的根本的标准。军委习主席强调，要牢记能打仗、打胜仗这个强军之要，强化官兵当兵打仗、带兵打仗、练兵打仗思想，牢固树立战斗力这个唯一的根本的标准，按照打仗的要求搞建设、抓准备，确保部队召之即来、来之能战、战之必胜。能打仗、打胜仗，是军队存在的根本价值，是习主席提出的强军目标的核心，也是军队建设发展的根本目标。部队建设和军事斗争准备的一切工作都要向打赢聚焦，牢固确立战斗力标准，始终把提高战斗力作为部队各项建设的出发点和落脚点。同时，还要大力激发以爱国主义和革命英雄主义为核心的战斗精神，始终保持不怕艰难困苦、不惧强敌威胁、不惜流血牺牲的英雄气概，坚持从难从严训练，努力锻造一批在未来作战中不仅有勇而且有谋，不仅敢打而且善打，不仅能战而且能胜的精兵强将，锻造召之即来、来之能战、战之必胜的威武之师，确保有效履行党和人民赋予的使命任务。

四是要把知荣明耻、遵纪守法作为基本要求。这既是社会主义荣辱观的内在要求，也是军人最基本的价值取向和行为准则。要按照十八大提出的构建社会主义核心价值观的要求，自觉做到：牢记警示线，切实划清是非、善恶、美丑的界限，防止思想道德滑坡、价值取向偏移，筑牢防守线，坚决抵制拜金主义、享乐主义、极端个人主义的影响和腐朽思想文化的侵蚀，做到“拒腐蚀、永不沾”。避开高压线，严守政治纪律和组织纪律，确保政治上坚定清醒、不出问题。守住保底线，强化守纪意识，提高自律能力，恪守立身做人的行为准则。习主席反复强调，要牢记依法治军、从严治军是强军之基，必须保持严明的作风和铁的纪律，确保部队高度集中统一和安全稳定。我们要坚决贯彻习主席重要指示，切实加大依法治军、从严治军力度，严格执行各项规章制度，坚决杜绝有法不依、执法不严、违法不究的现象，提高部队正规化建设水平。强化纪律观念和号令意识，坚持按条令条例和规章制度办事。通过树立鲜明的价值导向，使知荣辱、守规矩、重操守真正成为每名官兵的自觉行动。

三、积极拓展培育社会主义核心价值观强化官兵理想信念的有效途径

核心价值观是整个价值体系中居支配地位的核心理念。军人核心价值观是军人价值体系中最基础、最稳定、最本质的部分，是官

兵思想和行为的“总开关”、“总闸门”。官兵思想观念、价值取向和行为方式，大多都是内心深处核心价值观的反映和外化，官兵的理想信念、现实思想问题，从根本上讲很多都同核心价值观的践行与否紧密相关。社会主义核心价值观重在培育，强化官兵理想信念贵在实践。要探寻有效方法，实施系统灌注，切实抓紧抓好。

第一，用党的创新理论凝聚意志。确立社会主义核心价值观，强化官兵的理想信念，最根本的是要用党的创新理论武装头脑、指导行动。按照习主席关于“加强中国特色社会主义理论体系学习实践”的重要指示，在部队中进一步兴起学习中国特色社会主义理论体系的新热潮，不断加深对党的理论创新成果的认识理解，切实打牢坚定理想信念的理论基础。引导官兵拿起科学理论这个锐利武器，不断加强思想改造，帮助官兵正确认识人类社会发展规律，真正搞清楚新的历史条件下为什么要坚定理想信念、坚定什么样的理想信念这个首要问题，进一步打牢“四信”的思想根基。同时，把学习贯彻十八大精神引向深入，紧紧围绕坚持和发展中国特色社会主义这个聚焦点、着力点、落脚点，加大理论贯注力度，进一步增强道路自信、理论自信、制度自信和对党的信赖。牢固确立科学发展观在部队建设中的指导思想地位，按照“四个更加自觉”的要求，切实把科学发展观贯彻到部队建设的各领域和全过程。大力加强意识形态工作，搞好政策宣讲和思想引导，着力回答解决官兵关注的重大理论和现实问题，提高官兵分析问题、明辨是非的能力，从根本上防止理想滑坡和信念动摇，确保官兵政治立场坚定和思想道德纯洁。

第二，用先进思想文化引领。文化建设历来是军队思想政治建设的重要内容，也是我军的优良传统和政治优势。几十年来，我军之所以历经艰难困苦而不溃散、趟过大风大浪而不变质，始终坚持用先进的思想文化灌注部队发挥了极为重要的作用。当前，社会转型不断加快、社会结构深刻变动、利益格局深刻调整、社会生活日益网络化，官兵的思想观念、价值取向和行为方式日趋复杂多样，灌输先进思想文化对于强化官兵的理想信念至关重要。在各种思想文化交流交融交锋更加频繁的新形势下，敌对势力把文化渗透作为对我实施西化分化战略的重要手段。常言道：明枪易躲，暗箭难防。拿枪的敌人我们不怕，“香风靡音”则要高度警惕。只有坚持用党的创新理论武装头脑，用当代革命军人核心价值观塑造灵魂，用爱国主义、集体主义和革命英雄主义鼓舞斗志，用健康向上的精神文化引领风尚，进一步深入开展“坚定信念、铸牢军魂”主题教育活动，不断强化官兵精神支柱。弘扬主旋律，积极开展富有实践特色、民族特色、时代特色和军旅特色的军营文化活动，发挥其凝聚军心、陶冶情操、育人成才的特殊功能。才能使官兵坚定理想信念、端正价值追求、纯洁道德情操，任尔东西南北风、我自岿然不动。

第三，用优良传统作风激励。我党我军在长期实践中形成的光荣传统和优良作风，是我党我军特有的政治优势和传家宝，是传承民族精神和时代精神的遒劲血脉，是培育革命军人核心价值理念的深厚土壤。深入开展优良传统教育，大力弘扬我党我军光荣传统和优良作风。营造学传统、讲传统的浓厚氛围，组织官兵经常学习本部队的历史荣誉、光荣传统和英雄模范，深刻感悟其历史渊源、丰富内涵、现实意义，自觉接受传统洗礼、培植红色基因、传承精神血脉，从中汲取政治营养和精神力量。注重把学习传统与践行传统一致起来，坚持把光荣传统和优良作风融入部队建设实践，贯穿于军事斗争准备全过程，延伸到遂行多样化军事任务各方面，引导官兵坚持知行统一，自觉付诸实践。坚持弘扬改革创新精神，把传承优良传统和作风与履行使命任务结合起来，与创造新鲜经验结合起来，不断赋予新的时代内涵。

第四，用具体实践活动深化。军人核心价值理念确立得牢不牢，最终要看在实际工作中体现得好不好。坚持在岗位实践中体现，自觉把本职岗位作为践行理想的基本平台，融个人价值追求于大量经常的工作之中。坚持用主题实践活动牵引，以鲜明的主题和丰富的载体，促进思想理念向具体实践转化。坚持在军事斗争准备中磨砺，把培育军人核心价值理念渗透到军事斗争准备的方方面面，贯穿于完成各种急难险重任务之中。习主席反复强调，依法治军、从严治军是强军之基，要不折不扣落实依法治军、从严治军方针，培养部队严守纪律、令行禁止、步调一致的良好作风，加大条令条例学习灌输力度，积极构建训教管一体化模式，在相互渗透、良性互动中，把官兵的思想行为引导和规范到正确方向上来。

（南京政治学院上海校区副教授）

当代革命军人核心价值观引领官兵成长

张德松　潘学萍

核心价值观是整个价值体系中居支配地位的核心理念。军人核心价值观是军人价值体系中最基础、最稳定、最本质的部分，是官兵思想和行为的“总开关”、“总闸门”。官兵思想观念、价值取向和行为方式，大多都是内心深处核心价值观的派生、反映和外化；官兵的现实思想问题，从根本上讲很多同核心价值观的践行与否紧密相关。当代革命军人核心价值观所倡导的核心理念，对广大官兵的思想和行为，起着支配和主导作用，是我军强大的精神支柱。

一、当代革命军人核心价值观矫正官兵人生航向

当今时代，多元利益主体并存，多元社会思潮涌动，多元价值观激荡碰撞，人们的思想观念、道德意识、价值取向越来越呈现出多元化的特点。当代革命军人核心价值观是在多元文化中塑造的主流精神，它以正确、清晰的价值理念引导官兵，从根本上筑牢官兵的思想防线，确保官兵思想在多元之中有主导、多样之中有主体、多变之中有主见。信息化条件下局部战争更加残酷，武器装备科技含量高，舆论较量、法理争夺、心理对抗更加激烈，官兵面对的生死考验更加严峻和直接；另一方面，抢险救灾等非战争军事行动，

往往突发性强，情况紧急，不可预测因素多，环境条件艰苦复杂，这一切都需要官兵具有坚定的信念和钢铁般的意志，因此要把当代革命军人核心价值观作为思想武器，使广大官兵清醒认识所肩负的责任，校准人生目标。

只有确立忠诚于党的价值观，才能自觉抵制敌对势力大肆鼓吹“军队非党化、非政治化”、“军队国家化”等错误观点，把官兵思想和行动转到铸牢军魂意识、高举伟大旗帜、坚定理想信念、坚决听党指挥的正确方向上来。只有确立热爱人民的价值观，才能自觉抵制漠视人民利益、与人民群众争利等错误倾向，把官兵思想和行为转到视人民利益高于一切重于一切，永葆人民子弟兵政治本色，与人民群众心连心、同呼吸、共命运，始终无怨无悔地为人民奉献一切的正确方向上来。只有确立报效国家的价值观，才能自觉抵制围着个人前途打转、盘算小九九等庸俗处世哲学，把官兵思想和行动转到心系祖国安宁、维护国家利益、坚决捍卫国家政权、为建设富强民主文明和谐的社会主义现代化国家贡献力量的正确方向上来。只有确立献身使命的价值观，才能自觉抵制拜金主义、享乐主义、极端个人主义等腐朽思想文化和贪生怕死、消极懈怠等不良思想作风，把官兵思想和行动转到爱军精武、爱岗敬业，不畏艰险、迎难而上的正确方向上来。只有确立崇尚荣誉的价值观，才能自觉抵制得过且过、无所作为、小进则满等小农意识，把官兵思想和行为转到珍视荣誉、创造荣誉，公平竞争、积极进取，贞守革命气节、严守纪律的正确方向上来。当代革命军人核心价值观鲜明树立了新时期中国军人的价值导向，只有以此矫正人生航向，才能真正做到战时忘死、平时忘我。

二、当代革命军人核心价值观考量官兵价值实现

价值观之所以重要，原因在于它是人的一种主体性需要。它是人之为人的根本，解决的是“做人为什么”、“做什么人”、“怎么做人”的关键人生问题。军人的价值是什么？就是做一名合格的军人。一名合格军人，只有按照党和人民的要求，高标准地完成职责使命，军人的价值才会真正得以实现。

军人核心价值观是衡量每一个官兵全面发展的基础性标尺。有的官兵理论水平高、业务技术精、军事素质好、工作能力强，可谓部队之栋梁、全才。但是，如果其心不在军、志不在国、情不在民，充其量也只能算是个“缺憾”之材。为此，我们应把加强军人核心价值观建设作为促进官兵全面发展的基点和平台，把官兵意识形态领域这座大厦的根基夯实。只有每个官兵全面发展了，综合素质增强了，部队整体战斗力提高了，才能有效履行好新世纪新阶段我军的崇高历史使命。当代革命军人核心价值观也是站在军事价值制高点上的一把标尺，它规范了我军的最高行为准则，明确了官兵必须坚持的根本价值取向，并引导官兵要用“为党干了什么”、“为人民做了什么”、“为国家回报了什么”、“为国防和军队建设贡献了什么”、“为铸造荣誉创造了什么”来衡量和检验自己的人生价值，使官兵能从中感受军旅生涯的崇尚意义，有助于当代革命军人核心价值观的进一步内化。

军人的价值是在从服从命令、执行命令、完成各项任务的具体实践中体现出来的。广大官兵要坚持把当代革命军人核心价值观作为价值标准，去全面审视自己长期以来形成的思想观念、工作思路、作风养成和行为模式。这个价值标准，有助于正确合理地校正和规范官兵的思想观念和行为方式，使不好的思想行为受到遏制和革除，

使好的思想行为能得到坚持和弘扬。广大青年官兵是军队建设的主体，也正处于价值观形成的关键时期，可塑性很强，随时用当代革命军人核心价值观这把尺子去衡量和“裁决”自己思想行为是否具有正面价值，进而树立正确的核心价值观，更好地实现自己的人生价值，这至关重要。

三、当代革命军人核心价值观激励官兵建功立业

军人核心价值观作为一支军队的共同思想基础和道德评判准则，它虽然是无形的，甚至不具有强制力，然而一旦为官兵所接受，就会形成鲜明的价值判断和行为指向，迸发出无穷的精神力量和不竭的动力源泉。可以讲，有什么样的核心价值观，就有什么样的战争观，有什么样的牺牲奉献观。军人核心价值观是凝聚军心、鼓舞士气的战斗旗帜，是战胜强敌、赢得胜利的精神支柱。有了它，一支军队就能团结一心，就会战无不胜；缺少它，一支军队就是一盘散沙，就会一触即溃。

培育军人核心价值观，是世界很多国家军队进行精神教育的流行趋势和做法。他们一般都有一个贴近本民族和军队实际的核心价值观，以此来进行思想控制和士气激励。美军各兵种都拥有自己的核心价值观，著名的西点军校各门课程、各种教育训练及其考核都突出“责任、荣誉、国家”的校训。俄罗斯军队突出强化“为重振俄罗斯担当使命”的战神精神的同时，还提出了荣誉、形象、责任、纪律、勇敢等核心价值观念；法国军队提出“忠于法兰西”、“做不屈的高卢雄鸡”以及“纪律、忠诚、献身”等核心价值观念；印度军队倡导“克制、自尊、守纪、集体精神”等等。各国军队之所以如此重视军人核心价值观建设，就在于他们看到了军人核心价值观对引领官兵价值取向、激励官兵建功立业的重要作用。

当代革命军人核心价值观蕴含着对党的忠诚、对人民的热爱、对国家的报效、对使命的献身、对荣誉的崇尚，在军人价值创造的实践活动中具有普遍的真理性和适用性。当代革命军人核心价值观是我军官兵实现和创造根本价值普遍规律的深刻反映；遵循当代革命军人核心价值观的要求，就是遵循军人价值实现的客观规律。许多革命先辈也正是遵循军人价值实现的客观规律，才成就了伟大的事业。像著名的井冈山精神、长征精神、延安精神、上甘岭精神、抗洪精神和抗震救灾精神等等，也都是革命军人核心价值观的生动体现。我军官兵正是靠着这种价值追求的支撑，始终保持了顽强的斗志和高昂的士气，克服了一个又一个困难，战胜一个又一个敌人，由小到大，由弱变强，从胜利走向胜利。

当代青年官兵都是怀着在军营建功立业的憧憬和愿望走入部队的，有的人在部队干出了成绩、取得了辉煌，而有的人却平平淡淡、一事无成。其根本原因就在于其人生目标、价值追求存有差异。只有牢固树立当代革命军人核心价值观，坚定信念不动摇，奋发进取不止步，扎实工作不浮躁，困难挫折不服输，把简单的小事干得不简单，把平凡的工作干得不平凡，才能不断收获丰收的果实，经常体会成功的喜悦。

崇高的价值追求，是一个国家和民族走向振兴的航标，是一支军队立于不败之地的精神支柱，是一名军人履职尽责的价值导向。军人核心价值观既是一支军队的灵魂，也是广大官兵的“精、气、神”。如果广大官兵把人生价值实现的全过程，都能按照当代革命军人核心价值观的要求来运作，把其理想信念、价值追求、思维取向、素质培养、能力锻造、作风养成、行为方式等都一同纳入坚守、弘扬和实践当代革命军人核心价值观的轨道上来，那就能使其军旅生涯价值光辉愈益凸显。

（武警政治学院政治理论系主任；武警政治学院讲师）

革命军人忠诚于党必须坚持党对军队绝对领导的基本军事制度

杜 萍　印言蹊

当代革命军人核心价值观将“忠诚于党”放在首位，显示了政治上的基本要求，是革命军人核心价值观的灵魂。忠诚于党就是要自觉坚持党对军队的绝对领导，高举中国特色社会主义伟大旗帜，坚定中国特色社会主义理想信念，任何时候任何情况下都坚决听党指挥。

习近平在会见第二炮兵第八次党代表大会代表时强调，要坚持从思想上、政治上建设部队，坚持党对军队绝对领导的根本原则和制度，确保部队绝对忠诚、绝对纯洁、绝对可靠，永葆人民军队的性质和本色。这一论述明确了部队建设的根本着力点，体现了党和人民对军队的最高政治要求。

一、我国基本军事制度的内容

从毛泽东、邓小平等老一辈无产阶级革命家开始，我们党和军队的领导人，历来都十分强调党对军队的绝对领导问题，他们不仅号令全党全军要始终不渝地坚持，而且要与时俱进地发展，使得党对军队绝对领导这一基本军事制度逐步完善，成为马克思主义中国化在军事领域的一个重大成果。

党对军队绝对领导的基本军事制度，不是抽象的领导原则，它是通过一系列行之有效的根本制度落实的。这一系列根本制度，就是我国基本军事制度的主体内容，主要有以下四个方面：第一，军队的最高领导权和指挥权集中于党中央和中央军委。军队归谁领导、听谁指挥，是军事制度的核心。所以，这个制度是党对军队绝对领导最集中、最直接的体现。第二，在团以上单位设立党的委员会、政治委员和政治机关；在营级单位设立党的基层委员会和政治教导员；在连队设党支部和政治指导员。这是我军政治工作的最大特色，通过这样一个组织编制系统，保证了党对军队的绝对领导。第三，实行党委（支部）统一的集体领导下的首长分工负责制。这一制度不但确认了党委对其所属部队的最高领导权，而且规定了这种权力行使必须遵循集体领导原则。对于具体工作、具体事务，军政主官按照分工，各负其责。凡属全局性的问题、方针政策性的大事，则由党委集体决定，这就在权力组合和权力制衡上保证了党对军队的绝对领导。第四，部队各级党委坚持贯彻民主集中制的组织原则。这是我们党的根本制度，也是保证党对军队绝对领导所必须坚持的制度。这一系列根本制度，构成了一个严密而完整的体系，体现了我国军事领导制度的鲜明特色和政治优势。

二、我国基本军事制度的由来

世界各国军队都有自己的军事领导制度，而党对军队的绝对领导是具有中国特色的基本军事制度。之所以说它有“中国特色”，就因为这一军事领导制度与西方国家根本不同，与苏联等国家也有明显区别。

（一）照搬西方军事制度的一再失败

1840 年鸦片战争后，日趋腐败的清政府把中华民族搞得“国将不国”、民不聊生。国内的一些知识精英和有识之士开始把救国救民、振兴中华的目光投向了西方。因为有感于西方军队的坚船利炮和战斗威力，所以学习西方军事在当时成为一股时新的潮流。近代以来，中国曾先后两次学习照搬西方的军事制度。

第一次照搬是在甲午战争失败后。清政府决定按照西法编练新军，这是中国对西方军事制度最早的学习。但是在这一学习中，中国固有的“兵归将有、兵随将走”的领兵传统，不仅没有削弱，反而被进一步强化，结果军权落在个人手里，形成了以袁世凯为首的北洋军阀集团。第一次照搬失败！这是辛亥革命失败的重要原因，也是辛亥革命后形成军阀割据混战局面的症结所在。如何铲除军阀政治，废除军权私有，成为当时军队建设的主要问题。在苦苦的探索中，革命先行者孙中山把目光从西方转向了十月革命后的俄国。他在改组国民党、实行国共合作的同时，参照苏联的军事制度组建了新的军队，在军队中设立党代表和政治部。这是“党领导军队”这种新型军事领导制度在中国的最初萌芽。

第二次照搬是在蒋介石背叛革命之后。1927 年，蒋介石在上海发动了反共清党、屠杀革命者的“4・12 反革命政变”。政变得手后，他不仅背叛了孙中山“联俄、联共、扶助农工”的三大政策，还把孙中山创立的新型军事领导制度扼杀在摇篮中。他先以德国的方式改造部队，而后又照抄美国的军事制度，但都无法改变国民党军队内部各自为政、明争暗斗的局面，军队再度成为各派军阀争权夺利的工具。照搬西方军事制度再次失败！

历史雄辩地证明，不同国度的历史条件和文化土壤，孕育着不同的军事制度。西方的政治制度在中国行不通，同样由其政治制度决定的西方军事制度，在中国也行不通！

（二）共产党缔造人民军队后的制度创新

由于特殊历史条件的局限，我们党在初创时期没有独立掌握自己的武装力量。直到轰轰烈烈的大革命失败了，中国共产党人才从血的教训中认清了中国革命的特点，那就是：要以武装的革命反对武装的反革命，“枪杆子里面出政权”。

1927 年 8 月，一声清脆的枪响划破了南昌城寂静的夜空。在以周恩来为书记的“中共前敌委员会”的指挥下，南昌起义取得了伟大胜利，我们党创建了自己的革命武装，也从此开始了我军军事领导制度的构建。同年 9 月，毛泽东率领秋收起义部队进行了著名的“三湾改编”。改编中首创了“支部建在连上”的制度，在每个连队建立党支部，班、排建立党小组，整个部队由党的前敌委员会统一领导指挥。这是我军军事领导制度初创时期的原型，并在后来的革命斗争实践中逐步发展完善。1937 年，毛泽东和英国记者贝特兰谈话时说，北伐战争时期，在中国共产党的推动下，“那时军队设立了党代表和政治部，这种制度是中国历史上没有的，靠了这种制度使军队一新其面目。一九二七年以后的红军以至今日的八路军，是继承了这种制度而加以发展的”。

党对军队绝对领导的确立，是中国军事领导制度前所未有的伟大变革。从此，中国军队的面貌发生了根本性变化。主要表现在两个根本转变上：一是军队的性质，已经由为反动政治集团服务，转变为为全中国人民服务；二是军队的指挥权，已经由政客们的个人指挥，转变为由党来统一指挥。也就是说，在中国历史上第一次改变了军权私有的军事制度，使军权真正回到了人民自己手中。军队成为执行革命政治任务的武装集团，成为人民自己解放自己的坚强工具。

党对军队绝对领导的基本军事制度，是我军由弱到强、战无不胜的威力之源，也是所有妄图分裂军队、搞乱军队的野心家们无法逾越的铜墙铁壁！这充分说明了这一基本军事制度的进步性和科学性。

（三）中国特色社会主义政治制度的重要组成部分

新中国成立后，我们国家走上了社会主义道路，中国共产党成为执政党，中国人民解放军自然成为巩固和捍卫社会主义政治制度的钢铁长城。问题在于，党对军队绝对领导是战争年代实行的军事领导制度，在人民当家作主的和平建设时期，为什么还要坚持？为什么还要将其纳入中国特色社会主义政治制度的组成部分？要真正搞清楚这个问题，我们必须弄清政治制度与军事制度的内在关系。

西方国家的军队由国家元首或政府首脑直接领导，而执政党对军队实行的是“间接领导”。为什么呢？首先在于，西方国家的军队通常不是由政党创建的，往往是军队产生在前，政党出现在后。比如，英国资产阶级的职业军队创建于 1642 年，而其政党建立则是 1679 年；美国的正规军队是在 1775 年的独立战争中组建的，而其政党则是 1787 年以后形成的。也就是说，这些国家的军队，都不是政党创立的，政党当然也就没有直接操控军队的历史依据和政治亲情。更为重要的是，西方国家的执政党之所以对军队实行“间接领导”，说到底，是由其两党制或多党制的政治制度决定的。试想，如果军队由某一个政党独立掌控，怎么保证其他政党在执政资格上的自由竞争呢？因此，为了维护资产阶级的整体利益，不让军队陷入党派之间的政治纷争，必须从军事制度上防止各个政党直接掌控军队。谁上台执政，就由它通过政府来控制和指挥军队，从而保证军队始终代表资产阶级的利益。如此的军事领导制度，完全是由他们的政治制度决定的，也是这些资本主义国家政治制度的重要组成部分。

与西方国家的政治制度不同，我国的人民代表大会制度，中国共产党领导的多党合作和政治协商制度，民族区域自治制度和基层群众自治制度是中国人民当家作主的政治制度。在中国的政治舞台上，我们党所代表的利益，与国家的利益、人民的利益，在根本上是完全一致、融为一体的。为了巩固人民民主专政，为了坚持社会主义道路，执政的共产党必须拥有人民武装的绝对领导权。如果失去对军队的控制权，就会从根本上动摇党的执政地位，也就从根本上削弱和动摇了社会主义的政治制度。所以，在我国的政治制度设计中，“中华人民共和国中央军事委员会”与“中国共产党中央军事委员会”是内在统一的，这就从根本上保证了人民当家作主与党的核心领导的内在统一，也就从根本上保证了共和国的社会主义政治方向。

由此可见，在新的历史条件下，坚持党对军队绝对领导的基本军事制度，既是巩固党的执政地位在军事领域的必然体现，也是中国特色社会主义政治制度不可分割的重要组成部分。这一基本军事制度，是与我们的国情军情完全适应、非常符合的伟大创新。

三、我国基本军事制度的特性

党对军队绝对领导的独特创造性，以及坚持它的极端重要性和必要性，主要表现在以下三个方面：

（一）党对军队领导地位的权威性——保持人民军队性质宗旨的必然选择

党对军队领导的“绝对”要求，首先是领导地位上不可动摇的权威性。我军《政工条例》指出：“中国人民解放军必须置于中国共产党的绝对领导之下，其最高领导权和指挥权属于中国共产党中央委员会和中央军事委员会。”就是说，我军在任何时候、任何情况下，都必须完全地、无条件地听从党中央和中央军委的指挥，全军官兵要时时刻刻在思想上、政治上、行动上与党中央保持高度的一致。这种至高无上的“权威性”，主要体现在以下三对关系中：首先，在党与军队的关系中，党是领导者，军队是被领导者，党拥有指挥军队的最高权力，任何人不能拥兵自重。其次，在党对军队的领导和国家对军队领导的关系中，我们党是执政党，是整个国家的领导核心，党领导军队与国家领导军队是完全一致的。另外，在军队内部各级党组织领导和行政首长领导的关系中，行政首长的领导要服从该级党组织的领导。以上这三对关系，就从根本上决定了党对军队领导地位的绝对权威。

军队的领导权问题，历来决定着军队的性质、职能和命运。党的绝对领导，是实现和保持我军政治属性的关键。我们不妨回顾一下近代以来中国军队的发展史。同样一支以农民为主体的军队，在洪秀全的掌控下，是反抗清廷的“太平军”；在孙中山的领导下，是打击军阀的“国民革命军”；而到了蒋介石的手上，就成了镇压人民、屠杀共产党的“反革命武装”。只有在中国共产党的绝对领导下，这支以农民为主体的军队，才成为无产阶级的新型人民军队。具体说就是，通过党的政治领导去保持军队的政治属性，用党的思想领导去统一官兵的思想认识，依靠党的组织领导去团结全体官兵。几十年后，罗荣桓元帅在回忆“三湾改编”的时候这样说：“如果不是毛泽东同志英明地解决了这个根本性的问题，那么，这支部队便不会有政治灵魂，不会有明确的行动纲领，旧式军队的习气，农民的自由散漫作风，都不可能得到改造，其结果即使不被强大的敌人消灭，也只能变成流寇。”罗荣桓元帅在这里说的“根本性问题”，指的就是我军的无产阶级性质和为人民服务的宗旨问题。

新的历史时期，我军面临四个方面的巨大考验：国际共产主义运动的“低潮”、时而泛滥的资产阶级自由化“思潮”、市场经济的“商潮”以及世界新军事变革的“浪潮”。这些“潮流”对军队的考验，就其广泛性和严峻性来说，是前所未有的。如果经受不住考验，我军就有变质的危险。实践证明，党的性质决定着军队的性质，党的宗旨决定着军队的宗旨。只有坚持党对军队的绝对领导，军队才能确保自己的“人民性”，永远是服务人民的子弟兵。

（二）党对军队领导主体的唯一性——确保党和国家长治久安的根本要求

党对军队领导的“绝对”要求，又表现为领导主体的独立性、唯一性。所谓“兵权贵专”，自古以来就是兵学的要义。这个“专”字，讲的就是领导主体的唯一性。我军的军权，只能由中国共产党来掌握。党外人士可以到政府做官，但不能到军队任职。军队的一切行动，都必须听从党中央和中央军委的指挥和调动，不经党中央和中央军委授权，任何人不得插手军队，更不得擅自指挥和调动部队。除了中国共产党及其助手共青团外，不允许其他任何党派、团体和宗教势力在军队中建立组织和进行活动。党对军队实施独立的领导，就是党对军队领导主体唯一性的体现。

纵观中国历史，一个朝代在其开国后的五六十年里，军队几乎没有不发生变乱的。当今世界，不少发展中国家最头痛的也是兵权掌控的问题，军事变乱已经成为影响很多国家发展进步的重要因素。可是，中国历史上和当今一些发展中国家反复出现的兵变问题，始终没有在新中国出现。原因何在？邓小平同志一语道破：“我们国家所以稳定，军队没有脱离党的领导的轨道，这很重要。”这就印证了那句古语：“兵权之所在，则随之以兴；兵权之所去，则随之以亡。”换句话说：打天下要有军队，坐天下也要有军队！执政必须执军，这是当今国际社会通行的铁律。如果在军权问题上，犯幼稚病，注定要犯历史的大错！

（三）党对军队领导内容的全面性——凝聚军心和提高战斗力的坚强保障

党对军队领导的“绝对”要求，还表现为党的领导的全面性。党对军队的领导，是对军队一切部门、一切人员和一切工作的领导，是在思想上、政治上、组织上、行动上的全面领导。在这个领导体制中，上至总部、军区，下至连、排、班，都有党的组织和党的成员，时时处处都有党的思想政治工作，党的路线方针政策通过党委、党支部和党员三个层面的工作，得到全面地贯彻和落实，不留任何空挡和死角。军队的凝聚力和战斗力，从来都是通过党的组织系统及其思想上、政治上的全面领导发生作用的。革命战争年代，条件艰苦、环境恶劣，我们军队就是通过党的基层组织——党支部的思想政治工作和党员的先锋模范作用，使广大官兵克服消极思想，激发战斗精神。在特殊环境、特殊情况下，更是如此。例如，许多掉队的伤病员自发组织了“伤员党支部”；被捕入狱的共产党员秘密成立了“狱中党支部”；战斗中伤亡很大的连队在阵地组建了“火线党支部”。如果说战士的心是一块打不烂的铁，那么党的组织及其全面领导就像一块巨大的磁石，把广大官兵紧紧地凝聚在一起，焕发出无坚不摧的战斗力。战争年代如此，和平时期也是这样。在2008年汶川抗震救灾的战斗中，成都军区成立了抗震救灾联合指挥部，同时成立联合指挥部党委，并且组建了下属五个责任区的党委。责任区内来自四面八方、大大小小的任务部队，也分别建立健全了党的组织。在联合指挥部党委的统一领导指挥下，各个救灾部队充分发挥了党委的核心领导作用、党支部的战斗堡垒作用和共产党员的先锋模范作用，共同展开了一场大规模的联合作战式非战争军事行动。从汶川抗震到玉树救灾，从舟曲抢险到海南抗洪，正是因为有了党对参战部队的全面领导，才能形成铁拳头，才确保了我军历次抢险救灾战斗的伟大胜利。

四、坚持我国基本军事制度的实践要求

对于我们革命军人来说，坚持党对军队绝对领导就是要从我做起，把忠诚于党融入自己的政治信仰，内化为永不磨灭的军魂意识，外化为听党指挥的自觉行动。

（一）抵制西方错误思潮，坚定听党指挥的政治信念

这些年来，西方敌对势力为了削弱我们党对军队的领导，从根本上瓦解我国的社会主义制度，一再鼓噪“军队非党化”、“军队非政治化”和“军队国家化”的错误言论。这三个“化”的核心和要害是“非党化”。其罪恶目的，就是要把西方军事制度强加于我们，使我军脱离党的领导。对此，我们必须明辨是非，坚决抵制。

军队是国家实行政治统治的工具。当今世界任何国家，既没有超脱政治的军队，也没有不受政党指挥的军队。就拿美国军队来说，他们所谓的“政治中立”，其实只是在民主党与共和党之间保持中立。美军始终为维护美国资产阶级政治利益而战的事实，路人皆知！远的不说，从海湾战争到伊拉克战争，以及目前在我国近海参与的多次军演，他们哪一次行动是非政治的？又有哪一次行动不是美国执政党在操控？虽然从表面上看，作为政府首脑的美国总统是美军的总司令和最高统帅，但他们的总统同时也是美国某个资产阶级执政党的领袖或代表。这就决定了他们的政府或者说国家对军队的领导，在实质上是资产阶级政党对军队的领导。说到底，美国军队只不过是被两个资产阶级政党轮流领导而已。

世界上从来没有军事制度的通用范例。如果说美国军事制度适合美国政治，是美国选民的认可，那么中国特色的基本军事制度则

是中国人民的必然选择。敌对势力鼓吹的“军队非党化、非政治化”和“军队国家化”，就是要“化”掉党对军队绝对领导的基本军事制度，“化”掉我们党的执政地位，“化”掉我们国家的社会主义性质。对此，我们必须十分警惕，千万不能犯糊涂！一定要从思想上真正划清中国特色基本军事制度与西方国家军事制度的界限，始终不渝地坚信和坚持党对军队的绝对领导！

（二）铸牢军魂强化军纪，发扬听党指挥的优良传统

思想是行动的先导，政治上的坚定源于理论上的清醒。党的创新理论不仅是指导国家发展和部队建设的“大理论”，也是引领官兵坚定信仰、铸牢军魂的“指南针”。对于这一点，沈阳军区某部“红九连”的官兵说得好：我们天天说要听党的话，从根本上说，党的创新理论就是党的话。作为军校学员，我们应该在学好专业知识的同时，重视政治理论学习，不仅要全面系统地把握马克思主义基本原理，更要深入地学习中国特色社会主义理论体系和胡锦涛关于新形势下国防和军队建设的重要论述。要知道，唯有具备一定的理论素养，才能树立坚定的政治信念，这是真正做到政治合格、听党指挥必不可少的思想根基。

听党指挥不仅要有认识的高度，还要靠纪律的严格约束来作保证。同学们一定要懂得，听党指挥是我军最高的政治纪律和政治责任。唯有以铁的纪律形成铁的意志，才能真正从思想上、政治上和行动上与党中央、中央军委保持高度一致。作为军校学员，就是要在我们的日常生活中，养成服从安排、听从指挥、令行禁止的作风，时时处处坚信党的领导、维护党的领导、服从党的领导。让我军听党指挥的优良传统，在我们新一代革命军人中发扬光大。

（三）始终不渝忠诚于党，履行听党指挥的崇高使命

古往今来，但凡军队都特别强调忠诚。三国时期的诸葛亮曾说：“人之忠也，犹鱼之有渊，鱼失水则死，人失忠则凶。故良将守之，志立而名扬。”当然，作为革命军人的忠诚，不是旧军队倡导的愚忠，而是以革命理想为目标的最崇高的忠诚。为了这一忠诚，董存瑞举起了炸药包、黄继光扑向了机枪眼、李向群冲向了肆虐的洪水；为了这一忠诚，多少官兵在祖国边陲卧雪爬冰、风餐露宿；又有多少同志在自己的工作岗位上顽强拼搏、忘我奉献，为履行我军使命而建功立业。

实践证明，忠诚于党，才能视党的事业高于一切，为党的事业舍得一切；忠诚于党，才能全心全意服务人民，为人民利益无私奉献；忠诚于党，才能自觉履行革命军人神圣职责，爱军精武、爱岗敬业，不怕牺牲、英勇善战，圆满完成党和人民赋予的使命任务。

习主席立足实现中华民族伟大复兴的强国梦，提出了党在新形势下的强军目标。这一强军目标，是对我军建设目标的新概括、新定位，是党的军事指导理论的继承和发展，为加快推进国防和军队现代化提供了根本遵循。党在新形势下的强军目标，体现了有效履行我军使命任务的现实需要，展示了我们党建设一支强大人民军队的决心意志，必将指引军队建设在新的起点上实现大的发展！

（第二军医大学副教授；第二军医大学讲师）

忠诚于党的培育路径刍探

李放晓

党的十八大从加快推进国防和军队现代化建设的高度，提出要“毫不动摇坚持党对军队的绝对领导，坚持不懈用中国特色社会主义理论体系武装全军，持续培育当代革命军人核心价值观，大力发展先进军事文化，永葆人民军队性质、本色、作风。”显然，持续培育当代革命军人核心价值观，是全面加强军队革命化现代化正规化建设的实际行动，是深入贯彻强军目标的铸魂工程、基础工程。忠诚于党作为持续培育当代革命军人核心价值观的首要内容，既是党和人民对我军重要的政治要求，也是革命军人最根本的价值导向。忠诚于党的培育路径，可以从理论与实践的结合上去进行，即在理论根基上要牢固确立军魂意识，价值观上要自觉坚定理想信念，实际活动中要大力弘扬优良传统。

一、牢固确立军魂意识

革命军人忠诚于党，必须牢固确立“军魂意识”，这是自觉坚持党对军队绝对领导的思想根基。越是在社会大变革时期，越是在意识形态领域斗争尖锐复杂的情况下，越要深入开展军魂教育，引导官兵自觉抵制各种错误思潮的侵袭与多元文化冲击带来的不良影响，进一步培育战斗精神，夯实官兵听党的话跟党走的思想根基。习近平同志强调：“要始终把思想政治建设摆在军队各项建设的首位，使坚持党对军队的绝对领导在官兵思想中深深扎根，确保全军在任何时候任何情况下都坚决听从党中央、中央军委指挥。”

深入开展军魂教育。随着国际国内形势的深刻变化，特别是互联网、微博、微信等的广泛使用，各种思想文化相互激荡，意识形态领域斗争尖锐复杂，西方敌对势力对我军拉拢渗透的力度进一步加大，给军队思想政治工作提出了新的严峻挑战。尤其是当“90后”成为基层官兵主体后，青年官兵思想更加活跃、价值取向更加多元。他们普遍缺乏战争年代艰苦环境的磨练，缺乏对党绝对领导军队的历史与传统的深入了解与切身感受。因此，必须深入进行军魂教育，从学习党史、军史以及改革开放史入手，帮助大家充分认识谁来掌握军队和保持军队建设正确方向的重要性，使军魂意识真正成为一种价值理念，熔铸于革命军人的思想和精神世界中，不移不易。军魂教育中，一方面要注重增强吸引力，针对官兵的利益、需要、愿望及困惑，将教育的宏大叙事从讲述官兵切身生活的小视角呈现出来，让教育内容不仅可信而且可亲，真正使广大官兵听得进、记得住、自觉行。另一方面，把学习贯彻十八大以来，军委习主席系列讲话精神与军魂教育结合起来，不断打牢官兵高举旗帜、听党指挥的思想政治基础，确保部队绝对忠诚、绝对纯洁、绝对可靠，能打仗、打胜仗。

筑牢官兵思想防线。多年来，境内外敌对势力一直把我军视为实现其政治阴谋的最大障碍，千方百计进行多层次、全方位的渗透策反。他们兜售“军队非党化、非政治化”和“军队国家化”等反动政治观点，妄图削弱我军思想政治建设，改变我军性质。同时，由于社会价值取向多元化的影响，部分官兵在各种腐朽思想文化的侵蚀下，政治观念、组织观念及纪律观念出现了淡化，坚信党领导军队的意识有所淡薄，“消费主义、享乐主义”等思想开始滋生，这些错误思潮都为坚持党对军队的绝对领导带来新的挑战和考验。这就要求我们，必须坚决戳穿西方国家鼓噪“军队非党化”等谬论的险恶用心，引导官兵认清“消费主义、享乐主义”的实质及其背后的意识形态斗争，在坚持党对军队绝对领导的问题上旗帜鲜明、立场坚定，自觉从理论与实践的结合上排除各种干扰，听党指挥一心一意，不打折扣，任何时候、任何情况下都自觉站在全局角度思考问题，不计个人利益得失，一切行动听从党中央、中央军委的指挥。

加强战斗精神培育。《中国人民解放军政治工作条例》提到，要在部队中进行战斗精神教育，培育和激发官兵的战斗精神。战斗精神是军队信念、勇气、意志与精神状态的集中反映，是民族精神和时代精神在军人身上的集中体现，也是培植革命军人核心价值观的必然要求和重中之重。我军历来十分重视战斗精神培育，但我们也应看到，由于长期和平环境的影响，许多官兵的参军动机带有明显的功利性，当兵打仗的意识相对薄弱。如何针对这些现象加强战斗精神培育，是推动部队全面建设持续发展和战斗力水平提升的一个重要课题。在战斗精神培育中，要始终把听党指挥这个我军最大的政治优势，作为战斗精神的核心要求不断贯注部队，确保军队建设的正确方向。正如习近平同志指出：“听党指挥是灵魂，决定军队建设的政治方向。”因为，信息化战争仍然是政治的继续，无论今后战争形态怎么变化，战争的本质不会改变。在对敌作战的精神因素中，政治素质始终居于核心地位，制约与影响着精神素质。战争是敌对双方的生死对抗，其残酷性和对抗性，决定了军队要打胜仗必须有昂扬的战斗精神和压倒一切敌人的英雄气概，而“为谁扛枪、为谁打仗”直接影响着官兵在战争中的情绪、斗志和士气。我军要履行好新时期新阶段的历史使命，就必须要求广大官兵进一步强化军魂意识，把对党的忠诚化为巨大的精神力量，自觉依靠党的坚强领导，去战胜一切敌人和困难。

二、自觉坚定理想信念

理想信念问题，属于价值观范畴。价值观是人们关于生活中基本价值观念、信仰、理想等思想观念的总和，是人类认识形式中有别于事实判断和科学认识的一种形式，是判断是非曲直、真善美与假恶丑的价值准则。我们党一直把价值观教育与世界观、人生观教育并列。在这“三观”中，价值观是核心，直接决定着人们的价值取向和行为选择。价值观的内核又是理想信念。从革命军人核心价值观角度强调“忠诚于党”，具有明显的指导性特征，即通过理想信念的内化，将忠诚于党渗透于人们的思想认识之中，使革命军人树立科学的人生价值取向，进行自觉的价值选择。

促进理想信念内化，树立崇高价值取向。2013 年 8 月，习近平同志在全国宣传思想工作会议上指出：“理想信念是共产党人精神上的‘钙’，没有理想信念，或者理想信念不坚定，精神上就会‘缺钙’，就会得‘软骨病’，就可能导致政治上变质、经济上贪婪、道德上堕落、生活上腐化。”我军是党绝对领导下的人民军队，历来以党的旗帜为旗帜，以党的方向为方向。高举中国特色社会主义伟大旗帜，坚定中国特色社会主义的理想信念，坚决听从党的指挥，是人民军队军魂所依、使命所系、力量所在。忠诚于党，一个重要的前提就是要树立中国特色社会主义共同理想，用坚定的理想信念指导个人的成长进步和全面发展，在任何艰难困苦的考验和灯红酒绿的诱惑下，都能做到意志坚如钢、理想不泯灭、信念不动摇。理想信念内化是一项艰巨而长期的工作，需要综合运用理论灌输、观念创新、环境优化、实践转化等多种因素和力量，将社会发展的需要同个体全面发展的需求相结合来实现。这就要求我们努力掌握中国特色社会主义理论体系的理论渊源，正确看待前进道路上遇到的各种风险和考验，模范贯彻执行党的路线方针政策，更新思想政治教育观念与方式方法，通过实践把崇高的理想信念转化为具体行动，勇于在维护国家安全和社会稳定、抢险救灾、国家重点工程建设等重大任务中当好突击队和生力军，在社会主义各项事业中走在前列，确保人生追求和价值取向不偏移。

打牢科学理论根基，坚持正确价值导向。在各种社会思潮相互激荡的影响下，官兵的思想行为具有很大的自主性与选择性，必须用正确的价值导向来统一和规范官兵的思想、行为，夯实听党指挥的现实基础。理论上的成熟是政治上成熟的基础，理论功底的深浅直接影响着政治素质的高低。抓好科学理论武装，贵在深化，贵在全面系统，贵在联系实际取得实效。践行忠诚于党的一个重要方面，就是真学真信党的理论，并在实践中坚持党的理论。所以，要坚持不懈地抓好马克思主义理论学习，组织官兵运用辨证唯物主义和历史唯物主义的思想观点、立场和方法观察思考问题，增强分清理论是非、政治是非的能力。这就需要官兵具备王国维治学的“三种境界”，习近平同志在 2013 年 8 月的全国宣传思想工作会议上认真加以了阐述，包括有“望尽天涯路”那样志存高远的追求，耐得住“昨夜西风凋碧树”的清冷和“独上高楼”的寂寞；即使“衣带渐宽”也“终不悔”，“人憔悴”也心甘情愿；要独立思考、学用结合、学有所悟、用有所得，在学习和实践中“众里寻他千百度”，最终“蓦然回首”，在“灯火阑珊处”领悟真谛。特别要深入持久地抓好党的创新理论学习，紧贴我军肩负的历史使命和官兵的实际需要，组织官兵认真学习中国特色社会主义理论体系，学习习主席系列讲话精神特别是关于国防和军队建设重要论述，努力把握蕴含其中的立场、观点、方法，切实掌握改造主客观世界的锐利思想武器，不断提高观察、分析和处理问题的能力。要坚定马克思主义的政治方向和政治立场，提高政治敏锐性和洞察力。要持续不断地抓好道德教育。忠诚于党既是一种严肃的政治原则，也是一个根本的道德要求，是革命军人一个非常重要的道德准则，必须通过引导官兵树立崇高的理想追求，保持革命军人的气节操守等方式，变成官兵的自觉行为。

坚持本职岗位升华，搞好科学价值选择。革命军人忠诚于党，不是一朝一夕的事，也不是靠空头口号就能实现的，必须真正把党和人民的事业与本职工作联系在一起，凭借精神力量的驱动，使崇高的理想信念与对党的无限忠诚，形成一种高度科学而自觉的价值选择，随时准备承担包括生命在内的牺牲。党的事业最终要由每个人在本职岗位中的具体落实来完成，只有把党组织交给的日常工作干好，把忠诚于党的各方面要求和准则变成官兵在自己工作中的具体行动，才能最终实现忠诚于党的伟大价值目标。因此，广大官兵不管职务高低，岗位差异，都要想到自己是人民军队的一员，干好本职工作就是在为党的事业做贡献，就是对党忠诚的实际表现。干一行、爱一行、钻一行、精一行，在本职岗位兢兢业业争创一流，是每个官兵忠诚于党的最好体现。同时，革命军人只有视党的事业高于一切，为党的事业舍得一切，才能始终保持强烈的事业心、责任心，才能努力提高履行职责的素质能力；只有把个人理想追求与国家发展和军队建设统一起来，才能自觉履行军人的神圣职责，才能圆满完成党和人民赋予的使命任务；也只有在岗位实践中不断提升思想境界、激发内在动力、规范行为方式、保持正确方向，才能实现人生价值的最大化。

三、大力弘扬优良传统

忠诚于党不是个空泛的概念，它包括许多具体的内容。从组织角度看，忠诚于党要求坚持党领导军队的一系列根本原则和根本制度，要求切实加强军队党组织建设。从个人角度看，忠诚于党要求官兵将老前辈的优良作风与新的时代条件结合并发扬，要求在完成多样化军事任务中，自觉弘扬听党指挥、服务人民、英勇善战的优良传统。这既是忠诚于党的内在要求，也是践行忠诚于党的实践途径。习近平同志指出："为建设一支听党指挥、能打胜仗、作风优良的人民军队而奋斗。这是总结我们党建军治军成功经验、适应国际战略形势和国家安全环境发展变化、着眼于解决军队建设所面临的突出矛盾和问题提出来的，是党在新形势下的强军目标。"弘扬优良传统作风，才能使忠诚于党落在实处。

端正价值取向是官兵忠诚于党的关键所在。价值观并非孤立存在，而是以观念形态的样式，渗透于人们的思想认识中，形成许多具体的多层次的价值观，如人生价值观、道德价值观、政治价值观、经济价值观、军事价值观、文化价值观等等。忠诚于党是当代革命军人核心价值观的灵魂，军人核心价值观的其他方面都以它为准则，并围绕它进行培育。因此，忠诚于党既是从一般价值观层次上讲的，也必然渗透到各种具体价值观中，凝聚成更具体和现实的价值原则。革命军人忠诚于党，必须贯穿于军队建设的方方面面，落实到各项实际工作中。从个体的角度看，忠诚于党要求每个官兵把它作为一种科学的人生价值取向，指导自身的学习、工作和生活，全心全意为人民服务，这是部队战斗力提高的基础所在。要爱岗敬业，履职尽责，听从指挥，服从安排，只要是来自上级的正确命令，就要自觉服从，不能以任何借口不听指挥，不执行指示。要继承发扬我党我军的优良传统，贯彻新时期军事战略方针，切实履行好我军历史使命。要始终保持对马克思主义、对中国特色社会主义、对实现中华民族伟大复兴的坚定信念，只有这样，我们才能在政治上靠得住、过得硬，才能够在错综复杂的形势面前廓清迷雾，站稳脚跟，才能够在关键时刻经得住考验，与党同心，忠诚于党。

加强组织建设是官兵忠诚于党的重要前提。不断加强和改进军队党的组织建设，是我军始终保持强大战斗力和凝聚力的根本原因。忠诚于党要求各级党组织和领导忠实传达、执行上级指示，通过求真务实的作风和公平正派的领导，使广大官兵相信组织，依靠组织。

如果有些领导自身要求不严，滋长了不正之风与官僚主义，就会引起广大官兵的不满乃至反感，进而对党产生怀疑，使他们的价值观培育出现偏差，思想认识陷入误区，思想政治工作不能达到预期的教育目的，就会损害党的声誉和威信。可见，党对军队的绝对领导，要靠军队各级党委的核心领导作用、党支部的战斗堡垒作用和党员的先锋模范作用来具体贯彻与体现。把各级党组织和党员队伍搞坚强，是坚持党对军队绝对领导的必然要求和关键所在。各级党组织和每位领导都应时刻牢记肩上的重任，大力加强部队各级党组织特别是领导班子的建设，坚持好民主集中制原则，充分发挥集体的智慧和创造，提高科学决策水平和领导部队建设的能力。要充分发挥共产党员的先锋模范作用，让党的光辉形象通过各个党员的工作得到官兵的认同和拥护。要围绕军队的中心任务加强和改进党的建设，尤其要把能力建设作为重点突出出来，保证党的基本路线方针政策的执行和各项工作任务的落实完成，从而使忠诚于党成为现实。

维护根本制度是官兵忠诚于党的重要保证。坚持党对军队绝对领导的过程，就是一个不断创造与创新的过程。在长期革命斗争中，围绕着党对军队的绝对领导，形成了一整套领导人民军队的根本制度，实现了党的思想政治领导与军事行政领导的内在统一。这些制度包括：军队的最高领导权和指挥权集中于党中央和中央军委的制度；部队各级党委坚持贯彻民主集中制的组织原则；党委集体领导下的首长分工负责制；团以上单位设立政治委员、政治机关和支部建在连上的制度等等。这些制度已经在我军深深扎根，成为维系军队发展壮大的根本途径。在新的历史条件下，尽管形势任务发生了许多新的变化，对部队建设也提出了许多新要求，但“党的军队”的根本属性永远不会改变，“党指挥枪”的原则永远不能动摇，党领导军队的一系列根本制度和根本原则也必须一以贯之地加以坚持和维护。并且，要紧密结合安全威胁日益多样化、非传统安全威胁不断上升、非战争军事行动日益成为国家军事力量运用的重要方式的实际，积极探索贯彻执行党对军队绝对领导根本制度的有效途径和方式方法，使这些根本制度在军队建设发展的新实践中得到更好地坚持与贯彻，维护其权威性和严肃性，增强广大官兵忠诚于党的自觉性与主动性。

（武警政治学院讲师）

重视发挥先进军事文化对社会主义核心价值观培育的引领作用

唐　芳

我军是党的军队、人民的军队、社会主义国家的军队。我军在长期的革命和社会主义建设过程中，不仅肩负着保卫社会主义的重任，也肩负着引领社会精神文明建设的责任。先进军事文化是党领导人民军队在长期奋斗中创造的宝贵精神财富，是社会主义先进文化的重要组成部分。培育社会主义核心价值观，必须发挥好先进军事文化的引领作用，用先进军事文化涤荡靡靡之音，去除骄娇二气，重塑中华民族的精气神。

一、先进军事文化是社会主义核心价值的集中体现

作为党缔造并绝对领导下的人民军队，我军历来是体现党的政治优势、彰显党的文化品格的重要载体，是党的理想、信念和宗旨的忠实践行者，是党所倡导是先进文化的人格化身。无论是战争时期血与火的考验，还是和平时期默默无闻的奉献，我军都形成了堪称中华民族文明地标和精神星座的伟大精神，为社会主义核心价值

观的凝练和发扬注入了源头活水。

（一）先进军事文化体现了社会主义文化的本质特征

正确的价值观是先进文化的内核。先进军事文化以全心全意为人民服务思想为核心，坚持集体主义的价值导向，体现了社会主义文化的本质特征。人民军队在创立发展过程中铸就了自己永远不变的军魂，形成了独一无二的政治工作制度，营造了平等和谐的内部关系，不断提高了官兵的综合素质，创造了旧军队从来没有过的火热的军营文化。尤其是当代革命军人核心价值观，作为先进军事文化的观念形态，集中体现了处理个人与集体之间关系的价值准则，是社会主义核心价值的生动体现，得到了包括海内外华人在内的全体中华儿女的一致认同。在执行多样化军事任务中，中国军人的献身精神和敬业精神，所展示的中国军人的一流素质和良好形象，为世界所称颂，为国人践行社会主义核心价值观树立了崇高的榜样。

（二）先进军事文化展现了中华文化的精神力量

纵观人类文明史，军事文化都是人类文化的一个重要源头。尤其在中国，军事文化源远流长，资源丰富，对中华民族的演进、民族精神的塑造都发挥了不可替代的重要作用。“捐躯赴国难，视死或如归”、“但使龙城飞将在，不叫胡马度阴山”…… 众多以讴歌爱国主义为主旋律的军旅诗词不绝如缕，成为中华文化的一个重要流派。霍去病、岳飞、郑成功等大批军旅英雄的事迹世代为人传颂，成为中华民族精神的象征。我军是中华民族军事文化传统的继承发扬者，中国军人引领全国人民创造出“小米加步枪打败飞机和大炮”的传奇，谱写出“算盘子制造出两弹一星”的神话，展现出用血肉之躯抵挡百年一遇大洪水的壮举……人民军队总是用这样的行动将中华民族优秀文化品质贯穿于军事思想、融入军人血脉，从而挺立于社会前列，所创造的先进军事文化成为巩固全社会共同理想信念、引领全社会思想道德、校正公民价值取向的鲜明旗帜，成为照亮民族精神殿堂的熊熊火炬。

（三）先进军事文化长期引领着社会文化的价值取向

毛泽东同志早就指出，“没有文化的军队是愚蠢的军队，而愚蠢的军队是不能战胜敌人的。”建立有文化的军队，是毛泽东建军思想的重要组成部分。革命战争年代，人民军队发挥战斗队、生产队、宣传队的作用，通过严格的群众纪律、有效的政治工作，用革命思想教育宣传人民群众，不仅赢得了最广大人民群众的拥护和支持，取得了一次又一次军事斗争的胜利，而且提高了人民群众的思想觉悟，教育人民群众舍小家为大家，团结一致推翻“三座大山”，赢得国家的独立和自身的解放。解放后，建设新中国的先进思想观念、良好道德风尚，无不是在军队中萌生和发源，并不断传播、辐射到全社会的，如井冈山精神、长征精神、延安精神、上甘岭精神、雷锋精神等等。尤其在 1963 年，3 月 5 日，毛泽东题词“向雷锋同志学习”；8 月 1 日，毛泽东又写下了杂言诗《八连颂》，由此掀起了“全国人民学解放军”运动的热潮。军队的革命化形象和英雄模范事迹成为全国人民学习的榜样。人民解放军勇于进取和全心全意为人民服务的精神一直激励着全国人民努力工作、增加生产来服务人民，报效祖国。解放军对社会文化的巨大引领作用可谓发挥得淋漓尽致，被全社会誉为“最可爱的人”。

二、先进军事文化引领社会主义核心价值观培育的独特优势

我军先进军事文化是人民军队在80多年来革命、建设和改革过程中创造的精神成果，在全面建设小康社会的新时期日益显现出开放、包容和创新的强大功能，展示出一种更为鲜明的文化自觉与文化自信，在引领社会主义核心价值观培育中具有独特的优势。

（一）政治优势

军事从属政治，为政治服务。军事领域的一切思想、理论、精神、组织、人员、活动都深深地打着政治的烙印，体现着政治的根本要求。我军的先进军事文化具有鲜明的党性和意识形态性，它是以党的创新理论为建军治军根本指南的文化，始终坚持服务人民大众、服务部队官兵的根本立场和方向。这使得先进军事文化的建设与社会主义核心价值观的培育具有政治要求上的高度一致性。坚持用先进军事文化引领社会主义核心价值观培育，能够确保其不偏离正确的政治方向，保持社会主义的基本立场。

（二）制度优势

先进军事文化的生成和传播并不是随着我军集体的建立而自然发生的，而是有一系列的制度机制作保障。首先，军队在国家政权体制中的重要地位，确保了先进军事文化建设的国家主导性。其次，国防建设对社会生活的巨大影响力，国家法律对公民参加军事活动的制度规定，确保了先进军事文化对所有公民都具有的强大吸引力。

再次，国家对军事活动的独特管理机制以及我军比较完善的政治工作制度，确保了先进军事文化不断向实践的转化。因此，我军的军事文化发展始终领先于社会文化的发展，并一直具备积极向上的巨大“正能量”，可以把其制度优势转化为加快社会主义核心价值观培育的重要推动力量。

（三）实践优势

源于军旅题材、军事实践和官兵生活发展起来的先进军事文化，既是在军事实践中创造的文化，也是在践行人民军队性质宗旨中创造的文化，与广大人民群众有着密切的联系。随着军队使命任务的拓展，其示范和带动作用日益突出。近年来，军队根据国家的统一部署，在完成紧张的训练和战备任务之余，积极参加和支援西部大开发、抢险救灾、助学兴教、医疗扶持和支援社会主义新农村建设。尤其是驻守西部地区的部队，在维护社会稳定、促进民族团结、加快经济发展方面都发挥了其他社会组织不可替代的巨大作用，有力地推动了当地的精神文明建设，打牢了社会主义核心价值观培育的社会基础。

三、先进军事文化引领社会主义核心价值观培育的方法路径

一支充满新生活力的军队不仅是国防的工具，而且将作为道德的象征和民气的支撑物，发挥重要的社会作用。当前，我们需要积极探寻和拓展先进军事文化的认同和传播的方法路径，通过有效载体的传播、灌输、渗透，为社会主义核心价值观培育创设积极向上的文化氛围。

（一）大力弘扬听党指挥的“军魂文化”，在增强人民群众对党的信赖中增强社会主义核心价值观的情感认同

对党的信赖、对社会主义的信念是影响核心价值观在人民群众中认同的情感因素。当前，由于党员干部的腐败现象不断曝光，社会利益格局调整中出现的问题得不到及时有效解决，这些问题通过媒体的扩大效应，使得人们对于党的感情在疏远，对党的信任指数在降低。社会主义核心价值观是党提出并倡导的价值理念，人民对党的态度直接影响了核心价值观在群众中的影响力。因此，要大力弘扬人民军队听党指挥的“军魂文化”，通过学校教育、社会讲堂、红色网站等多种途径大讲军史党史中华民族复兴史，宣传党对军队绝对领导的必要性和长期性，使广大人民群众在认同党对军队领导制度的科学性中增强对党的信赖与热爱；使广大人民群众在认同中华民族伟大复兴的艰巨性中，真心理解并拥护支持党的领导与改革，并与之同舟共济、共克时艰；使广大人民群众在认同社会主义军事制度的优越性中，自觉抵制别有用心的人的蛊惑，把反对党内的腐败现象与反对党的领导区分开来，把支持党内制度机制的改革与支持党的领导结合起来，坚定地在党的带领下实现中国梦。

（二）大力弘扬精忠报国的“武德文化”，在展现军队英模人物崇高品质中增强社会主义核心价值观的形象认同

我军历来是社会主义思想道德要求的积极倡导者和模范实践者，军队英模人物的行为规范、精神风貌和工作业绩，具有代表时代思想道德发展高地的示范引导作用。当前，随着当代革命军人核心价值观在部队的深入教育，部队涌现出众多体现时代要求、勇于牺牲奉献、充满社会正能量的“最美军人”形象。例如：最美武警郑益龙、最美宇航员刘洋、“三栖精兵”何祥美等等，得到全社会的广泛

认同，为新时期弘扬爱国、敬业、诚信、友善为主基调的社会主义核心价值观提供了鲜活的榜样。因此，要大力弘扬精忠报国的“武德文化”，通过建立军人社会荣誉制度，让军队先进典型的事迹不仅在军队内部传播弘扬，更在全社会发扬光大。要适应社会和大众的审美要求，健全优秀军人事迹社会发布制度，通过军旅英模事迹的宣讲报告、文艺作品和相关军事文化产品的开发，使广大人民群众在社会主义核心价值观的培育中学有标准、赶有目标、行有榜样，在学习英模、超越自我的过程中弘扬社会主流价值，提升人生境界。

（三）大力弘扬众志成城的“国防精神”，在捍卫国家利益的实际行动中增强社会主义核心价值观的价值认同

国防精神是一个国家的公民抵御外侮，反抗侵略，维护国家独立和领土完整，维护国家尊严和安全的强烈意识。国防精神是民族之魂的核心，不仅仅是一国军人所必备的精神品质，也是该国公民所应有的思想力量。人民军队作为国家利益的忠实守卫者，在当前国家利益不断拓展的新形势下，以自己过硬的素质和良好的形象捍卫着国防安全、提升着国家形象、延续着国防精神。与之形成鲜明对比的是，长期的和平环境，使很多人特别是一些青年人的和平麻痹思想滋长，国防观念淡漠。在市场经济条件下，老百姓往往关注自身利益多于国家利益，关心个人发展多于国家发展，计较个人价值多于国家价值，影响了建设富强、民主、文明、和谐的社会主义国家这一核心价值的社会认同度。因此，社会要大力宣扬国防和经济建设的辩证统一关系，大力宣扬军队在维护国家利益中的崭新风貌，引导民众更多地关心国防建设、维护国家利益。军队也要利用自身的职业优势以及对国防形势的全面准确把握，用多种形式推进全民国防教育，不断增强全民国防精神，激发人民热爱祖国、保卫祖国、建设祖国的热情，为社会主义核心价值观的培育营造共同的价值基础。

（四）大力弘扬官兵一致、军民一致的“和谐文化”，在军民融合深度发展中增强社会主义核心价值观的文化认同

推进和谐社会建设，实现社会各个群体及人际关系的和谐是社会主义核心价值观的内在要求。坚持官兵一致、军民一致就是对这一要求的生动实践。坚持了官兵一致原则，就在我军官兵之间实现了政治平等、地位平等、人格平等，使得广大士兵真正处于主人翁的地位，形成了一种全新的密切而和谐的官兵关系的文化。培育社会主义核心价值观，就是要结合时代要求进一步发扬我军官兵一致的优良传统，通过充分尊重、调动官兵的主体地位和创造精神，真正实现部队科学发展和官兵的全面发展、全面过硬。并通过官兵自身的良好形象，以及官兵在部队成长成才的鲜活事例，带动和辐射社会青年正确认识个人和国家的辩证统一关系，自觉投身社会建设，在为实现中国梦的奋斗中实现自身价值。坚持做到军民一致，就是始终将我军视为人民子弟兵，坚持相信人民群众，紧紧依靠人民群众，广泛团结人民群众，积极宣传人民群众，一切为了人民群众。培育社会主义核心价值观，就是要进一步发扬我军军民一致的优良传统，在全社会牢固树立双拥意识，通过在人才、科技、文化、后勤保障等各个领域加快推进军民融合式发展，进一步加强军政军民团结，密切军政军民关系，充分发挥我军在构建社会主义和谐社会中的凝聚和整合作用，为社会主义核心价值观的培育奠定坚实的社会基础。

（武警政治学院讲师）

论军人核心价值观中的影视化育

徐 颖

“忠诚于党、热爱人民、报效国家、献身使命、崇尚荣誉”是当代革命军人核心价值观，是军人应履行的党和人民赋予的使命任务，也是军人应秉承的意志品质与价值系统，属于社会主义核心价值体系所关照的基本范畴。对于社会主义核心价值体系培育而言，先进影视文化拥有多重价值。它是一种载体，承载了教育的不同形式和方法；也是一种资源，丰富了教育内容和视野；还是一种环境，渗透在社会生活的方方面面。总之，视听直观、传播迅捷的先进影视文化可以直接作用于人的思想意识，比其他教育形式有着显著的优势。

一、先进影视文化的载道功能

一切价值观的养成，都并非无源之水、无本之木。先进影视文化表达的国家利益、传承的民族情感，蕴藏的社会价值，携载的知识信息，都无时不刻传播着社会主义核心价值观的内容和理念。

（一）历史与现实的缩影

影视艺术被喻为“雕刻时光的艺术”，对于历史的记录和现实的诉说本就是此项艺术的长处。先进影视文化更是一座丰富而厚重的人类发展史宝库。无论是20世纪三四十年代的电影《十字街头》、《八千里路云和月》，还是新中国成立后的电视剧《一口菜饼子》、《林家铺子》，还有新时期的纪录片《大国崛起》、《国歌》，以及电视节目《百家讲坛》、《探索发现》等，都用镜头记录着历史和现实所发生的叙事流程，用胶片浓缩了从传统中国向现代中国转型的沧桑与苦难，并用艺术影像呈现了历史、政治、人文、地理的万千世界。从始至终先进影视文化的艺术取景都是贴近实际，贴近生活，贴近大众，正基于此，也让人们透过先进影视文化的多维角度和时空，走进了解历史，观照现实，认识生活的时光隧道，切身去体味“以史为鉴，可以明得失；以人为鉴，可以知兴替。”

（二）道德与人格的闪光

受儒家思想影响颇深的中华传统文化，讲究德化社会与德化人生，其最高价值就是“礼”与“仁”。《论语》中“君子”一词曾出现有107次之多，君子之道就是文化之圣孔子定义的理想人格。刘勰《文心雕龙·原道》从美学理论上提出：“道沿圣以垂文，圣因文而明道。”其中“明道”意指为文须明君子之道，也就是说，为文须彰显知识分子、艺术家的道德使命感。秉承了“文以载道”艺术传统的先进影视文化，同样也承担了教化民众的重任，自觉地将中国传统文化精华熔铸与现代道德意识和人格境界培养中去。《中国式离婚》、《错爱》真实地再现了社会家庭生活中关于婚姻与爱情、伦理与道德的评判选择；《狼牙山五壮士》、《红色娘子军》、《雷锋》、《美丽故事》等这些先进影视中塑造的“精神领袖”和

“道德模范”所散发的熠熠光辉，让人们深深吸引和震撼的同时，并源源不断地传递着生活的真善美和崇高的精神品格。它引领着人们的核心价值追求，培养着人们爱国敬业的道德情操，促发着人们诚信友善的人格闪光。

（三）思想与艺术的交融

刘云山在影视创作座谈会上讲话指出：“人生感悟需要人物故事来成长，思想价值需要艺术形式来表达。”“艺术只有贯注了思想、蕴涵了精神，才具有真正的价值和意义。”① 不论是严肃的历史剧还是轻松的生活剧，不论是悲剧还是喜剧，必须注入思想才能有持久生命力和社会价值；而思想需要艺术的表达，才能做到情景交融、有血有肉，吸引观众。“社会主义核心价值体系作为社会主义意识形态的本质体现，汲取了人类思想精华，适应了时代发展要求，集中反映着当代中国人民的价值理想和精神向往。”② 先进影视文化的创作就理所应当地围绕体现和弘扬这一价值体系而展开。先进影视文化以美学的思维艺术地贯注着思想的灵魂和精神的力量，在传播正确的核心价值追求同时，其蕴藏的理想主义、乐观主义、英雄主义精神，携带着浪漫主义激情，使人产生强烈的精神和情感共鸣，带给人以巨大的思想启迪和鼓舞。

二、先进影视文化的价值观浸润

当今影视文化已成为人们日常文化生活的“主餐”，其中先进影

① 刘云山：坚持思想性艺术性观赏性有机统一创作更多深受群众喜爱的影视精品，载《当代电影》，2010 年，第 11 期。

② 同上。

视文化作为因社会政治教育需要而形成的产物，是社会主义精神文明建设不可或缺的重要组成部分，对于社会主义核心价值观培育有着独具魅力的浸润优势。

（一）丰富对核心价值观的感性认识

毛泽东在《实践论》中指出：“人们的认识，不论对于自然界方面，对于社会方面，也都是一步又一步地由低级向高级发展，即由浅入深，由片面到更多的方面。”[①] 也就是说，人们对事物的认知往往要经历由感性认识上升到理性认识再到运用实践的阶段。而传统的核心价值观教育往往是把文字化的理论内容直接“灌输”给受教育者，这种违背认知规律的教育方式，也容易造成对教育的“消化不良”，让教育只停留在口号上。先进影视文化则以其“运动的声画影像”特点，以直观的视听冲击给受众耳目一新的感性认识。生动的画面、逼真的音效、多样的内容，使受众多种感官同时参与，优化了感知渠道，让抽象的核心价值观变得更加形象、具体而实际；先进人物的塑造、胜利场景的展现、感人情节的渲染，让受教育者对践行核心价值观有了更加明确的目标、方向和动力。丰富的感性认识架起了通往理性认识的桥梁，让受教育者对核心价值观有了更深刻的体悟。

（二）注重对核心价值观的情感渗透

先进影视文化作为一种强势文化，有着报刊、书籍、广播不可比拟的超强传播范围和传播能力，同时先进影视文化作为大众主流传播媒体，在多元的空间里构建起了社会主义核心价值观的精神家园。不论受众是有选择地观看，还是无意识地欣赏，影视文化的天

---

① 《毛泽东选集》第1卷，人民出版社，1991年版，第283页。

然亲和力都会让观众在不知不觉中被故事情节身心感染，达到情感共鸣的互动体验；也会让观众别无选择地受其作用影响，使这种难以抗拒的生动、有趣、自然的教育力量成为精神食粮；更会潜移默化地将社会主义核心价值观渗透到受众的血液里，成为雕塑灵魂的隐形力量。正是先进影视文化这种强大的全息传播性和无以伦比的教育渗透性，才使得其教育更显隐蔽性，也在情感上更容易被受众所接受。

（三）激发对核心价值观的主动践行

社会主义核心价值观代表了先进文化的发展方向，具有强大的整合力和引领力，“它本身是无形的，并且不具有强制力，但一经为行为主体所接受，就会进入无意识，进而形成内在的左右行为主体的价值判断和行为指南”。[①] 先进影视文化往往运用蒙太奇镜头语言，把不同时间、空间发生的事件链接在一起，以此来强化主题、突出重点，创造出大量与观众认知、情感、价值同向性的视听场景和人物形象，这些场景和形象内化到观众的潜意识中，容易使观众与影视中的人物、情节建立起认同关系。这种心理的认同在无形消解受教育者逆反情绪的同时，还可以让影片中蕴藏的情感力量快速走进受教育者内心深处，激发其自身潜能和行动热情，引导并促进了受教育者自觉模仿和遵循英雄人物的言行、追求，自觉建立与模范榜样一致的价值、信仰。通过先进影视文化的内化于心、外化于行的独特魅力，激发人们自觉主动地践行社会主义核心价值观。

（四）增强对核心价值观的教育实效

当前，社会价值取向日益多元化，意识形态领域斗争依然尖锐

---

① 公方彬：构建当代军人的核心价值观，载《解放军报》，2006年9月4日，第6版。

复杂，影视文化植根于商品经济的大众文化，容易受到各种思潮的不良影响，加之西方影视文化的宣扬鼓动和意识渗透，对人们的思想和行为造成了很大的负面冲击和误导。先进影视文化作为弘扬社会主义核心价值体系的重要载体和宣传先进文化的有利阵地，为提高先进文化的生产传播，适应受众的教育需要，正赋予自身更多的精神价值、道德标准、文化素质和思想蕴涵，在不断扬弃和升华中走向完美与成熟。先进影视文化研究受众的价值取向、思维方式、文化审美、心理结构，为特定受众量身定做产品，使教育更加有针对性和实效性。同时，随着信息网络的发展，影视文化的传播渠道得到了极大扩展，可以通过互联网和移动存储介质，在任何时间、地点进行播放，让受众摆脱了传统教育耳提面授的诸多不便，可以轻而易举地掌握核心价值观的相关信息，并在共享、互动的虚拟平台与教育者进行平等、自由地交流，改变了教育者与受教育者之间的“信息差”，拉近了教育双方的心理距离，增进了教育的认同，也极大增强了教育的实效。

三、先进影视文化对培育军人核心价值观的特殊作用

以社会主义核心价值体系为引领的当代革命军人核心价值观，是军人有效履行神圣使命的强大精神支柱。先进影视文化作为社会主义核心价值观教育的重要文化资源，以其独特的艺术形式和功能，在培育当代革命军人核心价值观中同样发挥着特殊的作用。

（一）影视化育中的忠诚于党

党对军队绝对领导是我军不变的军魂。“忠诚于党”则是对军人

的政治要求，要求革命军人在任何时候任何情况下都永不叛党。借助先进影视形象化、载体化的视听优势，可以让官兵更好地将“忠诚于党”的价值观念驻存于心。《刘胡兰》、《红岩》中面对敌人酷刑考验的刘胡兰、江姐的坚贞不屈；《英雄儿女》中英雄王成“为了胜利，向我开炮”的视死如归；《潜伏》主人公余则成，凭着对党的热爱和忠诚，将自己的生命置之度外，在险恶的环境下与敌人周旋斗争，与片中没有立场信仰的特务谢若林形成了鲜明对比；《忠诚与背叛》通过真实可信的历史故事，展现了第一届中央监察委员会主席王荷波、副主席杨匏安等纪检战线革命先驱，为忠于党的事业、维护党的纯洁性，大义凛然、英勇果敢的光辉形象。这些先进影视作品中的英雄形象，让广大官兵在为之动容的情感体验下，更真切感触到了革命先烈们在“忠诚于党”的崇高信念下释放出的革命主义豪情。通过这些典型效应的引领和感召，从而也调动起官兵对党忠诚不渝，为党奋斗终身的革命激情。

（二）影视化育中的服务人民

我党的根本宗旨是全心全意为人民服务，紧紧地和中国人民站在一起，全心全意地为人民服务，就是这个军队的唯一的宗旨——全心全意为人民服务也是军人价值实现的最高目标。同样，“中国共产党必须始终代表中国先进文化的前进方向”，[①] 以反映人民为创作主体的先进影视文化的发展方向和根本方针也是全心全意为人民服务。《张思德》中平凡的小事串起了张思德点点滴滴平凡的生活，虽然他只是平凡的普通一兵，但他牢记革命军人的宗旨，活着为人民的利益工作，死为人民的利益牺牲，平凡中透出伟大。也让我们再次体悟到毛主席对他的高度评价：“为人民利益而死，他的死是比泰山还重”的深刻含义；《雷锋》中革命战士雷锋短暂的一生助人无

---

① 江泽民：《论“三个代表”》，中央文献出版社，2001 年版，第 3 页。

数，“人的生命是有限的，可是，为人民服务是无限的，我要把有限的生命，投入到无限的为人民服务之中去”的雷锋精神激励了一代又一代人；《焦裕禄》、《孔繁森》、《任长霞》中带领兰考人民战天斗地的焦裕禄、心系西藏的孔繁森、保一方平安英勇献身的任长霞，都用行动实践着为人民服务的誓死诺言。通过先进影视文化构建的情感与军人对人民特有的政治情感交相呼应，让军人与人民“同呼吸、共命运、心连心”的情感体验自然地成为行动的自觉。

（三）影视化育中的报效国家

报效国家的前提是爱国，只有爱国的情感越炽热、越深沉，报国的情感才能越坚定、越自觉。虽然爱国主义在社会发展的不同阶段、不同时期有不同的具体内涵，但对于军人而言，就是随时准备为祖国奉献和牺牲。先进影视文化所蕴藏的爱国主义精神本质，就生动展现了中国人民为取得民族解放、民族独立，为实现共产主义伟大理想而发生的可歌可泣爱国事例，成为了直抵官兵心灵、触发报国情怀的直接动力。《激情燃烧的岁月》再现了一个革命军人怀着对党和国家无比炽爱之心而奉献一生的报国情怀；《风声》中的中共地下党顾晓梦为掩护上级领导，传递情报，把个人的生死置之度外，只因她心怀共产党员信仰和随时报效国家的坚定信念，才会留下如此遗言：“我亲爱的人，我对你们如此无情，只因民族已到存亡之际，我辈只能奋不顾身，挽救于万一。我的肉体即将陨灭，灵魂却将与你们同在。敌人不会了解，老鬼、老枪不是个人，而是一种精神，一种信仰。”《火烧圆明园》、《甲午风云》再现了中国近代遭受帝国主义列强欺凌的真实历史，使官兵形象地看到了帝国主义的强盗嘴脸，激发他们的不忘国耻，刻苦训练，报效祖国的热忱。

（四）影视化育中的献身使命

军人的职业性质决定了军人要有保家卫国、随时为祖国和人民去战斗乃至牺牲的使命责任。因此，“献身使命”就要求军人坚贞勇敢、尽职尽责，敢于牺牲奉献，履行党和人民赋予的光荣使命。《亮剑》中官兵们“纵然是敌众我寡，纵然是身陷重围，但是我们敢于亮剑，我们敢于战斗到最后一个人”的战斗作风，是革命战争年代军人献身使命的生命体现；《我是特种兵》中铿锵的誓言“我将勇敢面对一切艰难和危险，无论是来自训练还是实战，无论面对什么危险，我都要冷静，并且勇敢杀敌。无论发生什么情况，我都要牢记自己的誓言。敢做军人表率，绝不屈服。如果需要，我将为国捐躯；如果必要，最后一颗子弹留给我”是和平年代军人献身使命的具体表达。面对当前复杂多变的国际国内安全形势，强化军人的使命意识，更是维护我国安全稳定发展的首要保证。就像《冲出亚马逊》中所说的：“作为军人，第一是服从，第二是绝对服从，第三是完全服从。”这是先进影视作品告诉官兵怎样去“献身使命”最有力的回答。

（五）影视化育中的崇尚荣誉

著名军事家克劳塞维茨指出：“在一切高尚的感情中，荣誉心是人的最高尚的感情之一，是战争中使军队获得灵魂的生命力。”无论何时何地，荣誉永远是革命军人永恒的价值追求和奋发向上的力量源泉。而当前面对各种思想文化的相互激荡，军人作为社会成员，难免会受到一些负面的、消极的思想影响，有的主体意识中个体意识增强，有的利益意识中功利性增强，还有的对价值评判的宽容度增强。因此，增强官兵的荣誉意识，是军人核心价值观培育的关键。军人荣誉绝不仅仅是一枚军功章，更是一种主观感受。从内心感到光荣、自豪、满足，这种心理感受能够激励官兵更好地完成任务，甚至是赴汤蹈火、万死不辞。《士兵突击》中的主人公许三多，就是怀着钢七连“不抛弃、不放弃”的集体荣誉意识，才让他从一名普通战士成长为优秀士兵。钢七连充满荣誉感的入连仪式，相信也给每一位观看的官兵带来了巨大的震撼：“列兵许三多，你必须记住，你是第4956名钢七连的士兵！列兵许三多，有的连因为某位战斗英雄而骄傲，有的连因为出了将军而骄傲，钢七连的骄傲是军人中最神圣的一种！列兵许三多，抗美援朝时钢七连几乎全连阵亡被取消番号，被全连人掩护的3名列兵却九死一生地归来。他们带回107名烈士的遗愿在这三个平均年龄17岁的年轻人身上重建钢七连！从此后钢七连就永远和他们的烈士活在一起了！列兵许三多，从这个意义上来说，我们是活在烈士的希望与荣誉之间的！”《集结号》中真正感动我们的，不是那惊心动魄的战争场面，而是九连唯一的幸存者连长谷子地，几经生死为牺牲的战友求证，为他们找回应有荣誉的过程。先进影视文化特有的直观性和情感渗透功能，是作用于官兵的主观感受最具冲击力，也是最有效的方式。正如现代电影“教父”导演英格玛·伯格曼所说：“没有哪一种艺术形式能够像电影那样，超越一般感觉，直接触及我们的情感，深入我们的灵魂。”

（南京政治学院上海校区讲师）

立足三问提升军人核心价值观教育成效

张雪梅

构建忠诚于党、热爱人民、报效国家、献身使命、崇尚荣誉的当代革命军人价值观，是我党用社会主义核心价值体系引领军队科学发展的一个重大理论创新。经过几年实践，价值观教育在对于增强部队凝聚力、战斗力，对于推动国防和军队建设科学发展、有效履行我军历史使命发挥了重要的导向功能、凝魂功能、规范功能和激励功能。但是，作为一项复杂的系统教育工程，要持续发挥革命军人核心价值观育人功能，还必须深入解决好以下三个问题。

一、立足公民教育，解决好核心价值观教育与社会主义公民教育相统一的问题

军人首先是人，是社会公民。要成为一名合格军人，首先应当成为一名合格公民。要把基层官兵铸造成用革命军人核心价值观武装起来的优秀军人，首先应该将他们培养成一名具有良好公民素质的社会主义公民。从理论上说，社会主义公民教育作为一种以基本权利和义务观念为核心，以主体地位为基础，以责任感、使命感和集体主义思想为条件，包括爱国意识、责任意识、自主意识、平等意识、公德意识、节俭意识、规则意识、纳税意识、科技意识、环

保意识、国土意识、国防意识等公民意识在内的一般性公民教育，它有利于培养造就良好公民，也同样有助于塑造新一代革命军人。可以说，革命军人核心价值观教育离不开社会主义公民教育，它需要社会主义公民教育作为前提和基础。从这个层面看，革命军人价值观教育实质是一种职业化的特殊公民教育，它扎根于一般公民教育而又高于一般公民教育。但在基层革命军人价值观教育实践中，我们并没有很好地将公民教育有机纳入教育体系中。这就使得相当一部分官兵学习时大谈忠诚于党，平时却不能诚信待人；学习时大谈热爱人民，日常生活中却不知如何爱自己的父母、亲人、战友；学习时大谈报效国家，日常对领导朋友的帮助却无感恩之心；学习时大谈献身使命，平时却不懂谦让，不能吃亏；学习时大谈崇尚荣誉，工作落后时却无知耻上进之心。这种理论学习与行为实践两层皮的现象不解决，必然使革命军人核心价值观教育高成本低产出，只能培养出政治语言的巨人、行为实践的矮子。因此，我们应从公民教育入手，针对官兵素质结构补缺口、强短板、固优势，全面培养完善官兵公民素质，为革命军人核心价值观教育奠定扎实基础。从某种角度而言，只要官兵公民素质强了，军人核心价值观入脑、入心、入行动是水到渠成之事。

应该看到，由于地方公民教育的不足和我军兵源素质较低，加大公民教育力度以提升革命军人核心价值观教育效果是长期之策，而不是短期行为。一方面，受制于公民文化传统及我国公民社会成长的双重不足，理应在中小学阶段完成的公民教育任务没有得到很好解决，这使得官兵入伍前所受公民教育相当有限；另一方面，虽然近几年为提高兵源素质，我军扩大了向地方大学生、地方专业技术人才的征兵渠道，但征兵主要对象还是高中毕业生，而随着高校扩招，大部分应届毕业生上了大学，没上大学的基本上都是学习成绩较差的高中生，而这一部分人恰恰是征兵主体，加上新兵入伍教育仅有三个月时间且没有系统公民教育安排，这又进一步加剧了基层官兵整体公民素质的不足。因此，要搞好基层官兵革命军人核心价值观教育，就要解决好社会主义公民教育与革命军人核心价值观教育相统一的问题。首先要立足官兵公民素质现状，补好公民教育这一课，如诚信教育、责任教育、感恩教育、宽容教育、权利义务教育等，尤其是要通过普及民法、婚姻法、刑法等基本法律知识来提高官兵的法律素养，扭转一些基层部队单纯用条令、条例教育代替专门法律教育的不当做法。因为法律素养是一个人能否真正成为现代公民，一个军人能否自觉养成责任意识、规则意识、权利与义务意识的内在基因。在这一基础上，再从普遍到特殊、从抽象到具体、从公民到军人，逐步将公民教育提升至革命军人核心价值观教育，真正把革命军人核心价值观所要达成的理想、信念、目标奠定在真知、真信、真用基础上，使广大官兵在健全人格素质基础上成长为一个大写的、高尚的人。

二、立足提高官兵自身价值选择能力，解决好核心价值观灌输教育与自我教育相结合的问题

军人核心价值观内容虽然仅有五句话，二十个字，但却言简意赅地揭示了我军官兵与党、人民、国家、军队及官兵内部五重关系，折射了“党的军队、人民的军队和社会主义的军队”三重性质，集聚了人生价值观、职业道德观、荣誉使命观三大观念体，体现了政治性、革命性、传统性、时代性与发展性五大特性。因此，军人价值观看似简单，实际句句高标准严要求。如何将这些抽象的、理论性的、与官兵现实生活有一定距离的，甚至是相对较为空洞的价值理念转化为官兵切实需要、乐意接受、能够理解的东西，是革命军人核心价值观教育的关键。作为价值观系统中居于核心地位，起统摄、引领、支配和凝聚作用的核心理念，革命军人核心价值观特有

的抽象性、超前性，往往会使得灌输教育是必须的，被动接受是正常的。强调受教育者主体性的现代教育理念的发展，一直试图改变主流价值教育中教育者积极灌输自说自话、被教育者消极接受不激不动的现象，但却未能得到很好解决。究其实，是因为多年来教育者一直习惯于从军队整体事业角度，将官兵作为传输先进价值体系过程中的一个被动客体，主流价值教育与官兵个体发展需求脱节。教育过程中没有放手培养和提高官兵自身价值选择能力，以解决官兵由被动接受真理向主动寻找真理转变的问题。在多元价值观并存，并对年轻官兵理想信念的发展提出了新的挑战的社会环境背景下，在正统的、主流的过去占有绝对统治地位的思想意识及其教育的影响力日渐减弱的时候，提高官兵个人价值选择能力来代替被动接受面面俱到的主流意识教育，就必然成为革命军人核心价值观教育的重要任务。

提高官兵自身价值选择能力的关键，是以变迁中的社会和军队发展实践为教育背景，将核心价值观教育有机融入现实社会生活之中，敢于面对社会道德领域中的新挑战，重视现代社会道德价值辨析与批判，让官兵头脑中确立的核心价值观建立在真实的现实社会基础之上。在具体教育实施过程中，要围绕社会现实和军队发展进程寻找和设计教育主题。我们的教育计划绝不能只来源于上级的精神、上级下发的文件，而要从官兵成长焦点、官兵关注热点、官兵心存疑点、官兵发展关键点上去发现教育主题。要以提高官兵思维辨析能力为教育目的，运用案例、讨论、辩论或答记者问等方式对官兵进行思维辨析训练，而不是简单停留在知识性、概念性解释教育上。当前革命军人核心价值观教育存在的一个重要缺陷，就是过于强调正面教育，过于包容差异而缺乏真正的价值批判。要将灌输教育和自主学习有机结合，充分尊重和相信官兵自主学习、自我教育能力，不搞教育一言堂。要以问题为教育单元，不盲目追求教育的系统性和全面性，教育组织也不简单地按编制序列划分教育对象，而是按问题解决需要划分教育对象。只有官兵自身价值选择能力提高了，核心价值观才会有如一面旗帜，无论社会思想观念如何变化，无论军队发展目标如何更替，都始终深入军心不动摇。

三、立足三位一体，解决好核心价值观教育与官兵全面发展相融合的问题

实现官兵全面发展是军队建设的根本目的，也是核心价值观教育用旨所在。官兵的全面发展实质是素质的全面发展，而军人核心价值观是影响军人素质及发展方向的决定性要素，是在思想观念多样的社会环境中引领官兵成长、实现军人全面发展的根本保证。因此，理论上而言，核心价值观教育与官兵全面发展的融合是必然的，关键是如何融合。对一个人来说，价值观念的形成发展绝不是孤立单一的。但长期以来，不管是军队还是社会，我们都习惯于把价值教育简化为道德、伦理、观念、信条的传递和灌输，而有意无意地忽视了行为及情感在价值观念形成发展中的作用。即使注意到行为的重要作用，也大多习惯于使用教训、限制、规定、惩戒等手段。而21世纪的官兵成长于空前丰富的物质成果之中，必然形成同父辈完全不一样的利益观念。他们在思想空前解放的宽松空气中呼吸，自然就更加重视自我的发展；他们经受着快速发展的高科技的冲击，必然视野开阔、思维敏捷、蔑视权威、崇尚创新。一定意义上，他们比以前任何一代人都更具人性，发展也会更全面。因此，实现价值观念、行为能力、道德情感三位一体的全面发展，是新一代革命军人发展的必经之路，也是其内在成长的必然选择。军人核心价值观教育要想有力推进官兵的全面发展，就要立足于价值观念、行为能力与道德情感三位一体，化强制性价值输出和行为制约为全面的人生发展辅导。

在价值观念上，坚持中国特色社会主义共同理想，祖国利益至

上，以人民利益为本，诚实守信、遵章守纪、宽容和谐、尽职尽责、知荣明辱等等，既是军人核心价值观的基本内容，也是官兵适应社会进步，实现全面发展的支撑要素。核心价值观教育就要通过这些先进理念教育，帮助官兵坚定信仰、完善人格，统一思想、净化心灵，让他们获得全面发展的精神支撑。在行为能力上，核心价值观教育要本着知与行相统一的原则，努力在战场、市场、灾场和训练场上，在完成多样化军事任务的过程中，培育官兵以大局为重，适应和服从党、国家、人民、军队及制度价值的能力，培养官兵对他人理解、包容与合作的能力，培养官兵逆境而上、愈挫愈强的能力，培养官兵正确认识、评估、接纳自我的能力，让官兵获得全面发展的能力支撑。道德情感同样是核心价值观教育的重要组成部分。理想信念的坚定、能力素质的培养如果没有道德情感的认同，就有如钢筋支架失去了水泥的浇铸而无法成为高楼大厦。我们要努力培养官兵对党和国家的忠诚与热爱，对军队事业、军人职业和军人荣誉的自豪与认同，激发他们见第一就争、见红旗就扛，杀敌打头阵，涉险争先锋、临难讲气节的优良道德品质和顽强战斗作风，提高他们对背信弃义、损人利已、骄奢淫逸等负面精神的拒蚀能力，切实保证官兵获得心智与事业的全面发展。

实际上，核心价值观五句话中的每一句都是贯穿着理念、行为与情感在内的丰富内涵体，既彰显了价值观的内在道德文化要求，又激发了价值观的外在行为实践要求。正是这三点的有机统一，使得核心价值观造就军队软实力成为可能和必然，而这又恰恰是核心价值观教育存在的时代意义和价值。

（南京政治学院上海校区副教授）

弘扬我军价值观教育的独特优势与优良传统

何　燚　张华军

军人价值观反映了社会对军队的根本要求，引领着军人的理想、信仰和行为，是军人道德品质养成的前提条件，也是强化部队战斗力、确保强军目标实现的思想基础。当前，强化军人价值观培育，是我军凝神聚气、提升“软实力”的重要内容。价值观教育作为军队精神教育的主要方式，与军队的基本职能和军事制度紧密结合，与整个社会的价值观紧密联系。我军与外军相比，一个突出特点就是对政治素质要求更高，一直将自己定位为党的军队、人民军队、社会主义国家的军队。因此，我们在借鉴外军价值观教育有效做法的同时，要从我们的国情和军情出发，弘扬我军价值观教育的独特优势和优良传统。

一、价值观教育要坚持以中国特色社会主义理论体系为指导思想

我军是党绝对领导下的人民军队，是党的路线、方针、政策的坚定拥护者和和忠实捍卫者，历来以党的旗帜为旗帜、以党的意志

为意志、以党要求为要求。“党指挥枪”是我军在艰苦卓绝的革命斗争中克敌制胜的宝贵经验，也是我军永远不变的军魂。实践证明，坚持党对军队的绝对领导，最根本的是自觉坚持党的思想理论和路线方针政策的领导。毛泽东早在寻求救国救民的真理时曾说过：“主义譬如一面旗子，旗子立起来了，大家才有所指望，才知所趋赴。”① 这生动说明了革命纲领与指导思想对人们的号召和引领价值。人民军队和革命军人忠诚于党，就不能打自己的旗帜，必须以党的旗帜为旗帜。在当代中国，我们党在中国特色社会主义旗帜指引下，带领着全党和全国人民为夺取全面建设小康社会新胜利而英勇奋斗。作为对军队根本性质和方向在价值观领域的体现和确认，中国特色社会主义理论体系从根本上规定了当代革命军人价值观鲜明的党性。纵观历史，在中国近代历史舞台上，曾经出现过湘军、淮军、北洋水师等形形色色的军队和军人。这些旧军队在封建势力的把持下，以封建反动思想为指导，成为封建统治者镇压人民革命、维护反动统治的暴力工具。横看国外，从 2003 年底开始，中亚接连发生“颜色革命”，原因很多，但其中一个重要因素，是这些国家在军队问题上奉行“非政治化”，搞所谓“民主自由”、“思想多元”，以致军队在整个事变过程中无所作为，甚至倒戈，公然站在了国内外反政府势力一边。与此形成鲜明对照的是，我军之所以能在关键时刻发挥中流砥柱的重要作用，是因为我军是马克思主义思想指导下的人民军队，具有崇高的理想和坚定的信念。中国特色社会主义理论体系是马克思主义中国化的最新成果，是党最可宝贵的政治和精神财富。在当代中国，坚持中国特色社会主义理论体系，就是真正坚持马克思主义。因而，我军的价值观教育最为重要的是始终坚持用党的指导思想，即中国特色社会主义理论体系武装头脑并施之以行。

中国特色社会主义理论体系，包括邓小平理论、“三个代表”重要思想以及科学发展观等重大战略思想，集中体现了当代中国的发

① 《毛泽东早期文稿》，湖南出版社，1990 年版，第 554 页。

展变化对党、国家和军队工作的新要求。在价值观教育中要坚持以中国特色社会主义理论体系为指导，抵御各种错误思想和价值观念的侵袭。

一是要坚持以中国特色社会主义指导我军价值教育，绝不允许搞思想政治的多元化。当今时代，社会利益主体趋于多元化，并由此带来了价值取向的多元化。有些人在多元价值取向的格局下，失去了应有的行为规范和价值标准，西方价值观念不断渗透，也使一些腐朽落后的价值观念不断地侵蚀人们的价值观防线。新形势下，我军思想政治工作面临着西方敌对势力对我军推行西化、分化政治战略的严峻挑战，又面临着改革发展进入关键时期出现的新矛盾、新问题的复杂考验，也面临着社会日益信息化带来的深刻影响。这“三个面临”的新形势，对官兵思想精神和价值观层面所带来的冲击是巨大的，社会上多元价值观念并存的状态必将辐射到军队中来，并可能会演变为瓦解军人主流意识形态的消极因素。这也是坚持以中国特色社会主义理论体系武装官兵头脑的理论和现实依据。否则，加强军队的价值教育就会成为无的放矢的空头口号。

二是要结合实际，善于回答一系列官兵关注的重大理论和现实问题。在价值观教育中，坚持以中国特色社会主义理论体系武装官兵头脑，需要面对新的时代问题，提出解决问题的新思路、新办法，增强理论的引领作用。当前，官兵对一系列重大问题关注很多，例如，如何用马克思主义世界观和方法论指导我们的思想政治工作，为什么时我们不能像西方国家那种执政党间接领导军队的体制和方式，如何认识以人为本与牺牲奉献的关系等等。对这些官兵关注的热点问题，都需要科学运用中国特色社会主义理论体系，作出令官兵信服的回答，从而增强理论基础对实践的指导作用。

三是要坚定理想信念和强化精神支柱。当前，坚定理想信念和强化精神支柱，最重要的就是要培养与中国特色社会主义的要求相适应，与革命军人特殊使命相一致的人生观、价值观。邓小平同志指出："对军队来说，有坚定的信念现在仍然是一个建军的原则，仍然不能丢掉，这是中国自己的特点。"[①] 我军军人价值观，是以马克思主义世界观为指导，以坚定的革命理想信念为支柱，以爱国主义为基础，以人民利益高于一切为取向，以自觉牺牲奉献为标志，以崇高的革命气节为本色，与建设有中国特色社会主义的要求相适应，与军人特殊使命相一致的价值观。我军军人价值观的实质，就是为了党、人民和国家的根本利益，自觉地牺牲奉献。军人价值观的巩固离不开坚定理想信念和强化精神支柱，我们必须以中国特色社会主义理论体系为指导，教育广大官兵划清基本的是非界限，增强政治敏锐性和政治鉴别能力，从根本上筑牢当代军人的精神支柱。通过强化理想信念教育，使广大官兵坚定马克思主义信仰，坚定社会主义信念。增强对改革开放和进行现代化建设的信心，从而树立起牢固的精神支柱。

二、价值观教育要以履行新世纪新阶段我军历史使命为价值目标

军队所担负的历史使命是一定时期军队职能和任务的总概括，它规定着一支军队的发展方向和奋斗目标，军人在任何时候、任何情况下都要以有效履行党和人民赋予的神圣使命作为自身价值目标，可以说我军价值观教育的价值目标就是为有效履行我军新的历史使命。使命意识是我军与西方国家军队的重要区别所在。西方国家往往不是从政治的角度赋予军队任务，而是将价值观教育中所蕴含的政治性内容以爱国、爱制度的方式反映出来。从政治意义上延伸出来的"使命观"，只能属于我军这样一支党绝对领导下执行政治任务

① 《邓小平文选》第3卷，人民出版社，1993年版，第190页。

的武装集团，其主要特征为：一是与我党我军在每一历史时期的具体任务紧密相联，具有强烈的时代性。从我军成长史中会清楚看到，我军的价值观教育目标与党确立的奋斗目标紧密地联系在一起，即党的任务就是军队的任务，党的价值追求就是军队的努力方向。而教育观教育直接反映于阶段性任务之中。二是政治理论主导价值观教育的走向。如红军时期“打土豪，分田地”、抗日战争时期的“全民抗日”、解放战争时期的“打倒蒋介石，解放全中国”、“抗美援朝、保家卫国”，就是以阶级仇、民族恨为价值取向，从而形成了独具特色的政治生态。三是突出强调个人利益服从集体利益，以自我牺牲和局部牺牲来换取全局胜利。这与中国的传统文化有关，也与我党我军的价值观有关。这与西方军队不同，例如，美军极力推崇个人作用和价值，重视军人个体存在，允许军人在极端情况下投降做俘虏以保全生命，被迫投降的军人同样被作为英雄宣扬。进入21世纪新段，我军的历史使命在内涵和外延上都发生了变化，即努力做到“三个提供、一个发挥”。要保证高标准地履行好新的历史使命，我军必须在提高硬打击能力的同时，激发官兵的战斗精神，这无疑需要具有包括理想信念在内的主导价值观作支撑。广大官兵只有以履行新世纪新阶段我军历史使命为价值目标，内在的精神动力才会持久不断地激发出来。

首先，要教育军人在为建设社会主义和谐社会提供坚强的安全保障。在构建社会主义和谐社会的伟大征程中，我军肩负着做好军事斗争准备、反恐维稳、应对突发事变和保持社会稳定等重要任务。军人在构建社会主义和谐社会中的首要职责就是要牢记我军根本宗旨，履行自身职能，以实际行动为国家建设与发展提供坚强的安全保障。为此，要切实增强使命观教育，密切关注国家安全环境和形势变化，高度警惕国内外敌对势力的渗透、破坏和颠覆活动，紧紧围绕“打得赢”、“不变质”两大历史性课题，坚持不懈地做好军事斗争准备。其次，要教育军人积极投身社会建设的伟大实践，为构建和谐社会多做贡献。参加和支援国家建设，是宪法赋予军队的一项重大任务，也是人民军队全心全意为人民服务根本宗旨的体现。积极投身和谐社会建设，是新形势下党赋予军队的新任务。社会主义和谐社会是公平正义、诚信友爱的社会。军队作为社会的特殊组成部分，既有军队内部的官兵和上下级关系，又有外部的军政军民关系，军队既要做到内部团结协调，又要保证外部关系融洽。为此，要教育官兵站在讲政治、讲大局的高度，自觉加强军政团结，巩固和发展“同呼吸、共命运、心连心”的军政军民关系。社会主义和谐社会是民主法治、安定有序的社会。军队作为党和国家的坚强柱石，是维护民主法治、确保社会安定有序的重要力量，广大官兵要自学遵守国家的法律法令，以自身的实际行为促进社会稳定。第三，要在社会主义精神文明的建设事业中发挥有力的促进和带头作用。我军是一支具有高度政治觉悟、良好道德品质和严格组织纪律的军队，一贯重视加强精神文明建设，始终是先进思想、高尚道德、良好风尚的实践和传播者。当代军人要始终保持优良传统，始终把人民利益放在第一位，始终走在全社会精神文明建设前列。要带头发扬爱国主义、集体主义精神，在建设中国特色社会主义伟大事业中起到示范和带头作用。

三、价值观教育要继承和发扬中华武德优良传统

引导我军成长壮大和不断走向胜利的诸多优良传统中，中华武德文化无疑是锻造人民军队思想作风和意志品质的文化养料，我们要在价值观教育中，继承和发扬中华武德优良传统。

武德指军旅生活中的一切道德现象及其与军旅生活相关的道德意识、价值观念和道德品质的总和，它规定着军人的思维方式、价值判断和行为准则。中国武德文化源远流长，形成了许多人们推崇的传统美德，积淀着无比深厚的传统底蕴，奠定了民族和军队的精

神基石。中华民族武德文化的优秀传统至今仍闪耀着璀璨的价值光芒。一是以“仁”为本的军事伦理观念。中国传统武德文化把“战争”、“用兵”等与“道德”联系在一起，认为只有有限度地使用暴力，才能称得上是使用真正意义上的“武力”。就儒家而言，他们一般把道德当作目的，而把战争当作维护道德的一种手段，主张以道德治天下。当然，儒家也并非绝对地反对战争，认为对于失道之国、不义之君要敢于使用武力的手段来维护和恢复道德，正如孟子所说的“仁者无敌”。墨家则反对“不义”的侵略战争，支持正义的战争，即强调“非攻”和“兼爱”。二是以身报国的崇高精神气节。中传统武德中，有一种品质十分突出，就是义，即是杀身成仁、以身许国。在中华民族历史上，为了国家与民族的安危，历代军人中不乏马革裹尸、浴血疆场的英雄人物，他们在生死攸关时表现出的铮铮铁骨和浩然正气，展现出活生生的爱国主义。三是“智、信、仁、勇、严”的军人武德人格。《孙子兵法》中提出的“智、信、仁、勇、严”的“五德，集中体现了传统武德人格标准的认识高度。其中，“智”是指知识、智慧；“信”指诚信，“仁”是指对士兵的爱护；“勇”即勇敢；“严”指威严。这五个方面集中体现了传统武德人格标准的认识高度。

中国传统武德文化中那些具有鲜明特征的军事伦理观念，特别是在危急关头以身报国的崇高精神气节是新时期军人价值观教育不可多得的优秀素材，也是今天的革命军人应努力践行的。当代中国军人价值观要在传统精神的积淀中吸取精华，从而延伸出具有民族精神的军人价值取向。我军是党的军队、人民的军队、社会主义国家的军队，这与世界各国的军队不同，与中国历代的军队也有根本性的差别。但是，中国历代军人的价值定位揭示了一条真理：作为价值客体的军队必须以满足它的价值主体的需求为最高造价值目标。由此可以得出这样的结论：忠于党、忠于人民、忠于国家、忠于社会主义，是当代军人最高的价值目标；祖国的安宁、人民的幸福、社会主义现代化建设在具备充分安全保证的条件下顺利进行，是当代军人价值的取大实现。军人的价值并非都是在血与火的战争冲突中实现的，孙子所谓的“不战而屈人之兵、善之善者也”的命题，则揭示了和平条件下军人价值的真谛。求生存、求发展，在军旅生活中塑自我，实现自我，是军人人生价值的重要内涵。在中国传统武德文化中，修身、精武、强身（即德、智、体全面发展）是提高军人内在价值的三个基本途径，而立足于军旅人生实践，艰苦奋斗，勇于献身，则是军人内在价值转化为外在价值的根本途径。这是历史经验是很值得重视的。今天，当我们提出提高和实现军人人生价值的时候，不可不重视军人德、智、体的全面发展，不可不重视敬业爱岗的军旅人生实践，不可不重视爱国奉献精神的培养和弘扬。

四、价值观教育要发挥思想政治教育在价值观教育中的重要作用

思想政治教育是我军的特有优势，在我军价值观教育中必须发挥好思想政治教育的“主阵地”作用。我军的思想政治价教育体系，以共产主义思想为核心，包括世界观教育、政治观教育、人生观教育、价值观教育、道德观教育等内容。因此，价值观教育是军队思想政治教育的重要内容和本质部分，二者具有内在的一致性。我军的价值观教育在党和军队漫长卓绝的发展历程中走向成熟，其中思想政治教育在价值观教育中的发挥了重要的作用，形成了有中国特色的价值观教育体系。

思想政治教育在价值观教育中的重要作用主要体现在：一是通过思想政治教育加强官兵的理论武装，打牢军人价值观教育的思想基础。加强理论武装，体现在通过给官兵灌输一些基本的军人政治价值理论，端正官兵的价值取向。首先，要通过理论武装强化“军魂”意识。我军是在党绝对领导下发展壮大起来的，在长期的革命

和建设中，党总是针对各个时期军队发展面临的任务和考验，不断加强理论武装，使党指挥枪这一政治原则成为官兵自觉的价值追求。在新阶段，我们仍然要坚持把军魂教育作为部队思想政治教育的重中之重，确保在任时候、任何情况下都坚决听从党中央、中央军委的指挥。其次，通过理论武装永葆人民军队的性质宗旨。在新的历史条件下，要使广大官兵经受住国内外复杂环境的考验，始终做到政治上坚定，思想上奋进，就要通过有效的教育，切实使广大官兵把党的创新理论转化为坚定的政治信仰、科学的思维方式和立身做人的行为准则，做到真信、真学、真用。二是加强战斗精神教育，切实强化官兵价值追求的精神支柱。习主席强调，“要牢记，能打仗、打胜仗是强军之要，必须执照打仗的标准搞建设抓准备，确保我军始终能够召之即来、来之能战、战之必胜。”军队的根本职责在于以军事行动来维护国家安全和发展利益，能打仗、打胜仗始终是军队对于国家和社会发展最核心的价值，是军队建设的根本价值所在。因此，军人价值观培育必须紧紧扭住提高战斗力这个根本，以培育战斗精神为立足点，强化官兵爱国奉献的精神支柱。战斗精神是军人理想信念、道德品质和意志作风的凝结，是民族精神和时代精神在军人身上的集中体现，也是军人价值观教育的重要内容。在深化战斗精神教育方面，要坚持从严治军，培养官兵良好的战争作风。战斗作风表现在战时，培养在平时，关键在养成。加强部队战斗作风建设，就是始终坚持以纪律建设为核心，不断强化部队教育管理，要把坚持遵章守纪放到日常生活、执勤训练、完成任务的具体过程中去检验，使服从命令、遵守纪律成为每名官兵的行为习惯。三是在思想政治教育过程中，要注重用我军的优良传统激励信念，提高军人价值观教育的实效性。针对大部分青年官兵出生在改革开放年代，对党的奋斗历程和历史功绩缺乏系统了解，对一些根本原则制度不太熟悉的实际，坚持用“听党指挥、服务人民、英勇善战”的优良传统教育官兵，组织官兵重点学习党的光辉历史，重温我军在党的领导下取得的历史功绩。进一步明确只有在党的领导下才能打胜仗的基本道理，进一步打牢官兵对党的感情基础，从而提高军人价值观教育的实效性。

（武警政治学院副教授、南京政治学院马克思主义理论博士后科研流动站研究人员；武警政治学院教授）

论青年官兵树立社会主义核心价值观的教育引导

张　磊

党的十八大报告提出要："倡导富强、民主、文明、和谐，倡导自由、平等、公正、法治，倡导爱国、敬业、诚信、友善，积极培育社会主义核心价值观。"青年官兵是部队建设的主体和未来，承载着党的重托和人民的期望，青年兴则国家兴，青年强则国防强。分析当前青年官兵树立社会主义核心价值观存在的基本问题，准确判断当前青年官兵价值取向的基本状况，积极采取有效措施，使青年官兵树立远大的理想信念，确立崇高的价值目标，这是新形势下思想政治工作面临的一个重要课题。

一、当前青年官兵树立社会主义核心价值观存在的基本问题

树立社会主义核心价值观是一个从感性到理性，再由理性到实践的发展过程。从价值观形成的内在机制分析，"知"是主导，"情"是基础，"行"是综合体现，在树立社会主义核心价值观的过程中，这三个方面缺一不可。通过对某综合训练基地 112 名青年官

兵的调查问卷显示，目前少数青年官兵对待社会主义核心价值观存在“知”不透、“情”不深和“行”不实等问题。

一是“知”不透——感性认同普遍，但理性接受较为缺乏。“知”即为对社会主义核心价值观的认知水平。对社会主义核心价值观的认知，有感性和理性之别，理性认识的程度越高，价值观念越牢固。通过调查显示，有88.4%的调查对象能够准确回答“中共中央是在哪次全会上第一次提出社会主义核心价值观”这一问题；68.8%的调查对象能够准确说出社会主义核心价值观的基本内容；34.1%调查对象能够回答中国特色社会主义的奋斗目标；15.2%的调查对象能够背诵“八荣八耻”。总的来看，调查对象对社会主义核心价值观的基本内容有所了解，但不全面和完整。部分青年官兵对社会主义核心价值观的认识还停留在感性阶段，难以系统地理解，也就难以做到深度内化，当作理想追求。

二是“情”不深——神圣感有余，但依赖感尚显不足。“情”即为对社会主义核心价值观的情感认同。信仰情感包含神圣感和依赖感。近年来，理论宣传的大力普及、主题教育活动的深入开展、党史军史的重点讲授、部队相关政策措施的出台不断推进了社会主义核心价值体系在基层的延伸拓展，加深了官兵们对社会主义核心价值体系的情感认同。但关注政治层面较多，关注心灵层面较少，也将社会主义核心价值教育较多地划定在了政治生活范围内，定格在了相当的政治高度，少数青年官兵远远观望的神圣感较浓。调查显示，有76.8%的调查对象认为“大力弘扬社会主义核心价值观”非常重要，20.5%的调查对象认为“比较重要”；60.7%的调查对象对于“您认为是否有越来越多的人存在马克思主义信仰危机”这一问题选择“是”，16.1%的调查对象选择“否”，23.2%的调查对象选择“说不清”；在面对“个人成长进步不靠能力靠关系，不靠组织靠个人这一说法是否正确”的问题时，有3.6%的调查对象选择了“是”，7.2%的调查对象选择了“说不清”。总的来看，调查对象对价值观的核心精神是持认可态度的，但对少数青年官兵尚存在的某些思想疑虑和错误认识应予以高度重视。

三是“行”不实——行为意愿明确，但行为表现不够。“行”，即为社会主义核心价值观的实践，是培育社会主义核心价值观的最终目的。思想与行为的脱节也是当下少数青年官兵社会主义核心价值观弱化的一种表现。“诚信对于个人很重要吗”这一问题有91.1%的调查对象选择“很重要”，但也有4.2%的调查对象选择“说不清”；对于“激励您献身军营的主要原因”，选择“为国家的发展”的为76.8%，选择“自我价值实现”的为63.7%，选择“报答父母”的为66.1%，还有9.8%的调查对象选择了“退伍后能够安置工作”。调查表明，青年官兵对社会主义核心价值观的认同过程中，认知认同、情感认同与行为认同存在着脱节现象。社会主义理念，像奉献精神、集体主义精神、为人民服务的思想等，在少数青年官兵心目中的地位逐渐失落。

二、正确认识和准确评价当前青年官兵的价值取向

在根本遵循社会主义核心价值观的前提下，我们需要对当前青年官兵的价值取向做出正确的认识和评价，掌握和运用科学的思想方法，准确把握青年官兵的本质特征，从全局、根本上加深对青年官兵价值取向的理解和认识，这样才能使社会主义核心价值观的教育引导工作真正做到有的放矢、效果突出。

第一，清晰判断当前青年官兵价值取向中的主流和支流。我军是党的军队、国家的军队、人民的军队，这种“三位一体”的性质，决定了青年官兵必须担负更大的现实责任和历史使命，需要具备过硬的思想政治素质。青年官兵表现出的政治坚定、思想道德纯洁的本质特征，正是人民军队性质和宗旨在当代军人身上的最好诠释。

认识和评价青年官兵，要始终抓住这个根本点，切忌被枝节所扰，舍本逐末。从我们所了解到的情况看，通过当代革命军人核心价值观的培育，青年官兵思想行为的本质和主流始终是积极向上的：广大青年官兵坚信党的领导，自觉服从大局；进取精神强烈，渴望在军营进步成才；崇尚牺牲奉献，坚持正义立场，旗帜鲜明地抵制和反对错误思想倾向；爱国情感深厚，履行职责认真，具有很强的民族自尊心和军人责任感；思想开放活跃，民主参与和竞争意识强，关心国家发展和军队建设，善于独立思考，遇事有主见，看待事物不盲从。青年官兵的这些特点是与建设社会主义和谐社会相适应、与人民军队的优良传统和历史使命相符合。当然，在部分青年官兵身上，也暴露出理性思辨能力较弱、过分强调物质利益的驱动作用、艰苦奋斗精神有所淡化、盲目追求所谓的个性自由、人际交往中功利性倾向比较明显等问题。这些问题，是伴随着社会主义市场经济的发展进程而产生的，只要教育有力、引导得当，就可以得到有效解决。认识和评价新形势下青年官兵的价值取向，首先要看本质、看主流、看优势，对其身上存在的问题要客观公正地分析，不能把支流当成主流，一味求全责备、以偏概全。只有这样，才能在教育引导中，更好地弘扬积极因素，克服消极因素。

第二，从时代的高度审视当前青年官兵的价值取向。青年是时代的主角，青年官兵的思想观念、价值取向和行为方式，无不打上了时代的烙印。对青年官兵的认识和评价，要结合当前时代的大背景去理解，不能用老眼光、按老套路做评价。在社会大变革的新形势下，各种利益格局和利益关系必然出现某些调整，青年官兵在思想行为上产生一些问题，往往具有一定的客观性和必然性。如果看不到这一点，就难免过分看重青年官兵的弱点，容易把他们的特点看成缺点，认为“一代不如一代”，导致对青年官兵根本态度的冷漠，甚至把他们推到对立面，造成思想政治教育的简单化。强调以人为本是社会主义核心价值观的基本内核，当前应特别注意解决好以下几个方面的问题：一是不能简单把官兵注重物质利益视为思想境界不高或缺乏理想追求。在全社会都比较关注物质利益的时代，军队要发展，军人要生存，自然会产生对提高物质待遇的强烈愿望，青年官兵一定程度上愿意多从经济角度考虑问题，重视合理的物质待遇，这种现象是正常的。相反，一味要求青年官兵牺牲奉献，这与时代发展不相协调，只能窒息青年官兵的活力。二是避免把青年官兵在学习、工作中提出的某些合理要求视为个人主义。青年官兵基于自身成长和发展的需要，想利用部队的条件，学习一些知识和技能，或对工作提出一些要求，这是正当和正常的，应予以理解，不应苛求、压抑他们，使之有想法不敢说，有要求不能提，这种结果容易造成青年官兵心理受挫。三是避免单纯地把战士到部队谋出路视为入伍动机不纯。当前一些青年公民应征入伍，特别是一些从地方大学入伍的青年，往往带有一定程度上的个人寻求生存发展的动机。许多战士是在求职无门、打工无路、学技无钱的情况下，出于对军队的信赖投身军营来寻求锻炼发展的。这与部队建设以及社会发展需要在本质上是一致的，应当引导青年官兵把谋求个人出路与爱军习武、为祖国和人民谋利益统一起来，而不能轻易地将此视为个人主义的“动机不纯”，加以批评和指责。

第三，运用辩证的思维看待当前青年官兵的价值取向。青年官兵正处在生理的成熟期、心理的波动期和人生观的形成期。他们的心理特点、思维方式、价值观念、人际关系和社会交往等各方面问题交互作用而又急速变化，同时又与社会经济发展、军队变革、使命任务变化等方面存在着密切的互动联系，社会、军队的各种变化都会对青年官兵产生一定程度上的影响。认识和评价青年官兵的价值取向，绝不能依据一些表面的、个别的问题，更不能依据一些偶发事件。我们必须坚持具体问题具体分析，从青年官兵思想观念、价值取向、行为方式发生发展的各个侧面以及内在联系中进行全面和系统的分析。比如，我们在看待青年官兵一些新的思想动向时，应充分考虑社会环境、家庭条件和个人实际的影响。青年官兵渴望学习知识和技术，这与党的富民政策和市场经济对人才的需求相关；

青年官兵对精神文化生活的需求日益提高，这与青年官兵文化水平的提高和社会精神文明生活的发展相关；青年官兵追求消费新潮，这与人民生活水平的提高和消费观念的变化相关等等。为此，我们认识和评价青年官兵的价值取向，要善于透过社会看部队，透过行为看动因，透过个性看共性，既要看到普遍性状况又要看到个别人的想法，既要看到外在表现又要探究问题根源，既要看到现实问题又要对变化进行预测。

三、青年官兵树立社会主义核心价值观的教育引导，需要突出信仰、德行、素质、精神和荣誉五个基本要素

第一，坚定信仰。信仰是品质、是责任。青年官兵只有信仰坚定，才能始终保持清醒的头脑，才能始终与党同心，经得住考验，才能担当重任、不辱使命。培养青年官兵正确的价值取向，必须紧紧抓住信仰这个根本。一是强化打牢理论根基。中国特色社会主义理论体系是形成官兵科学世界观人生观的核心要素。要切实认清理论武装的现实意义，研究理论武装的途径办法，深化理论武装的成果，不断筑牢青年官兵的党性意识、责任意识，引导青年官兵始终高举旗帜、听党指挥，让崭新的思想和正确的观念“渗透到他们的习惯中去，渗透到他们的生活常规中去”，化为一种坚定的信念。[1]二是强化优良传统教育。把党史、军史、社会主义发展史、优良传统和形势政策教育纳入经常性教育范畴，不断教育引导官兵知党、信党、跟党走，坚定爱军习武的价值追求。三是强化正确导向。坚持弘扬主旋律、彰显高格调，占领主阵地、打好主动仗。充分发挥

① 《列宁全集》第39卷，人民出版社，1986年版，第100页。

军史馆、军史室教育激励功能和各类活动的育人功能。广泛宣扬表彰先进典型，努力营造和形成良好的氛围。

第二，培养品德。高尚的品德是青年官兵成长进步的基石。要切实引导青年官兵学会为人处世的道理，不断校正人生追求，培养健康纯洁的道德情操、坚韧不拔的思想品格、自强不息的顽强意志。一是教育青年官兵端正品行。要引导他们正直做人、堂堂正正、表里如一，守住道德底线，不做违背道德的事；要引导他们待人真诚，多记他人好处，多看他人长处，多想他人难处；要引导他们对社会、对家庭、对事业有爱心、有真心、有责任心；要教育他们保持健康情趣，在情趣爱好上提高品位，在物欲横流面前耐得住寂寞，在日常交往中自觉净化身边环境。二是教育青年官兵诚实做人。要引导他们诚实待人，说话办事坦率诚实，心口如一，重诺言守信用。三是教育官兵开阔胸怀。要引导他们努力提升自己的境界，学会宽容待人，不计名利，懂得必要的舍弃。

第三，提升素质。素质是基础、是根本。确立和践行正确的价值取向，必须以青年官兵过硬的素质做保证。要切实发挥部队“大熔炉”、“大学校”和“大家庭”的作用，在促进青年官兵全面发展上下工夫。一是要把提高思想素质作为前提。当代青年官兵阅历相对丰富、思想多样，要切实通过正面教育和反面警示，引导青年官兵转变不合时宜的思想观念，树立正确的世界观，不断提高思维素养，提升思维层次，引导他们明辨是非、知耻明辱。二是要把提高专业素质作为基础。要切实围绕军人的职责和使命要求，引导广大青年官兵尚武、练武、强武、精武，提升履行使命的基本素质，强化献身使命的核心能力。三是要把提高心理素质作为重点。要切实针对部分青年官兵心理压力大、心理承受能力弱的问题，加强心理教育，搞好心理疏导，组织心理训练，保持他们的健康心理。四是要把提高实践能力作为关键。要切实针对部分青年官兵眼高手低、动手能力弱的问题，建平台、搭舞台、摆擂台、设奖台，让青年官兵在近似实战的环境中树立信心、增添勇气、增长才干。

第四，培育精神。精神是灵魂，是支柱。一个国家没有了精神就会慢慢消亡，一支军队没有了精神就会成为一盘散沙，一名军人没有了精神就会成为一个空壳。每名青年官兵都承载着献身使命的责任，都肩负着“能打仗、打胜仗”的重任。青年官兵培养正确的价值取向，必须始终注重培育精神，保持旺盛的斗志和顽强的意志。一是要振奋精神。良好的精神状态是成就事业的先决条件。每名青年官兵都有在部队成人成才的愿望，都有一种谋求作为的渴望，都不缺少进取向上的热情。要针对部分青年官兵容易出现的动力不足、热情下降和萎靡不振等问题，加强教育引导，切实把这种愿望和渴望化为强烈的事业心责任感，变为促进工作的动力和热情，形成推进建设的朝气。二是要增强创新劲头。新的形势和任务，对军队发展提出了更高的要求。要切实教育青年官兵树立创先争优、开拓创新和主动作为的意识，引导他们立足岗位，刻苦学习，锤炼提高，依靠强烈的进取意识和创新意识推进建设。三是要磨砺顽强意志。要发扬我军“一不怕苦、二不怕死”的优良作风，教育青年官兵正确处理工作、学习和生活中遇到的困难和挫折，引导他们利用重大活动、军事演习等时机摔打磨练，始终保持一股韧劲，愈挫弥坚，愈挫愈勇，展现良好风貌。

第五，追求荣誉。著名军事家克劳塞维茨说过，“在一切高尚的感情中，荣誉心是人的最高尚的感情之一，是战争中使军队获得灵魂的真正的生命力”。[①] 荣誉是军人生存发展的重要基础，是建功立业的不竭动力。一是要树立当兵光荣的意识。“军人”这个名字本身就是一种荣耀，要教育青年官兵始终树立当兵光荣、当军人荣耀的意识，珍视军人荣誉，强化军人意识，树立军人形象。二是要坚守革命气节。志气是骨，志气是魂。要教育引导青年官兵切实把忠诚于党、热爱人民、报效国家和献身使命的要求转化为内在的自觉行动，始终保持政治上的坚定性、思想道德上的纯洁性，恪守军人

① ［德］克劳塞维茨：《战争论》第1卷，商务印书馆，1978年版，第93页。

"宁愿站着死，绝不跪着生"的豪情壮志。三是要树立争创一流的意识。军人存在的价值源于战争，军人生来为打仗。军人的荣誉体现在高举旗帜、听党指挥上；体现在苦练精兵、矢志打赢上；体现在英勇顽强、不怕牺牲上；体现在友爱互助、团结和谐上。要不断强化青年官兵的忧患意识、危机意识和责任意识，引导他们刻苦学习、努力钻研、争创一流、建功立业。

（南京政治学院上海校区讲师）

后　记

为进一步加强社会主义核心价值观研究，我们将社会主义核心价值观培育理论研讨会的论文汇编成册，编辑为《社会主义核心价值观培育——维度与领域的拓展》，供有关单位研究参考。

南京政治学院党的创新理论研究中心副主任、上海校区孙力教授负责全书编辑统稿，时刚教授、翟桂萍副教授、李海平副教授、薛小荣副教授、蒋瑛讲师、孙勇博士等同志参与编辑和校对工作。

南京政治学院上海校区

2014 年 7 月

后　记

为进一步加强社会主义核心价值观研究，我们将社会主义核心价值观培育理论研讨会的论文汇编成册，编辑为《社会主义核心价值观培育——维度与领域的拓展》，供有关单位研究参考。

南京政治学院党的创新理论研究中心副主任、上海校区孙力教授负责全书编辑统稿，时刚教授、翟桂萍副教授、李海平副教授、薛小荣副教授、蒋瑛讲师、孙勇博士等同志参与编辑和校对工作。

南京政治学院上海校区

2014 年 7 月